高等学校图书馆学专业系列教材

武汉大学规划教材建设项目资助出版

信息组织原理与方法

第二版

主 编 司 莉
副主编 曾粤亮 陈 辰

WUHAN UNIVERSITY PRESS
武汉大学出版社

图书在版编目(CIP)数据

信息组织原理与方法/司莉主编.—2 版.—武汉：武汉大学出版社，2020.12(2023.1 重印)
高等学校图书馆学专业系列教材
ISBN 978-7-307-21996-0

Ⅰ.信…　Ⅱ.司…　Ⅲ.①分类法—高等学校—教材　②信息管理—高等学校—教材　Ⅳ.①G254.1　②G203

中国版本图书馆 CIP 数据核字(2020)第 239846 号

责任编辑:徐胡乡　　　责任校对:汪欣怡　　　版式设计:马　佳

出版发行：**武汉大学出版社**　(430072　武昌　珞珈山)
(电子邮箱：cbs22@ whu.edu.cn　网址：www.wdp. com.cn)
印刷:武汉中远印务有限公司
开本:720×1000　1/16　印张:27　字数:485 千字　插页:1
版次:2011 年 3 月第 1 版　2020 年 12 月第 2 版
2023 年 1 月第 2 版第 2 次印刷
ISBN 978-7-307-21996-0　　定价:52.00 元

第二版 说 明

近年来，信息组织领域的理论方法与技术以及实践探索均取得突飞猛进的发展，技术环境、信息资源、用户需求等的诸多变化，使信息组织面临许多新的挑战，教学内容的改革与人才培养需求，也对本教材的修订提出紧迫要求。本教材 2011 年出版至今近 10 年，经过多次印刷。此次修订编写，力求广泛参考与吸纳近年来信息组织领域的新观点、新技术与新方法，使教材在体系结构与内容构建方面有一定的突破与创新。本次修订内容主要体现在以下几个方面：

(1)增写了第一章第二节“三语言学基础”部分，增写了第四章第四节“《美国国会图书馆标题表》简介”，增写了第六章第四节“图书、音像制品、电子出版物营销分类法”、第五节“《学科分类与代码》”，第七章第四节“《国际专利分类表》”，增写了第九章第三节“信息组织新工具”，增写了第十三章“元数据基础”。

(2)重写了第八章第一节“《中图法》电子版与网络版”、第二节“《杜威十进分类》网络版”、第三节“《美国国会图书馆分类法》网络版”，第九章“数字信息资源的组织”。

(3)更新信息组织工具的最新版本。对《中国分类主题词表》第 3 版、《杜威十进分类法》第 23 版、《美国国会图书馆分类法》等最新版本内容进行阐释。

(4)调整精简了相关内容，如《杜威十进分类法》与《国会图书馆分类法》网络版 WebDewey 与 Classification Web 的内容等，精简《中图法》第五版介绍的内容。

(5)校订更正了第一版少量不够准确或因时代发展过时的内容。

在教材修订中始终贯彻易用与实用性原则，注重理论与实践的结合，从培养学生实践动手能力，提高其信息组织技能视角出发，力求做到深入浅出。本教材修订由司莉负责策划、拟定修订大纲。本书共 14 章，由司莉修订第一、二、三章，第四章第一、二、三节，第五章，第七章第二节，第八章第四节，第十章第一至三节，第十一章，第十二章，第十四章第二节。由吴丹与李秀园增写第十三章。由司莉与唐义重写第九章。由卜书庆重写第八章第一节。由曾粤亮增写第六章第四节、第七章第四节与第十四章第一节。由陈辰增写第四章第四节并修订第五节、修订第十章第四节。由谭仪增写第六章第五节、修订第七章第一节与第三节。由邢文明增写第一章第二节第三点，修订第六章第一至三节。由郭思成重写第八章第二、三节。由司莉与王琛增写第九章第三节。

在教材编写过程中，吸取了国内外大量的相关研究成果，参考与引用了许多专家学者的著述，在此谨向作者致以诚挚谢意。武汉大学出版社詹蜜编辑为本书的出版付出了辛勤劳动，在此特表衷心的感谢。本书在修订编写过程中定有不少疏漏，敬请专家、同行与广大读者批评指正。

司　莉

2020 年 7 月于武汉大学

第一版 前 言

进入 21 世纪以来，计算机技术、通信技术和网络技术飞速发展，已在各类机构的信息组织中得到广泛应用；信息组织对象——信息资源也呈现出海量增长、种类多样、繁杂无序、动态性强等特征；用户对信息组织提出一站式浏览与跨库检索、资源集成与整合、知识元链接等新需求；信息组织的主体由专门机构的文献组织，现已转变为商业网站、互联网组织、学术机构、政府机构、图书情报界等的共同参与，呈现出多样化趋势。这些技术环境、信息资源、用户需求等的诸多变化，使信息组织面临许多新的课题。

今天，图书馆信息资源的构成不仅包括传统的印刷型文献资源，还有大量的数字化信息资源。书目数据库 OPAC 建设、学科信息门户的创建以及数字图书馆建设，都需要借助信息组织提供浏览与导航机制，信息组织是与信息服务质量密切相关的关键技术之一。面对信息载体的变化以及信息组织的丰富实践，我们无论是用图书分类学、文献分类学、主题法，还是用检索语言等都已经无法容纳实践领域中有关知识组织的内容了。从图书分类学到分类法与主题法、情报检索语言，再发展到信息组织，不仅仅是课程名称的变化，也体现了教学内容的不断拓展与深化。教育部高等学校图书馆学学科教学指导委员会一直将“信息组织”作为核心课程，同时，笔者也调查了 iSchool 联盟排名前 10 的院校，均开设有信息组织课程。可见，国内外将“信息组织”作为图书情报教育核心课程相当一致，信息组织确实是图书情报领域的核心知识。

1989 年、1992 年，武汉大学出版社先后出版了由周继良教授主编的教材《图书分类学》及其修订版，2001 年出版了由俞君立教授与陈树年教授主编的《文献分类学》、1997 年与 2004 年先后出版了由张琪玉教授主编的《情报语言学基础》与《情报检索语言实用教程》，均深受业界的欢迎，曾数次印刷。此次编写《信息组织原理与方法》，力求吸收其内容的精髓，广泛参考与吸纳近年来信息组织领域的新观点、新技术与新方法，使教材在体系结构与内容构建方面有一定的突破与创新。

第一，力求概括与总结信息组织的基本原理与方法，内容包括分类法、叙词法、分类主题一体化语言、本体等。深入剖析体系分类法，组配分类法，叙词法，分类主题一体化语言的结构、原理与方法，同时，本体创建原则及其步骤、网络信息资源组织方法与知识组织系统在数字图书馆中的应用，这些内容也在本教材中得到较为充分的反映。

第二，着重介绍信息组织工具的最新版本。分类法与词表是信息组织法典，为保持与知识发展同步，举凡使用范围广泛，有影响的分类表与词表一直都在不断修订，推出新版本。本教材是《中国图书馆分类法》第5版推出后第一本介绍其相关内容的教材，同时也对《中国分类主题词表》第2版、《杜威十进分类法》第22版、《国会图书馆分类法》最新修订版本进行详细阐释，为图书馆与其他信息组织部门的实践活动提供及时参考。

第三，反映数字环境的分类法与词表的发展趋势。分类法与词表的电子化与网络化是其发展趋势之一，对于词表与类表的发展与应用具有里程碑的作用。本教材全面细致介绍《中图法》电子版、《中国分类主题词表》电子版与网络版、《杜威十进分类法》网络版与《国会图书馆分类法》网络版及其使用，与当前信息标引计算机化的实践需求相契合。

第四，详细阐述文献标引规则、方法与技术。随着信息技术的发展、数字环境的形成以及用户信息需求的改变，极大促进了图书馆信息资源组织方式的变革。但是由于实体文献组织目前仍然是图书馆及其他信息机构信息组织的主要对象。因此，本教材仍对传统文献的分类标引与主题标引方法着以重墨，重点介绍了文献分类与主题标引的规则与方法，并以《中国图书馆分类法》第5版、《中国科学院图书馆图书分类法》第3版、《中国分类主题词表》第2版为标引工具，阐述各类型各学科文献的标引方法。

第五，教材编写过程将易用与实用性原则贯彻始终。注重理论与实践的结合，突出各种信息组织工具的使用方法的阐述，大量采用图例、列举标引实例方法，力求做到深入浅出，从培养学生实践动手能力出发，提高其信息组织的技能。

本教材由司莉负责全书的策划、拟定编写大纲。本书共12章，各章节撰写的具体分工是：第一、二、三、四、五、七章，第八章第四节，第九、十、十二章由司莉编写，第六章第一、二、三节由邢文明编写，第六章第四、六节由黄晓明编写，第六章第五节与第十一章由司莉和邢文明编写。第八章第一、二、三节由谭仪编写。全书由司莉审稿和统稿。研究生周李梅、柴源与邓伊婷参加了附录的编写。

在本书编写过程中，广泛吸取了国内外大量的相关研究成果，参考与引用了许多专家学者的著述，在此谨向作者致以诚挚谢意！武汉大学出版社严红编审、詹蜜编辑为本书的出版付出了辛勤劳动，在此特表衷心的感谢！

信息组织领域发展迅速，变化极快，国内外研究与实践成果颇为丰富，各种信息组织技术与方法日新月异。由于编写者学识有限，书中定有不少疏漏，恳请专家学者与广大读者批评指正，以期在修订再版时进一步完善。

司 莉

2010年10月于武汉大学

目　　录

第一章 信息组织概述

第一节 信息组织的含义与信息组织工具的类型

一、信息组织的含义

（一）信息组织的含义

20世纪60年代以来，学者们对于信息社会的不断探讨，以及现代信息技术的高度发达和普遍应用，特别是互联网的出现与飞速发展，信息的生产、传播与获取的方式发生了巨大变革，信息在经济与社会发展中的作用日益凸显，人们用“信息社会”一词描绘当今社会的图景。在信息社会中，信息成为比物质和能源更为重要的资源，以开发和利用信息资源为目的的信息经济活动迅速扩大，逐渐取代工业生产活动而成为国民经济活动的主要内容。美国社会预测学家约翰·奈斯比特认为信息是当今经济社会的驱动，信息和知识将在经济增长中起着举足轻重的作用。当今世界，信息化发展很快，不进则退，慢进亦退。习近平总书记2016年4月在《在网络安全和信息化工作座谈会上的讲话》中指出：要加强信息基础设施建设，强化信息资源深度整合，打通经济社会发展的信息“大动脉”。以信息流带动技术流、资金流、人才流、物资流，促进资源配置优化，促进全要素生产率提升，为推动创新发展、转变经济发展方式、调整经济结构发挥积极作用。

信息社会是建立在信息的生产、消费与使用基础上的社会，而信息的开发、使用与管理离不开信息的组织。信息组织的目的就是序化信息，方便获取。对于信息组织这一概念，学者给出诸多定义，如：

马费成先生、宋恩梅与赵一鸣认为：信息组织，亦称信息整序，是利用一定的规则、方法和技术对信息的外部特征和内容特征进行揭示和描述，并按给定的参数和序列公式排列，使信息从无序集合转换为有序集合的过程。信息的外部特征是指信息的物理载体直接反映的信息对象，构成信息的外在的、形式的特征，如信息载体的物理形态、题名、作者、出版或发表日期、流通或传播的标记等方面的特征；信息的内容特征就是信息包含的内容，它可以由关键词、主题词或者其他知识单元表达。信息组织的基本对象就是信息的外部特征和内容特征。①

张帆提出：所谓信息组织，即指采用一系列的方法与手段使大量信息系统化和简明化的过程。它也是通过选择、著录信息内容，揭示信息之间的内在逻辑关系，按照某一规则对信息进行整序、提炼，使之系统化和浓缩化，以方便快速传递与信息交流的活动。②

储节旺、郭春侠与吴昌合指出：信息组织是通过一定的工具和技术将无序的信息组织成为一个有序系统的方法。③

周宁认为：信息组织是对信息资源对象进行收集、加工、整合、存储，使之有序化、系统化的过程。④

冷伏海、徐跃权与冯璐指出：信息组织其基本概念是指在系统科学理论指导下依靠专门的技术方法和手段对信息资源进行选择和整理。⑤

马张华认为：所谓信息组织，亦称为信息资源组织，是根据使用的需要，以文本及各种类型的信息资源为对象，通过对其内容特征等进行分析、选择、处理、序化，并以适当的方式加以提供的活动。⑥

综观上述定义，信息组织就是根据信息检索与获取的需要，采用一定的规则、技术与方法，对信息进行揭示与序化的过程。其核心内容是对信息的描述与揭示以及序化，应该包括三个要素：一是采用一定的规则、方法和技术；二是揭示信息与序化信息联系在一起；三是信息组织目的是信息检索与获取。

---

① 马费成，宋恩梅，赵一鸣．信息管理学基础(第3版)[M]．武汉：武汉大学出版社，2018：149.

② 张帆．信息组织学[M]．北京：科学出版社，2005：1.

③ 储节旺，郭春侠，吴昌合．信息组织学[M]．北京：清华大学出版社、北京交通大学出版社，2007：9.

④ 周宁．信息组织(第四版)[M]．武汉：武汉大学出版社，2017：4.

⑤ 冷伏海，徐跃权，冯璐．信息组织概论(第2版)[M]．北京：科学出版社，2008：2.

⑥ 马张华．信息组织(第3版)[M]．北京：科学出版社，2008：1.

二、信息组织的必要性

信息组织是信息检索的基础，在信息系统中，信息组织是依据信息资源的主题内容或外部特征，将无序的信息资源组织为有序集合的过程，也就是建立检索系统的过程。而信息检索则是根据检索需要，从检索系统中检出相应信息的过程。信息检索是信息组织的目的和归宿。只有对信息进行序化，才能有效地获取与利用。两者相互依存、互为因果。信息组织只有建立在明了用户需求、资源特点以及所采用的管理系统特点的基础上，才会有良好的效果。而离开信息组织的检索系统无疑很难取得理想的检索效率。

两者的关系还可从张琪玉先生的论述中得到印证，张先生认为："情报检索的全过程包括情报的存储和检索两个方面，情报存储是指编制检索工具和建立检索系统；情报检索即是利用这些检索工具和检索系统来查找所需的情报。情报的存储和检索是两个有关联的过程。"而情报存储就相当于信息组织的过程。存储情报时，标引人员先要对各种文献进行主题分析，形成代表主题的概念，并用检索语言的语词(标识)将这些概念标引出来，纳入检索工具或系统的过程。

三、信息组织的常用方法

信息组织的过程，即是标引人员依据特定的信息组织工具对文献信息主题进行分析，形成代表主题的概念，赋予检索标识(语词或分类号)的过程。在标引与检索过程中，信息组织工具，或称检索语言是标引人员与检索人员的共同工具，是沟通存储与检索的桥梁，在检索过程中起到"语言"保证作用，是情报检索系统的重要组成部分，在用户检索与浏览界面时起到关键作用。

图 1-1 显示的是采用《中图法》类目体系用于浏览检索书目数据库的相关信息。如检索"中国画基本技法"，可依次点击《中图法》"J 艺术→J2 绘画→J21 绘画技法→J212 中国画技法→J212. 1 基本技法"，便可得到有关中国画基本技法的相关文献(命中 67 篇)。

通常，可将信息组织的常用方法分为以下三种。

1. 分类组织法

分类组织法有着悠久的历史，其理论发展已较为完善，在信息组织实践中占主导地位，是目前应用最广泛的信息组织方法。

分类组织法是根据某一特定的分类体系和逻辑结构组织信息的方法。其原理是按照一定的知识概念体系的树状等级结构或分面结构组织信息，从而

图 1-1 《中图法》分类浏览界面

使信息按学科、专业或组面等逻辑顺序排列，形成信息的逻辑分类整序体系。

2. *主题组织法*

主题组织法一般指直接以表示文献主题的语词作标识，提供字顺检索途径，并主要采用参照系统揭示词间关系的标引和检索文献的方法。从检索语言的角度说，主题法也就是主题检索语言，或称主题语言。

随着计算机技术在标引与检索中的广泛应用以及自动标引的发展，主题组织法以其特性检索、专指性强等特点得到较快的发展，越来越多的文献信息机构采用主题组织法标引文献、编制检索刊物，尤其是在网络信息检索系统中得到较普遍的应用。

3. *集成组织法*

集成组织法，即将多种信息组织方法结合起来使用的方法，如应用比较广泛的分类主题一体化组织方法。就其本质而言，分类主题一体化语言是一种实现了分类语言和主题语言兼容互换的系统。将分类检索语言的分类号与主题检索语言的检索词(主题词)相对应，实现两者间互相转换。分类主题一体化语言包括分类号——主题词对应表和分面叙词表两种主要模式。其优点在于：可进行分类标引，又可以进行主题标引，二者的数据可以转换；可以在一个检索系统中同时实现主题检索和分类检索；可以集中分类表和叙词表的管理；可以自动地由分类表生成叙词表；具有较好的系统性和网络性，质量优于传统的叙词表；可以一次标引获得两种检索标识。①

第二节　信息组织的理论基础

一、概念逻辑基础

概念是思维的起点，是思维的基本单位。所谓概念，是借助语词表达的，反映对象本质属性的思维形式。人类对客观世界一切事物的认识都必须概括为概念，并用语词来表达，才能使人们方便地进行交流，并取得一致的理解。没有概念，无法认识事物的本质属性以及其间的区别与联系，没有语词，则无法表达概念。语词是概念的语言形式，概念是语词的思想内容，二者密不可分。② 概念与语词的关系并不是一一对应的，首先，任何概念都必须由语词表达，但并不是所有的语词都表达了概念(如虚词就不能表达概念)；其次，同一概念可以由不同的语词来表达(如同义词)；再次，同一语词也可以表达不同概念(如多义词)。所以概念与语词既有联系也有区别，需要加以辨别。“事物——概念——语词”三者是统一的。③ 文献的主题内容只有用概念才能加以科学揭示，文献分类法是用分类号来表达各种概念，并按学科性质进行归类与系统排列。因此，分类法必须以概念逻辑为基础。

(一)概念的逻辑特征

1. 概念的内涵

概念的内涵是概念质的方面，是指概念所反映的客观对象的本质属性。它回答对象“是什么”或“什么样”的问题。概念的内涵是从质的方面去揭示客观事物。

如“飓风”的概念，是指发生在大西洋、墨西哥湾、加勒比海和北太平洋东部，中心附近最大风力达 12 级或以上的热带气旋。美国国家飓风中心

① 侯汉清，王荣授．图书馆分类工作手册[M]．北京：中国科学技术出版社，1992：15.

② 张君．逻辑学教程[M]．长沙：中南大学出版社，2009：18-19.

③ 张琪玉．情报语言学词典[M]．北京：北京图书馆出版社，2000：95.

根据飓风中心每小时推进的距离，将飓风分为五级：一级飓风 119～153km/h，二级飓风 154～177km/h，三级飓风 178～209km/h，四级飓风 210～249km/h，五级飓风 249km/h 以上。[①]

2. 概念的外延

概念的外延是概念量的方面，是指概念所反映的具有同一内涵的客观对象的范围。它从量的方面去揭示客观事物，它回答对象“有哪些”或“是哪些”。

飓风的种类或范围就是飓风这一概念的外延。飓风的命名是美国国家大气与海洋管理局下属机构飓风中心命名的，所有不同名称的飓风则是概念的外延。

再如“战机”这一概念的外延可包括：歼击机、截击机、攻击机、轰炸机、歼击轰炸机、侦察机、预警机、反潜机、电子干扰飞机、舰载飞机、军用运输机、空中加油机等。

3. 概念的内涵与外延的关系

内涵和外延是互相制约的。概念的内涵一旦确定，外延也就确定了；同样，概念的外延一经确定，在一定条件下，内涵也随之确定。概念的内涵变化(增加或减少)，概念的外延也随着发生变化(缩小或扩大)。概念的内涵和外延呈反变关系，具体是指：内涵越多则外延越小，内涵越少则外延越大；外延越小则内涵越多，外延越大则内涵越少。一个概念的内涵增加，概念的外延就会缩小；反之，一个概念的内涵减少，概念的外延就会扩大。反过来，一个概念的外延扩大，它的内涵就减少；一个概念的外延缩小，它的内涵也就增加。这种概念内涵与外延的反变关系，也称为反变规律。

如“三角形”这一概念，是指“三条线段首尾相接而形成的多边形”，外延包括所有三角形。而“直角三角形”是指“三条线段首尾相接而形成的，有一个直角的三角形”，内涵增加了，外延缩小了。而“等腰直角三角形”是指“三条线段首尾相接而形成的，但有两个边相等、且有一个直角的三角形”，外延进一步缩小。

(二)概念的限定与概括

所谓概念的限定是指：通过增加概念的内涵，从而缩小概念外延的逻辑方法。它是由属概念过渡到种概念的过程。如“生物工程学→仿生学→人—机系统仿生学”，内涵增加，外延减少。所谓概念的概括是指，通过减少概念的内涵，从而扩大概念外延的逻辑方法。它是由种概念过渡到属概念的过

① 王禹翰．中外地理全知道[M]．沈阳：万卷出版公司，2013：14.

程。如“机器人视觉→智能机器人→机器人”，就是通过减少概念内涵，使外延扩大的方法。

（三）概念的划分及其规则

概念的划分是将一个属概念分为若干个种概念的方法，它是揭示概念外延的逻辑方法。划分是由母项（被划分的概念）、子项（划分出来的概念）和划分的标准3部分构成。如按材料划分（划分的标准），可将“雕塑”（母项），划分为“木刻、木雕”“石刻、石雕”“金属雕刻”“竹刻、竹雕”“漆雕”“泥塑”“陶雕”等。划分必须遵守以下4条划分规则：（1）划分后子项外延之和等于其母项；（2）划分后的子项必须是互相排斥的；（3）每次划分必须按照同一标准进行；（4）划分必须逐级进行。

（四）概念的分析与综合

概念分析与综合是一种逻辑方法。概念的分析包含两个重要步骤，首先是分，分解整体为部分；其次是析，找出内在的本质规定性，分析就是把研究对象分解为部分，并认识这些“部分”的一种方法。其中，“分”只是手段，通过“析”来解释和认识“部分”才是目的。所谓综合，就是找到各部分、文献或要素间的本来联系，将它们还原为一个有机的整体。① 这是一种常用的认识事物的逻辑方法。如要了解某一研究领域的进展情况，必须对该领域的研究成果进行全面收集与深入分析，可按时间、学术观点、代表人物、研究主题等进行分解，这便是分析的过程，但为了考察这一领域研究的现状，还必须将这些按时间、学术观点、代表人物、研究主题等分解后形成的观点综合起来，才能对这一领域研究形成整体的认识。

（五）概念逻辑的应用

情报检索语言在表达各种概念及其相互关系时，普遍应用了上述概念逻辑的原理，并且有效地利用了概念的划分与概括和概念的分析与综合这两种逻辑方法来建立自己的结构体系。②

概念的限定与概括、概念的划分原理能够为文献分类法等级结构体系的建立提供逻辑基础。概念的限定与概括、概念的划分实质上就是利用概念内涵与外延的反变关系，即通过增加或减少概念内涵（缩小或扩大概念的外延）来形成一系列新的具有隶属、并列关系的概念，从而表达各种客观事物

① 杨德才．自然辩证法导论［M］．武汉：湖北人民出版社，1996：289.

② 张琪玉．情报检索语言实用教程［M］．武汉：武汉大学出版社，2004：20.

及其内在联系。①《中图法》法律类目的展开方法，充分运用了概念的限定与概括以及划分的原理(如图 1-2 所示)。

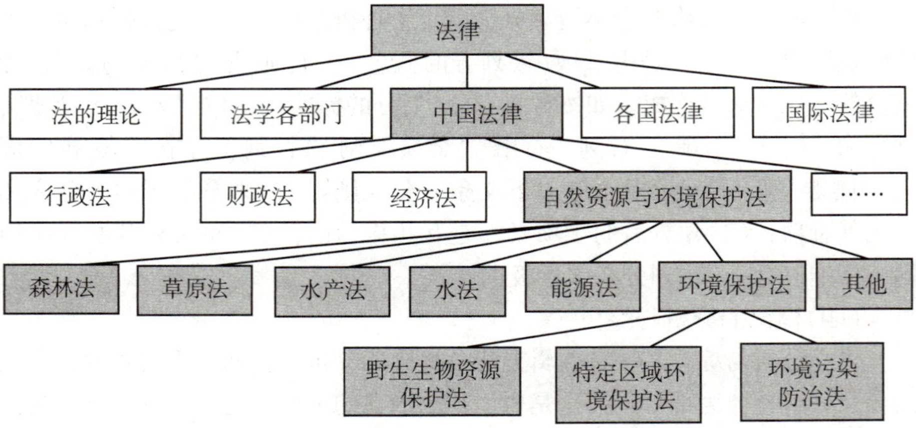

图 1-2 《中图法》法律类目展开结构图

而概念的分析与综合为分类法的分面组配结构以及叙词表提供了逻辑基础。运用这一原理，便可将概括文献内容与事物的各种类目按不同的分类标准，组成不同的分面，形成“基本分面—亚面—子目”等结构体系，用以表达新主题或复杂主题概念时进行组配使用。如《冒号分类法》将文学类目划分为 4 个标准，即语言、体裁、著者、作品，在标引时按其提供的分面公式进行组配。再如标引《县级图书馆有声图书的编目》，《冒号分类法》对于图书馆学类目，分别采取按图书馆的类型、文献的类型、图书馆工作、时间、空间 5 种划分标准，标引时按其分面公式，将代表“县级图书馆”“有声图书”“编目”3 个概念的类号进行组合，就能表达“县级图书馆有声图书的编目”的概念。

二、知识分类

(一)知识分类的含义

知识分类包括学科分类与事物分类，学科分类是知识分类的一部分。知识分类能将客观世界千差万别的事物以及各种学科根据当代科学认识的最新

---

① 俞君立，陈树年．文献分类学(第 2 版)[M]．武汉：武汉大学出版社，2015：11.

成就构成一个严密的、有科学认识意义的体系。

经国家技术监督局批准，由国家科委与技术监督局共同提出，中国标准化与信息分类编码研究所、西安交通大学、中国社会科学院文献情报中心负责起草的中华人民共和国国家标准《学科分类与代码》(GB/T13745—2009)依据学科的研究对象，学科的本质属性或特征，学科的研究方法，学科的派生来源，学科研究的目的与目标五方面进行划分学科，共设 5 大门类、62 个一级学科或学科群、676 个二级学科或学科群、2382 个三级学科，其中 5 大门类及其次序为自然科学、农业科学、医药科学、工程与技术科学、人文与社会科学。学科是相对独立的知识体系，每门学科都有其特定的研究对象与一定的研究内容。由于学科之间的相互渗透和先进的研究方法与手段的运用，使得各门学科之间的研究范围处于动态之中，新的学科分支不断涌现。各门学科之间也存在这样或那样的联系，而非互相孤立。边缘学科、综合性学科的不断出现以及学科之间的相互参透、相互制约与共同发展，使得整个科学体系成为一个纵横交错的有机统一体。

如何将各种知识系统化，建立相应的科学体系，就会涉及科学分类的问题。什么是科学分类？所谓科学分类就是一门研究科学体系结构的学问。具体地说，就是根据各门学科的研究对象与它们之间的相互关系，对各门学科加以区分和组织，确定每门学科在学科总联系中的地位，揭示整个科学的内部结构，建立起符合科学发展规律的分类体系。① 简言之，科学分类就是根据学科研究对象的客观的、本质的属性和主要特征及其之间的相关联系，划分不同的从属关系和并列次序，组成一个有序的学科分类体系。

知识分类是知识组织体系建立的基础之一。知识分类体系(事物和学科的分类体系)是多维的和处在不断革新中的，情报检索语言能在多大程度上反映当代知识分类水平，是其质量的重要标志之一。只有较充分地反映知识分类的情报检索语言，才能保证情报的科学系统化且具有较高的质量。使情报科学系统化始终是情报检索语言研究不能离开的基本方向。②

(二)知识分类的应用

体系分类法、组配分类法、叙词表、标题表以及代码系统等，都在不同程度上反映了知识分类。在确定分类体系时要以知识分类为基础，充分利用知识分类的成果。布利斯在其《布利斯书目分类法》导言中指出：“图书分类法就是知识的组织结构……如果它能够基本上符合由科学上和教育上一致意

① 周继良．图书分类学（修订本）[M]．武汉：武汉大学出版社，1989：32.

② 张琪玉．情报语言学实用教程[M]．武汉：武汉大学出版社，2004：22.

见而建立起来的知识组织”，“它就要以在为了不同用途和不同要求而这样或那样类聚图书时，以最大限度的效率，发挥知识在组织方面的作用”。这条原则要求文献分类法应当以反映科学家和教育家一致意见的知识分类为基础，要与学校系科和课程设置、科学研究机关的业务分工和规划取得大体一致的意见。①

科学分类必须以各门学科的研究对象为基础，而这些研究对象便是自然界、人类社会和思维领域客观存在的事物，同时科学分类还必须反映科学知识之间的内在联系，也就是按照事物本身存在的客观关系加以排列与组合。以“百合科”的科学分类体系为例，遵循“界→门→纲→目→科”的分类原则，百合科属于植物界、被子植物门、单子叶植物纲、百合目、百合科。其下再列举更为详细的分类，如风信子科、田葱科、龙舌兰科、鸢尾科、百部科等。以下是《中图法》对于百合科类目，属于有管有胚植物门、被子植物亚门、单子叶植物纲、百合花目、百合科。分类法的类目与科学分类体系两者基本相符。

Q949.5 有管有胚植物门

Q949.7 被子植物亚门

Q949.71 单子叶植物纲

Q949.71+8.2 百合花目

Q949.71+8.21 灯心草科

Q949.71+8.22 百部科

Q949.71+8.23 百合科

……

科学知识的划分与排列体现学科知识从简单到复杂、从低级到高级的发展规律。分类法、叙词表等的确立也要遵循科学分类的发展原则，体现科学发展的动态过程。以下列举的《中图法》对于世界史与各级教育类目的划分，均体现了发展原则。

K11　上古史（公元前40世纪以前）

K12　古代史（公元前40世纪—公元476年）

K13　中世纪史（476—1640年）

K14　近代史（1640—1917年）

K15　现代史（1917年—）

① 侯汉清，王荣授．图书馆分类工作手册[M]．北京：中国科学技术出版社，1992：27.

G61 学前教育、幼儿教育

G62 初等教育

G63 中等教育

G64 高等教育

正是由于科学分类遵循客观与发展的原则，所以能够确立每门学科在科学总体系中的位置，揭示出各门学科之间的固有联系与相互参透、相互影响的关系，形象地描绘出科学发展的辩证图景，知识组织工具只有建立在充分地反映知识分类成果的基础上，才能具有较高的编制质量与使用效果。

三、语言学基础

语言是由语音、词汇和语法构成的人类所特有的用来表达意思、交流思想的工具，是以语音为物质外壳、以词汇为建筑材料、以语法为结构规律而构成的体系。语言学是研究语言系统性质、结构及其发展规律的学科，同哲学、心理学、历史学、文学等有密切的联系。根据其应用领域，语言学可分为普通语言学、具体语言学、应用语言学和数理语言学，信息组织中的语言属于应用语言学的范畴。

在信息组织与检索中引入语言学的原理与方法，能有效减少语义失真和歧义，更好地实现知识组织系统的功能。要把庞杂无序分散的知识组织成有序的整体，必须建立符号系统。只有具备这种符号系统，知识组织系统的有序特性才得以体现，知识单元的个体特征才得以揭示，从而形成便于检索的知识信息的集合。尽管各种知识组织的符号系统形式不同，但都和自然语言一样，有词汇、语法、语用、语义特征。著名语言学家索绪尔指出："当情报检索语言的内容和范围确定以后，构成情报检索语言的核心是词汇学、句法学和语义学问题。"

(一)词汇分析

词汇，又称语汇，是一种语言里所有的(或特定范围的)词和固定短语的总和，是构成语言的基本单位。在信息组织领域，词汇是指登录在类表、词表中的全部标识，一个标识(分类号、检索词、代码)就是它的一个语词(词汇)，对词汇进行规范化控制就形成了标引与检索用词(叙词、单元词、标题词等)。

信息组织中的词汇，是指用来概括或表达文献信息内容的由号码、代码或语词构成的概念标识，如分类法中的分类号、主题词表中的叙词等。词汇可分为号码标识、语词标识和代码标识三种类型。其中，号码标识是利用号码、字母等标记符号按照一定的编码方法(即标记制度)组合成的标识，如分类法中的分类号，其最大的优点是具有很好的系统性；语词标识是利用自然语言的词语经过规范化处理后作为标识，如主题词表中的主题词，其最大优点是具有很好的直观性；代码标识是利用字母、数字按照一定的编码方法组合后作标识，一般仅限于标引某类事物的某一方面特征(如化合物的成分或结构)，相当于从某一角度对某类事物进行命名。其特点是以代码所表达的事物为中心来集中信息，并可在一定程度上兼顾按事物间的相似性系统地集中信息的要求。

为了确保信息标引与检索的质量，在编制信息组织工具(如分类表、主题词表等)时，要对词汇进行规范化控制，主要包括唯一性、准确性、规范性、通用性及思想正确性等要求。其中，唯一性是指避免出现“一词多义”“多词一义”“词义含糊”现象，使标识与概念尽可能一一对应，从而提高检全率与检准率；准确性与规范性是指标识前后一致，符合规范用法，通用性可确保大多数使用者易于理解、能正确理解和使用；思想正确性是指概念标识的政治观点无误。如自然语言中的“维生素 C”叙词为“抗坏血酸”，“单车”“脚踏车”的叙词为“自行车”，“艾滋病”的叙词为“获得性免疫缺陷综合征”等。

(二)语法分析

任何一种语言，不仅要以词为基础，而且还要以语法为锁链。词是语言的基本单位，但语言不是词的堆砌，它必须通过语法来加以组织和控制，才能表达某种意义。① 语法是语言单位的结构规则，对语法的研究是检索语言研究的一个重要方面。信息组织中的语法是指如何创造和运用检索标识来正确表达文献内容和情报需要以有效地实现检索的一整套规则，即标识之间的关系规则。

单个词汇能表达的含义有限，对于语言的流畅表达需要语法规则来加以控制和组织。在信息组织与检索中，常常采用的手段有：(1)明确词汇概念间的关系，如等同关系、属性关系、等级关系和方式关系等；(2)明确词汇的引用次序，如采用阮冈纳赞的“PMEST”(本体、物质、动力、空间、时间)、凯塞的“实体、地点、过程”和“地点、实体、过程”双款目等方式明确引用次序，保证标引的一致性，避免出现错误组配关系，提高标引准确性；(3)采用组配方式，概念组配是信息标引与检索的重要语法手段，通过组配可以表达复杂概念及新学科主题文献，如“免疫药理学”可由“免疫学”和“药

① 蒋永福. 论知识组织的语言学基础[J]. 图书情报工作，2001(5)：17-20，41.

理学”两个叙词经过组配加以揭示；（4）采用控制符号，控制符号是根据语法控制需要设计的一整套符号，是对词义关系形式的代替，如在采用叙词语言建立的检索系统中，常常用 OR、AND、NOT 等布尔算符组配，并遵守一定的组配规则，组配成一个完整信息（或新的主题概念）。①

（三）语用分析

语用对语言使用的环境、条件等进行研究。荷兰学者 Mey 和 Haberland 认为语用或语用学是关于语言使用的科学，它的内部是制约语言使用的具体条件，它的外部是指语言的具体使用及使用者。可以说，语用学是语言实践（使用和使用者）条件的科学。所谓的语言实践的实质就是语境，语义存在于语言所出现的上下文或情景（也叫语境）之中，语境包括了语言本身的环境和语言的社会环境。语言的具体语用环境是开放的，作者思想的完整表达除了靠词的基本语义外，还由特定的社会历史背景和心理特征等构成的语境来确定。

（四）语言学的应用

语言学的原理与方法在信息组织的许多方面都有着应用，从语词表达概念到检索结果的输出等过程都有语言学的参与。如在编制分类法或主题法时，为了揭示概念间的内在联系，通常采用参照系统（包括用代参照、属分参照和相关参照）揭示概念间的语义关系，如叙词表的“全球环境”与“地球环境”是用代关系、“雷达侦察”和“电子侦察”是属分关系、“查全率”和“查准率”是相关关系；文献分类法的等级结构也清晰地表明了语词之间的语义关系，如“公共图书馆”是上位类，下位类由“直辖市、省、自治区图书馆”“市、地、县、区图书馆”“镇图书馆（室）”“街道图书馆（室）”等组成。

第三节　分类法的基本特征与作用

一、分类法的含义与类型

（一）分类法的含义

1. 类的含义

物以类聚，何为类？类是指具有某种共同属性特征的事物的集合。如绿色食品，是指按特定生产方式生产，经过专门机构认定和许可后，使用绿色

① 陆长旭．主题检索语言与语言学的关系[J]．情报学刊，1993(3)：212-215.

食品标志的无污染、安全、优质的营养食品①，是中国对无污染的安全、优质、营养类食品的总称。在其他国家绿色食品被称为有机食品、生态食品、自然食品等。1990 年 5 月，中国农业部正式规定了绿色食品的名称、标准及标志。其共同的特征是：①产品或产品原料的产地必须符合绿色食品的生态环境标准。②农作物种植、畜禽饲养、水产养殖及食品加工必须符合绿色食品的生产操作规程。③产品必须符合绿色食品的质量和卫生标准。④产品的标签必须符合中国农业部制定的《绿色食品标志设计标准手册》有关规定。凡是符合这些属性特征的对象可称为绿色食品。

类在文献分类法中称为类目，类目是构成分类法的基本单元，其中表示类目的名称叫做类名，类目的代号称为分类号。如《中国图书馆分类法》中的一组类目，“V474. 2 应用卫星”这条类目的类号为“V474. 2”，类名为“应用卫星”，而应用卫星又可分为“V474. 2+1 通信卫星”“V474. 2+2 跟踪中继卫星”“V474. 2+3 电视广播卫星”“V474. 2+4 气象卫星”“V474. 2+5 导航卫星”“V474. 2+6 测地卫星”“V474. 2+7 侦察卫星”等类目。

V474. 2	应用卫星
V474. 2+1	通信卫星
V474. 2+2	跟踪中继卫星
V474. 2+3	电视广播卫星
V474. 2+4	气象卫星
V474. 2+5	导航卫星
V474. 2+6	测地卫星
V474. 2+7	侦察卫星
V474. 2+91	地球资源勘测卫星
V474. 2+92	多用途卫星

2. 文献分类的含义

分类是人们认识事物和区分事物的基本方法，是人类思维的基本形式。所谓分类，是指依据事物的属性或特征进行区分和类聚，并将区分的结果按照一定的次序予以组织的活动。在情报检索领域一般指文献分类标引，它是依据一定的分类体系(文献分类法)，根据文献的内容属性和其他特征，对文献分门别类地、系统地组织与揭示的方法。这一概念包含以下几层含义：

①文献分类的工具。

要进行分类标引，必须依据文献分类法与分类标引规则，才能保证分类

① 黄勇．环境科学[M]．南宁：广西美术出版社，2014：22.

的准确性与一致性，实现资源共享。文献分类工具主要指文献分类法，又称分类检索语言，是将表示各种知识领域(学科及其研究问题)的类目按照知识分类原理进行系统排列，并以代表类目的数字、字母符号(分类号)作为文献主题标识的一类情报检索语言。主要表现为由众多类目组成，并通过隶属、并列等方式显示类目之间关系的一览表(即文献分类表)，它是编制各种文献分类检索工具、分类排列文献和进行文献分类统计的重要依据。

目前在国外使用比较广泛的分类法有：《杜威十进分类法》《美国国会图书馆分类法》《国际十进分类法》等，在我国使用最广泛的分类法是《中国图书馆分类法》(以下简称《中图法》)，其次为《中国科学院图书馆图书分类法》(以下简称《科图法》)与《中国人民大学图书馆图书分类法》(以下简称《人大法》)。文献分类，又可称为归类，即是用分类号表达文献主题的处理过程。经过对所标引文献的主题分析以及确定主题之后，再依据分类规则，在文献分类法中找到与该主题相匹配的类目，给出反映该主题类目的分类号。如要用《中图法》标引《西藏生灵》，首先分析其主题，该书是一本介绍西藏野生动物保护及神秘羌塘的著作。查阅《中图法》有关野生动物保护的类目，为"S863 野生动物的保护和狩猎限制"，所以该书的类号为 S863。

②文献分类的标准。

"依据事物的属性或特征进行区分和类聚"，是指文献分类时，要以文献内容属性或特征作为分类的标准，也称划分标准或依据。一般来讲，文献分类要以文献的内容特征作为主要分类标准，文献的知识内容主要包括：学科门类及分支；学科的研究对象与诸问题；学科的基本理论、原理、数据；学说、学派、观点；事物的种类、成因、性质与相互联系；自然现象、社会现象与历史事件；实验、技法、生产工艺；研究对象、事物、事件等涉及的地域、时代与环境等。① 以形式特征作为辅助标准，形式特征主要包括出版物的种类、工具书的类型、体裁、载体形式、编辑出版方式以及出版时间与地点等。

③文献分类的目的。

文献分类的目的就是对纷繁无序的文献分门别类地加以组织与揭示，从而使之系统化，为用户从学科角度查找文献提供检索途径，也为文献信息机构进行分类排架提供依据。文献分类具有族性检索、触类旁通的优势。能够将相同学科的文献集中在一起，使相近学科门类的文献联系起来，不同学科的文献加以区分。这样就可将知识按照学科门类加以集中，便于用户浏览

---

① 周继良．图书分类学(修订本)[M]．武汉：武汉大学出版社，1989：17.

检索。

弄清了类与分类的含义，什么是文献分类法呢？文献分类法，又称分类检索语言，是用分类号来表达各种概念，将各种概念按学科性质进行归类与系统排列。也可以这样表述：文献分类法是将知识领域(学科及其研究问题)的类目，按概念逻辑与知识分类的原理进行系统排列，并以代表类目的数字、字母符号(分类号)作为文献主题标识的一类情报检索语言，亦称分类法。文献内容属于某个类目的范围，即用该类目的分类号进行标引。

(二)分类法的类型

依据其原理与结构，可将文献分类法划分为两种类型：

1. 体系分类法

体系分类法，也称枚举分类法、等级分类法等，是直接体现知识分类的等级制概念的标识系统，主要依据概念的划分与概括的原理，将概括文献信息内容及外表特征的概念进行逻辑分类和系统排列，并赋以类号的方式建立起来的，是一种将类目层层划分、等级分明的标记系统。其主要特点是：依据概念的划分与概括层层展开建立起来的类目，类目等级结构严密，类目间的从属(隶属)、并列(平行)关系十分清晰。通常，将类目体系组织为树状结构，逐级列出，并以缩格方式显示类目的等级关系。《杜威十进分类法》(Dewey Decimal Classification，DDC)、《中图法》、《科图法》、《人大法》等均是体系分类法的代表。以《中图法》的 Q95 类目为例：

Q95 动物学
Q951 动物演化与发展
Q952 动物细胞学
Q953 动物遗传学
Q954 动物形态学
Q958 动物生态学和动物地理学
Q959 动物分类学(系统动物学)
Q959.1 无脊椎动物
Q959.3 脊椎动物
Q959.39 圆口纲
Q959.4 鱼纲 ⟶
Q959.5 两栖纲
Q959.6 爬行纲
Q959.7 鸟纲
Q959.8 哺乳纲

Q959.41	板鳃亚纲
Q959.44	全头亚纲
Q959.45	肺鱼亚纲
Q959.46	真口亚纲
Q959.46+1	空棘鱼目
Q959.46+2	多鳍目
Q959.46+3	鲟形目
Q959.46+4	弓鳍目
Q959.46+5	雀鳝目
Q959.46+6	鲱形目
……	……

可见，体系分类法结构比较直观，能清晰明了地显示类目间的等级关系与并列关系。

2. 组配分类法

组配分类法，也称分面分类法、组面分类法、分析—综合分类法等，其构成原理为：主要依据概念的分析与综合原理，将概括文献、信息、事物的主题概念组成“知识大纲—分面—亚面—类目”的结构，按照一定的组配规则，通过各个分面类目之间的组配来表达文献主题的一种分类法。《冒号分类法》(Colon Classification，CC)、《布立斯书目分类法(二版)》(Bliss Bibliography Classification，BC2)等是分面组配的代表。以CC的图书馆学类目为例，对于图书馆学，CC采用“图书馆类型、馆藏文献类型、图书馆工作、地区、时代”等特征进行划分，从而产生5组类目，即5个组面。每一组面再用更细的标准进行划分，分为亚面，组面或亚面之下可根据需要设立细分的类目。经过系统排列，就形成一个由组面、亚面、类目等构成的分面分类体系。

3. 体系-组配分类法

体系-组配分类法，亦称为半分面分类法，是介于体系分类法与组配分类法之间的一种分类法。其特点是：它基本上是体系分类法大量采用分面组配方法的结果，即大量使用各种通用复分表、专用复分表、类目仿分以及组配符号等，并且使分类号尽量保持分段的组配形式，在详细列举类目结构的基础上，广泛采用各种组配方式编制的分类法。这种分类法具有直观性较强的特点，也有较强的文献主题概念的组配功能，如《国际十进分类法》(Universal Decimal Classification，UDC)。用UDC标引《20世纪70年代美国缅因州格拉夫顿县PDF版本的旅游地图》一书，其类号为：348.48(734.211.4)“197”(084.3)(0.034.2PDF)，其中“348.48”为“旅游”，“(734.211.4)”取自辅助表中“美国缅因州格拉夫顿县”，““197””表示辅助表中的“20世纪70年代”，“(084.3)”表示形式区分“地图”，“(0.034.2PDF)”表示辅助表中载体形态中有关数字文档的号码。

二、分类法的作用

文献分类的目的在于对文献进行分门别类地组织，其主要功能有两个，一是可建立分类检索与浏览系统；二是用于文献的分类排架。

(一)建立分类检索与浏览系统

一般来讲，分类检索是指从学科专业出发的检索，要借助分类检索工具或系统来实现。分类检索与浏览系统是根据分类法体系，按照文献的学科属性或其他显著特征进行构建的。当前文献信息机构的联机公共检索目录(Online Public Access Catalog，OPAC)均可提供分类号检索的功能，一些采用较先进的集成管理系统的图书馆的OPAC，还可实现分类浏览，即按分类法的体系提供的路径进行逐层点击浏览，查找所需信息。用户之所以能够采用分类检索与浏览的途径检索信息，是建立在标引人员对文献进行加工整序时，依据分类法对文献进行分类标引的基础上的。以浙江大学图书馆为例(如图1-3所示)：当用户需要检索“中国古代的词作品”时，首先打开其OPAC上的分类浏览栏目，借助其《中图法》类目分类浏览功能，依次点开“I文学”“I2中国文学”“I22诗歌、韵文”“I222至近代作品(—1919年)”“I222.8词”，双击选中类目，即可获得与该类目主题相符合的文献。可见检索到相关文献有945条，即为命中记录。这一浏览检索的例子说明了使用文献法不仅可以进行浏览检索，还能方便地进行扩大检索与缩小检索，便于用户从分类的角度获取所需文献，按类索书。

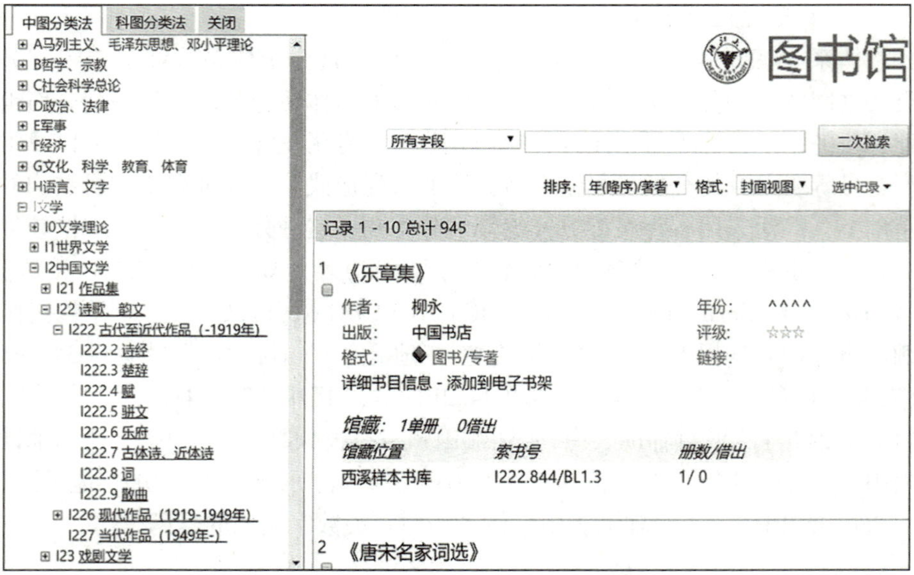

图1-3　浙江大学图书馆分类浏览界面

(二)组织分类排架

分类排架，是指按所采用的分类法体系进行排架。分类排架法是目前文献信息机构最常用的一种排架方法。其排架号，又可称索书号，一般由排架分类号+著者号(或种次号)，有时还要加上其他的辅助区分号组成。分类排架是分类标引工作的延续，主要是为了实现同一类书的个别化，即要求每一种文献在书架上都有一个固定的位置，索书号具有唯一性，分类排架要严格按照索书号进行线性排列，以满足文献信息机构管理文献的需要。如图1-4、图 1-5 是同类书排列的两种方法(按著者号或按种次号)的例子。将所有的馆藏文献首先按分类法(标引的类号)体系排列，如遇相同类号的文献，再按著者号或种次号加以区分。图 1-4 是用《中图法》标引的有关英语会话的图书，其类号为“H319. 9”，这组文献再按其著者号码排列先后次序。

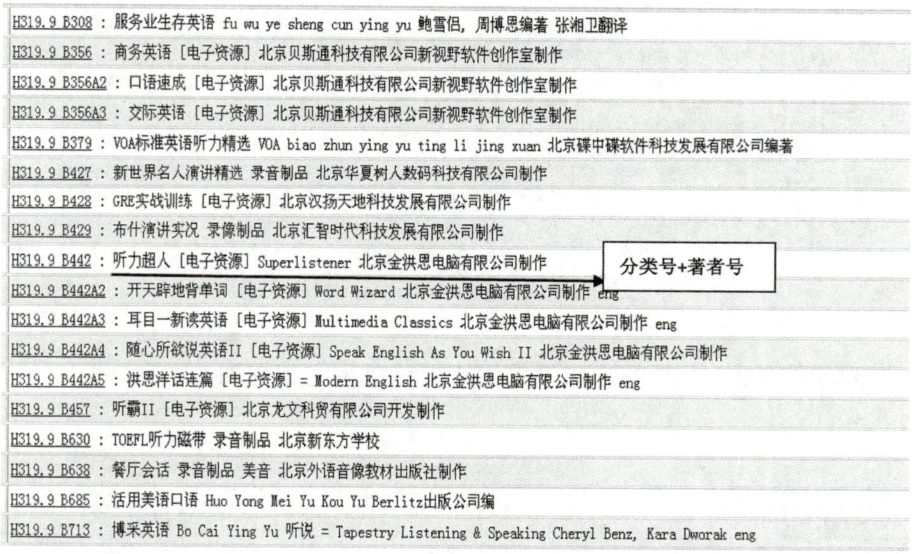
H319.9 B308 : 服务业生存英语 fu wu ye sheng cun ying yu 鲍雪侣, 周博思编著 张湘卫翻译
H319.9 B356 : 商务英语 [电子资源] 北京贝斯通科技有限公司新视野软件创作室制作
H319.9 B356A2 : 口语速成 [电子资源] 北京贝斯通科技有限公司新视野软件创作室制作
H319.9 B356A3 : 交际英语 [电子资源] 北京贝斯通科技有限公司新视野软件创作室制作
H319.9 B379 : VOA标准英语听力精选 VOA biao zhun ying yu ting li jing xuan 北京碟中碟软件科技发展有限公司编著
H319.9 B427 : 新世界名人演讲精选 录音制品 北京华夏树人数码科技有限公司制作
H319.9 B428 : GRE实战训练 [电子资源] 北京汉扬天地科技发展有限公司制作
H319.9 B429 : 布什演讲实况 录像制品 北京汇智时代科技发展有限公司制作
H319.9 B442 : 听力超人 [电子资源] Superlistener 北京金洪恩电脑有限公司制作
H319.9 B442A2 : 开天辟地背单词 [电子资源] Word Wizard 北京金洪恩电脑有限公司制作 eng
H319.9 B442A3 : 耳目一新读英语 [电子资源] Multimedia Classics 北京金洪恩电脑有限公司制作 eng
H319.9 B442A4 : 随心所欲说英语II [电子资源] Speak English As You Wish II 北京金洪恩电脑有限公司制作
H319.9 B442A5 : 洪恩洋话连篇 [电子资源] = Modern English 北京金洪恩电脑有限公司制作 eng
H319.9 B457 : 听霸II [电子资源] 北京龙文科贸有限公司开发制作
H319.9 B630 : TOEFL听力磁带 录音制品 北京新东方学校
H319.9 B638 : 餐厅会话 录音制品 美音 北京外语音像教材出版社制作
H319.9 B685 : 活用美语口语 Huo Yong Mei Yu Kou Yu Berlitz出版公司编
H319.9 B713 : 博采英语 Bo Cai Ying Yu 听说 = Tapestry Listening & Speaking Cheryl Benz, Kara Dworak eng

图 1-4 按索书号(分类号+著者号)排列的文献列举

对于图 1-4，下表的方式可更为清晰地显示文献排列的顺序(书次号为著者号)。

分类号	H319. 9	H319. 9	H319. 9	H319. 9	H319. 9	H319. 9	H319. 9	……
著者号	B308	B356	B356 A2	B356 A3	B379	B427	B428	……

图 1-5 是用《中图法》标引的有关宋词的图书，其类号为“I222. 844”，这组文献再按其种次号排列先后次序。

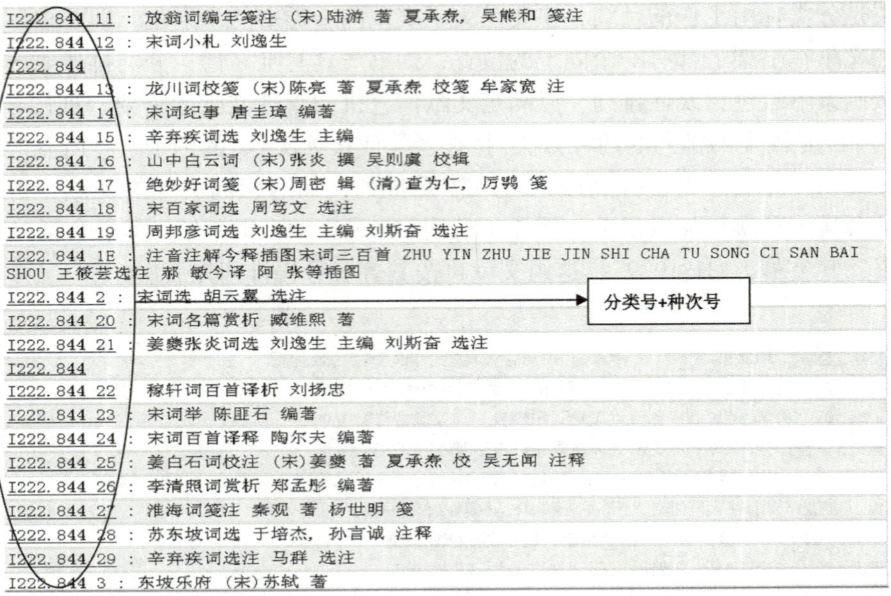
I222.844 11 ：放翁词编年笺注 （宋）陆游 著 夏承焘，吴熊和 笺注
I222.844 12 ：宋词小札 刘逸生
I222.844
I222.844 13 ：龙川词校笺 （宋）陈亮 著 夏承焘 校笺 牟家宽 注
I222.844 14 ：宋词纪事 唐圭璋 编著
I222.844 15 ：辛弃疾词选 刘逸生 主编
I222.844 16 ：山中白云词 （宋）张炎 撰 吴则虞 校辑
I222.844 17 ：绝妙好词笺 （宋）周密 辑 （清）查为仁，厉鹗 笺
I222.844 18 ：宋百家词选 周笃文 选注
I222.844 19 ：周邦彦词选 刘逸生 主编 刘斯奋 选注
I222.844 1E ：注音注解今释插图宋词三百首 ZHU YIN ZHU JIE JIN SHI CHA TU SONG CI SAN BAI SHOU 王筱芸选注 郝 敏今译 阿 张等插图
I222.844 2 ：宋词选 胡云翼 选注
I222.844 20 ：宋词名篇赏析 臧维熙 著
I222.844 21 ：姜夔张炎词选 刘逸生 主编 刘斯奋 选注
I222.844
I222.844 22 ：稼轩词百首译析 刘扬忠
I222.844 23 ：宋词举 陈匪石 编著
I222.844 24 ：宋词百首译释 陶尔夫 编著
I222.844 25 ：姜白石词校注 （宋）姜夔 著 夏承焘 校 吴无闻 注释
I222.844 26 ：李清照词赏析 郑孟彤 编著
I222.844 27 ：淮海词笺注 秦观 著 杨世明 笺
I222.844 28 ：苏东坡词选 于培杰，孙言诚 注释
I222.844 29 ：辛弃疾词选注 马群 选注
I222.844 3 ：东坡乐府 （宋）苏轼 著

图 1-5　按索书号(分类号+种次号)排列的文献列举

对于图 1-5，下表的方式可更为清晰地显示文献排列的顺序(书次号为种次号)。

分类号	I222. 844	I222. 844	I222. 844	I222. 844	I222. 844	I222. 844	I222. 844	……
著者号	11	12	13	14	15	16	17	……

按分类法体系进行排架的优势在于：(1)在开架的情况下，适合读者触类旁通，按类索书；(2)有助于管理人员从学科专业的角度熟悉馆藏，开展馆藏的宣传与推荐服务；(3)有利于对馆藏进行分类统计，按用户的需求进行藏书的补充等。与其他排架方法相比，分类排架对于用户与管理人员双方都是省时省力的方法。

需要注意的是，分类法的分类检索与分类排架功能是有区别的，一些读者认为在开架的条件下，不需要检索分类目录，直接到书库找书还可节省时间。这种片面的认识，弱化了分类法的检索功能。相对于分类法的其他基本功能，检索功能更为重要：其一，一篇文献涉及若干主题时，可标引出多个分类号，可从多个角度反映出文献的主题内容，而排架分类号只能选择其中一个。其二，书架上的图书处于流通之中，总是流动的，无法反映图书馆收藏的此类文献的所有馆藏，因此，应该重视分类法的检索功能，用户从学科角度检索文献时，也应该先从分类法(分类号)类目查寻与浏览途径进行检索，再进入书库查找所需要的文献。

三、文献分类标准

(一)文献分类标准的含义

文献分类标准，又称文献分类根据，是指划分某类文献所依据的某种属性特征。一般文献分类均以文献内容的学科属性为主要标准，以文献的其他属性为辅助标准。这些属性包括文献类型、载体形态、时代、地域或使用对象等。选用何种分类标准以及分类标准的运用次序直接影响分类体系的结构与分类表的质量。

作为记录有知识的载体的文献，其核心就是承载的各种知识内容，以其学科知识内容属性作为主要分类标准，就能够将各种文献从本质上区分开来，也便于用户从学科知识内容的角度检索文献。而揭示文献的其他属性，将其作为辅助标准，也是由方便读者检索利用文献决定的。也只有这样才能全面揭示文献的各种属性特征，将文献分门别类地区分开来。

(二)文献分类标准的选择与运用次序

1. 选择分类标准及其运用次序的意义

文献分类标准的选择是指在可作为多种分类标准的属性特征中，选择哪种属性特征作为分类标准。可作为分类标准的属性特征是多方面的，选择哪一种作为分类标准，就能够将具有这种属性特征的文献加以集中，从而为用户提供从这种属性特征入手检索文献的途径。如：各种雕塑技法都具有“样式”“体裁与题材”“材料”等属性特征，如果选择“材料”作分类标准，各种雕塑技法的文献就可按木刻、木雕、石刻、石雕、金属雕刻、竹刻、竹雕、漆雕、泥塑、陶雕等分别加以集中，为用户提供按材料的角度来检索各种雕塑技法文献的途径。这时就不能提供按样式或按体裁与题材来检索文献的途径，因为这些文献就会被分散在按材料的类目之中了。

分类标准的运用次序是指当某类文献需要采用几种分类标准时，对于这几种分类标准运用的先后次序。在建立分类体系时或进行分类标引时，对于有些文献需要采用多种分类标准，才能全面揭示文献的各种特征，满足用户的检索需求，就会产生在这些分类标准中先采用哪种标准后采用哪种标准的问题。分类标准的运用次序不同，分类体系也随之不同。如将小说的“国别”“篇幅”“时间”等属性特征均作为分类标准，按其运用次序的不同，可分别形成6种分类体系，我们选择3种列于下表：

按国别→时代→篇幅	按时代→国别→篇幅	按篇幅→时代→国别
中国	古代	长篇、中篇小说
古代	中国	古代
长篇、中篇小说	长篇、中篇小说	中国
短篇小说	短篇小说	各国
现代	各国	现代
长篇、中篇小说	长篇、中篇小说	中国
短篇小说	短篇小说	各国
当代	现代	当代
长篇、中篇小说	中国	中国
短篇小说	长篇、中篇小说	各国
各国	短篇小说	短篇小说
古代	各国	古代
长篇、中篇小说	长篇、中篇小说	中国
短篇小说	短篇小说	各国
……	……	……

如，标引《金粉世家》一书，按国别→时代→篇幅的运用次序，要先归入中国，再归入现代，之后再入章回小说，即中国→现代→章回小说；若按时代→国别→篇幅的运用次序，则要先按时代分，再归入国别，再归入章回小说，即现代→中国→章回小说；若按篇幅→时代→国别的运用次序，则先要入章回小说，再入现代，最后归入中国，即章回小说→现代→中国。

2. *确定分类标准及其运用次序的依据*

(1)要符合读者的检索要求与检索特点

选择分类标准及其运用次序不仅要适应不同职业、不同文化层次的用户的检索需求与特点，还要能够按照用户的不同需要集中有关文献。如教学科研人员往往从学科性较强的学术专著、专业期刊以及科研报告等文献载体中获取专门的学科知识，而工程技术人员则侧重于从产品的原理、性能、结构、工艺设计等角度来检索文献，重视专利、产品样本、标准等文献中的信息。管理人员则重视动态信息，如综述、进展等三次文献。检索需求的不同，为我们确定分类标准以及运用次序提供了参考依据。

确定分类标准及其运用次序还应考虑用户的不同需求来集中文献。以法律类文献为例，主要涉及各种法律类型与制定法律的国家的属性，可首先采用按法律类型，再按制定法律的国家的分类标准为次序，也可选择先按制定法律的国家，再依法律的类型的方式，选择这两种不同方式，就会分别形成以制定法律的国家和以法律类型为主的两套完全不同的分类体系(如图 1-6与图 1-7 所示)。

D92	中国法律
D920.0	理论
D920.1	方针、政策及其阐述
D920.4	学习、研究
D920.5	解释、案例
D920.9	法律汇编
D921	国家法、宪法
D922.1/.6	(类目复分仿分规定)
D922.1	行政法
D922.2	财政法
D922.28	金融法
D922.29	经济法
D922.3	土地法
D922.4	农业经济管理法令
D922.5	劳动法
D922.6	自然资源与环境保护法
D923	民法
D923.9	婚姻法
D923.99	商法(总论)
D924	刑法
D925	诉讼法

D93/97	各国法律
	依世界地区表分，再依下表分。
09	法律汇编
1	国家法、宪法
11	国家机构组织法
12	选举法
[17]	国籍法
18	地方自治法
21	行政法
22	财政法
228	金融法
229	经济法
23	土地法
24	农业经济管理法
25	劳动法
26	自然资源与环境保护法
[28]	军法
3	民法
39	婚姻法

图 1-6 《中图法》各国法律类目(国家→法律类型)

DF	法律
	依总论复分表分，-0理论与方法论所属类目复分入DF0。
DF0	法的理论(法学)
DF1	世界各国法律(总论)
DF2/75	各部门法
DF2	国家法、宪法
DF3	行政法
DF4	经济法、财政法
DF5	民法
DF6	刑法
DF7	诉讼法
(DF79)	司法鉴定
DF792	犯罪学
DF793	刑事侦查学(犯罪对策学、犯罪侦查学)
DF794	司法鉴定学
DF795	法医学

DF2/75　各部门法

各种法均可依下表分。如有必要，再依世界地区表分，中国再依中国地区表分，用地区区分符号( )标识。

0	理论
09	法的历史
1	法律文本及其汇编
4	学习、研究
5	解释、案例

图 1-7 《中图法》各国法律类目(法律类型→国家)

(2)要按照学科、专业分类的一般规定

每门学科、专业在发展过程中，都会有按照各自分类标准建立特定的分类体系，如生物学对生物的划分，是将生物首先分成种、属、科、目、纲、门、界的类群，再划分为若干层次。如对于犬的分类，其从属关系为：动物界→脊索动物门→脊椎动物亚门→哺乳纲→真兽亚纲→食肉目→犬。

(3)要基本遵守概念的划分规则，但有时可不受其限制概念的划分必须遵守以下4条划分规则：(1)划分后子项外延之和等于其母项；(2)划分后的子项必须是互相排斥的；(3)每次划分都必须按照同一标准进行；(4)划分必须逐级进行。但在实际分类标引工作中，很难严格遵守概念的划分规则。如研究电影、电视的文献，会涉及各种内容、各种表现形式与技术以及各种题材，需要分别按不同的标准，分别建立几组平行的子目(见下例)，才能揭示文献的不同属性特征，从而满足用户的各种需求。

J95　各种电影、电视：按内容与样式分
J951　艺术片
J952　新闻片、纪录片、文献片
J953　科教片
J954　美术片
…………
J96　各种电影、电视：按表现形式和技术分
J961　无声与有声片
J962　黑白影片与彩色影片
J964　窄胶片与宽银幕片
J965　环幕片与球幕片
…………
J97　各种电影、电视：按题材分
J971　各种电影、电视：依不同行业分
J972　各种电影、电视：依内容时代分
…………

对于以上各种电影与电视的类目，每次划分假如只按同一种分类标准，就只能集中按这一标准划分的文献。如采取按内容划分的标准，就很难查找按表现形式和技术以及按题材划分的文献。

当需要重点突出某类文献时，也可以不严格遵守"划分必须逐级进行"的规则。如要突出中国的政治、经济、文化、教育与历史等方面的文献，就可以越级建立类目体系。以教育类为例，单独为中国教育立类，而不放在"各国教育事业"类下。

教育
　世界教育事业
中国教育事业
　各国教育事业

第四节 主题法的基本特征与作用

一、主题法的含义

主题法是用语词来表达概念，将各种概念按字顺排列。具体而言，就是一种直接用规范化语词作为概念标识、按字顺序列组织、并用参照系统等方法间接显示概念之间相互关系的揭示文献主题内容的方法。主题法与分类法对于概念的分析过程是一致的，不同之处在于：分类法是用号码（分类号）作为概念标识，用分类体系和分类号直接显示概念之间的相互关系，而主题法是用语词作为概念标识，用参照系统显示概念之间的关系。

二、主题法的类型

依据主题的构成原理，可将主题法划分为以下几种类型：

1. 标题法

标题表是一部标题词典，是将一个或几个相互限定的概念用规范化的自然语言的语词构成一个先组标题作为文献主题的标识（在编表时就已固定组配了检索标识，即是“先组式的”），然后以标题的字顺进行排列，并对标题建立相应的词间关系（同一关系、属分关系、相关关系等）的参照系统。

标题表是出现最早的一种主题语言，以 1876 年克特的《字典式目录规则》为标志。标题表在国外的应用较为广泛，影响也较大，如《美国国会图书馆标题表》（Library of Congress Subject Headings，LCSH），该标题表已成为美国和世界范围内使用最为广泛的标题表，还有美国国家医学图书馆的《医学标题表》（Medical Subject Headings，MeSH）等。LCSH 第一版发行于 1909 年至 1914 年间，名称为“Subject Headings Used in the Dictionary Catalogues of the Library of Congress”。第二版发行于 1919 年，目前为每年更新出版。在第 8 版时改名为“Library of Congress Subject Headings”。目前最新的版本为 2019 年 4 月出版的第 41 版，包含 34.5 万条标题与参照，按标题的字母顺序排列。除了纸质版的标题表外，LCC 网络版的 Classification Web 亦可提供国会图书馆标题表的查询。目前我国还有不少的文献信息机构使用 LCSH 标引西文文献，医学专业的信息机构使用 MeSH 标引医学与相关学科的文献。

2. 叙词法

叙词法在我国又称为主题词法，叙词在我国又称主题词，是取自自然语言，经过规范化处理的、以基本概念为基础进而表达文献信息主题的词或词组。叙词表是叙词的总汇。叙词法是一种从自然语言中精选出来、以概念组配为基础、经过严格的词汇控制而发展起来的知识语义网，它一方面通过词间关系建立特定的概念；另一方面通过范畴表、词族索引为每一个概念在知识语义体系中系统定位。

叙词表产生于20世纪50年代末60年代初，它继承和吸取了在其之前产生的标引语言的优点，代表了主题法这类知识组织工具发展的主流。它吸收了单元词表后组式的灵活性、组配分类法概念组配的功能、标题表表达复杂概念的先组功能等。融众家所长于一身，取代元词法，与分类语言、自然语言形成三足鼎立之势。

我国较著名的叙词表有：《汉语主题词表》，它是我国第一部大型的综合性的叙词表，由中国科学技术情报研究所(现为中国科学技术信息研究所)和北京图书馆(现为国家图书馆)负责主持，1975年开始编制，1980年由科学技术文献出版社正式出版。1991年自然科学部分出增订本，增补新词8221条，删除不适用词5434条。《汉语主题词表》分3卷10册：第一卷(2册)为社会科学部分，第二卷(7册)为自然科学部分，两部分均包括字顺主表、范畴索引、词族索引和英汉对照索引，第三卷为附表。2009年，中国科学技术信息研究所开始了《汉语主题词表》在网络环境下的改造与重修工作。拟分为工程技术卷、自然科学卷、生命科学卷、社会科学卷四大部分逐步完成。目前(2020年底)工程技术卷和自然科学卷已出版。《汉语主题词表(工程技术卷)》共收录优选词19.6万条，非优选词16.4万条，《汉语主题词表(自然科学卷)》共收录专业术语12.4万条。《汉语主题词表》涵盖各个学科专业，收词量大，编制体例规范，对推动中国主题标引工作的开展和促进专业叙词表的编制起到了重要作用。

3. 关键词法

所谓关键词，是指从文献题名、文摘甚至正文中抽取的，能够表达文献主题并具有检索意义的语词，关键词法是从文献题名、摘要或正文中由人工或自动抽出的、能够表达文献主题并具有检索意义的语词作为主题标识，并按字顺组织成索引，提供检索途径的方法。是为适应索引编制自动化的需求而产生的一种主题语言，直接用自然语言中未加控制或只作少量控制的语词表达主题概念。其优点是：选词简单，语词基本不作控制，标引速度快，易于自动标引。其不足是由于对词汇控制不够，词间关系得不到显示，检索的效率较差，难以保障检索质量。

三、主题法的特征

使用语词作为标识的主题法，其基本的特征是：

(1)用自然语言中的名词术语，经过规范化后直接作为文献主题标识，直观性强。

(2)用字顺序列作为检索标识，易于使用。

(3)按文献主题(文献所论述的事物)集中文献，特性检索功能强，适合于从事物出发按专题进行特定文献的检索。

(4)通过参照系统揭示主题之间的相互关系，如叙词表就是借助主题词下的用、代、属、分、参等多种参照系统，建立词与词之间的语义关系。

(5)由于主题法是按文献的主题集中文献，对于文献的学科专业属性和范畴的揭示不如分类法，系统性较差。

四、主题法的作用

分类法的基本功能是建立分类检索系统与进行分类排架，而主题法不用来组织文献(不用于排架)，只用于组织各种检索工具或建立检索系统。只有获得检索标识后的文献信息方能按检索标识的逻辑次序加以组织，成为有序的集合，这样才能提供根据文献信息的内容特征进行检索。获得检索标识的过程也就是文献标引的过程，以主题词表或标题表为工具，赋予文献信息语词标识的过程，称为主题标引，将标引的主题词按照字顺进行排列，就能够直接从事物、问题和对象入手对文献信息进行特性检索。可见，文献信息标引是建立检索系统和进行信息检索的关键环节。主题法就是借助主题词表这类工具，对于文献信息进行标引，检索标识按字顺进行排列，建立从语词入手的检索系统的方法，主要用于建立主题检索系统。以 NASA 叙词表(如图 1-8 所示)为例，包括超过 18400 个主题词，4300 条定义注释，4500 条“用”项参照，该受控词表收词范围不仅涵盖了航空航天工程，而且还支持工程、物理、自然空间科学(天文学、天体物理学、行星科学)、地球科学和生物科学领域。用于标引和检索 NASA 相关资源。

我们知道，依据分类表对文献内容的学科知识属性及其他显著特征进行的系统组织就是文献的分类组织，而依据主题词表对于文献内容进行的特性组织就是对文献的主题组织。当对同一种文献既需要满足从学科角度的方式进行组织，又要满足从主题的方式进行组织时，分类主题一体化组织工具则应运而生，这种工具对分类表与主题词表的功能起到了取长补短的作用。分面叙词表与分类号—主题词对应表是这种工具的主要模式。知识组织工具的

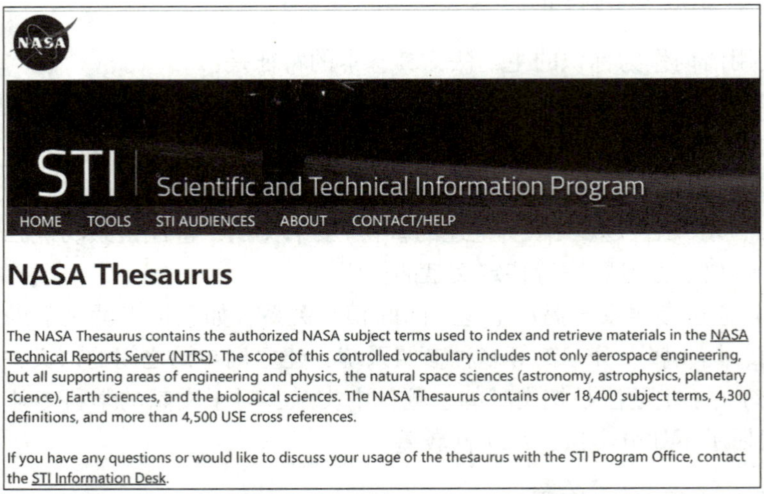

图 1-8　NASA 网站对于其叙词表的介绍

兼容与互换是知识组织工具的主要发展趋势之一。分类主题的一体化详见“第五章分类主题一体化词表”。

◎ 本章思考题

一、名词解释

信息组织　分类组织法　主题组织法　知识分类　类目

关键词法　文献分类标准　文献分类

二、简答与论述题

1. 列举信息组织的常用方法。
2. 简述分类法主要的类型。
3. 简述确定分类标准及其运用次序的依据。
4. 简述主题法的含义及其特征。
5. 依据构成原理划分，简述主题法有哪些类型。

第二章 体系分类法

体系分类法，也称枚举分类法、等级分类法等，是直接体现知识分类的等级制概念的标识系统，主要依据概念的划分与概括的原理，将概括文献信息内容及外表特征的概念进行逻辑分类和系统排列，并赋以类号的方式建立起来的，是一种将类目层层划分的等级分明的标记系统。其基本特点：一是将知识进行逻辑的、系统的组织，因此称其为体系分类法或系统分类法；二是把知识分门别类地进行等级排列，因此又称其为等级分类法；三是将知识详细地罗列、展开，因此也称为列举分类法或枚举分类法。体系分类法一般由主表、复分表、标记符号、说明和注释、索引5部分组成。

第一节 体系分类法的主表

主表是体系分类法的主体，由基本部类、基本大类、简表和详表组成。其编制原理是：在基本部类的基础上，划分出基本大类，再按照一定的划分依据，层层列举出各级类目，同时建立类目之间的联系。主表是分类标引工作的主要依据。

一、基本部类

基本部类，又称部类，是分类表中最概括的类目，它是将反映人类全部知识与客观事物作最概括的区分，体现着分类法编制者的知识分类观。中华人民共和国成立以后，我国编制的综合性分类法基本分为五大部类，简称“五分法”。即首先将人类的知识分为“哲学”“社会科学”“自然科学”三大部类。由于马列主义、毛泽东思想是指导我们思想的理论基础，作为一个基本部类，列于各部类之首。此外，考虑文献本身的特点，对于一些内容庞杂、类无专属、无法归入某一具体学科的文献，如《中国大百科全书》《四库全书》《辞源》《辞海》等，概括为“综合性图书”，作为一个基本部类，置于各部类最后。关于“哲学”“社会科学”“自然科学”部类的序列，哲学是关于自然科学和社会科学的概括与总结，因此将其列作第二部类，排在“社会科学”与“自然科学”的前面。社会科学是人类社会活动的总结知识，将其列在“哲学”部类之后，再序列“自然科学”部类。五大部类的名称及其序列为：

马列主义、毛泽东思想

哲学

社会科学

自然科学

综合性图书

需要指出的是：《中国图书馆分类法》(以下简称《中图法》)、《中国科学院图书馆图书分类法》(以下简称《科图法》)的基本部类均采用五分法，而《中国人民大学图书馆图书分类法》(以下简称《人大法》)的基本部类为“总结科学”“社会科学”“自然科学”“综合性图书”4大部类，但其总结科学部类包括马列主义、毛泽东思想与哲学两大类别，因此“四分法”与“五分法”并无本质上的不同。

二、基本大类

基本大类，又称分类大纲，是在基本部类的基础上划分出来的分类法的第一级类目。整个分类表在基本大类的基础上层层展开。

一般来讲，基本大类都是传统的学科领域，其数量在20个左右，如《中图法》有22个基本大类，《科图法》有25个基本大类，《人大法》有17个基本大类，三种分类法的基本大类对照表见表2-1。

三、简表

简表又称基本类目表，一般是由基本大类与对其所作的一、二次划分所得的类目构成。基本大类为一级类目，由基本大类直接展开的类目为二级类目，由二级类目直接区分出来的类目为三级类目，依此类推。简表是分类法的骨架。大型文献分类法的详表类目一般都有数万条，如《中图法》(第五版)有51881个类目(包括专用和通用类目)，如此之多的类目，不易在较短的时间内掌握整个分类表的内容，而简表列出最初的几级类目，通过简表就可迅速了解分类法概貌。现以《中图法》简表(由一、二级类目组成)的“农业科学”类目为例，呈现简表的结构：

表 2-1　　《中图法》《科图法》《人大法》基本大类对照表

《中图法》(第 5 版)基本大类	《科图法》(第 3 版)基本大类	《人大法》(第 6 版)基本大类
A 马克思主义、列宁主义、毛泽东思想、邓小平理论	00 马克思列宁主义、毛泽东思想	1 马克思主义、列宁主义、毛泽东思想
B 哲学、宗教	10 哲学	2 哲学
C 社会科学总论	20 社会科学	3 社会科学、政治
D 政治、法律	21 历史、历史学	4 经济
E 军事	27 经济、经济学	5 军事
F 经济	31 政治、社会生活	6 法律
G 文化、科学、教育、体育	34 法律、法学	7 文化、教育、科学、体育
H 语言、文字	36 军事、军事学	8 艺术
I 文学	37 文化、科学、教育、体育	9 语言、文字
J 艺术	41 语言、文字学	10. 文学
K 历史、地理	42 文学	11. 历史
N 自然科学总论	48 艺术	12. 地理
O 数理科学和化学	49 无神论、宗教学	13. 自然科学
P 天文学、地球科学	50 自然科学	14. 医药、卫生
Q 生物科学	51 数学	15. 工程技术
R 医药、卫生	52 力学	16. 农业科学技术
S 农业科学	53 物理学	17. 综合性科学、综合性图书
T 工业技术	54 化学	
U 交通运输	55 天文学	
V 航空、航天	56 地球科学(地学)	
X 环境科学、安全科学	58 生物科学	
Z 综合性图书	61 医药、卫生	
	65 农业科学	
	71 工程技术	
	90 综合性图书	

S　农业科学　　(一级类目)
S1　农业基础科学　　(二级类目)
S2　农业工程　　(二级类目)
S3　农学(农艺学)　　(二级类目)
S4　植物保护　　(二级类目)
S5　农作物　　(二级类目)
S6　园艺　　(二级类目)

S7　林业　　　　　　　　　　　　　　（二级类目）
S8　畜牧、动物医学、狩猎、蚕、蜂　　（二级类目）
S9　水产、渔业　　　　　　　　　　　（二级类目）

简表的作用在于：①便于用户迅速了解分类表的概貌，起到承上启下的作用；②便于用户进行较宽泛课题的检索；③供中小型图书馆分类标引使用；④供专业文献信息机构标引非专业的文献。

四、详表

详表是分类表的正文部分，是标引工作的依据，由在简表的基础上展开的各种不同等级的类目组成。以《中图法》的建筑科学类目为例：

T　工业技术　　　　　　　　　　（一级类目）
TU　建筑科学　　　　　　　　　（二级类目）
TU7　建筑施工　　　　　　　　（三级类目）
TU74　建筑技术　　　　　　　（四级类目）
TU745　各种建筑物的施工　　（五级类目）
TU745. 2　大跨度建筑物施工　（六级类目）

五、主表类目之间的关系

体系分类法主表类目间主要有四种关系，即从属关系、并列关系、交替关系与相关关系。

(一)从属关系

类目之间的从属关系是指一个类与其直接划分出来的子类之间的关系，在分类表中凡是具有上位类和下位类关系的类目就构成从属关系。依据某种属性对某一类进行划分所产生的类目称为下位类，被划分的类，称为上位类。

通常在分类表中，上位类一定能包含其所属的下位类，下位类也一定会带有上位类的属性。两者之间的从属关系表现形式主要有：(1)属种关系，如“Q959. 7 鸟纲”与“Q959. 7+16 企鹤目”。(2)整体与部分的关系，如“D92 中国法律”与“D927 地方法制”。(3)全面与某一方面的关系，如“U22 电气化铁路”与“U226 电气化铁道养护与检修”。

上位类与下位类是相互依存的关系。有上位类必然有其下位类，有下位类也一定有上位类。对某个类连续划分所形成的一系列具有从属关系的类目，称为类系。如：“Q 生物科学→Q3 遗传学→Q31 遗传与变异→Q311 遗传→Q311+. 5 获得性遗传”就是一个类系。分类表中的上位类和下位类是一个相对的概念，如Q3是Q的下位类，但同时是Q31的上位类，上下位类的关系需要放在类目体系的逻辑关系中加以判定。

(二)并列关系

并列关系是指依据某种分类标准对某一上位类进行划分而产生的若干个平级的下位类之间的关系。类目间的并列关系是通过同位类体现的。所谓同位类是指由一个类直接区分出来的各个类，彼此之间称为同位类。如“J艺术”类下的“J2绘画”“J29书法、篆刻”“J3雕塑”“J4摄影艺术”“J5工艺美术”“J6音乐”“J7舞蹈”“J8戏剧、曲艺、杂技艺术”“J9电影、电视艺术”9个类就是同位类。一组同位类称为一个类列。

在分类法中排列同位类的方法主要有以下几种：

①按基础理论到应用学科的次序排，如：

O 数理科学和化学
P 天文学、地球科学
Q 生物科学
R 医药、卫生
S 农业科学
T 工业技术
U 交通运输
V 航空、航天
X 环境科学、安全科学

②按学科或专业的固有分类次序排，如：

Q959.3 脊椎动物
Q959.39 圆口纲
Q959.4 鱼纲
Q959.5 两栖纲
Q959.6 爬行纲
Q959.7 鸟纲
Q959.8 哺乳纲

③按事物发展由简单到复杂，低级到高级的次序排，如：

38.5 幼儿教育(学前教育)
38.6 初等教育
38.7 中等教育
38.8 高等教育

④按社会及社会现象的发展过程排

22.2	各代史
22.21	奴隶社会(约公元前21世纪—前476年)
22.217	封建社会(公元前475—1840年)
22.218	战国(公元前475—前221年)
22.219	秦(公元前221—前207年)
22.221	汉(公元前206—公元220年)
22.224	三国(220—280年)
22.225	晋(265—420年)
22.226	十六国(304—439年)
22.227	南北朝(420—589年)
22.23	隋、唐至五代十国(581—979年)
22.24	宋、辽、金、元(960—1368年)
22.25	明(1368—1644年)
22.26	清前期(1644—1840年)
22.27	半殖民地、半封建社会(1840—1949年)
22.28	中华人民共和国：社会主义革命和社会主义建设时期(1949年—　)

⑤按一般到具体、总论到专论等次序排，如：

TP3	计算技术、计算机技术
TP30	一般性问题
TP31	计算机软件
TP32	一般计算器和计算机
TP33	电子数字计算机(不连续作用电子计算机)
TP34	电子模拟计算机(连续作用电子计算机)
TP35	混合电子计算机
TP36	微型计算机
TP37	多媒体技术与多媒体计算机
TP38	其他计算机

⑥按生产工艺流程排

TS75	造纸工艺
TS752	打浆、精浆
TS753	混合、调料
TS753.9	施胶、加填、染色
TS754	上网、压榨

TS755　　干燥、压光

TS755.9　整饰完成

除此之外，还有按人为次序或通常习惯次序排列等方法。

(三)交替关系

交替关系是指对表达同一事物的正式使用类目与非正式使用类目之间的关系。事物之间、知识之间往往存在多种隶属关系，如法医学，既是法律的研究内容，同时又是医学的研究内容。分类表中对于同时隶属于两个或两个以上的学科或主题，为了使其多向成类，一般同时在分类表的有关位置均设置类目。可视需要选择其中之一作为正式使用类目、其他非正式使用的类目。类目体系中具有多种从属关系的非正式使用的类目称为交替类目。交替类目与正式使用类目表达的是同一主题概念，两者是交替关系，也可称为等同关系。交替类目的形式特征是类号置于方括号“[ ]”内，类目下有“宜入某类”的注释，引向正式使用类目。如

[R89]法医学

宜入 D919。

一般的文献信息机构可将法医学的文献分为 D919 类，但医学专业的文献信息机构为集中医学方面的资料，可启用交替类目，将其归入 R89 类。编列交替类目的意义在于：设立交替类目是体系分类法为缓和“集中与分散”的矛盾，解决学科(或事物)多向成族的一种方法；其目的是为综合性机构与专业性机构从不同角度集中文献提供选择。如：综合性的信息机构应将“法医学”的文献置于“法律”类下的“D919”类，但是医学专业的信息机构可将“R89 法医学”改为正式使用类目，而将“D919”类改为交替类目。

启用交替类目的方法是：

(1)若交替类目与使用类目为同一事物，启用的具体方法为：去掉交替类目的交替符号“[ ]”，删除该类下的注释“宜入×××”。将原使用类目加上“[ ]”，并在该类下加“入×××”的注释。

[V7]　航空、航天医学 宜入 R85。	启用后 —————→	V7　航空、航天医学 [R85]　航空航天医学 R85 航空航天医学入 V7。

(2)如果原使用类目下有细目，就要通过仿分形式将其移至启用的交替类目(新的使用类目)中。

[TV93] 农田水利工程 宜入 S27。	TV93 农田水利工程 仿 S27 分。
S27 农田水利	[S27]农田水利

S271 农业水文学		入 TV93。
S273 水源		[S271] 农业水文学
S274 灌溉制度与管理		[S273] 水源
S275 灌溉技术	启用后→	[S274] 灌溉制度与管理
S276 排水		[S275] 灌溉技术
S277 排灌工程		[S276] 排水
S278 水利改良土壤措施		[S277] 排灌工程
S279 世界各国农田水利		[S278] 水利改良土壤措施
		[S279] 世界各国农田水利

(四)相关关系

除了类目间的从属关系、并列关系、交替关系之外的某些类目之间的关系称为类目之间的相关关系。它是一种横向关系，类目间不存在等级关系，但在内容上相互关联。相关关系主要通过类目参照以及多重列类法加以体现。

1. 类目参照

类目参照是显示类目相关关系的方法之一，通过“参见”注释体现。

X196 环境经济学

参见 F062. 2。

F062. 2 生态经济学

参见 X196。

2. 多重列类法

多重列类法是指在建立类目体系时，对某个类目同时采用几个分类标准，分别建立几组平行子目的方法。也可这样表述：多重列类法，是指在某类目的同一划分阶段，同时采用几个分类标准对上位概念进行划分，从而在一个类列中形成几组按不同属性聚类的同位概念，这些平行下位概念往往存在着外延交叉，分类法编制时通过不同方式对使用方法进行限定。

其类目所体现的内容是相互交叉的。

U448　各种桥梁

U448. 1/. 5　各种桥梁

U448. 1　桥梁：按用途分

U448. 11　人行桥

U448. 12　两用桥

U448. 13　铁路桥

U448. 14　公路桥

…………

U448.2　桥梁：按结构分

U448.21　梁式桥

U448.22　拱式桥

U448.23　刚构桥

U448.24　斜撑式桥

U448.25　悬索桥

U448.26　开启式桥

U448.27　斜拉桥

…………

U448.3　桥梁：按材料分

U448.31　木桥、竹桥

U448.32　石桥、砖桥

U448.33　混凝土桥

U448.34　钢筋混凝土桥

…………

U448.4　桥梁：按形式分

U448.41　斜桥

U448.42　曲弧桥、弯道桥

U448.43　长跨桥

U448.5　桥梁：按桥面系位置分

U448.51　上承式桥

U448.52　中承式桥

U448.53　下承式桥

上一组类目中“U448 各种桥梁”中的“U448.1 桥梁：按用途分”“U448.2 桥梁：按结构分”“U448.3 桥梁：按材料分”“U448.4 桥梁：按形式分”“U448.5 桥梁：按桥面系位置分”5 个类目是相关关系，具有部分交叉重合的内容。文献分类法对于多重列类法规定了特殊的分类规则。如《中图法》对上一组 U448 类目规定：“如遇多主题因素的桥梁文献，入编列在前的类。”需要注意的是：“入编列在前的类”指的是在分类法结构中哪一主题编列在前，而不是指文献题名中哪一主题排序在前。《钢筋混凝土铁路斜拉桥》涉及材料主题（钢筋混凝土）、用途主题（铁路）、结构主题（斜拉桥），而在分类法中，关于用途的主题编列在前，因此归入 U448.13。同样的原理，《钢筋混凝土悬索桥》归入 U448.25。

在图书馆集成管理系统的编目模块，可对该规则进行调整，即按分类法已规定的取号的方法标引排架分类号，同时，也揭示涉及其他类目的属性，标引出相应的类号，通过重复 MARC 格式的 690 字段加以反映。如，可对《钢筋混凝土悬索桥》标引两个类号，一是 U448.25(排架分类号)，二是 U448.34，用户可从钢筋混凝土桥和悬索桥这两个途径检索到这篇文献。

第二节　体系分类法的标记符号与标记制度

一、标记符号的含义与种类

标记符号又称分类号或分类标记，是类目的代号，起着固定类目在分类表中的位置，表示类目的先后次序的作用，在一定程度上可以显示类目的隶属与并列的关系，有助于文献信息机构按分类体系进行排架、检索与统计，便于按学科进行馆藏资源建设。具体地讲，标记符号对于类目体系的作用是两方面的，一是积极作用：①以简洁的类号表示类目名称，方便类目的读、写与检索；②以有序的类号代表各个类目，便于固定类目的位置，明确类目的先后次序；③在一定程度上显示类目之间的隶属、并列关系。二是限制作用：类目的先后次序不能轻易改变，增加类目受到限制，难以将新的类目插入合适的位置。

良好的标记符号应该具备以下性能：①容纳性，是指标记符号能适应任何类系和类列的必要细分和增补，为新出现的学科或主题配以恰当的类号；②表达性，是指标记符号能体现类目体系的结构，表明类目在分类表中的相对位置，在一定程度上显示类目的从属、并列关系；③简短性，是指类号要简短明了，易于识别，便于排架；④助记性，要求类号具有一定规律性及可理解性，易记、易认、易读。这 4 种性能是相互联系、相互制约的。

二、标记制度的基本类型

标记制度是指为文献分类法的类目配置分类号码的方法，也称编号制度或配号制度。标记制度往往决定一部分类法标记的性能，直接影响到分类法的使用与管理。目前，比较常见的标记制度有：层累标记制、顺序标记制、混合标记制与分面标记制等类型。

(一)层累标记制

层累标记制简称层累制，又称等级标记制，是一种类号位数与类目等级相适应的标记制度。一般用一位或两位数字或字母标记一个大类，再加一位数字或字母标记二级类目，如此层层累加，以表示类目的层层划分。其优点是：分类号能够体现类目的等级关系，表达性强，便于扩大检索与缩小检索范围。缺点是：类目愈细，类号愈长，影响号码的简短性，同时当同位类超过 10 个，在采用阿拉伯数字的情况下，难以按等级编号。《中图法》与《DDC》等分类法基本采用了层累制。现以《中图法》为例说明层累制的编号方法：

T 工业技术	（一级类目）
TS 轻工业、手工业、生活服务业	（二级类目）
TS1 纺织工业、染整工业	（三级类目）
TS14 丝纺织	（四级类目）
TS142 机械与设备	（五级类目）
TS142. 1 初加工设备	（六级类目）
TS142. 2 丝纺机	（六级类目）
TS142. 22 制丝、绢纺、紬丝纺设备	（七级类目）
TS142. 221 制丝设备	（八级类目）
TS142. 221+. 2 煮茧机	（九级类目）
TS142. 221+. 3 缫丝机	（九级类目）

（二）顺序标记制

顺序标记制简称顺序制，是一种不按类目的等级只按类目的先后次序分配号码的标记制度。它只能反映类目的先后次序，而不显示类表的结构特点，从类号上无法判断类目之间存在的关系。其主要优点是：配号方法简便，类号比较简短，容纳性强。缺点是：类号不能体现类目之间的相互关系，表达性与助记性差。现将上例按顺序制编号如下：

T 工业技术	（一级类目）
TS11 轻工业、手工业	（二级类目）
TS12 纺织工业、染整工业	（三级类目）
TS13 丝纺织	（四级类目）
TS14 机械与设备	（五级类目）
TS15 初加工设备	（六级类目）
TS16 丝纺机	（六级类目）
TS17 制丝、绢纺、紬丝纺设备	（七级类目）
TS18 制丝设备	（八级类目）
TS19 煮茧机	（九级类目）
TS21 缫丝机	（九级类目）

(三)混合标记制

混合标记制简称混合制，是将层累制与顺序制两者相结合的一种标记制度，其基本形式是顺序—层累制和层累—顺序制。现以《科图法》为例说明顺序—层累制的编号方法。

71 工程技术	(一级类目)
72 能源学、动力学	(二级类目)
72.7 水能学、海洋能学	(三级类目)
72.74 各种水能	(四级类目)
72.741 流速水能	(五级类目)
72.742 海流能	(五级类目)
72.743 波浪能	(五级类目)
…………	
73 电技术、电子技术	(二级类目)
74 矿业工程	(二级类目)

从上例可见，《科图法》的号码分为两部分，第一部分采用顺序制，从00-99分配25个大类及其主要类目。第二部分采用小数制，以容纳细分类目。

(四)分面标记制

分面标记制又称分段标记制，多维标记制，是用分面符号将类号分成若干段，每一段代表主题的一个方面，以显示类目组配结构的一种标记制度。如用《冒号分类法》(Colon Classification，CC)标引《中国儿童图书馆图书分类工作》一书，查阅CC的图书馆学类表，据分面公式2〔P〕;〔M〕:〔E〕〔2P〕进行标引，其类号：P中的类目(大学图书馆：34)，M中的类目(期刊：46)，〔E〕〔2P〕中的类目(分类：51)，因此得出该书的类号为：2，61；43：51.41，“2”—图书馆学；“，61”—儿童图书馆；“；43”—图书”；“：51”—分类；“.41”—中国。

三、几种特殊的标记方法

(一)双位制

双位制又称“百分法”，是为了增强类列的容纳性而采用的一种编号方法。它用不带“0”的双位数字表示各个同位类，共容纳81个同位类。其具体编号方式：11、12、13……19，21、22、23……29，31、32、33……39，……91、92、93……99。如：

S685　　观花树木类

S685.11 牡丹
S685.12 蔷薇、玫瑰、月季
S685.13 桂花
S685.14 山茶
S685.15 玉兰
S685.16 茉莉
S685.17 梅花
S685.18 迎春花
S685.21 杜鹃花
S685.22 扶桑
S685.23 一品红
S685.24 连翘
S685.25 刺梅
S685.26 丁香

(二)借号法

借号法是采用层累标记制时，为增强类列的容纳性而借用下级类类号、上级类类号或同级类类号的一种编号方法。

1. 借用下级类类号，如：

P2 测绘学
P21 普通测量学、地形测量学
P22 大地测量学
P229 海洋测量学

上例中的"P229 海洋测量学"，借用了"P22 大地测量学"的下位类。某一类号采用借下级类号，大多采用借其同位类的最后一个下级类号"9"。

2. 借用上级类类号，如：

K232 秦、汉(公元前221—公元220年)
K233 秦(公元前221—公元前207年)
K234 汉(公元前206—公元220年)

上例中的"K233 秦""K234 汉"均为"K232 秦、汉"的下位类，但采用与其上位类"K232"同级的类号。

3. 借用同级类类号，如：

TK41 汽油机
TK413 构造
TK413.1 机体组

…………

TK413.8　燃油系统

TK413.9　点火系统

TK414.1　润滑系统

TK414.2　冷却系统

…………

TK414.5　废气净化装置

上例中 TK413.1/TK414.5 各类均为同位类，都属于汽油机的构造，其中 TK414.1/TK414.5 借用了与 TK413.1/TK413.9 各类同级的邻近号码。

(三)八分法

八分法又称“扩九法”，是为了适应类列不断扩充而采用的一种编号方法。另一种表述为：用阿拉伯数字“9”作为空号来扩展同位类号码的一种编号方法。其编号的方法是：用数字 1-8 表示 8 个同位类，当同位类超过 8 个时，从第 9 个开始至第 16 个类目分别用 91、92、93……98 来表示，当同位类超过 16 个时，从第 17 个开始至 24 个类目分别用 991、992、993……998 表示，依此类推。同位类过多，采用双位制。一般使用两次“八分”。

U674　各种船舶

U674.1　运输船

U674.2　专业工作船

U674.3　工程船

U674.4　渔船

U674.6　农用船

U674.7　军用舰艇(战舰)

U674.8　科学研究用船

U674.91　小艇、舟艇

U674.92　船舶：按动力分

U674.93　船舶：按材料分

U674.94　船舶：按航行状态分

U674.95　船舶：按船体结构分

(四)空号法

是为了适应新类目的增加而采用的一种预留一定数量空号码的编号方法。

TK7 水能、水力机械

TK71 水能

TK72 水力机械理论

TK73 水力原动机、水轮机

TK79 水能的利用

上例中的TK73与TK79之间预留出TK74、TK75、TK76、TK77、TK78类号，可用于增加新的类目。

（五）对应编号法

对应编号法是对具有相同区分标准的类目，使其相应部分的号码趋于一致，以增强标记符号易记性的一种编号方法。表2-2中，对于中国文学与外国文学的下位类类号的编列，大体一致，诗歌、戏剧文学、小说、报告文学、散文的类目分别用“2”“3”“4”“5”“6”号码表示。

表2-2 **《中图法》中中国文学与外国文学类目对照表**

《中图法》的中国文学类目		《中图法》的外国文学类目	
I2	中国文学	I3∖7	各国文学
I206	文学评论和研究	06	评论和研究
I207	各体文学评论和研究	07	各体文学的评论和研究
I209	文学史、文学思想史	09	文学史、文学思想史
I21	作品集	1	作品集
I22	诗歌、韵文	2	诗歌
I23	戏剧文学	3	戏剧文学
I239	曲艺	4	小说
I24	小说	5	报告文学
I25	报告文学	6	散文、杂著
I26	散文	7	民间文学
I269	杂著	8	儿童文学
I27	民间文学	9	少数民族文学
I28	儿童文学	99	宗教文学
I29	少数民族文学		
I299	宗教文学		

（六）字母标记法

字母标记法是在数字号码后增加字母或文字，以实现类列无限容纳性的一种编号方法。如：

TP312 程序语言、算法语言

依语言名称的前两字符（以英文字母开始）区分，并按字母序列排，若程序语言名称的前两位字母相同时，则取第三位字母，以此类推。例：ALGOL 语言为 TP312AL，JAVA 语言为 TP312JA，C^{++} 语言为 TP312C^{++}。排列顺序为 TP312AL、TP312C^{++}、TP312JA。若语言名称具有通用简称时，依简称字符为取号依据。如 Visual C^{++}语言为 TP312VC。

第三节　体系分类法的复分表

一、复分表的含义与类型

(一) 复分表的含义

复分表又称附表、辅助表，是文献分类法的重要组成部分。是将主表中按相同标准划分类所产生的一系列相同子目，从主表中抽出来并配以特定号码，单独编列成表，供主表有关类目作进一步复分用的类目表。

编制文献分类表时，有许多性质不同的类目，对其区分时，通常采用相同的区分标准，区分出来的子目，则具有某种共同的属性特征。见表 2-3。

表 2-3　　地域与时代通用属性列举

地域属性			时代属性		
世界教育	世界经济	世界艺术	中国教育史	中国经济史	中国艺术史
中国教育	中国经济	中国艺术	秦、汉时期	秦、汉时期	秦、汉时期
美国教育	美国经济	美国艺术	三国时期	三国时期	三国时期
英国教育	英国经济	英国艺术	晋时期	晋时期	晋时期
法国教育	法国经济	法国艺术	十六国时期	十六国时期	十六国时期
德国教育	德国经济	德国艺术	南北朝时期	南北朝时期	南北朝时期
……	……	……	……	……	……

世界教育、世界经济、世界艺术均需按各地区进行区分，同样，中国教育史、中国经济史、中国艺术史等均需要用中国的时代进行区分。分类表中若在各类中均按时代、地域、民族、语种及文献类型与体裁等属性详细列举类目，则分类表的体系将会十分臃肿。这样就需要我们将具有共性的类目集中起来，配以特定号码，单独编列成表，供主表中有关类目进一步细分。如下例：

中国时代表中的片断

3 秦、汉至南北朝(公元前221—公元589年)

总论封建社会入此。

〈封建社会(公元前475—公元1840年)〉

{31}战国(公元前475—前221年)

〈停用;5版改入中国时代表26〉

32 秦、汉(公元前221—公元220年)

33 秦(公元前221—前207年)

34 汉(公元前206—公元220年)

35 三国、晋、南北朝(220—589年)

36 三国(220—280年)

37 晋(265—420年)

38 十六国(304—439年)

39 南北朝(386—589年)

4 隋、唐至清前期(581—1840年)

在中国教育史类目下就不需要列出中国的各个时代的类目,只需要在注释中注明“依中国时代表分”即可。

G52 中国教育事业

G529 教育史

依中国时代表分。

复分表的作用主要有:(1)简化类表,增强类表的伸缩性(方便各信息机构选择类目的细分程度);(2)规范共性细分,增强类表的规律性与助记性。类目的细分与类号的结构具有一定的规律性,便于理解与记忆。

(二)复分表的类型

复分表按其使用范围可分为通用复分表与专类复分表。类目仿分具有专类复分表的性质,主类号组配也具有复分表的作用。

1. 通用复分表

通用复分表是供整个分类表各大类中有关类目作进一步区分用的复分表,通常附在主表之后。现行文献分类法的通用复分表主要有总论复分表、地区复分表、时代复分表、民族与种族复分表、语种复分表等类型。

2. 专类复分表

专类复分表是供分类表中某一大类或某大类中的部分类目作进一步区分用的复分表。相对于通用复分表,其使用范围较窄一些,仅供分类表某一大类或某大类中的部分类目作进一步区分使用,只能在其限定的范围内使用,除此之外,其他类目不能使用。如:

G8 体育
G81 世界各国体育事业

———————————

G82/89　各项体育运动

均可依下表分。

1　理论、方法
14　　体育运动基础科学
19　　基本技术、基本战术
2　教学、训练
25　　运动员、教练员
3　科学研究
4　规则、裁判法
5　场地器材设备
6　体育组织
7　运动会、运动比赛
71　　运动会
73　　各类运动比赛
731　　　锦标赛
732　　　杯赛
…………
8　成绩记录
9　体育运动概况、体育史

该专类复分表只供G82/89各项体育运动复分使用，不适用于复分其他类目。

3. 类目仿分

类目仿分是指类目表中某些类目下未列出下位类，而仅指明“仿……分”的一种复分方式。被仿照的一组类目，相当于一个隐含的专类复分表，其性质与作用和专类复分表相同，只是不单独编表。类目仿分有3种形式：

(1)邻近(或近似)类目仿分

有些类目具有相同的划分标准，将其中一个类详细列出子目，其他类依照复分。如：

K833/837　各国人物传记

依世界地区表分，再仿K82分。例：美国犹太人传记为K837.128.738.2。

K82　中国人物传记

K82-6　　参考工具书

K820　　人物总传：按时代分

K820.8　人物总传：按地区分

K820.9　氏族谱系

K825　　人物传记：按学科分

(2)仿"一般性问题"或"一般著作"分

"一般性问题"或"一般著作"是一种概括性类目，其所属的各子目对有关具体类目具有共性区分的意义。

TP33/38　各种电子计算机

可仿 TP30 分。例：电子数字计算机的电源系统为 TP330.3+3

TP30　一般性问题

TP301　理论、方法

TP302　设计与性能分析

TP303　总体结构、系统结构

TP304　材料

TP305　制造、装配、改装

TP306　调整、测试、校验、检修、维护

{TP307}检修、维护

〈停用；5 版改入 TP306〉。

TP308　机房

TP309　安全保密

上例中的"仿 TP30 分"，TP30 即为"一般性问题"。仿分时需要在仿分子目前加"0"，电子数字计算机的类号为"TP33"，"一般性问题"中"电源系统"类号为"33"，因此，电子数字计算机电源系统的类号为 TP330.3+3。

(3)仿全部类表分

将仿分的类按全部类表复分。如《科图法》中"37.666 专业图书馆"，注释为"依学科性质分，以学科号码附加于本类之后"。生物科学图书馆的类号为：37.66658。其中"58"为《科图法》中生物科学的类号。

4. 主类号组配

是用组配符号将主表中两个或两个以上类目的类号组成一个复合类号，用以表示比原来任何一个类目的内容范围狭窄的新类。其组配符号一般采用":"(冒号)，其前后分类号次序可以调换，即轮排。

TP39　计算机的应用

TP399　在其他方面的应用

总论入此。

在其他科学中的应用入有关各类。

如愿集中于此，可采用组配编号法。例：商业售货计算机为TP399：F716。

上例中的F716为“商业技术与设备”的类号。

二、复分表的性质与标识符

1. 复分表的性质

(1)共性区分性质

复分表的类目表示文献中有检索意义的共同属性特征，供主表中有关类目细分使用，因此具有共性区分的性质。各种文献都会存在一些具有检索意义的共同的属性特征，这些属性特征是客观存在的。如文献反映出的国家、地区、时代、民族等，此外，还会涉及学科的共性问题，如历史现状、研究方法、实验、技法、工艺以及文献的著作类型、载体形态、信息符号、使用对象等属性特征。文献分类法的通用复分表与专类复分表就是由体现文献中这些具有检索意义的共同属性特征的各种类目组成的，因此，复分表的共性区分的性质是显而易见的。

(2)分面组配性质

我们知道，每一个复分表实际上就是采用某种分类标准产生的一组类目所形成的分面，分面实质上就是按照某种分类标准划分产生的一组类目。其类号不能单独使用，需要与主类号进行组配才能构成一个完整的、具体的分类号，以表达文献确切的主题概念。以《中图法》各国文学类专类复分表为例：

地域面	体裁面	时代面
2 中国	2 诗歌	2 古代
313 日本	3 戏剧	3 中世纪
565 法国	4 小说	4 近代
712 美国	5 报告文学	5 现代
……	……	……

上表中各国文学均包括地域面、体裁面与时代面3个分面，每一分面中的各个类目均配有特定的号码，对于“I3/7 各国文学”的标引，首先取“I”类号与地域面(世界地区表)中的类号，再与专类复分表中的各个类目进行组

配(体裁面与时代面)，就能组配出关于某一国别、某一国别某一体裁、某一国别某一体裁某一时代的文学的主题。如：英国文学的类号为“I561”，英国小说的类号为“I561.4”，英国近代小说的类号为“I561.44”。

2. 复分表的标识符

标识符是指组配分类号中为体现与区分不同分面而采用的专门符号。通过标识符，可显示类号的分段形式。复分表的标识符有多种形式，如“-”“()”“=”““””等。如：

D9-62 法律手册(D9 为法律，-62 表示手册。《中图法》)

S31=5 现代农作物的栽培技术(S31 为农作物栽培，=5 表示现代。《中图法》)

J732.2“510.5”吉普赛人的舞蹈(J732.2 为各民族舞蹈，“510.5”表示吉普赛人。《中图法》)

624(41)英国土木工程[624 为土木工程，(41)表示英国。《国际十进分类法》]

复分表标识符的作用主要体现在：(1)类号分段，使由主类号与复分号组配的分类号成为分段式分类号，便于识别各个主题因素；(2)轮排，即标识符既能够连接在主类号之后，又可置于主类号之前等适当的位置，便于文献信息机构根据本单位实际，局部改变原有分类体系，集中某些文献，轮排后还可为读者提供多种检索途径。

第四节　体系分类法的类目注释与索引

一、类目注释

类目注释是对类名的补充说明文字，是对类目的含义、类目沿革、内容范围、分类方法、与其他类目的关系等进行的说明。对于用户正确理解和掌握分类表的使用方法有着重要的指引作用。体系分类法的类目注释大体可以分为以下几种类型：

1. 类目内容注释

类目内容注释指明类目的含义以及内容范围，指示某类包含与不包含的内容等。是分类法中运用最多的注释形式。如：

TN915　通信网

　　总论入此；国家信息基础设施(信息高速公路)入此。

　　专论入有关各类。例：电话网入 TN916.2；电报网入 TN917.1；数据网入 TN919.2；图像通信网、媒体通信网入 TN919.85；计算机网入 TP393；专论 Intranet 入 TP393.4；无线接入网入 TN926。

2. 类目关系注释

类目关系注释指明参照与交替类目对应的正式类目。如：

P426.1+6　湿度和森林火灾

参见 S762。

S762　林火

参见 P426.1+6。

[X-019]环境保护法

宜入 D9 有关各类。例：中国环境保护法入 D922.68。

3. 类目沿革注释

沿革注释是对于分类法修订后说明类号、类名及类目内容范围变化的注释，为用户学习掌握新旧版本分类法的区别与联系以及进行文献改编提供便利。

TP393.092　网站、网页、网络浏览器

<4 版类名：网络浏览器；网址资源管理，5 版改入 TP393.071>

4. 列类依据与类目编列方法注释

列类依据与类目编列方法注释是说明设置类目的依据与类目划分标准的注释，如：

O614　金属元素及其化合物

金属元素的顺序是按照周期表各族金属元素自左向右排列，每族内先 A 副族，后 B 副族，并由上至下排列。

5. 分类方法注释

分类方法注释指明类目复分方法与组配方法、文献集中与分散分类的方法、特殊分类规则、说明同类书的区分方法等。

I3/7　各国文学

依世界地区表分，再依下表分。例：日本近代小说集的号码是 I313.44。(指明复分方法)

B849　应用心理学

总论入此。

专论心理学在某一方面的应用的著作入有关各类。例：教育心理学入 G44。

如愿集中于此者，可用组配编号法。例：社会心理学为 B849：C912.6-0；管理心理学为 B849：C93-051；军事心理学为 B849：E0-051。

(指明文献集中与分散的方法)

U416.2 路面工程

涉及多种分类标准的著作，入编列在前的类。例：高级沥青路面入 U416.217。

(指明特殊分类规则)

U416.21 路面：按使用材料分

U416.22 路面：按结构性质分

U416.23 路面：按路面级别分

D220 中央组织、会议及其文献

全国代表大会、代表会议、中央全会入此。

依会议届次或年代排。(指明同类书的区分方法)

二、分类法索引

分类法索引是分类法的重要组成部分，是一种从类名(主题)指向分类号的检索工具。通常是将分类法中的所有类目以及注释中的主题概念，按其名称的字顺排列，并在每一主题概念之后，分别注明其相应的分类号。其作用在于为用户提供按字顺查找类表的途径。

分类法索引主要有直接索引与相关索引两种类型。直接索引是将分类表中所有类目及其中的有关主题概念，按其名称的字顺排列，每个类目一般只按分类表中的措词出现一次，注明其相应的分类号。相关索引是揭示各种相关事项，它除了将分类表中的全部类目及其中具有检索意义的主题概念按字顺排列外，还将一个主题的各个方面以及被这个主题所规定的词都集中在一个主题标目之下。

需要注意的是：分类表的索引，是不能直接用来类分文献的，其作用主要是为用户从字顺出发查找类目提供途径，分类标引必须在准确地理解类目的含义与分析文献主题的基础上进行。

第五节 《中图法》概述

一、《中图法》的编制与发展

《中国图书馆分类法》(第三版以前称《中国图书馆图书分类法》)是我国 1949 年后编制出版的一部具有代表性的大型综合性分类法，目前是国内文献信息机构使用最广泛的分类法，简称《中图法》。1999 年《中图法》第四版更名为《中国图书馆分类法》，英文译名为 Chinese Library Classification，英文缩写为 CLC。《中图法》曾于 1985 年连同各种版本及辅助工具书荣获国家科学技术进步一等奖。曾被美国图书馆协会主持编制的《世界图书馆及情报机构百科全书》收入到“世界九大分类法”词条之中。

《中图法》是为适应我国各类图书情报机构对文献进行整序和分类检索的需要，为统一全国文献分类编目而诞生和发展的。其前身可追溯到《中小型图书馆分类表草案》(以下简称《中小型表》)。1956 年中央文化部社会文化事业管理局主持召开了“全国中小型图书馆图书分类法座谈会”，讨论编制统一的中小型图书馆图书分类法问题，之后成立了编辑工作小组。1957 年《中小型表》的问世，标志着我国图书分类法初步走上了由政府领导的集体编制的道路，并为编制统一的大型分类法打下了基础。它所确立的“五分法”基本体系和混合制标记符号为《中图法》所继承。

《中图法》第一版。1971 年在国家文物事业管理局的关怀和支持下，北京图书馆倡议以大协作的方式编辑一部新的图书分类法，这一倡议得到了积极响应，参加编表工作的省、市、自治区图书馆，高校图书馆以及中国科技情报所等单位有 36 家，1973 年完成草表，1975 年科学技术文献出版社正式出版《中图法》第一版。

《中图法》第二版。《中图法》1975 年出版后，由于在很大程度上受政治形势的影响，致使分类表中出现了相当多的政治口号乃至在后来可视为政治性错误的问题。1979 年在长沙召开了有关《中图法》修订的工作会议，并成立了经国家文物事业管理局批准的《中国图书馆图书分类法》编辑委员会(简称《中图法》编委会)，负责第一版修订工作，于 1980 年由书目文献出版社出版《中图法》第二版。

《中图法》第三版。从 1983 年开始，《中图法》编委会着手分阶段地对《中图法》第二版进行修订。先后在全国分区召开座谈会，收集汇总“《中图法》修订意见”，确定了《中图法》第二版修订方针、原则、重点、方法、步骤，随后成立了 55 个专业修订小组。至 1990 年 2 月由书目文献出版社正式出版，即为《中图法》第三版。该版全面调查与扩充类目，将环境科学与安全科学设为一个类组，使用双表列类，建立法律的第二个分类体系，扩大冒号组配的使用范围。

《中图法》第四版。从 1996 年起，《中图法》编委会开始修订《中图法》第三版，确立了修订思想与修订原则，于 1999 年修订完成。主要修订内容：(1)将原名称《中国图书馆图书分类法》改为《中国图书馆分类法》；(2)重点对经济、通信、计算机技术类目进行修订；(3)将类分图书与类分资料的类目合并为一个版本；(4)增加了沿革注释，增加了“指示性类目”等。2001年6月出版了《中图法》(第四版)电子版1.0版。

《中图法》第五版。2005年9月，《中图法》编委会成立了第七届委员会，并着手组织修订《中图法》第四版，在编委、学科专家、用户与编委会办公室等各方力量的努力下，经过修订调研、确定修订原则和修订重点、分工修订、综合审定、用户试用及意见反馈修订等阶段，并建立维护修订系统，建设《中图法》第五版机读数据库和完成排版初稿，历经近五年时间，2010年8月由国家图书馆出版社出版《中图法》第五版。

二、《中图法》的系列版本

为了适应不同类型文献信息机构、不同文献信息类型的分类标引与检索的需要，《中图法》在不断发展过程中，逐渐形成了较为完整的系列版本。

(1)供不同规模文献信息机构使用的版本

《中国图书资料分类法》(简称《资料法》)。《资料法》与《中图法》同时始编于1971年，1975年出版第一版，1982年出版第二版，1989年出版第三版。1995年《资料法》分编委会由《中图法》编委会分出，成立独立的编委会，负责《资料法》的修订、出版和管理。

《中国图书馆分类法·简本》(简称《中图法·简本》)。是根据中小型图书馆文献分类需要，在《中图法》基础上缩编而成。自1975年开始依据《中图法》第一版节编为“中小型馆试用本”，一直与《中图法》同步修订、出版。第五版已于2012年9月出版。《中图法》简本主要适用于藏书为20万册以下的中小型图书馆，一般为县级图书馆、市区级图书馆和与此规模相近的图书馆对文献分类排架和编制分类目录用。也可供计算机网上资源分类使用。

《中国图书馆分类法·(未成年人图书馆版)》原名《中国图书馆图书分类法(儿童馆、中小学馆版)》(简称《少图版》)。是为适应中小学、儿童图书馆类分中小学藏书和青少年文献的需要而编制的。1990年《中图法》编委会成立了《中图法(少图版)》分编辑委员会，在《中图法》第三版和第四版草稿的基础上，分别于1991年、1998年编辑出版了《中图法(少图版)》第一版、第二版，2004年该委员会又在《少图版》第二版的基础上编制完成了《中国少年儿童文献分类主题词表》暨《中图法(少图版)》第三版，第四版更名为《中国图书馆分类法·(未成年人图书馆版)》(第四版)，2013年由国家图书馆出版社出版。

(2)供不同文献类型使用的版本

不同文献类型标引使用的版本主要有：

《中国图书馆分类法·期刊分类表》(简称《期刊表》)。为适应中外文期刊分类排架和分类检索的需要，《中图法》编委会自1985年开始编辑《期刊表》，于1987年出版第一版。1993年修订出版了《期刊表》第二版。2013年4月出版了《期刊表》第三版。期刊分类表与《中图法》的编制原则、体系结构和标记制度基本一致，分主表和辅助表两部分。主表中社会科学和人文科学列类一般至3级，自然科学和工程技术列类一般至4级。

(3)供不同专业的文献信息机构使用的版本

为了满足各专业图书馆文献细分的需要，《中图法》编委会决定在《中图法》基础上，编制与《中图法》的编制原则、体系结构、标记符号保持一致的系列专业分类法。目前已编制的专业分类法主要有：

①《中图法·教育专业分类法》。该表是在《中图法》编委会的主持下，由原国家教委中央科学研究所组织领导，由教育系统的专家学者组成的编辑组，在《中图法》第三版"G4教育"类的基础上，扩充修订而成的一部专业分类法，1993年由教育科学出版社出版。《中图法·教育专业分类法》是出版最早的一部《中图法》专业版本，为其他专业分类法编制提供了经验。

②《中图法·测绘学专业分类表》。该表是在《中图法》编委会主持下，由全国测绘科技信息网组织的编制组进行编辑的。该表编制原则、体系结构、标记符号与《中图法》基本保持一致，以"P2测绘学"为基础进行编制。该表的出版，对测绘行业统一文献分类标准，建立文献数据库，实现文献资源共享起着重要作用。

③《中图法·公安科学文献分类表》。该表是在《中图法》编委会主持下，由中国警察学会组织，联合公安部有关单位成立了《中图法·公安科学文献分类表》编辑组进行编辑的，1995年由中国人民公安大学出版社出版。其主表包括公安科学理论、世界警察、中国公安、各国警察、犯罪学、刑事侦查学和法医学七个部分。其出版满足了公安科学专业文献分类标引的需要。

④《中图法·农业专业分类表》。该表是在《中图法》编委会指导下，由中国农业科学院科技文献信息中心主持，联合国内各农业大学图书馆、南京农业大学信息管理系等8个单位专家学者组成编辑组，在《中图法》第四版"S农业科学"大类和"F3农业经济"原有类目的基础上，进行扩充修订，1999年由北京图书馆出版社出版。该表包括农业分类表和轮排索引两部分。对农业文献有序组织、规范农业系统文献的族性检索方面起到重要作用。

⑤《中图法·医学专业分类表》。该表是在《中图法》编委会主持下，由中国医学科学院信息研究所图书馆组织有代表性的医学专业图书信息单位的

专家、学者，在《中图法》第四版“R 医药、卫生”类目基础上修订、扩充而成的一部专业分类法，1999 年由北京图书馆出版社出版。该表是目前我国唯一的一部既适用于综合性医学图书信息单位，又适用于医学专科及基层文献单位的工具书。

⑥《中图法·体育专业分类表》。该表是在《中图法》编委会指导下，国家体委总局《体育专业分类法》课题组的主持下，在《中图法》第四版“G8 体育”原有类目的基础上，进行扩充修订，于 2000 年 6 月编制完成。类目扩展主要是 G80 体育理论、G804 体育基础科学(运动人体科学)、G807 体育教育和 G808 运动训练、运动竞赛等类目范畴。该表为体育专业文献分类的标准化和规范化提供了基本工具和科学的依据。

⑦《中图法·劳动科学专业分类表》。该表是在《中图法》编委会指导下，由中国劳动保障科学研究院、首都经济贸易大学、中国社会科学院法学研究所等有关人员组成课题组，在《中图法》第四版“C97 劳动科学”原有类目的基础上，进行扩充修订，2000 年由北京图书馆出版社出版。该表为实现我国劳动科学文献分类检索体系规范化、标准化提供了标引与检索的基本工具。

(4)供用户从字顺查找分类法类目的工具

《〈中国图书馆图书分类法(第二版)〉索引》，是以《中图法》第二版(含《资料法》第二版)为基础编制的按主题途径查找分类法类目的工具书。由《中图法》编委会委托原武汉大学图书馆学系负责编制，1983 年由书目文献出版社出版。该索引收录了《中图法》第二版中已列出的全部有检索意义的概念。《中图法》第三版没有编制索引(以《中国分类主题词表》第二卷代替)，2000 年北京图书馆出版社出版发行《中国图书馆分类法(第四版)索引》，采用题内关键词(KWIC)轮排索引的形式，将分类表中全部类目名称及注释包含的主题概念按单词(即词素)予以轮排，将有相同单词的类目名称汇集在一起，排列在某一单词下。

(5)供计算机编目和用的版本

《中图法》电子版，它是在《中图法》(第四版)机读数据库基础上，由《中图法》编委会和北京丹诚软件有限责任公司共同开发研制而成的一部利用计算机技术实现多功能检索和多窗口显示的电子分类法，2001 年由北京图书馆出版社出版。《中图法》电子版(也称机读版)是我国自行研制、开发并正式出版的第一部大型综合性电子分类法。

《中图法》网络版，2010 年 9 月《中图法》(第五版)出版后，《中图法》编委会着手在《中国分类主题词表》Web 版先期成果和研制实践的基础上，研制《中图法》(第五版)Web 版。于 2011 年 12 月在国际互联网上发布《中图法》（第五版）Web 试用版，试用期结束后，网址将变更为：http：//clc5. nlc. cn。

(6)供分类主题一体化标引与检索的工具

《中国分类主题词表》(简称《中分表》)，它是在《中图法》编委会的主持下，1987 年由全国 40 个图书情报单位共同参加编制，于 1994 年出版的一部大型文献标引工具书。是在《中图法》第三版(包括《资料法》第三版)和《汉语主题词表》的基础上，编制而成的分类检索语言和主题检索语言兼容互换的工具。《中分表》第二版和电子版已于 2005 年 9 月出版。2017 年 4 月，《中分表》第三版印刷版出版。2010 年 3 月，《中分表》Web 版(互联网服务版，含《中图法》第四版)在试运行 1 年左右正式发布，2014 年 1 月随着《中图法》第五版的出版将《中分表》更新为 2. 1 版。Web 版 2. 1 版至 2017 年底进行了三次更新，最后一次更新时间为 2017 年 4 月。

三、《中图法》的体系结构与标记系统

(一)宏观结构与微观结构

1. 宏观结构

《中图法》的宏观结构包括编制说明、基本大类表、简表、主表、附表、索引与使用手册。其中，编制说明是对分类法的有关事项的总体说明；基本大类表，又称分类大纲，是分类法一级类目组成的一览表；简表是由基本大类及进一步区分出来的二级类目组成，是分类法的体系框架；主表，又称详表，是由分类法的各级类目组成的一览表；附表，又称复分表，《中图法》的附表包括 8 个通用复分表和 69 个专类复分表(《中图法》第四版)；索引是从字顺途径按类目、事物主题查找分类法类目的工具；使用手册，是详细阐述分类法的编制理论与技术、各类文献分类规则与方法，指导用户正确使用分类法的指南。《中图法》宏观结构如图 2-1 所示。

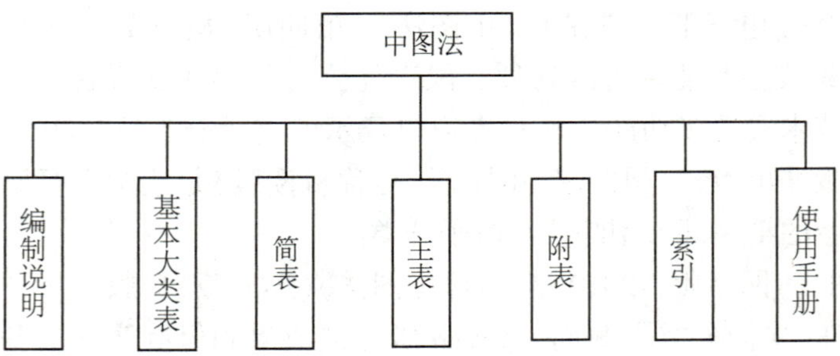

图 2-1 《中图法》的宏观结构

2. 微观结构

《中图法》的微观结构，是指其类目的结构。类目是分类法的最基本的要素，分类法的整体功能是通过类目及其联系来体现的。《中图法》的类目由类号、类名、类级、注释和参照组成的，用字体的变化与缩格表示不同类级。《中图法》微观结构如图 2-2 所示：

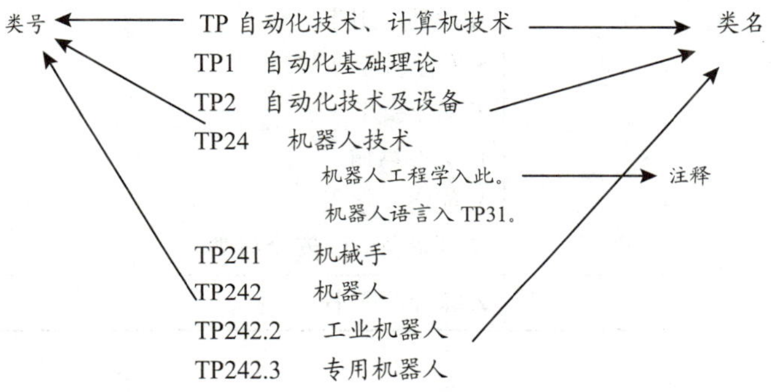

图 2-2 《中图法》微观结构

(二) 基本部类与基本大类

《中图法》设置 5 个基本部类，其序列为马克思主义、列宁主义、毛泽东思想，哲学，社会科学，自然科学，综合性图书。其基本大类分为 22 个，具体见表 2-4：

表 2-4 **《中图法》的基本部类与基本大类**

基本部类	基本大类
马克思主义、列宁主义、毛泽东思想	A 马克思主义、列宁主义、毛泽东思想、邓小平理论
哲学	B 哲学、宗教
社会科学	C 社会科学总论 D 政治、法律 E 军事 F 经济 G 文化、科学、教育、体育 H 语言、文字 I 文学 J 艺术 K 历史、地理

续表

基本部类	基本大类
自然科学	N 自然科学总论 O 数理科学和化学 P 天文学、地球科学 Q 生物科学 R 医药、卫生 S 农业科学 T 工业技术 U 交通运输 V 航空、航天 X 环境科学、安全科学
综合性图书	Z 综合性图书

《中图法》22 个基本大类中，5 个基本部类直接设置为基本大类，将社会科学部类扩充为 9 个基本大类，自然科学部类扩充为 10 个基本大类。社会科学各大类基本按政治→经济→文化的次序排列，自然科学部分分为基础科学与应用科学两部分，基础科学按照从简单到复杂，由低级到高级的次序排列，应用科学首先列出与生物科学联系紧密的医药、卫生和农业科学，再序列工业技术大类，其后列出交通运输与航空航天类，并将环境与安全科学独立设类。

（三）标记符号与标记制度

1. 标记符号

《中图法》采用汉语拼音与阿拉伯数字结合的混合号码，一般以一个大写字母标记一个大类，在工业技术大类中，采用双字母标记其二级类目，其余类目用数字标志，所有数字采用小数制排列。

2. 标记制度

《中图法》的标记制度基本上采用层累制，为了类系与类列的扩充需要，在基本采用层累制的同时，又采用了八分法、双位制、借号法等多种变通措施，以增强配号的灵活性与号码系统的扩充性。此外，还采用了统一编号法、对应编号法与空号法等其他编号方法。

3. 辅助标记符号

(1)“. ”，间隔符号

用于类号的数字部分的分隔，从左到右每三位数字之后加一圆点，如：

I247. 5，K837. 125. 6。

(2)“/”，起止符号

在主表或复分表中用于表示概括一组相连类号的起止区间，或在注释中表示类目仿分的类号区间或参见类目的范围，如：

K3/7　世界各国和地区历史

K811　世界人物传记

K815　人物总传：按学科分

仿 K825. 1/828 分。例：世界文学家传记为 K815. 6；世界医学家传记为 K816. 2。

(3)“[ ]”，交替符号

用以标记交替类目，表示该类目为选择使用的类目。如：

[B835]艺术美学

宜入 J01。

(4)“-”，总论复分号

置于总论复分号码前，是总论复分号的前置符，如图书馆学年鉴的类号为 G250. 1-54，54 为复分表中年鉴的号码，组号时，需采用“-54”。有个别类目借用总论复分号的形式进行配号。如：

TU-8 建筑艺术

TU-881 各国建筑艺术图集

依世界地区表分。

(5)“( )”，国家、地区区分号

当某类目需要依地区、国家区分，但类目下无“可依地区表复分”的注释时，则需将“世界地区表”或“中国地区表”中的有关类号用( )括起，加在主类号之后。如：《日本的智能机器人技术》类号为 TP242. 6(313)，因“TP242. 6 智能机器人”类下无“依世界地区表分”的注释，需要揭示日本国别属性时，则将表示日本的类号 313 用圆括号括起。

(6)“=”，时代区分号

当某类目需要依时代区分，但类目下无“可依时代表复分”的注释时，则将“国际时代表”或“中国时代表”中的有关类号加在主类号之后，两者之间用“=”联结。如：《宋代的瓷器研究》类号为 K876. 3=44，，因“K876. 3 陶、瓷、砖瓦”类下无“依中国时代表分”的注释，但需要揭示宋代的属性，需要在中国时代表中宋代的号码 44 前加“=”。

(7)“ “” ”，民族区分号

当某类目需要依民族细分，但类目下无“可依民族表复分”的注释时，则将“世界种族与民族表”或“中国民族表”中的有关类号用置于“”中，加在主类号之后。凡主表中未注明“依中国民族表分”，而需用本表复分时，中国的民族号码前需先加中国民族号“2”，并用民族区分标识“”。例：中国彝族竹编制品号码为 TS959. 2“217”。

(8)“<>”，通用时间、地点和环境、人员区分号

当某类目需要依通用时间、地点和环境、人员复分时，则将“通用时间、地点和环境、人员表”中的有关类号用置于<>内，加在主类号之后。如：《雨季环境质量评价与环境监测》类号为 X8<116>，116 为通用时间、地点表中“雨季”的号码。

(9)“：”，组配符号

用于联接两个主类号，合成一个组配类号。《中图法》要求按有关注释的规定使用“：”。如：

TP39　　计算机的应用

TP399　　在其他方面的应用

总论入此。

在其他科学中的应用入有关各类。如愿集中于此，可采用组配编号法。例：商业售货计算机 TP399：F716。

(10)“+”，联合符号

《资料法》中用于标引两个并列主题，联结两个主类号。如：城市绿化与观赏园艺的类号为 S731. 2+S68。而在《中图法》第五版中，“+”之后的一段号码是对类分图书的类目进一步细分，整个类号用于类分资料，见下例：

S435. 131　玉米病害

S435. 131. 4　侵(传)染性病害

S435. 131. 4+1　玉米黑粉病

S435. 131. 4+2　玉米丝黑穗病

S435. 131. 4+3　玉米北方炭疽病

(11)“________”，指示性类目提示符

用一条横线标识，置于一组用“/”连接的类号之上，用来标识“指示性类目”。“指示性类目”是为给一组类目作共同的注释而设置的，不能用来类分文献。如：

TS273/278　各种饮料(品)

可仿 TS272 分。例：咖啡原料为 TS273.2。

(12)"{}"，停用符号

置于{}内的类号是前一版本中用于标引的分类号，但现已停用。如：

{D922.35}　建筑用地法令

<停用；5 版改入 D922.36>

四、各学科类目的编制结构

(一)马列主义、毛泽东思想、邓小平理论类目的编列

马列主义、毛泽东思想、邓小平理论类目可划分为原著、传记、学习与研究三大部分，再采用"以人列类"的方法按经典作家列类。每位作家之下，分别按著作体例、时代细分。

A 马克思主义、列宁主义、毛泽东思想、邓小平理论
A1 马克思、恩格斯著作
A2 列宁著作
A3 斯大林著作
A4 毛泽东著作 →
A49 邓小平著作
A5 马克思、恩格斯、列宁、斯大林、毛泽东、邓小平著作汇编
A7 马克思、恩格斯、列宁、斯大林、毛泽东、邓小平生平和传记
A8 马克思主义、列宁主义、毛泽东思想、邓小平理论的学习和研究

A4 毛泽东著作
A41　选集、文集
A42　单行著作
A43　书信集、日记、函电、谈话
A44　诗词
A45　手迹
A46　专题汇编
A48　语录

(二)哲学社会科学类目的编列

哲学社会科学类目，需要将国家与时代作为重要的分类标准。在各学科理论与方法之后，序列世界各国的社会、经济、文化活动。对于时代的区分，一般都在国家区分之后。以"E 军事"类为例说明《中图法》哲学社会科学类目的结构。

E　军事 E0　军事理论	总论
E1　世界军事 E2　中国军事 E3/7　各国军事	地区区分

续表

E8 战略学、战役学、战术学 E9 军事技术 E99 军事地形学、军事地理学	专论

(三)自然科学基础科学类目的编列

《中图法》排列自然科学与基础科学类目主要依据事物内部自身的规律和系统，基本次序类为：数学、物理、化学、天文学、地球科学与生物科学。Q 类先编列各种生物的共性问题，再列各类生物的专论性问题。

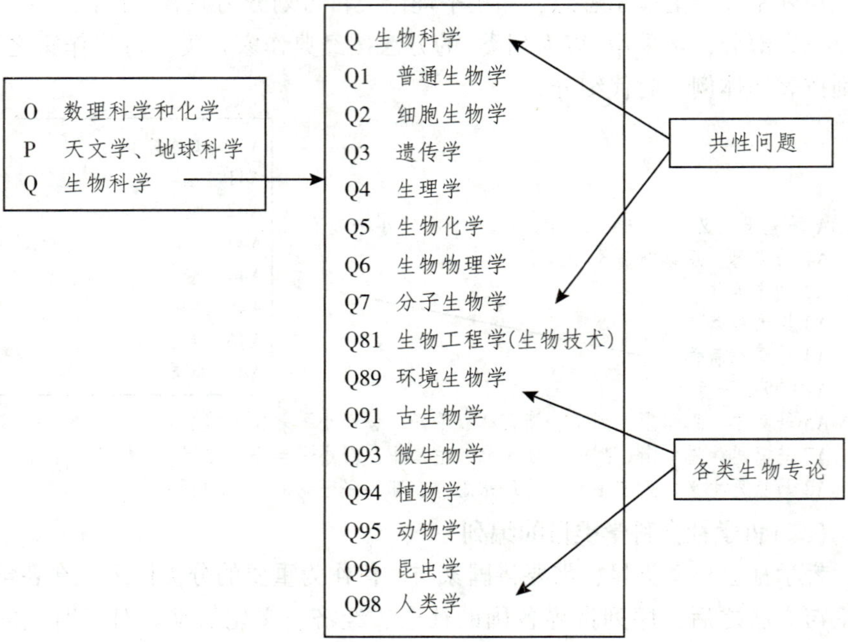

从"Q1 普通生物学"到"Q89 环境生物学"是生物学共性问题，从"Q91 古生物学"到"Q98 人类学"为生物学专论。

(四)技术科学和应用科学类目的编列

《中图法》的技术科学和应用科学类目先按加工的对象或方法划分为医药、卫生、农业科学、工业技术、交通运输、航空航天、环境科学、安全科学，再按产品或技术方法进一步划分，各项具体的工程技术按"方面"(即"理论→设计→结构→材料→设备→工艺→运行→工厂→综合利用")进行细分。

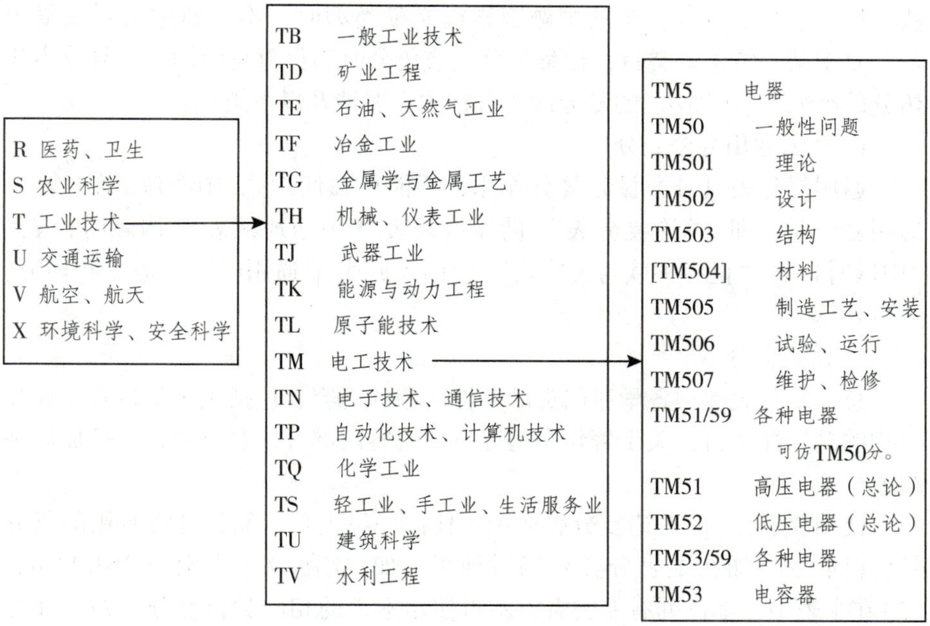

（五）综合性图书类目的编列

《中图法》综合性图书类目按出版物类型划分为参考工具书与检索工具书。参考工具书包括丛书、百科全书、类书、辞典、论文集、全集、选集、杂著、年鉴、年刊、期刊、连续性出版物。检索型工具书是指图书目录、文摘、索引。参考工具书按“类型-国家”的次序序列。检索性工具书直接采用组配编号法按学科内容细分。

五、《中图法》的复分表与组号技术

在分类标引中，根据文献多种属性特征揭示的需要以及分类法类目的设置与划分，往往不能直接在类表中找到准确表达文献主题内容的号码，而是要根据一定的规则进行分类号的再组合。但类号的组合必须遵循分类法规定的次序，《中图法》类号组合的基本次序是①：归入主类号→按类目注释规定的依地区表、民族表、时代表复分→进行仿分或专类复分→进而按被仿分的

① 国家图书馆《中国图书馆分类法》编辑委员会.《中国分类主题词表》（第二版）及其电子版手册[M]. 北京：北京图书馆出版社，2006：230.

类目或专类复分表有关子目的注释规定细分→依总论复分表分→进行组配复分。其要求是：如能通过仿分、依各种复分表复分组号的，不能用组配编号法表达；凡主类号已包含某主题因素或文献类型时，不再通过组号重复表达，对于某一特定的类目，依某复分表或仿分时不得重复使用某一复分表或仿分的类列。《中图法》的复分或仿分技术主要涉及以下类型：

（一）依通用复分表分

通用复分表只对类目起复分作用，不能单独使用。《中图法》共有 8 个通用复分表，即“总论复分表”“世界地区表”“中国地区表”“国际时代表”“中国时代表”“世界种族与民族表”“中国民族表”“通用时间、地点和环境、人员表”。

1. 总论复分表

总论复分表编列各学科门类的共性区分的内容，包括关于学科及专业与事物的总论性类目，关于著作类型等方面内容两部分，复分号由“-”加数字组成。

使用要点：(1)总论复分表适用于任何一级类目；复分时将所用的复分号(连同“-”)加在主表分类号码后即可，如《文献分类指南》G254. 11-62。(2)在主表中，如已列有专类者，不再使用本表的相应类目复分，如：C0/7 与 N0/7 是依据总论复分表编列的类目，不使用本表复分。(3)具有本复分表中两种以上形式特征的文献，只可选择其中主要的一种加以复分，不能在同一个类号中同时使用两种总论复分表的号码，如《美学研究方法论文集》类号为 B83-3，不能标引为 B83-3-53。(4)[-7]是 Z88/89 的交替类，但专书索引可直接用此号进行复分，如《史记索引》的类号为 K204. 2-7。

2. 世界地区表

世界地区表主要依据自然区划编列，还分别采用依行政区划以及语种、人种、宗教、集团、古代地区作划分标准。

使用要点是：(1)凡主表或专类复分表中已注明“依世界地区表分”的，均用本表复分，直接将复分号加在主类号之后即可。(2)凡使用本表中“洲”“地区”概括性地区号码(如亚洲、东南亚)复分后，在本表所列的世界各个地区下，如采用其他标准细分时，则必须在地区号码后加“0”，以便与该地区所属的国家区别开来。例：《西欧戏剧作品选》的类号为 I560. 3，如果不加“0”，其类号为 I563，是荷兰文学，则产生异书同号的标引错误。

I3/7 各国文学

依世界地区表分，再依下表分。

1　作品集	
11　　作品综合集	
12/15　各时代作品集	
2　诗歌	
3　戏剧文学	
4　小说	
5　报告文学	
6　散文、杂著	
7　民间文学	

…………

世界地区表中西欧及下位类目

56	西欧
561	英国
562	爱尔兰
563	荷兰
564	比利时
565	法国
566	摩纳哥

(3)凡主表中未注明“依世界地区表分”而用本表复分时，地区号码须加上国家地区区分标识“( )”。如：美国导弹制导与控制技术类号为 TJ765 (712)。

3. 中国地区表

首先列北京市，再按历史上和习惯上的划分列出 6 个大区，即华北地区、东北地区、西北地区、华东地区、中南地区与西南地区。然后在各大区下列出各省、自治区及直辖市等类目，并编列 1 个供直辖市、省、自治区细分的专类复分表。使用要点如下：

(1)凡主表、专类复分表、总论复分表中注明“依中国地区表分”时，才可直接使用本表复分，组号方法：将复分号加在主类号之后。如：《武汉之旅》，K928. 963. 1[其中，“63”为湖北省，1 是专类复分表中“省(自治区)人民政府所在地”的号码，因此“武汉”的号码是“631”]。

K928. 9 旅游地理、游记

依中国地区表分。

(2)若未注明依该表分，但需要据本表复分时，须先在地区复分号前加上中国代号“2”，再用地区区分号“( )”括起，加在主类号后。如：《武汉地铁线路勘测设计》号码为 U231. 1(263. 1)。

(3)在本表所列的中国各地区，如再采用其他标准细分时，则必须在地区号码后加“0”，以便与本地区所属的省、市、县区别开来。如：华东地区湖泊号码为 P942. 507. 8。

P942　中国自然地理

依中国地区表分，再仿 P941 分。

5	华东地区
51	上海市
……	……
55	浙江省
56	江西省
57	福建省
58	台湾省

P941	世界自然地理学
P941.7	自然区域
……	……
P941.76	山脉、丘陵
P941.77	河流
P941.78	湖泊、沼泽

不加“0”，类号 P942.578 为福建省的自然地理，产生异书同号的标引错误。

4. 国际时代表与中国时代表

国际时代表先按照世界历史分期编列，再按世纪划分，其中“第二次世界大战以后时期至 20 世纪末(1945—1999 年)”细分至年代；中国时代表先按中国历史分期编列，再按朝代划分，若属于跨历史时期的时代一般归入前一个时代。其中，中华人民共和国成立后分至年代。使用要点如下：

(1)凡主表中注明“依国际时代表分”或“依中国时代表分”时，可直接使用进行复分，组号方法：直接将有关时代的复分号加在主类号后。如唐代艺术史的号码为 J120.942(“42”为“唐代”的号码)。

J12　中国艺术

J120.9　艺术史、艺术思想史

依中国时代表分。

(2)凡类目表中未注明依时代表分，需要依本表复分时，须在复分号码前加上时代区分号“=”。如：21 世纪的基因工程的号码为 Q78=6(“6”为“21 世纪(2000—)”的号码)。

5. 世界种族与民族表、中国民族表

世界种族与民族表分为种族、民族两部分，民族部分先按地区划分，再按民族划分。中国民族表按现有的民族编列，用同位类表示，采用双位数字编号。使用要点如下：

(1)凡主表注明“依世界种族与民族表分”“依中国民族表分”时，可直接使用进行复分，组号方法：将有关复分号加在主类号之后。如：英格兰人的民族心理的号码为 C955.561.2。

C955　民族性、民族心理

依世界种族与民族表分。

(2)主表中未注明“依中国民族表分”时，需依该表复分的，须先在民族复分号前加中国代号“2”，再用民族区分号“”引起，加在主类号之后。主表中未注明“依世界种族与民族表分”时，需依本表复分的，将有关复分号用民族区分号“”引起，加在主类号之后。如：澳大利亚土著人的骨骼的号码为 Q983.3“611.1”。

6. 通用时间、地点和环境、人员表的结构

本表按季节、时间、时期、方位、部位、环境、人员等通用要素编列，主要用于资料的分类。使用要点是：(1)主表类目中凡需要按该表复分的，均可使用本表，但需用区分符号“〈〉”加以复分。如：《夜间飞行安全》的编号为 V528<125>。(2)若在主表中已列有专类者，不再用本表相关类目复分。如：《小儿眼科学》为 R779.7，而不用 R779.7<723>。(3)具有本复分表中两种以上特征的文献，只可选择其中主要的一种加以复分；若不易区分主次时，按编列在后的类目复分。

(二)依专类复分表分

《中图法》第四版共编有专类复分表 69 个，其中主表中有 67 个，“总论复分表”和“中国地区表”中各编列 1 个专类复分表。其标记符号采用阿拉伯数字，专类复分表两侧用竖线标记，以示醒目。复分时，需要注意：

(1)自然科学各类的专类复分表前一律冠“0”，组号时，直接将专类复分号加在主类号后，不再加“0”。

S791/796　各种森林树种

可依下表复分，例：红松育苗入 S791.247.05。

01　生物学特征	
02　生态学特征	
03　地理分布	
04　育种、引种	
05　育苗、造林	
06　经营、管理	
[07]　保护、病虫害防治	
08　利用	

S791/796　各种森林树种
S791　针叶树类⑨
S792　阔叶乔木⑨
S793　阔叶灌木⑨
S794　特用阔叶树类⑨
S795　竹⑨
S796　热带树种⑨

如，《竹子的地理分布》的号码为 S795.03。直接将专类复分表中的“03 地理分布”加在竹子 S795 之后。

(2)注意复分中的加“0”问题，如主表中社会科学各类，凡属上位类依专类复分表复分的，应在复分子目号码前面加“0”。本规定仅限于严格采用层累制编号的类目。如：《中国石刻文物图录》的号码为 K877.401，若不加

“0”，类号为 K877.41，为“石鼓”的类号，则产生异书同号。而《中国金石文研究》的号码为 K877.24，不加“0”，虽然金石文是上位类，但下位类展开时没有采用层累制，而是借上级类类号，见下例：

K877.2 金石文
K877.3 　金文
K877.4 　石刻

K87/879 （类目复分仿分规定）
如有必要均可依下表分。

1	文物目录
2	文物图录
3	文字、铭刻
4	题跋、考订、研究
5	调查发掘报告
9	其他

K877.4	石刻
K877.41	石鼓
K877.42	碑碣(碑文)
K877.43	石经
K877.44	经幢
K877.45	墓志
K877.49	其他石刻

(三)类目仿分

仿分是利用相邻或相关类目的子目，作为有关类目复分依据的细分方法，仿分需要进行分类号的组合。仿分有仿邻近类目分和仿总论性类目分两种类型。

1. 仿邻近类目分

仿邻近类目分指一组相邻的类目以相同的分类标准展开时，为节省分类表的篇幅，只将其中的一个类目详细展开，其余的类目不再展开列举，而是依照已展开的子目细分，其特点是：仿分类目与被仿类目性质基本相同，分类标准一致。如：

K815 人物总传：按学科分(世界)
仿 K825.1/828 分。

K825 人物传记：按学科分(中国)
K825.1 哲学、社会科学
K825.19 法律
K825.2 军事
K825.3 经济
…………
K825.8 历史、地理
K826.1 自然科学、工程技术

K826.2　医学、卫生

K826.3　农业、林业、畜牧业、渔业

K827　社会政治人物

K828　社会各界人物

上例为“世界各学科人物传记”仿照“中国各学科人物传记”子目细分，仿分时只需要按照 K825.1/828 列出类目的方法，将 K815 展开并配号即可。如世界著名军事家的号码为 K815.2，世界医学家传记的号码为 K816.2。

2. 仿总论性类目分

专论性类目仿照总论性类目的划分标准细分，称为仿总论性类目分。《中图法》的总论性类目一般用“一般性问题”“理论”“通论”“世界”等方式编列。

K21/27　中国各代史

均可仿 K20 分，仿分时一律冠“0”。

K2　中国史

K20　通史

K201　革命史

K203　文化史

K204　古代史籍

K205　历史事件

…………

K209　普及读物

K21/27 是关于中国各代史的专论性类目，K20 是中国通史的总论性类目。仿分时，将总论性类目中表示特指的号码(去掉 K20 后的号码)，加在专论性类目的分类号之后即可，但该例规定仿分的时候一律冠“0”，如明历史事件的号码为 K248.05。

类目仿分需要注意：(1)应按照类目注释规定的范围与仿分次序进行仿分；(2)凡“各国”仿“中国”分的类目，如同时涉及时代复分时，应将按“中国时代表分”转换为按“国际时代表分”。(3)当被仿分的是用“/”号连接的一组类目时，且采用借号法编号时，部分类目将涉及配号的转换问题。(4)主表中的类目仿“一般性问题”分时，通常应在仿分的号码前加“0”。(5)越级仿分需要加“0”。

(四)主类号组配

《中图法》的主类号组配是用冒号“:”将概念相关的两个或多个类目的类

号连接起来，用以表达一个分类表中未列举的主题的标引方法，主要用于处理文献的集中、细分与合成新的主题等方面。

《中图法》的主类号组配的使用要点是：(1)对于图书的分类，一般按主表规定的范围使用。(2)凡主表已列出的主题，均不得再使用冒号组配法表达。(3)凡通过复分、仿分可以表达的主题，不得使用冒号组配法进行标引。(4)用于合成新主题时，使用最专指的类号进行组配。(5)用户可根据文献数量确定组配类号的级位，并记录在使用本上，以保证标引的一致性。

(五)《中图法》复分组号加“0”的规则

(1)社会科学各类中，凡具有概括性地区的类目，如再依其他标准细分时，组号须在主类号后加“0”再复分；如《北美小说选》的号码为 I710.4，否则 I714 为百慕大文学的类号。

(2)社会科学各类中的各级上位类，如再依其他标准细分时，组号须在主类号后加“0”再复分；凡上下位类采用的是非层累制编号法，则无需加“0”。如：金石文目录的号码为 K877.21。上下位类没有采用层累制编号方法。

K877.2　金石文
K877.3　　金文
K877.4　　石刻

(3)在社会科学各类中，凡属越级仿分的，应在复分号码前加“0”。

在文献标引工作中，有时根据实际论述的主题不需要按类目注释要求依次进行仿分，当跨越规定的某一层次，再继续依其他标准复分或仿分就称为越级仿分，此时，须在该复分号或仿分号前加“0”，以保证类目展开的逻辑次序。

E271/277　各军兵种

先仿 E270 分，再依下表分。例：中国步兵连的进攻与防御为 E271.164.1；中国步兵的战斗保障为 E271.106；中国陆军集团军战例为 E271.019；中国陆军战例为 E271.009。

…………
4　战术
41　进攻与防御
43　特种战术
44　核武器、化学武器、生物武器条件下作战
6　战斗保障
…………
9　战例、战史

E271	陆军
E271.1	步兵
E271.2	骑兵
E271.3	坦克兵、装甲兵
E271.4	炮兵
E271.5	防化兵
E271.6	工程兵
E271.7	通信兵
E271.8	陆军航空兵
E271.9	其他兵种

E270	合成部队
E270.1	方面军、集团军
E270.2	军
E270.3	师、旅
E270.4	团
……	……
E270.8	班
E270.9	单兵

根据注释规定的仿分次序，标引《中国炮兵的战斗保障能力》一书，先归入中国炮兵 E271.4，再仿 E270 分，但文献中并没有论述部队的建制，故越过了 E270，先加“0”，再仿专类复分表分，“战斗保障”子目类号为“6”，因此得出号码为 E271.406。

(4)仿“一般性问题分”

主表中的类目凡仿“一般性问题分”时，一般要在仿分号前加“0”。如《电子计算机基本电路设计》一书，电子计算机基本电路的号码为 TP331，先加“0”，再加上仿分的“一般性问题”中“设计”的号码“2”，得出其分类号码为 TP331.02。同样的原理，电子计算机数字电路设计的号码为 TP331.202。

但以下两种情形不加“0”。第一，如果是“一般性问题”仿“一般性问题”分，实际就是临近类目仿分，不加“0”，如钢铸件的熔炼的号码为 TG260.2，仿 TG250 一般性问题分，熔炼的类号为“2”。

TG26 钢件铸造
TG260 一般性问题
仿 TG250 分。

TG25	铸铁件铸造
TG250	一般性问题
TG250.1	铸造理论
TG250.2	熔炼
TG250.3	浇注
TG250.6	铸件的缺陷原因及缺陷预防

第二，类目表中有关类目仿“一般性问题”所属子目分时，不加“0”，直接将仿分号码加在有关类目之后。如麻织物漂练的号码为 TS192.742。

TS192.7 各种纤维及其制品的练漂
仿 TS190.6

TS190　一般性问题
TS190.6　各种纤维及其制品的染整
TS190.62　散纤维、纤维条及纤维卷的染整
TS190.63　纱线染整
TS190.64　机织物染整
TS190.641　棉织物染整
TS190.642　麻织物染整
TS190.643　毛织物染整
……　……

六、《中图法》第五版介绍

《中图法》出版后，一直采取日常更新和版本修订两种方式，由国家图书馆和《中图法》编委会进行维护。1999 年出版的《中图法》第四版至今已近 11 年了，“《中图法》简报”、《国家图书馆学刊》专栏、《中图法》网站(http：//clc. nlc. cn)专栏，以及系列版本的编制出版，如《中图法》电子版、《中国分类主题词表》(第二版)及 Web 版，都对其进行了日常维护和继承性的更新。但目前，使用《中图法》的信息环境、技术环境与社会环境都发生了较大的变化，其类目设置与知识体系已经与文献信息资源的内容有较大差距，难以容纳新学科、新主题与新事物的文献，必须进行版本修订，才能解决与知识发展的同步问题。在此背景下，《中图法》编委会开始组织集中修订第四版，在用户和学科专家等各方力量的参与下，经过 5 年多的努力，《中图法》第五版于 2010 年 8 月由国家图书馆出版社出版。

(一)修订指导思想

《中图法》第四版修订的指导思想主要是：

(1)以知识、科学技术发展水平和文献出版的实际情况为基础，将科学性、实用性有机地统一起来，强调分类法的实用性和工具性。以文献生产、文献分类、文献用户、检索环境的实际状况和需求为基础进行修订。

(2)既要满足分类检索工具和分类检索系统的需求，也要兼顾文献分类排架的需要；既要贯彻《中图法》的连续性和相对稳定性，又要充分反映学科专业的发展带来的类目体系的变化。

(3)坚持《中图法》以类分综合性文献收藏单位的图书资料为主，适当兼顾专业单位、网络信息组织的需要，处理好类目的集中与分散的关系。

(4)标记系统的修订必须满足分类法类目体系编制和发展的需要，保持

较好的结构性，力求简明、易懂、易用、易于扩充。

（二）修订原则

除遵循各版修订的基本原则，即列举式分类体系及大类序列不变、字母—数字混合制的标记符号及层累小数制的标记制度不变外，针对《中图法》第四版存在的问题以及《中图法》的应用前景，确立了如下的修订原则：

（1）在保持《中图法》整体稳定的基础上，有选择地对部分大类进行重点修订。确有需要，可选择一两个基本大类，对体系作较大幅度的调整完善。其他大类重点补充新学科、新事物、新主题等。

（2）在基本保持《中图法》类目细分程度的同时，视文献保障程度，适当调整类目划分的详略程度。如适当调整农业科学、化学工业、交通运输、轻工业、冶金、矿业等无文献保障的类目。

（3）《中图法》各版本同步修订、分别出版。修订时，应充分考虑印刷版、电子型、网络交互型等载体形态和专业版本、简体、期刊本等系列版本的不同需求。

（4）修订时，应充分利用分类法修订和运用各种技术与方法。如利用设置类组类目、参见类目、交替类目、多重列类法、沿革注释法、局部结构调整等方法修订，尽量减少修订对文献改编的影响，保障用户从旧版平稳过渡到新版。充分利用和参考已有的成果，如《中国分类主题词表》、《杜威十进分类法》（DDC23 版）、《学科分类与代码》、《国民经济行业分类与代码》等。

（三）《中图法》第四版修订的重点及特色

《中图法》的修订是一项持续性、系统性的工作，每版修订都有其重点和特色。

1. 修订重点

《中图法》第五版重点修订了“A 马克思主义、列宁主义、毛泽东思想、邓小平理论”“F 经济”“TP 计算技术、计算机技术”“U 交通运输”“D 政治、法律”“G 文化、科学、教育、体育”“TS 轻工业、手工业、生活服务业”等与交通运输业、通信业、商业、生产和生活服务业（包括金融、房地产、公共设施、娱乐业等）、提高科学文化水平和居民素质的服务业、社会福利业、社会公共需要、服务管理部门、计算机技术等方面内容相关的类，《中图法》第四版修订幅度较大，新增类目 1631 个，停用或直接删除类目约 2500 个，修改类目约 5200 个。

2. 修订特点

（1）确定了特别处理的大类、重点修订大类和局部调整大类

①特别处理的 A 类。

根据用户使用意见、《分类法研究与修订调研报告》以及“修订报告”对《中图法》第四版存在问题的分析，此次修订确定“A 马克思主义、列宁主义、毛泽东思想、邓小平理论”为特别处理的大类。

②重点修订的大类 F、TP、U 类。

“F 经济”“TP 自动化技术、计算机技术”“U 交通运输”为重点修订大类。

③局部调整的大类。

“D 政治、法律”“G 文化、科学、教育、体育”“TS 轻工业、手工业、生活服务业”等与政治、经济、文化、生活、计算机技术相关类为局部调整大类。

(2)增加复分标记与“一般性问题”的禁用标记

①增加复分标记。

对一组类目或多组类目需要复分时，以前各版次的《中图法》只有一个说明性注释来规定，而具体需要复分的类目不再一一注释说明。第五版为增强类目复分助记性、降低复分难度，对这些类下无直接复分注释而又需复分的类目的类名后增加了相应标记，并区别 8 个通用附表、专类复分或仿分的标记，标记符分别对应为①②③④⑤⑥⑦⑧⑨，⑨专类复分或仿分，与《中国分类主题词表》主题词对应类号的复分标记一致。

②“一般性问题”的禁用标记。

《中图法》规定“一般性问题”类目只起仿分概括说明作用，不能用于类分文献，其主题归入“一般性问题”类的直接上位类。第五版对“一般性问题”类进行了规范，增加了禁用类分文献的标记，标记符为⊗，提示分类人员，避免误标引并造成与其上位类分类不一致问题。

(3)完善类目的参见注释，补充类目反向参照

《中图法》前几版的类目参照是由人工按类分别注释，很多相关联的类目只有单向参照。对第四版进行修订时，借助“《中国分类主题词表》的维护管理系统”对类目的参见注释进行了完善。首先规范参见注释，区分“参见”与“见注”；其次补充需要建立反向参照的注释，修改盲参照的参见注释。

(4)合并使用频率过低的类目

对《中图法》类目使用频率进行统计，对使用频率为 0 或频率过低的类目，合并到上位类或取消仿分、复分的注释。第 5 版共停用 2300 多个类，停用或删除类主要集中在 TS、TD、TF、TG、U、TN、F、G35 等类。停用类增加沿革注释，一般停用或删除类在其相应上位类，同时补充含义注释。此外，部分使用频率过低的图书用类改为资料用类，如：TE32+1/TE32+9。

第四版类目	第五版类目
TE321 油气田开发地质论证	TE32+1 油气田开发地质论证
TE322 油气田开发经济论证	TE32+2 油气田开发经济论证
TE323 油气田开发方案编制与调整	TE32+3 油气田开发方案编制与调整
TE324 油田布井原则及方式	TE32+4 油田布井原则及方式
TE325 油田开发层系划分	TE32+5 油田开发层系划分
TE326 油田开发速度分析	TE32+6 油田开发速度分析
TE327 采收率研究	TE32+7 采收率研究
TE328 油气产量与可采储量	TE32+8 油气产量与可采储量
TE329 其他	TE32+9 其他

(5)完善附表类型，补充共性复分的新主题

①完善附表类型。

为解决主表类目进一步按各类型环境和各类人员进行复分的需要，《中图法》第五版在“八、通用时间、地点表”中新增了环境、人员类列，同时在主表部分类下增加该复分注释，如“C912.15 各类型人的人际关系”类下增加了“如有必要，可依通用时间、地点和环境、人员表分”复分的注释。

②补充共性复分的新主题。

补充附表相应新主题，增设新类目，或增加注释或修改类名扩大外延。如在“总论复分表”中修改“-39 信息化建设、新技术的应用”类名(第 4 版类名：新技术的应用)，以便容纳各类有关电子技术、计算机技术、网络通信技术的应用，网站建设、信息化建设等主题复分。同时兼顾 8 个附表与主表相同部分的类目体系的同步修订，如与 C、N、K 等类的同步修订。

(6)其他常规性修订。

《中图法》第五版除对第四版重点类和存在的主要问题针对性地修订外，还全面系统地分析各大类的设置不足及使用问题并加以修改。如修改类名，增强类目的容纳性，增改注释，控制类目划分深度，必要时增加新类等。

◎ 本章思考题

一、名词解释

体系分类法	基本部类	基本大类	上位类	下位类
类系	类列	交替类目	多重列类法	层累标记制

顺序标记制　分面标记制　百分法　　　八分法　　　对应编号法

字母标记制　借号法　　　复分表　　　通用复分表

二、简答与论述题

1. 简述体系分类法中主表类目之间的关系。
2. 简述交替类目的作用及启用交替类目的方法。
3. 简述标记符号的含义、种类及其对类目体系的作用。
4. 简述体系分类法中标记符号的性能。
5. 简述标记制度的基本类型。
6. 简述复分表的类型。
7. 简述类目仿分的含义及其形式。
8. 简述类目注释的类型。
9. 简述《中国图书馆分类法》复分组号加“0”的规则。
10. 试析《中国图书馆分类法》的标记符号与标记制度。

第三章 组配分类法

组配分类法，又称分面分类法、组面分类法或分析—综合分类法等。它以简单概念组合成复合类目，是依据分面分类的理论与技术编制的一种分类法。组配分类法不是按学科体系，而是按“知识大纲—分面—亚面—类目”的结构编列类目，将文献所涉及的知识领域划分为几个基本范畴，根据基本范畴列举各种简单概念，并分配相应的号码，在标引时，根据文献所涉及的范畴概念进行组配来表达主题。其基本特点是：(1)通过概念组配，能够较准确地揭示文献中大量存在的复杂主题、专深主题以及新的主题概念；(2)采用表达性较强的分面标记制度，能够充分揭示出各种主题因素之间的相互关系，根据不同需要，调整组配次序，实现多途径检索；(3)类表结构与篇幅较小，便于控制、管理与修订。其不足之外在于：其类目体系不如列举式分类法直观、明了，标引的难度较大。号码冗长，不利于文献的分类排架。

第一节 组配分类法原理与类型

一、组配分类法的基本原理

组配分类法的基本原理是概念的分析与综合，即复杂的主题概念可以分解为若干简单的主题概念或概念因素，若干简单的主题或概念因素可以综合(组配)成表达复杂的主题概念。因而，一个复杂的主题概念可以用若干个简单概念标识的组配来表达。将类目按照“知识大纲—分面—亚面—类目”的结构编列，通过各分面内类目之间的组配来表达文献主题。组配分类法的基本特征是“分面”(又称组面、分面，简称面)，分面是指依据某种分类标准(分类特征)划分一个主题所产生的一组类目，以下两组类目便是按结构划分形成的桥梁分面，以及按材料划分的路面的分面。

桥梁：按结构划分	路面：按使用材料分
梁式桥	土路面
拱式桥	加固土路面、加固土基层
刚构桥	砾石路面、砾石基层
斜撑式桥	碎石路面、碎石基层
悬索桥	块料路面、块料基层
开启式桥	水泥混凝土路面
斜拉桥	沥青路面
高架桥	橡胶塑料路面
……	渣油路面

一组类目就构成一个面。对同一类事物用多种属性作为分类标准进行划分，就会形成多个分面，在标引文献时，依据文献所包含的主题概念，从各组类目中找出与主题概念因素相对应的各个类目，再选取这些类目所对应的类号，按一定的规则进行组配以表达所标引文献的主题概念。

二、组配分类法的基本类型

组配分类法可以分成分面组配分类法、组配—体系分类法和体系—组配分类法三种类型。

1. 分面组配分类法

这是一种纯粹的组配分类法，又称完全的组配分类法，其分类表由若干分面(基本范畴)构成。一般是专业分类法，只在比较单纯的专业范围内使用。

2. 组配—体系分类法

这是分面组配与体系分类相结合，但以分面组配为主的分类法。首先将知识分为基本类(基本大类和惯用类)，构成分类表的主干结构；然后再对每个基本类进行分面分析，划分为若干分面。基本类可以是一个学科领域，也可以是一个主题领域。著名的印度图书馆学家阮冈纳赞编著的《冒号分类法》(Colon Classification，CC)便是组配—体系分类法的代表。

3. 体系—组配分类法

这是分面组配与体系分类相结合，但以体系分类为主，在体系分类法中大量采用分面组配的方法，即大量使用各种复分表、仿分和组配的方法，并使分类法保持分段的组配形式。《国际十进分类法》就属于这种类型的分类法。

由于体系—组配分类法接近于等级体系分类法，在提及组配分类法时，往往指分面组配分类法和组配—体系分类法两种类型。

第二节　组配分类法的分面分析

组配分类法的宏观结构与体系分类法基本相同，一般包括分类表、标记符号、说明与注释、复分表、索引五部分组成，但在微观结构上差异较大。编制分面类表首先要解决的问题有：(1)划分为哪些面及亚面；(2)各分面的次序(分面公式)；(3)每个面中包括的概念(类目)；(4)明确每个面中概念的相互关系和排列次序；(5)各个面中类目的标记。分面分析、分面引用次序、分面标记制是组配分类法的核心理论与关键技术。①

一、分面分析法

在组配分类法中，建立类目体系的关键在于分面分析。分面分析又称为组面分析，是将整个知识领域和每个知识领域按其不同的属性分解为若干个不同的分面，每个分面再分解为若干个亚面，每个亚面再分解为若干个更小的子面，面内列出所属各子目的一种编制分类表的方法。②

如前所述，分面是指依据某种分类标准(分类特征)划分一个主题所产生的一组类目。其中的"一个主题"在分类法中往往指一个类目，而"分类特征"指作为划分标准的事物属性。如按用途划分出的桥梁类目分面，其中主题是指桥梁，分类特征是"用途"，划分出来的结果是一组类目：人行桥、公路桥、铁路桥等。事物属性是多方面的，对同一事物采用多个属性进行划分，则会形成多个分面，根据实际需要确定分面的数量，但划分出的每个面必须有检索意义。有时一个分面还可分成若干个亚面(二级面)，亚面还可分解为更小的子面。CC 的"普通书目学"类分别采用按编制形式、按字体、按语言、按出版物性质、按编制机构、按出版时间、按版本、按社会读者群等属性划分为若干面，标引时按给出的分面公式，选取相应类号进行组配。以 CC 的采矿学类目为例：

HZ 采矿学

HZ[P]，[P2]：[E][2P]

[P]中的焦点见规则 HZ 章

(注：P 为物质，其焦点同"E 化学")23 破碎(压机)

① 张琪玉．情报检索语言[M]．武汉：武汉大学出版社，1983：83.

② 俞君立，陈树年．文献分类法(第 2 版)[M]．武汉：武汉大学出版社，2015：56.

[P2]中的焦点
1 矿井
2 立井
3 隧道
4 地下巷道
…………
[E][2P]中的焦点
1 准备工作
11 进掘
12 采石
13 钻眼
14 深钻
15 凿井
………
2 选矿
21 初选
22 手选
24 筛选
25 跳汰选(矿石精选机)
26 废渣处理
27 磁选
28 洗选
29 选矿厂
4 危险及事故
41 瓦斯
42 矿山火灾
43 崩塌(地面塌落)
44 矿工事故
45 涌水
5 健康保护
52 排水
53 通风
54 供暖、降温
55 照明

标引《印度锰矿隧道通风设计》一书，其类号为 HZ172，3：53.44，其中“HZ”为采矿学大类号码，“172”为 E 化学中锰的号码，“，3”为 P2 中隧道的号码，“：53”为[E][2P]中通风的号码，“.44”为印度的号码。该类号按 HZ[P]，[P2]：[E][2P]分面公式组配而成。

二、分面的引用次序与排列次序

在标引过程中，如何确定各个分面类目组配的顺序，以及如何在类表中排列各个分面与面内的类目，就涉及分面的引用次序与排列次序。

1. 分面的引用次序

在组配分类法中，分面的引用次序是指各种分面被引用(被使用或组配)的先后顺序，即类目的组配(组号)顺序。阮冈纳赞认为引用次序要按照具体性递减的原则，他提出了各个领域通用的五大基本范畴，将 5 个基本分面的引用次序规定为“本体→物质→能量→空间→时间”。各大类又规定了各类具体的分面引用次序。如“图书馆学”的分面引用次序为“图书馆类型→图书馆材料(文献)→图书馆活动→空间→时间”。

在分面标记时，必须规定分面的组配次序。将分面的引用次序加以固定的公式就是分面公式。任何一个主题经过分面分析后，需要借助于分面标记与分面公式，即按各主题领域所规定的分面公式对主题加以描述，分面公式通常由基本类类号、分面指示符、分面的代码组成。如 CC 的农业类的分面公式为：J[P]：[E][2P]：[2E]。

2. 分面的排列次序

分面的排列次序是指分类表中各个分面以及面内各类目的排列次序。面内类目的排列原则与体系分类法排列同位类所依据的原则相同。

分面的排列次序可以采取与分面的引用次序相同或相反的两种排列方式。若分面的排列次序与分面的引用次序一致时，称为分面排列次序的顺排法，如 CC 采用的就是顺排法。有的分面类表分面的排列次序与分面的引用次序相反，称为分面排列次序的倒排法。如《布利斯书目分类法》(第 2 版，简称 BC2)采用了倒排法，其教育类表中分面排列次序为：通用复分→地点与时间→理论观点→共同操作及施动者→教育环境→老师→教学方法→课程→受教育者，而教育类的引用次序为：受教育者→课程→教学方法→老师→教育环境→共同操作及施动者→理论观点→地点与时间→通用复分，分面排列次序与引用次序相反。

第三节　组配分类法的标记制度

一、分面标记制

分面标记制又称分段标记制或多维标记制，是用分面符号把类号分成若干段，使每一段的号码代表主题的一个方面，以显示类目组配结构的一种标记制度。从其分段形式上可以分辨出构成复杂主题概念的各个主题因素，而且类号的各个分段可以轮排，能够提供多途径检索。组配分类法的分类号与体系分类法的类号的不同之处在于：体系分类法的类号在形式上是不可分拆的类号。如《中图法》中的“I561.34 英国近代戏剧”类，是由“主类号(I)”+世界地区复分号(561，英国)+各国文学专类复分表号码(3，戏剧)+仿分号码(4，近代)构成，是一个整体类号，不能从形式上分辨出各个主题因素。采用分面标记制时，表达主题的分类号由代表不同主题因素的各分面中类号加上分面符号组配而成，类号分为若干段，可从分段形式上分辨出各个主题因素。

分面符号是指组配分类法中为了区分类号中的不同组面而采用的专用符号。分面符号有两种形式：

第一，采用数字或字母作为分面符号。如 20 世纪 50 年代英国著名情报学家维克利编制了一部专业分面分类法《土壤科学分类表》，该表共分 8 个分面，即种类、结构、成分、性质、过程、操作、实验技术、总论等，分别用9、8、7、6、5、4、3、1作为分面符号。

第二，采用标点符号作为分面符号。如CC中对于本体、物质、能量、空间、时间5个基本分面分别采用逗号“,”、分号“;”、冒号“:”、句号“.”、倒逗号“‘”作为分面符号。如《20世纪90年代美国医院图书馆缩微资料编目工作》的类号为：2，64；151：55.73‘N9，其中，“2”表示图书馆学大类；“，64”表示医院图书馆；“；151”表示缩微资料；“：55”表示编目；“.73”表示美国；“‘N9”表示20世纪90年代。

二、回溯标记制

回溯标记制，又称回归标记制，是通过直接将分类表的类号与位于其前的组面的类号组合，以表达一个复杂概念的一种标记制度。这种标记制度不需要使用分面符号，可以通过表示不同组面的标记字顺位置的颠倒，区分出不同的组面，从而显示类目的组配结构。BC2就是采用的这种标记方法，如

Q 社会福利

QA 社会福利理论与原则

QAG 社会福利管理

QAGP　政策

……　……

QEN 社区医疗

如要标引《社区医疗政策》，其类号为：QEN(社区医疗)+AGP(政策)→QENAGP。回溯标记制表达性、容纳性和简短性均优于层累标记制，但其类号不能进行分段轮排，不能够提供多途径检索。

第四节　《冒号分类法》概述

一、CC的发展历程

冒号分类法是印度著名图书馆学家阮冈纳赞(S. R. Ranganathan，1892—1972)所创制的组配分类法。1921年阮冈纳赞在印度马德拉斯辖区学院任数学助理教授，1924年被任命为该学院图书馆馆长，同年到英国学习图书馆学，考察图书馆事业，研究了当时出版的各种分类表，发现已有的分类法不能适应科学发展情况，不能随时扩充新学科的主题内容。他想设计一种新的分类法。一天，阮冈纳赞在伦敦一家百货公司看到店员表演“梅卡洛”

(Meccano，一种机械组合玩具)，只用槽条、齿轮、螺钉和螺帽等 12 个小型零件作适当的变换和组合，便能装配成各种不同样式的玩具。于是，他联想到图书分类表能否只需要少而短的类表，对类表中各种成分加以适当变换，就能组配成表达任一主题的类号。《冒号分类法》的基本原理即是“梅卡洛模拟”。1925 年，阮冈纳赞在英国返回印度途中完成了 CC 初稿，经过几年实践，1933 年正式发表 CC 第 1 版。

CC 的产生和发展与阮冈纳赞对知识问题的见解是分不开的。阮冈纳赞认为知识是“多维的”“动态的”“无限领域的”。CC 自产生以来，阮冈纳赞不断修订 CC 并发展其分面分类理论，作为一种新的分类理论的实验，它有着相当大的典型意义。在 1933 年第 1 版中，阮冈纳赞提出了分面标记理论，用冒号作为分面符号。1939 年第 2 版中增加了“△精神体验与神秘主义”类，并开始采用八分标记法。1950 年出版第 3 版采用了“焦点”“面”“相”等概念。1952 年第 4 版提出了五种“基本范畴”，采用五种不同的分面符号并增加了几个基本大类，大大改变了 CC 的面貌。1957 年第 5 版将分类法分为两卷，第一卷适用于普通图书的分类，称为“基本分类法”，第二卷适用于论文资料的分类，称为“深度分类法”，采用分区的概念。1960 年将第 1 卷修订出版作为第 6 版，将八分法进一步发展成为扇形法。1972 年第 7 版在动态适应和深度描述两方面进行了新探索。总之，CC 的特点在于不断探索新模式并一直处于发展状态中。阮冈纳赞以概念分析与综合原理编制的 CC，标志着分类语言的一个新发展，对当代分类法的理论与实践产生了广泛影响。

二、CC 的类表结构

(一) 五种基本范畴

阮冈纳赞把概括文献主题的分类特征归纳为五种基本范畴，即：本体(personality)，物质(matter)，能量(energy)，空间(space)，时间(time)。“本体”指事物本身的各种体现；“物质”指构成事物的材料；“能量”指事物的各种活动、影响、状态和问题；“空间”指事物存在或发生的地点；“时间”指事物存在或发生的时期。五种基本范畴就是五个基本分面。阮冈纳赞以 P、M、E、S、T 分别代表这五种基本范畴(基本分面)。用逗号“,”、分号“;”、冒号“:”、句点“.”、倒逗号“‘”表示。

(二) 基本大类

同体系分类法一样，CC 也编列有基本大类。阮冈纳赞认为基本大类的数目可以随着新学科门类的出现而增加，大类的排列次序并不十分重要。CC 大类的设置以传统学术门类为出发点，按习惯上的传统学科门类，划分出一定数量的大类，每一版的大类数量有所不同，第6版的大类如下：

z 综合类	LZ 药学
1 知识全体	M 实用技艺
2 图书馆学	△精神体验与神秘主义
3 图书学	MZ 人文科学与社会科学
4 新闻学	MZA 人文科学
A 自然科学	N 美术
AZ 数理科学	NZ 文学与语言
B 数学	O 文学
BZ 物理科学	P 语言学
C 物理学	Q 宗教
D 工程学	R 哲学
E 化学	S 心理学
F 工业技术	Σ社会科学
G 生物学	T 教育
H 地质学	U 地理
HZ 采矿学	V 历史
I 植物学	W 政治学
J 农业	X 经济学
K 动物学	Y 社会学
KZ 畜牧学	YZ 社会工作
L 医学	Z 法律

解说性大类列举：

(：g)评论方法	(P)信息论
(p)会议方法	(X)管理方法
(r)行政报告方法	

CC 的基本大类分为4个分区：z 综合类为第一分区类目，以小写拉丁字母表示；以阿拉伯数字表示不能为其他学科所包括的新兴学科，作为第二分区类目；以大写拉丁字母 A~Z、△、Σ表示传统学科类目，作为第三分区类目；第四分区为新出现的各种方法学、带有工具性质的类目，以带音括号“( )”的大写或小写拉丁字母表示。

(三)惯用类与基本类

所谓惯用类就是根据传统习惯予以区分的一系列类目，例如：

H　地质学	R　哲学

H1	矿物学	R1	逻辑学
H2	岩石学	R2	认识论
H3	构造地质学	R3	形而上学
H4	动力地质学	R4	伦理学
H5	地层学	R5	美学
H6	古生物学	……	
H7	经济地质学		
H8	宇宙的假说		

大类和惯用类均称为基本类。基本类是图书分类的出发点，只有基本类才能附有分面公式。CC 为每个基本类都规定了不同组面组配时的先后次序及符号，这就是分面公式。例如："2 图书馆学"大类中，分面公式为：2[P]；[M]：[E][2P]，其类表见表 3-1；"LZ 药学"类的惯用类药理学 LZ3 的分面公式为：LZ3[P]：[E][2P]。分面公式列出各分面及其组配次序。按照某种分类标准划分出的一组类目就是一个分面，分面中的每个细目称为焦点(focus)。

表 3-1　　**《冒号分类法》图书馆学类目表**

[P]中的焦点 按图书馆类型分	[M]中的焦点 按馆藏文献类型分	[E][2P]中的焦点 按图书馆工作分
1 超地方性的 11 世界 12 国家 13 地区 ………… 2 地方性的 21 县 22 市 3 学校、学术机构的 31 初等学校 32 中等学校 33 学院 34 大学 36 研究机构 4 行业的 6 特种 61 儿童 …………	1 按编制方式 12 抄本 128 档案 13 有声图书 14 印刷本 ………… 2 按字体 3 按语言 4 按出版物性质 43 图书 44 报纸 45 娱乐性出版物 46 期刊 5 按编制机构 54 大学 6 按出版时间 7 按版本 8 按社会读者群 …………	1 选书 2 组织 3 功能 4 馆际协调 5 技术处理 51 分类 52 编目 6 流通 61 咨询 62 外借 7 参考服务 8 行政 81 选书 811 来源 815 订购 82 排列 84 登记 85 准备工作 88 维护 …………

分类标引时只要查出组成这一主题的各个焦点的类号，依次填入分面公式，就可得出这一主题的完整的分类号。例如，标引《学院图书馆图书分类工作》一书，按照图书馆学的分面公式“2[P]；[M]：[E][2P]”，查阅“图书馆学”的类表(见表 3-1)，P 中的焦点学院图书馆类号“33”，图书类号为“43”，分类工作为“51”，将类号代入分面公式之中，因此这篇文献的类号为：2，33；43：51。

(四)分面公式

分面公式即分面的组配次序与标记符号，亦即组面公式。各个分面依据具体性递减的原则确定先后次序。CC 的总的分面公式是“，[P]；[M]：[E].[S]‘[T]”。以总的分面公式为依据，各类又有具体的分面公式。如：“V 历史”类的分面公式为：V[P]，[P2]：[E][2P]‘[T]。“L 医学”类的分面公式为：L[P]：[E][2P]：[2E][3P].[S]‘[T]。医学类各分面的焦点如下：

[P]中的焦点：

1　基本的及局部的
2　消化系统
3　循环系统
4　呼吸系统
45　　肺
4511　胸膜
……　……

[E][2P]中的焦点

1　准备
2　形态学
3　生理学
4　疾病
……　……

[2P]中的焦点

1　全身病
2　传染病
21　结核病
……　……

[2E][3P]中的焦点

1　护理
2　病因学
3　症状与诊断
……　……
6　治疗学
62　　物理治疗
625　放射疗法
6253　X-射线疗法
……　……

标引《20 世纪 60 年代印度肺结核病 X 射线疗法》，其类号为：L，45：421：6253 · 44‘N6，其中，“L”为医学类号，“45”表示肺部，“：421”表示结核病，“. 44”表示印度，‘N6 表示 20 世纪 60 年代。

三、CC 的标记制度

为了使不同分面之间或同一分面中各种类目之间可通过组配来表示新的主题概念，CC 采用面的标记制(分面标记制)。为了显示复杂主题中的各种主题概念之间的影响关系、比较关系、应用关系等，CC 采用了相的标记制。

1. 分面标记制

分面标记制也称分段标记制或多维标记制，是用分面符号把类号分成若干段。使每一段的号码代表主题的一个方面，以显示类目组配结构的一种标记制度。CC 采用分面标记制，其五个基本范畴就是五个基本分面，每一基本类又有各自的分面公式。CC 由上百个基本类组成的简短类表为开端，在每一基本类下分别列出不同范畴的面的各个焦点，并各自配以不同的类号，采用分段式号码，这样，其类目就可以多向发展。分类标引时，首先分析主题的组成要素，再检索 CC 类表中的相应类目(即焦点)，择取相应的类号，然后按照分面公式，加在基本类号之后，即可指出这个主题的类号。这样，通过类目的组配，就能够揭示复合主题中的各个主题因素，体现主题间的联系，适应出现的新主题，适应类系的延伸。正是因为 CC 的类表采用分面结构与分面标记制，才使它成为一种分面分类法。

2. 相的标记制

CC 为了显示复杂主题中各种主题因素之间的相互关系，如比较关系、影响关系、应用关系等，采用了相的标记法(即相的标记制)。相的标记法实际上是将不同分面或同一分面中的各种类目相互组配来表达新的主题概念。相的标记法大体上可以表示五种关系：一般关系相、倾向相、比较相、差异相和影响相。每一种又可分为相相关(两个基本类的关系)和面内相关(同一面中两个点的关系)以及类列内相关(同一类列中两个类列点的关系)。当一个主题只涉及一个基本类或从属类时，称为单相类；如果涉及两个基本类或从属类时，称为双相类；涉及两个以上基本类的称为多相类。

四、CC 的复分表

CC 除基本类目之外，还编制了以下几种复分表：

(一)共同复分表

CC 称之为共同点，该复分表类目与一般的总论复分表大体一致。其标记符号采用小写字母(或带数字)，例如：a 书目，y8 文摘，P 会议录。另外，该复分表的类目可分为两个部分，前一部分类目带有“工具”性质，称为前置共同点，如：k 百科全书、大全，c 语汇索引、主题分类索引等。带有前置共同点号码的类目排在相应的不带前置共同点的号码的前面。例如，“D6a 机械工程书目”排在“D6 机械工程”之前。第二部分类目带有能量和本体方面的性质，称为后置共同点，如：b2 设计，g 学术团体，d 机构等。带有后置共同点的类目排在相应的不带后置共同点的号码的后面。例如，“D6：f3 机械工程实验”排在“D6 机械工程”之后。前置共同点和后置共同点依据分类规则说明来使用。

(二)时间区分表

CC 称之为时间点，它可分为时代类目和时令特征(特征时间)目两部分。该复分表与一般时代复分表大体一致。其标记符号分别采用大写字母和小写字母，或各继之以数字。另外用正箭号“→”表示现在与未来，在两个时期之间插以反箭号“←”表示。例如，N 为 20 世纪，P 为 21 世纪，N9 为 20 世纪 90 年代，N99 为 1999 年；c 白昼，d 夜晚，e 黎明，n1 春季，n3 夏季；V44‘N99←M58 为 1858 年至 1999 年的印度史(其中 V 为历史，44 为印度，N99 为 1999 年，M58 为 1858 年，将终止时期写在前面)。

(三)地理区分表

CC 称之为空间点。该复分表的类目与一般的地区复分表大体一致。其标记符号采用阿拉伯数字，或分别继之以大小写字母、括号、短横等符号。该表容纳了按自然地理特征(用小写拉丁字母或继之以阿拉伯数字表示，如 f 森林地带，p6 湖泊)、行政区划(用阿拉伯数字表示，如 53 法国，41 中国)、人口密集区(用大写拉丁字母表示，依字母表取得)、方位区分(用 9 和拉丁字母表示，如 9B 东方，9G 南方)划分出的 4 组内容，并规定 2 为祖国(图书馆所在国)，3 为优惠国(图书馆藏书除本国外，其数量最多的国家)。地区复分表按分类规则说明来使用。

(四)语言区分表

CC 称之为语言点。该复分表由语系、语族和人造语三部分组成，其标记符号采用数字，或继之以字母作标记。1~3 为语系部分，4~8 和 94~98 为其他各洲及海洋的语言部分，99M~99NN 为人造语言部分。例如，41 汉语，111 英语，P467 苏梅里安(Sumerian)语[其中 P 为语言学，4 为亚洲，467 为伊拉克(美索不达米亚)—苏梅里安语的发源地]。

以上 2~4 种附表，适用于主表中注明用时代法、地区法、语言法的类目，以及分面公式中带有[S]或[T]分面的类目。

◎ 本章思考题

一、名词解释

组配分类法　分面分析　分面符号　分面公式　回溯标记制

分面标记制　分面引用次序　冒号分类法　CC 的五个基本范畴

二、简答与论述题

1. 简述组配分类法的构成原理。

2. 简述组配分类法的基本类型。
3. 简述 CC 的标记制度。
4. 试析体系分类法与分面分类法的异同点。

第四章 叙 词 法

第一节 叙词法的原理

叙词，在我国又称主题词，是经过规范化处理的、以基本概念为基础表达文献信息主题的词或词组。叙词法是从自然语言中精选出来、经过严格的词汇控制、以概念组配为基础表达文献主题的主题法的类型。它通过词间关系建立特定的概念的知识语义网，通过创建范畴表、词族索引为每一个概念在知识语义体系中系统定位。

叙词法的主要特征有：直接以语词作为检索标识，以字顺作为主要检索途径，以特定的事物、问题、现象，即主题为中心集中信息资源；通过详尽的参照系统等方式揭示主题词之间关系；通常不用于组织文献，而广泛用于组织各种检索工具。叙词法是在综合多种检索语言的原理与方法的基础上发展起来的。如其采用概念组配的方法，来自组配分类法；选用词组与建立参照系统，取自标题法；建立范畴索引及词族索引，取自体系分类法；所创建的轮排索引则是吸收了关键词法。这使得吸取众家之长的叙词法在联机联网时代文献信息的组织与检索中发挥着越来越重要的作用。

一、概念组配是叙词法的基本原理

（一）概念组配的含义

叙词法的基本原理是概念组配。语词的组配可分为字面组配与概念组配两种类型。字面组配是根据构词法的原理，将一个专指、复杂的概念按其字面构成分拆为两个或两个以上的单词，标引时再将两个词拼接起来，表示一个专指、复杂的概念。字面组配强调用最小的词汇单位——单词进行组配。字面组配符合构词规律，但不一定符合概念逻辑。

概念组配是建立在概念逻辑关系的基础上，以概念的分析与综合为手段，以揭示概念的本质为目标，利用检索语言中已有的若干概念，组合起来表达一个新的专指概念的方法。概念组配本质上是在概念分析的基础上进行概念的综合。其组配的结果所表达的概念与参加组配的概念在逻辑上是有联系的。如香蕉苹果，其字面组配为“香蕉”和“苹果”，但其含义是一种有香蕉味的苹果，是一种香蕉和苹果杂交的品种。概念组配要用“香蕉味的食品”和“苹果”组配，才符合概念逻辑。同样，“灾害地理学”，可用“灾害学”和“地理学”两个词表中已有的概念组配，从而确切地表达叙词表中没有的专指概念。

字面组配，其实质是词的分析与组合(即拆词)，概念组配其实质是词义的分析—综合(即拆义)。例如“热带眼科学”这一主题，字面组配是“热带—眼科学”，而概念组配则为“热带医学—眼科学”。

(二)概念组配的类型

叙词的组配可以分为以下几种类型：

(1)交叉组配

是指使用两个或多个具有交叉关系的叙词进行组配，组配所表达的概念就是交叉的部分，是参与组配概念的种概念。如用“昆虫学”和“动物遗传学”两个叙词组配，表示“昆虫遗传学”这个新的种概念，它既是“昆虫学”这个属概念的种概念，也是“动物遗传学”这个属的种概念。交叉组配的必要条件是概念之间应具有交叉关系，其组配结果的概念就是交叉的部分。

(2)方面组配

方面组配又称为限定组配，是指将表示某一事物的叙词与表示事物某一方面、某一属性的叙词组合起来表达一个新专指概念的组配方法。方面组配是以概念的限定为基础，通过对一个泛指的属概念进行层层限定后形成的一个新的专指概念。用“铁路道口”与“交通运输安全”这两个表示事物与方面的叙词进行组配，表示“铁路道口安全”；用“汽车”和“变速装置”这两个分别表示事物与部分的叙词进行组配，表示“汽车变速器”；用“滑翔机”与“制造”两个分别表示事物与方面的叙词进行组配，表示“滑翔机制造”。在叙词组配中，方面组配占绝大多数，包括事物的整体与部分、事物与事物现象、事物与事物性质等。

(3)联结组配

这种组配是表示两个概念之间一定联系的组配方法，只揭示参加组配概念的某种联系，而不形成新概念。如事物与事物间的比较关系、影响关系、应用关系等。如：

雪\影响\气候
遥感技术\应用\鱼群侦察
美学\应用\生活
代谢\关系\营养
植物\比较\动物

二、叙词法的词汇控制

在各种检索语言中，叙词法的词汇控制最为严格，词汇控制的手段也最完备。

(一)词类控制

《信息与文献叙词表及与其他词表的互操作第1部分：用于信息检索的叙词表》(GB/T 13190.1—2015)规定：叙词表语词优先由名词或名词词组组成，但也包括动名词，也就是动词性名词。叙词一般可以分为普通名词与专有名词两种。普通名词是叙词的基本词汇，而专用名词是用以表达某一特定的事物，一般选择较有代表性的、有较大研究和检索价值的专有名词。

1. 普通名词

普通名词的选词范围主要有：

(1)表示各种事物名称的名词术语，如云计算、人工智能、集成电路、无人驾驶飞机、博物馆、海洋等。

(2)表示事物的性质、现象、状态方面的名词，如流通、振动、稳定性、疲劳、经济危机等。

(3)表示加工技术、工艺过程、方法与措施的名词术语，如测量、维修、铸造等。

(4)表示学科门类、技术部门、理论、学说、定理等名词术语，如美学、教育学、建筑工程、遥感技术、万有引力定律等。

(5)表示文献类型或形式的名词术语，如百科全书、手册、字典、文摘、年鉴、期刊等。

2. 专有名词

(1)地理名称、国家名称(包括世界地区名称)，如欧洲、英国、大西洋、上海市等。

(2)时代名称(国际时代和各国具体历史时代名称)，如21世纪、2020年、明代(1368—1644年)等。

(3)人名(各学科领域中的代表人物和有影响的人物)，如马克思、孙中山、李时珍等。

(4)机关团体名称(作为论述和研究对象的团体机构名称)，如联合国、奥林匹克运动会。

(5)产品型号、事物专有名称(按各学科专业的实际需要选定)，如F-16战斗机、武汉长江大桥等。

(6)历史事件名称，如辛亥革命、第二次世界大战等。

(7)文献名称，如《资本论》《红楼梦》等。

(二)词形控制

叙词法的词形控制主要指对同义而不同形词的优选。汉语叙词表的词形控制主要有以下几种形式：

1. 语词的形体控制

当一个汉字同时具有繁体、简体、异体等字体形式时，需要选择通行的形体为叙词，当一个词有多种写法时，应选择通行的写法为叙词。例如：

通信(正式叙词)通讯(非正式叙词)

2. 词序控制

汉语叙词一般采用自然语序(直序)，不使用逆序形式。例如：用“冲击式水轮机”，而不用“水轮机，冲击式”；用“水上飞机”，不用“飞机，水上”。

3. 外来语词控制

对于外来语词，汉语叙词表一般采用通用的汉语译名，不用外来语词的缩略语或音译词。例如：用“激光”，不用“莱塞”或“镭射”；用“联合国教科文组织”，不用“UNESCO”。

但如果有些音译名或缩略语已在汉语中生根并被公认，也可直接选作叙词，其他形式则作为非叙词。例如：

ISBD(正式叙词)　　国际标准书目著录(非叙词)

雷达(正式叙词)

克隆(正式叙词)

4. 同义词与准同义词控制

同义词是词义相同而词形不同的语词。汉语叙词表在同义词之间只能优选其中一个作为正式叙词，其余作为非叙词。其优选的方法主要有：

(1)一般同义词，选择通用的作为正式叙词。例如：

食品营养(正式叙词)	核桃(正式叙词)
食物营养(非正式叙词)	胡桃(非叙词)

(2)学名与俗名，一般选择学名作为正式叙词。例如：

马铃薯(正式叙词)

土豆(非正式叙词)

洋芋(非正式叙词)

洋番芋(非正式叙词)

(3)全称与简称，一般选择全称作为正式叙词，但当简称更为通行时，也可选择简称作为正式叙词。例如：

东南亚国家联盟(正式叙词)　全国人民代表大会(正式叙词)

东盟(非正式叙词)　中华人民共和国全国人民代表大会(非正式叙词)

(4)新名与旧称，一般先用新名作为正式叙词。例如：

索引(正式叙词)

引得(非正式叙词)

通检(非正式叙词)

(5)准同义词控制

准同义词控制主要有以下三种情形：

①近义词之间，一般选择较为通用的词作为正式叙词。例如：

密闭灭火(正式叙词)

火区封闭(非正式叙词)

②反义词或否定词之间，一般选择表示正面含义的词、肯定的词作为正式叙词。例如：

稳定性(正式叙词)　光滑度(正式叙词)

不稳定性(非正式叙词)　粗糙度(非正式叙词)

③部分泛指词与专指词之间，用泛指词代替太专指的词。例如：

全息照相术(正式叙词)

电子全息照相(非正式叙词)

动态全息照相(非正式叙词)

多色全息照相(非正式叙词)

多次曝光全息照相(非正式叙词)

红外全息照相(非正式叙词)

静态全息照相(非正式叙词)

连续波全息照相(非正式叙词)

脉冲全息照相(非正式叙词)

(三)词义控制

叙词法的词义控制主要是对多义词、同形异义词及词义含糊的词进行处理，从而使叙词与概念达到一一对应的要求。其措施主要有：

1. 加限义词

同一词形的叙词。在不同的学科领域或特定场合下具有不同的含义时，一般要从词汇所属的范围(学科、专业、地域、时间等)对其含义加以限定，使其具有单义性，标引时不能省略。例如：

疲劳(生物)
疲劳(材料)

结构主义(美学)
表象(心理学)
龙骨(飞机)

海湾战争(1991)
太平洋战争(智利和秘鲁)

2. 加含义注释

为了明确叙词的含义与用法，应视需要对可能引起多义的叙词增加含义注释。例如：

超低空飞行
　　指飞机在高度 100 米以下的飞行。

(四)词间关系控制

叙词法按照主题词的字顺进行排序，大多数相互关联的叙词被分散在字顺序列中。词间关系控制的目的在于建立一个完整的术语语义体系，显示叙词的内在联系，明确叙词的含义。叙词法词间关系控制的方法主要有 3 种：①编制分类性质的索引(如范畴索引、词族索引)；②运用图示的方法(如编制同心圆图、箭头图、树型结构图等)；③建立参照系统，用参照符号显示叙词的各种关系。其中，参照系统中叙词法显示词间关系的主要方法。叙词法的参照系统主要显示叙词之间的等同关系、等级关系以及相关关系。

我国国家标准《信息与文献叙词表及与其他词表的互操作第 1 部分：用于信息检索的叙词表》(GB/T 13190.1—2015)规定使用下列汉语拼音字母作叙词词间关系符号：

Y 或用——叙词指引符。只在非叙词下使用，其后所列的词与款目词等同的叙词。

D 或代——非叙词指引符。只在叙词下使用，其后所列的词是款目词所代替的非叙词。

S 或属——上位叙词指引符。其后所列的叙词是款目词的上位叙词。

F或分——下位叙词指引符。其后所列的叙词是款目词的下位叙词。

C或参——相关叙词指引符。其后所列的叙词是款目词的相关叙词。

Z或族——族首词指引符。其后所列的叙词是款目词所属词族的族首词。

1. 等同关系

等同关系是指正式叙词与非正式叙词之间的关系，是对涵义完全相同或相近而词形不同的词所进行规范处理的一种手段，包括同义词、准同义词和汉语与外语之间的语际等价关系。等同关系控制实际上是在叙词与非叙词之间进行优选。被选中的正式叙词用于标引与检索，落选的非正式叙词保留在叙词表中，提供检索入口，指向选用的叙词。汉语叙词表的词间等同关系用字母“Y”(用)和“D”(代)表示。“Y”将非正式叙词指向正式叙词，只在非正式叙词下使用，“D”提示正式叙词所取代的非正式叙词，仅用于正式叙词之下。具体形式为：

非叙词

　　Y 叙词

叙词

　　D 非叙词

“用”项参照与“代”项参照是互逆的，例如：

瘦土

　　Y 低产土壤

低产土壤

　　D 瘦土

左联

　　Y 中国左翼作家联盟

中国左翼作家联盟

　　D 左联

2. 等级关系

等级关系又称为属分关系、属种关系与族系关系，是指不同专指度的上位叙词与下位叙词之间的关系。汉语叙词表中的等级关系参照符号有3种：“S”(属)、“F”(分)、“Z”(族)。“S”是上位叙词的指引符，用在下位叙词之下，指明其所属的上位叙词；“F”是下位叙词的指引符，用在上位叙词之下，指明其包含的下位叙词；“Z”是族首词指引符，指明在叙词表中具有属分关系的一群叙词中最上位的叙词。叙词之间的等级关系主要包括属种关系和整体与部分之间的关系两大类。

(1)属种关系

属种关系是指下位叙词所表达的概念外延可以被上位叙词表达的概念外延完全包含的叙词之间的关系。例如：

植物学
Z 生物学
S 生物学
F 寄生植物学
实验植物学
水生植物学
天文学
F 工程天文学
恒星天文学
红外天文学
球面天文学
实用天文学
银河系天文学
……

(2)整体与部分关系

整体与部分关系，是指表示事物整体的叙词与表示事物组成部分的叙词之间的关系。在一般叙词表中，叙词之间的整体与部分关系主要是政区与地理区划间的关系，组织机构与分支机构之间的关系，人体系统与器官之间关系。例如：

广西
Z 中国
S 中南地区
F 北海市
桂林
柳州
南宁
联合国经济及社会理事会
D 经社理事会
Z 联合国
S 联合国

F 联合国非洲经济委员会
联合国拉丁美洲经济委员会
联合国欧洲经济委员会
联合国西亚经济委员会
联合国亚洲及太平洋经济社会委员会

叙词的等级关系是互逆的，上述例子中省略了逆向显示的等级关系。

3. 相关关系

相关关系是指叙词之间除等同关系、等级关系之外比较密切的关系。汉语叙词表中参照符号用“C”(参)，叙词表可根据需要在以下概念之间建立相关关系：

(1)互相渗透、交叉的叙词之间，例如：

控制论
C 机器人技术
机器思维
模拟理论
人-机系统
系统理论
信息论

(2)过程类似与原理类似的叙词之间，例如：

资本积累
C 资本集中
资金积累

(3)对立、矛盾的叙词之间，例如：

安全
C 事故

有源滤波器
C 无源滤波器

(4)具有因果、影响、应用等关系的叙词之间，例如：

海啸遥感
C 地震

(5)学科与其研究对象叙词之间，例如：

文献学
C 图书资料

苗圃学
C 育苗

(6)事物与研究手段、方法、材料等叙词之间，例如：

机床焊接
C 金属切削

C 焊接材料

(7)事物、事件、学科、理论与相关人物的叙词，例如：

论语派

C 林语堂(1895—1976)

精神分析学派

C 弗洛伊德(Freud, Sigmund 1856—1939)

叙词的相关关系的参照也是互逆的，但需要注意的是在制作相关参照时要控制参照的数量，只有当叙词之间具有较强提示作用时，才视为相关关系。

第二节　叙词表的结构

叙词表，又称主题词表，是叙词的总汇，它是一种词汇控制的工具，为叙词的标引与检索提供依据。以下是对叙词表的宏观与微观结构所作的分析。

一、叙词表的宏观结构

叙词表的宏观结构主要包括两大部分，即字顺显示部分与系统显示部分。字顺显示部分一般由字顺表、专有叙词表、轮排、双语种对照索引及入口词表组成。而系统显示(即分类显示)部分则包括范畴索引、词族索引、词族图等。具体如图 4-1 所示。

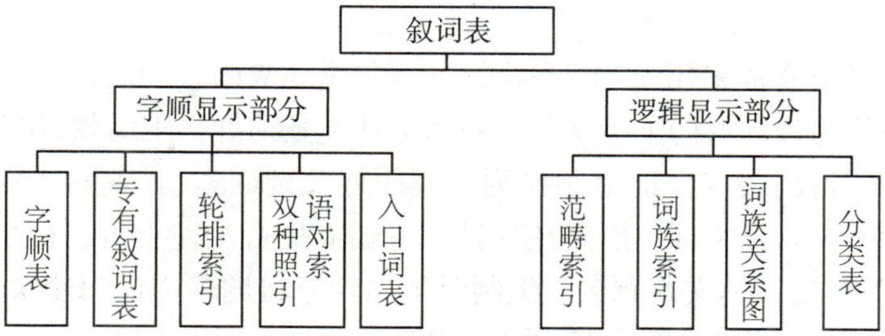

图 4-1　叙词表宏观结构图

(一)字顺显示

1. 字顺表

将全部叙词款目和非叙词款目按照字顺排列起来，就是叙词表的字顺表。字顺表是叙词表的主体，也是标引与检索的主要依据。用户一般从语词的字面形式出发，依字顺查找到相应的叙词。有时还要通过参照系统的用、代、属、分、参项，方能找到更为确切的叙词。

2. 专有叙词表

专有叙词表，又称附表，是将专有名称叙词或非正式叙词款目按字顺排列，单独集中展示的词汇表。一般来讲，可将叙词分为两种，一种是普通叙词，如各学科专业的普通名词术语；另一种是专用叙词，包括地名、人名、机构名称、产品型号等特殊领域里的专有名词。专用叙词表的功能主要是：控制字顺表的词汇量，便于用户按类查词。专有叙词表中的叙词与字顺表中的叙词有等同效力，均可用于标引与检索。

编制叙词表时可视具体需要，设置不同的附表。如《汉语主题词表》附表包括“世界各国政区名称”“自然地理区划名称”“组织机构名称”“人物名称”4个专用叙词表。《军用主题词表》的附表包括“地名表”“军事著述名称表”。有些叙词表还采用“表外控制”的方式，规定凡标引和检索专有叙词查看若干种权威工具书，如《新闻叙词表》为避免词表篇幅过大，规定凡国家(地区)名、时代、人名、地名、组织机构名等，均以新华社出版的英、俄、西、日、意文等的《姓名译名手册》《世界地名译名手册》《各国家机构手册》《国际机构手册》《国际组织机构手册》《中国组织机构手册》等为准。

3. 轮排索引

轮排索引，又称轮排表，是一种按照构成叙词表的词素(即单一词)的字顺进行排列的索引。轮排索引上按照汉语字面成族的原理，将叙词中的全部叙词及非叙词按其构成词素的字顺予以排列，便于将包含同一词素的词集中在一起。

轮排索引通常采用题内关键词索引(简称KWIC)，其标目在款目的中部，左右均为该标目的上下文，最右边标注文献地址，索引款目按位于款目中部作为标目的关键词的字顺排列；或题外关键词索引(简称KWOC)，其标目位置不在款目中部，而是在款目的左端或提行至左上方，标目之后(或之下)仍保留完整的文献题名。编制时依次轮流将题名中的每个关键词置于标目的位置，原题名中的关键词也可用符号(如星号)代替，题名之后注明文献地址，款目按关键词的字顺排列，也可采用倒置形式。轮排索引的主题功能在于：

(1)提供多途径检索

由于构成叙词词组的每一词素均可作用为排检点，因此可为用户提供多途径检索。

(2)聚类功能

轮排索引将含有相同词素的词集中排列，便于用户选择检索与标引用词。

4. 双语种对照索引

双语种对照索引是叙词及非叙词与其对应的其他语种译名的对照表，是按主题词的译名字顺进行排列的一种索引，为标引和查找外文文献，通过外文译名来选定标引用词的一种辅助工具。我国的叙词表大多编制英汉对照索引。

5. 入口词表

非正式主题词是在规范化处理中落选的词，非正式主题词保留在词表中，起扩大检索入口的作用，又称“入口词”。主题词表收录一定量的非正式主题词，可以提供更多的查词途径。衡量入口词的多少可用“入口率”[即词表中非正式主题词(即入口词)与正式主题词的比率]。国外一些词表的入口率达到100%以上。入口词表是将非正式叙词按字顺排列，并列举出其所对应叙词的索引。

(二)系统显示

1. 范畴索引

范畴索引，又称分类索引、范畴表，是按照叙词和非叙词所属学科或范畴编制的词汇分类索引。一般将主表中的全部款目的主题词按范畴划分为若干大类(范畴)，大类下再划分若干二级或三级小类，小类之下为所属叙词和非叙词的字顺列表。是便于从分类角度查找与某一范畴内容有关的主题词的一种辅助工具。以下是ERIC叙词表大类范畴(https://eric.ed.gov/?ti=all)与艺术类和下位类目的列举：

《ERIC叙词表》大类列举：

Agriculture and Natural Resources
Arts
Bias and Equity
Business,Commerce,and Industry
Communications Media
Counseling
Curriculum Organization
Disabilities
Economics and Finance
Educational Levels,Degrees,and Organizations
Educational Process:Classroom Perspectives
Educational Process:School Perspectives
Educational Process:Societal Perspectives
Equipment
Facilities
Government and Politics
Health and Safety
Human Geography
Humanities
Individual Development and Characteristics

Individual in Social Context, The
Information\Communications Systems
Labor and Employment
Language and Speech
Languages
Learning and Perception
Mathematics
Measurement
Mental Health
Occupations
People and Cultures
Physical Education and Recreation
Publication\Document Types
Reading
Research and Theory
Science and Technology
Social Problems
Social Processes and Structures
Students, Teachers, School Personnel
Subjects of Instruction
Tests and Scales

《ERIC 叙词表》阅读类(Reading)的下位类目

Adult Literacy
Adult Reading Programs
Basal Reading
Beginning Reading
Cloze Procedure
Communication Strategies
Content Area Reading
Corrective Reading
Critical Literacy
Critical Reading
Decoding(Reading)
Directed Reading Activity
Early Reading
Emergent Literacy
Family Literacy
Functional Literacy
Functional Reading
Illiteracy
Independent Reading
Individualized Reading
Initial Teaching Alphabet
Literacy
Literacy Education
Media Literacy
Miscue Analysis
Oral Reading
Phonics
Prereading Experience
Readability
Readability Formulas
Reader Text Relationship
Reading
Reading Ability
Reading Achievement
Reading Aloud to Others
Reading Assignments
Reading Attitudes
Reading Centers
Reading Comprehension
Reading Diagnosis
Reading Difficulties
Reading Failure
Reading Fluency
Reading Habits

Reading Improvement
Reading Instruction
Reading Interests
Reading Material Selection
Reading Motivation
Reading Processes
Reading Programs
Reading Rate
Reading Readiness
Reading Skills
Reading Strategies
Reading Writing Relationship
Recreational Reading
Remedial Reading
Sight Method
Sight Vocabulary
Silent Reading
Speed Reading
Story Grammar
Story Reading
Supplementary Reading Materials
Sustained Silent Reading
Text Structure
Word Recognition
Word Study Skills
Workplace Literacy

2. 词族索引

词族索引，又可称为等级索引或族系表等，它是将字顺表(不包括非叙词)中具有等级关系的词按照属分构成词族，并将各词族的族首词按字顺排列的词汇索引。可通过族首词查找所需叙词，借助其上下位词关系，明确词义。以《中分表》(电子版)的词族表为例，展开了族首词为美学的等级关系(按音序排列)：

美学
· 安全美学
· 比较美学
· 分析美学
· 服装美学
· 技术美学
· 建筑美学
……
· 文艺美学
· · 艺术美学
· · · 电影美学
· · · 书法美学
· · · 舞蹈美学
· · · 音乐美学
· · · 电视美学

· · · 工艺美学
· · · 摄影美学
· · · 戏剧美学
· · 文学美学
· · · 诗歌美学
· · · 小说美学
· 语言美学

3. 词族关系图

词族关系图也称词族图或语义关系图，是用图形显示叙词之间关系的工具。可以通过图像直观地了解词间关系。最早采用图示形式的是荷兰武装部队技术和情报中心 1963 年编制的 TDCK 环型展示叙词表。图形结构存在着多种显示形式，最常见的有等级系统图与箭头关系图等。图 4-2 是《可视化叙词表》①(Visual Thesaurus)中"Data"一词的关系图。

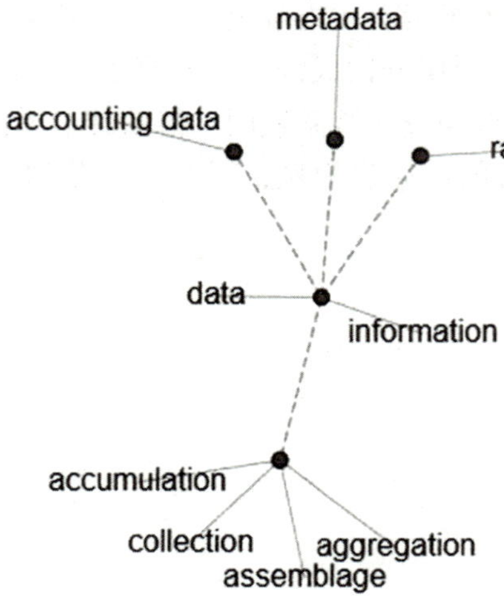

图 4-2　Visual Thesaurus 中"Data"一词的关系图

图 4-3 为《美国国家农业图书馆叙词表》(NAL Agricultural Thesaurus)②的类别浏览的树形图(以"Food and Human Nutrition"为例)：

① Visual Thesaurus[EB/OL]. [2019-08-12]. http://www.visualthesaurus.com/.

② Thesaurus: Browse by Subject Category [EB/OL]. [2019-08-13]. https://agclass.nal.usda.gov/dne/search_sc.shtml.

Food and Human Nutrition(食品与人类营养)
. food science(食品科学)
. . food additives(食品添加剂)
. . . food preservatives(食品防腐剂)
. . . . food biopreservatives 食品生物防腐剂
. . . GRAS substances 一般认为安全的物质
. . food analysis 食品分析
. . food chemistry 食品化学
. . . dough development 发面法
. . food composition 食品成分
. . . egg composition 鸡蛋成分
. . . . egg yolk composition 蛋黄成分
. . . fruit composition 水果成分
. . . meat composition 肉类成分
. . . milk composition 牛奶成分
. . . . milk fat 乳脂
. . . . . milk fat percentage 乳脂率
. . . . milk proteins 乳蛋白
. . . . . casein 干酪素
. . . . . . alpha-caseinα-酪蛋白

图 4-3 《美国国家农业图书馆叙词表》树形图

4. 分类表

此处指的是分类主题一体化词表中，与字顺表相对照的分类表，不同于叙词表的分类索引，其具体内容将在第五章详细介绍。

二、叙词表的微观结构

(一)叙词与非叙词的著录项目

在字顺表中，对叙词的相关项目进行著录的结果就是一条叙词款目按叙词(优选词，正式主题词)与非叙词(非优选词，非正式主题词)的描述结果划分，可以分为叙词款目与非叙词款目。款目是叙词表的微观结构，是构成叙词表的基本单元。款目词项是叙词款目的首项，决定叙词款目在字顺表中的排检位置。

1. 叙词款目

叙词款目一般由款目词项、标记项、注释项与参照项组成。

款目词项：在汉语叙词表中，款目词项除著录款目叙词外，通常还著录其汉语拼音与对应的英译名。

标记项：著录范畴号、款目词序号以及部分款目词的注释等。

参照项：是用于显示款目词各种关系的指示项，由参照符号与参照指引词两部分组成。汉语叙词表中的叙词参照项一般有：D(代，指向非正式叙词)、F(分，下位叙词)、S(属，上位叙词)、Z(族，族首词)、C(参，相关叙词)。

2. 非叙词款目

非叙词款目中款目词的著录与叙词款目基本相同，在标记项中一般没有注释项，参照项中只有“用(Y)”参照项，指出代替它的正式叙词。

(二)叙词款目与非正式叙词款目的著录格式

1. 叙词款目的著录格式

各叙词表主表的款目著录格式存在一定的差异。图4-4、4-5分别是《汉语主题词表》和NASA叙词表的叙词款目著录格式。

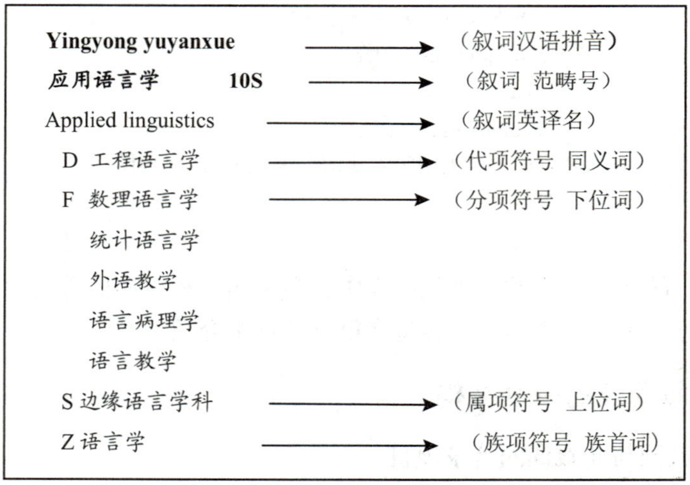

图4-4 《汉语主题词表》中叙词的著录款目

2. 非叙词款目的著录格式

非叙词款目的著录格式较简单，除款目词为非叙词外，参照项仅著录“用(Y)”项，指引用户查找对应的正式叙词，如：

Aircraft reliability	(正式叙词)
UF *airworthiness*	(代项符号 同义词)
airworthiness requirements	
GS reliability	(属分符号上位词)
. aircraft reliability	
RT aircraft	(参项符号相关叙词)
certification	
circuit reliability	
component reliability	
helicopter performance	
quality contrb	
structure reliability	
total quality management	
vulnerability	

图 4-5 NASA 叙词表中叙词著录款目

Gongcheng yuyanxue		
工程语言学	10S	(非叙词 范畴号)
Y 应用语言学		(用项符号 叙词)

图 4-6 《汉语主题词表》的非叙词著录款目

airworthiness	(非叙词)
USE aircraft reliability	(用项符号 叙词)

图 4-7 NASA 叙词表的非叙词著录款目

3. 叙词表中的等级关系显示

(1)单级显示

单级显示是指仅显示款目词的直接上位叙词和下位叙词，而不显示间接上位叙词和下位叙词，即不能显示更高一级或更低一级的叙词。《汉语主题词表》对于等级关系就是采用单级显示方式。

(2)等级关系全显示

等级关系全显示是指将所有的上位叙词与下位叙词分别用不同的形式全部显示出来。如“Animal Use Alternatives Thesaurus Terminology”就采用了等级关系全显示的方式。

laboratory tests

UF：testing，laboratory

BT1：Biomedical and Laboratory Methods

NT1：animal tests

NT2：acute toxic class method

NT2：eye irritation tests

……

NT1：assays

NT2：bioassays

NT3：Ames test

NT3：bioluminescence assays

NT4：bioluminescent bacterial genotoxicity test

NT3：bone marrow micronucleus assay

NT3：cell transformation assay

NT3：cytotoxicity assays

NT3：eye irritation tests

NT3：frog embryo teratogenesis assay--Xenopus

NT3：fungal viability assay

NT3：Limulus amebocyte lysate assay

……

NT2：immunoassay

NT3：enzyme-linked immunosorbent assay

NT1：nonanimal tests

NT1：skin tests

NT2：skin irritancy tests

NT3：patch test

NT2：skin prick test

上例中的分(NT)项下的 NT1、NT2、NT3 等代表叙词的相应层次的下位词，NT 后的数字越大，代表下位词的等级愈低。这种方式便于用户获取叙词款目的所有上位叙词与下位叙词，便于扩检与缩检，是一种较好的显示方式，其缺点是所占篇幅较大。

第三节 《汉语主题词表》简介

一、《汉语主题词表》的编制

《汉语主题词表》(简称《汉表》)是国家“748”工程(汉字信息处理系统工程)的配套项目，由中国科学技术情报研究所(现为中国科学技术信息研究所)与北京图书馆(现为国家图书馆)共同主持，于 1980 年由科学技术文献出版社出版，全表共10分册，按社会科学与自然科学分别编列。《汉表》是我国第一部大型综合性叙词型检索语言词表，由主表(字顺表)、附表、词族索引、范畴索引和英汉对照索引组成。收录正式主题词91158条，非正式主题词17410条。其中主表(字顺表)是标引、检索和组织目录的主要工具。

为适应科学技术发展与文献信息增长的需要，1991年中国科学技术情报研究所根据10多年的科技发展和标引实践，成立《汉表》自然科学维护组，对自然科学部分进行了修订与增补，增订后主表共收录主题词81198条，其中正式主题词68823条，非正式主题词12375条。对原表增补新词8221条，删除不适用词5434条。《汉表》自然科学增订版由科学技术文献出版社出版。为适应网络环境下知识组织与数据处理的需要，由中国科学技术信息研究所主持，并联合全国图书情报界相关机构，自2009年开始进行重新编制工作，拟分为工程技术卷、自然科学卷、生命科学卷、社会科学卷四大部分逐步完成。目前工程技术卷已于2014年由科学技术文献出版社出版，分为13个分册；自然科学卷已于2018年由科学技术文献出版社出版，分为5个分册。

《汉表》的宏观结构为：

第一卷　社会科学

　　第一分册字顺表(主表)

　　第二分册索引(包括词族索引、范畴索引和英汉对照索引)

第二卷　自然科学

　　第一至四分册主表(字顺表)

　　第五分册词族索引

　　第六分册范畴索引

　　第七分册英汉对照索引

第三卷　附表

二、《汉语主题词表》的应用与发展

(一)应用

《汉表》是我国情报检索语言发展史上的一个重要里程碑，在推动我国主题标引工作的开展，促进计算机文献数据库的建立，以及在专业叙词表的编制、发展与完善方面，都发挥了极为重要的作用。1985年《汉表》获得国家科学技术进步二等奖。其主要应用如下：

1. 作为主题标引与检索的工具

从20世纪80年代开始，国内主要大型公共图书馆、高校图书馆以及一些情报机构就将《汉表》作为文献主题标引与检索的工具。另外，GB3468-83（检索期刊编辑总则）、GB3793-83（检索期刊条目著录规则）、GB7713-87（科学技术报告、学位论文和学术论文的编写格式）、“中国高等学校自然科学学报编排规范”（修订版，1998）等标准规范也推荐《汉表》作为选用关键词的首选参考书。①

2. 作为汉语专业叙词表编制的规范

为了满足不同专业领域的文献标引与检索的需要，在《汉表》出版以后，一些专业叙词表编制机构，在参考《汉表》的选词规范和编制技术的基础上，编制了各类专业叙词表。各专业叙词表的基础词汇，多数来自《汉表》，是在《汉表》的专业核心概念基础上进行的丰富与扩展。目前已基本形成以《汉表》为母表、各专业表为子表的我国叙词表体系。

3. 中国科学技术信息研究所研发《汉语主题词表》服务系统

由中国科学技术信息研究所研发的《汉语主题词表》服务系统（如图4-8所示），可用于术语服务、文本分析、自动标引、主题分析与学科分类，如：

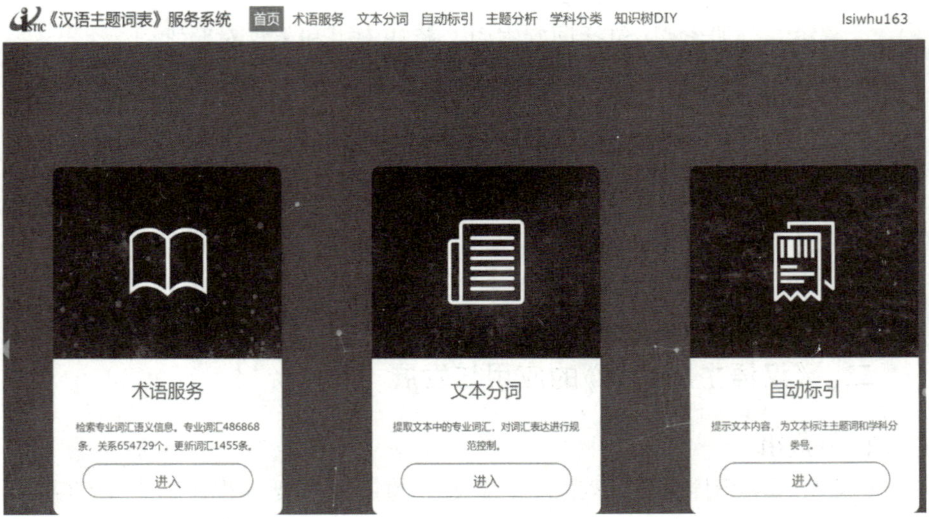

图4-8 《汉语主题词表》服务系统截图

① 贺德方.《汉语主题词表》的回顾与展望[J]. 情报理论与实践，2010(2)：1-4.

(1)文本分词

使用《汉语主题词表》的规范术语与概念，在对文本进行准确分词和语义分析的基础上，自动为文本标引恰当的主题词与学科分类。

(2)主题分析

上传多篇文档，本平台帮助用户从主题和学科角度，对大量文档进行聚类分析，以多种形式可视化展现。用户可以发现文档之间、主题之间，以及文档-主题之间的潜在有用知识。

(二)发展

在网络时代，《汉语主题词表》(以下简称《汉表》)将得到新的发展和应用。

1. 创建《汉表》的网络版，开发公益查阅服务平台

国外叙词表的发展已呈现网络化趋势，侯汉清曾对 Taxonomy Warehouse 收录的国外 510 部词表进行统计分析，发现有 367 部词表有网络版，占 82.5%。[①] 网络版叙词表的检索与浏览功能，与印刷版的叙词表相比较具有无法比拟的优势，其更新与维护也更加容易。另外，开发供大众广泛查阅的公益服务平台，是拓展《汉表》的应用范围的现实之举，使《汉表》走出只能应用于文献信息机构，无法走进普通用户的“瓶颈”，实现为用户提供知识导航与知识服务的功能。

2. 将《汉表》有机地嵌入信息系统中，实现基于《汉表》的机器标引和语义检索

用户无须直接使用词表，词表的知识服务功能通过计算机后台自动实现，使用户的关键词映射到《汉表》的主题词，主题词再与经过《汉表》自动语义标引的知识库匹配，获得相应的文献信息后反馈给用户。

3. 对《汉表》进行改造，使其成为中文自动标引中通用的综合性切词词典

切词词典是中文自动标引必不可少的工具，目前的各种中文词自动切分系统都是自行建立切词词典，这些词典之间的共享性小。若有一个普遍适用的综合性切词词典可供使用，则会减少大量重复，保证切词词典的质量。如果对《汉表》的词汇、结构以及兼容性等方面进行适当改造，有望使其成为中文自动标引中通用的综合性切词词典。

---

① 侯汉清．网络时代的情报检索语言——进展及热点[EB/OL].[2010-08-05].http://202.96.31.19:8080/WEB_GT/Resource/p166.ppt.

4. 以终端用户为中心，实现《汉表》的易用化

网络时代情报检索系统的使用主体由专业的标引与检索人员向普通读者与用户转变，将《汉表》的知识组织、知识导航等功能，通过可视化技术进行表达，实现叙词表的可视化，将相关的隐性知识进行可视化的展示，可以简化用户对《汉表》的使用。

如利用本体构建工具 Protégé，不仅能够图形显示和自定义词间关系，还可以用不同颜色代表不同属性，也可以对某个局部进行任意缩放，选择关系网状图显示的深度和复杂度等。有研究者在分析本体编辑工具 Protégé 实现叙词表可视化的必要性基础上，以《汉语主题词表》为例，利用 Protégé 的可视化插件 TGVizTab，进行叙词表等同关系、等级关系和相关关系的可视化实验，并讨论了整部关系和例举关系的可视化。① 同时，在用户检索时提供辅助检索功能，也可使《汉表》的各类概念关系更加简单直观、易于理解。

三、叙词表的评价指标

美国著名图书馆学家、情报学家兰开斯特提出了叙词表微观结构评价的一些方法和指标，我国学者多用关联比、参照度、等同率等主要指标来评价叙词表的性能。

(1)关联比(connectedness ratio)：指一部词表中有参照项的叙词与词表总词量的比例。等同率表示一部词表入口词的多少，是测度词表中词汇间的关联程度的指标。参照系统中无任何语义关系的词叫无关联词，对这类词的查找无法通过语义网络进行。因此，词表一般应当尽可能减少无关联词的数量，增加关联比。

(2)参照度(accessibility measure)：指一部词表中叙词所接受的参照的平均数，即平均每个叙词拥有的参照条数。每个词拥有的参照条数越多，参照度就越高，说明词表揭示词间关系比较充分。参照度高，词汇间的相关性强；参照度低，则难以对词间关系进行有效的揭示。

(3)等同率(equivalence ratio)：也称入口率，指一部词表中非叙词与叙词的比率。是测试入口词丰富程度的一项指标，表明词表对同义词、准同义词的控制状况。

---

① 刘俊，等．叙词表词间关系可视化实验研究[J]．大学图书馆学报，2008(1)：61-65.

第四节 《美国国会图书馆标题表》简介

一、《美国国会图书馆标题表》概况

《美国国会图书馆标题表》(Library of Congress Subject Headings，简称LCSH)，由美国国会图书馆编制的一部大型综合性标题表。美国国会图书馆从1898年开始以美国图书馆协会(ALA)1895年出版的标题表为基础，编制馆藏图书的主题目录。1900—1914年该馆把主题目录中所累计的众多标题加以整理出版，取名为《美国国会图书馆字典式目录用标题表》，1975年8月改名为《美国国会图书馆标题表》，2019年4月出版第41版，最新版的LCSH含有约34.5万条规范记录，其中包括24537条个人名称标题，10333条团体名称标题，6条会议标题，482条统一名称标题，243861条主题标题，以及62596条地理名称主题。在总括性参照关系上，共有764条“见”(USE)参照，4376条“参见”(see also)参照，建立了303376条正式标题词间的参照，368242条从非用词指向正式使用词的参照。

LCSH目前主要由“主题规范合作项目”(Subject Authority Cooperative Program，SACO)和LC专家组负责进行标题修订，每年大约有5000个新标题被添加到LCSH中。

二、《美国国会图书馆标题表》款目结构

LCSH由主表、副表和使用说明三部分组成。其中，主表是由众多的标题款目和非标题款目按字顺排列的一览表，是LCSH的主体组成部分，下文将重点介绍主表的款目结构。副表主要由自由浮动复分表(Free-floating Subdivisions)、儿童主题词表(Children's Subject Headings)、体裁/格式术语表(Genre/Form Terms)组成。使用说明指“主题标题手册”，该手册详细介绍了LCSH的构建及其应用规则，是使用LCSH的主要辅助工具。

LCSH的标题表的主体构成是标题款目，每个标题款目主要由标题或非标题、对应的美国国会图书馆分类法类号、范围与使用注释、参照(第11版起改用“用USE”“代UF”“属BT”“分NT”“参RT”等指示符)等要素组成。此外还有表示时代、形式、论题、地域等的通用副标题，供标题下一步细分使用。

1. 标题与非标题

标题用黑体字，非标题用一般字体。标题形式分单词标题、复词标题和多词标题三种。

Automobiles

Cookery(Fish) 烹调术(鱼) （使用括号限定的方式，将同类资源集中在一起）

Nuclear physics 核物理学

Art, American(逆写形式) 美国的艺术 （使用逆写或倒置形式）

Library information networks 图书馆信息网络

2. 分类号

LCSH 词表中的主标题及部分复分词后面接着有美国国会图书馆分类法 LCC 的分类号。

3. 范围注释

LCSH 词表中的范围注释，用来说明一个标题的适用范围或几种涵义及与其他相关标题的界限，可以帮助标引员了解标题词的确切内涵及其用法。如“Library education”(图书馆教育)标题下的注释“Here are……”注释，这里所指的文献是关于图书馆员教育的，而与读者教育相关的文献放在“Library orientation”(图书馆导览)之下。

4. 参照关系

(1)等同关系

USE“用”和 UF(Used for)“代”两个参照符号，其中的 USE“用”参照是用以从非规范化标题词指向规范化标题词；UF“代”参照是用以从规范化标题词指向非规范化标题词。在主题标引时，只能选用规范化标题词进行主题标引。

Artificial intelligence

UF AI (Artificial intelligence)

Artificial thinking

Electronic brains

...

Artificial thinking

USE Artificial intelligence

Electronic brains

USE Artificial intelligence

(2)等级关系

在LCSH词表中，具有属分(等级)关系的标题词，由BT(含义范围较广的论题)“属”参照，NT(含义范围较窄的论题)“分”参照来连接。如：

Library employees 图书馆从业人员

NT Library administrators　分为：图书馆管理者

Library technicians　图书馆技术人员

...

Library administrators　图书馆管理者

BT Library employees　属于(上位词)图书馆从业人员

(3)相关关系的参照

具有相关关系的两个标题词用RT来表示，两个标题词之间不具有等级关系，在某些时候具有相同的含义，都是规范的标题词。如：

“Literature—Women authors”(文学—女性作家)RT(参见)“Feminism and literature”(女性主义与文学)

另外，还有“SA”指向复分参照。“SA subdivision Women authors under names of individual literatures, e. g. English literature—Women authors”，在每种文学标题下作为进一步细分依据。如英国文学——女性作家

5. 副标题

LCSH中副标题往往用破折号表示。有时副标题后还可以进行复分，这就是次副标题，用两个连续的破折号(— —)表示。副标题及次副标题往往是对主标题的论题复分、地理复分、时代复分或形式复分，以便进一步说明主标题，提高主题标引的专指度和准确性。

Massachusetts　马萨诸塞州

—History　—历史

— —Colonial period, ca. 1600—1775　— —殖民时期

Library buildings　图书馆建筑

—Barrier-free design　—无障碍设计

— —Law and legislation　— —法律与法规

三、《美国国会图书馆标题表》访问下载

美国国会图书馆目前已经停止出版印刷版，LCSH的最终印刷版本是第

35 版，于 2013 年出版。[①] 从第 36 版开始以 PDF 格式发布，截至 2019 年 4 月已发布第 41 版，PDF 可以从 http：//www. loc. gov/aba/cataloging/subject/网站免费下载。

除印刷版和电子 PDF 文档外，LC 还提供三种在线搜索和下载词表的途径。

（1）Classification Web

国会图书馆的 Classification Web（网址：https：//classweb. org/）提供订阅搜索服务，在获得授权后便可检索 LCSH 网络版。

（2）Library of Congress Authorities

国会图书馆的规范记录查询页面（网址：https：//authorities. loc. gov/），提供浏览和查看主题、名称、标题和名称/标题组合的规范记录，用户可免费下载 MARC 格式的规范记录，供本地图书馆系统使用。

（3）ID. LOC. GOV—Linked Data Service

ID. LOC. GOV 提供面向人类和机器的关联数据化服务，提供访问和下载 SKOS 和 MADS 格式的 LCSH 词表（网址：http：//id. loc. gov/authorities/subjects. html）。

四、LCSH 的关联数据应用

LCSH 是目前国际上词表系统关联数据应用的典型代表，它对图书馆资源主题编目、提供语义 Web 服务具有深远的意义和影响。该服务主要由 Ed Summers 领导的团队于 2008 年进行探索开发，并于 2009 年 5 月在 http：//id. loc. gov 上公开了以 SKOS 为模型的 LCSH 词汇表关联数据化服务，供语义应用程序和关联数据项目中使用。

1. 数据建模

（1）语义描述：SKOS 和 MADS

传统上 LCSH 是以 MARC 格式进行发布的，目前，LCSH/MARC 已经转换为 SKOS 和 MADS 两种语义编码格式。

以 SKOS 为模型的 LCSH：简单知识组织体系（Simple Knowledge Organization Scheme，SKOS）是一套轻量级 RDF 词表，用于将叙词表、分类法、主题词表和其他结构的词表表示为 RDF，于 2009 年被认定为 W3C 推荐

① Update on Subject and Classification Documentation Plans[EB/OL].［2019-11-13］. https：//loc. gov/catdir/cpso/catdocplans. html.

标准。以 SKOS 表示 LCSH，通过将 SKOS 模型和 MARC 模型的词汇标签和语义关系进行比较，可较好地实现映射转换。但 SKOS 模型在表达先组标题的各个组成部分上还存在不足,① 如得到解决将有助于 LCSH/SKOS 的普及。

以 MADS 为模型的 LCSH：元数据规范描述模式（Metadata Authority Description Schema，MADS）是由国会图书馆维护的图书馆规范文档模型，提供了一种以 RDF 格式记录来自机器可读目录（MARC）规范格式数据的方法，与应用广泛的 SKOS 不同，MADS 专门设计用于支持 LIS 社区及其技术系统所使用和需要的规范数据，比 SKOS 模型稍微丰富一些。鉴于 MADS 的目标与 SKOS 的目标之间有着紧密的联系，目前 MADS 本体已完全映射到 SKOS。

（2）URI 的设计和发布

LCSH/MARC 记录转换为 SKOS/Concept，在规范中被定义为"一个想法或概念"，所有概念应使用 HTTP URI 进行解析。

首先，URI 的设计要保证唯一性和持久性，方案是首先标识数据所属发布管理者（id. loc. gov），然后标识类（authorities）和子类（subject），最后以 LCCN 号结束。例如：Automobiles 的 URI 设计为：http：//id. loc. gov/authorities/subjects/sh85010201。

其次，URI 的发布实现了 Cool URIs 规范中提出的引用非文档资源（如"概念"和"人"）的建议，Cool URIs 文档定义了两种 URI 模式，其中包含"散列（#）"或"斜杠（/）"，它们使用不同的 HTTP 协议进行解释，Summers 团队利用了第一个方案，并在每个 LCSH URI 的末尾添加了"#concept"，如 http：//id. loc. gov/authorities/sh85010201#concept，这种机制不需要 303 重定向步骤，简化了 Web 服务的实现。

2. *数据访问*

目前，访问 RDF 数据的方式主要有三种：HTTP 解析、RDF 转储、SPARQL 端点，LCSH/RDF 数据支持前两种方式的访问。第一种方式，通过 HTTP 内容协商的解析机制，实现对不同格式数据的访问，如 LCSH/SKOS 和 LCSH/MADS 传输服务目前返回 RDF/XML、N-Triples 和 JSON 等多种格式的下载或在线浏览。第二种方式，通过 RDF 转储提供对 LCSH 数据的批量访问。目前，尚不支持数据的 SPARQL 查询服务，但如能实现该种方式的查询获取特定的数据，就不需要下载和索引整个数据集了。

---

① Summers，等 . LCSH，SKOS 和关联数据[J]. 现代图书情报技术，2009(3)：8-14.

3. 数据链接

美国国会图书馆将 LCSH 进行语义化描述后以关联数据形式发布在 Web 上，LCSH 数据从多个层面与外界数据相链接。(1)与图书馆书目数据和规范数据的关联：如法国图书馆的 RAMEAU 规范记录、美国国家农业图书馆数据、美国全球法律信息网络、德国国家图书馆的 GND 规范文档，以及西班牙国家图书馆 data. bne. es 关联数据集等。(2)与专业领域资源的链接，如提供到与 GeoNames 和 CIA World Fact Book 等地理数据的链接。(3)与社区百科知识的链接，如提供到 Dbpedia 和 Wikidata 等的百科知识概念的链接。

第五节　叙词表的发展与应用

网络时代的叙词表仍然是图书情报领域信息组织/知识组织的重要基础工具，主要应用领域包括信息标引与检索、学科分类导航、机器翻译、语义网络、语料库切词等方向，也会与标准数据协议、映射或互操作、用户可视化服务、主题图、向本体转化等多种重要信息技术直接相关。[①] 本节主要从叙词表的编制、叙词表互操作、叙词表语义描述及叙词表的应用四个方面进行阐述。

一、叙词表的编制

(一)编制标准研究

叙词表编制标准对于促进词表编制的规范化和词表之间的数据交换具有重要作用。目前，GB/T 13190—1991《汉语叙词表编制规则》与 GB/T 15417—1994《文献 多语种叙词表编制规则》于 2015 年废止，被新的叙词表编制标准 GB/T 13190. 1—2015《信息与文献　叙词表及与其他词表的互操作 第 1 部分：用于信息检索的叙词表》全部代替，该标准描述了叙词表的主要特点，并提供了最佳实践指南，为用于信息检索的叙词表开发和维护提供了一个推荐性建议。此外，鉴于当前还没有叙词表与其他类型词表互操作的标准，最新标准还包括 GB/T 13190. 2—2018《信息与文献　叙词表及与其他词表的互操作第 2 部分：与其他词表的互操作》，提出了叙词表与其他词表映

① 曾建勋，常春．网络时代叙词表的编制与应用[J]．图书情报工作，2009(8)：4-11，16.

射的建议，并提供对其他词表如分类表、标题表的描述。

在对叙词表编制标准的研究上，包东梅对我国叙词表编制最新标准 GB/T 13190. 1—2015《信息与文献　叙词表及与其他词表的互操作第 1 部分：用于信息检索的叙词表》的修订背景、基本思路、编制风格和内容特点进行了梳理和分析，认为新标准对于我国传统叙词表的网络知识组织适用性改造和新叙词表的编制提供了指南。①

刘华梅对 GB/T 13190. 2—2018《信息与文献　叙词表及与其他词表的互操作第 2 部分：与其他词表的互操作》涉及的映射模型、映射类型、映射技术、映射数据管理与维护等方面进行了系统介绍，并具体分析了叙词表与其他受控词表(包括分类法、标题表、规范文档、本体、同义词环等)之间建立映射和维护问题。②

刘峥和纪姗姗通过回顾国际标准化组织、英国标准学会、美国国家标准学会等制定的叙词表国际标准发展历程，以叙词表数据模型变化为切入点，分析比较叙词表数据结构的变化，重点讨论了在语义网环境下，叙词表数据模型与 FRSAD 概念模型的映射、与 SKOS 语言的兼容的新特点，为专业人员编制、维护、管理、利用叙词表提供了参考。③

(二)编制方法研究

叙词表编制方法包括网络环境下总体策略、总体形态、选词方法、词间关系建立方法、编制管理机制、维护方式方法等。随着网络环境下叙词表编制技术的变化，叙词表词汇控制各方面发生了新变化。薛春香和侯汉清从词类控制、词量控制、词形控制、词间关系控制、先组度控制等方面对网络环境中的词汇变化进行了探讨，认为网络环境下叙词表词汇控制机制应向受控语言自然语言化方向发展，表现出选词和规范控制的弱化、结构化控制的强化、控制技术的智能化以及词汇控制与互操作相结合的特点。④

常春等将生态学的原理和方法引进到叙词表的构建中，将生物个体与概

---

① 包冬梅．用于信息检索的叙词表编制标准[J]．国家图书馆学刊，2016(2)：3-10.

② 刘华梅．叙词表与其他词表的互操作标准[J]．国家图书馆学刊，2016(2)：11-15.

③ 刘峥，纪姗姗．叙词表标准的数据模型研究[J]．图书情报工作，2013(2)：103-108.

④ 薛春香，侯汉清．叙词表词汇控制机制变革的探讨[J]．图书馆杂志，2013(11)：38-44.

念实例对应，物种种群与概念对应，生物群落与词表对应，生物环境与文献环境对应，在结构和功能完整一致对应的基础上，研究知识组织系统的工作原理和方法。①

王刘安和常春对《英文超级科技词表》构建过程中概念优选词选择方法进行研究，归纳了4种优选词选择方法，包括基于来源叙词表、基于文献词频大小、参考中文叙词表以及参考专业人员和用户的推荐。为了能够为《英表》选择更加合适的优选词，作者还讨论优选词选择过程中多种方法的加权，英文术语翻译多样性，词频类型的优先级以及优选词的可变性等问题。②

叙词表等级关系构建是叙词表编制中最为重要的、难度最大、工作流最多的工作，鲍秀林等结合在《汉语主题词表》中的编制实践，对等级关系的构建规则及常见错误进行了总结，对于提高叙词表编制质量具有重要参考价值。③

陈白雪、常春和王刘安从术语释义角度出发，对术语释义模式进行分析，比较术语在种差和类词之间的异同，并提出基于术语释义分析获取等同关系、等级关系和相关关系的方法。此外，作者还认为在构建词间关系时，还需要考虑术语的多义性和释义的可变性。④

二、叙词表的互操作

知识组织互操作是实现异构系统知识共享的前提，司莉和周李梅总结了实现互操作的技术与方法，包括派生法、翻译法、系列化分类表或词表、卫星词表法、直接映射、共现映射、中介词典、宏词汇等。⑤ 司莉和张孝天调查了国内外多语言知识组织系统互操作的研究项目，概括了知识组织系统互

---

① 常春，杨婧，李永泽．知识组织生态系统构架形成与研究进展[J]，图书情报工作，2019(7)：146-150.

② 王刘安，常春．《英文超级科技词表》编制中概念优选词的选择方法研究[J]．图书情报工作，2014(13)：107-112.

③ 鲍秀林，吴雯娜，高岩．叙词表词间等级关系构建与思考[J]．数字图书馆论坛，2015(4)：15-20.

④ 陈白雪，常春，王刘安．基于术语释义分析获取叙词表词间关系[J]．图书情报工作，2017(10)：125-130.

⑤ 司莉，周李梅．近年来国外英文知识组织系统研究现状和发展趋势[J]．图书馆论坛，2010(6)：220-208.

操作的不同类型，并通过调查分析发现，翻译重用、映射以及集成法是目前实现多语言知识组织系统间互操作最为常用的 3 种方法。①

宋文对知识组织体系异构的起因、知识组织体系互操作方法、知识组织体系互操作的标准规范进行系统梳理和详尽阐述，并认为在当前语义网环境下，知识组织体系建设必须从一开始就考虑互操作问题，而不是等知识组织体系建设完成后再进行相关布局。②

贾君枝分析梳理了 ISO25964《信息与文献 叙词表及其与其他词表的互操作》的核心内容，进一步探讨词表间互操作实现步骤及语义化描述，旨在为各机构开展互操作项目提供指导及建议，对其词表互操作实现的语义表述提供范例。③

国家叙词库采用以《汉语主题词表》(简称《汉表》)为中心词表，其他词表向《汉表》映射的模式进行基于概念的语义集成，在构建国家叙词库过程中，鲍秀林和吴雯娜选取横跨社会科学、自然科学和工程技术三大领域的环境科学大类的八部中文叙词表、5120 个概念，与《汉表》环境科学大类的 8329 个概念进行映射实验，发现多表映射存在一个概念等同映射到多个概念，多个概念等同映射到一个概念等逻辑问题，并分析问题产生的原因和解决问题的对策。④

三、叙词表的语义关联

(一)基于叙词表的本体构建研究

叙词表提供的术语词汇及参照系统显示的词间关系能够为本体构建提供一定的基础。李晓瑛、李军莲、冀玉静等以《医学主题词表》为例，在概述叙词表内容结构之后，详尽阐述基于叙词表等级结构及其语义关系的本体构建原则及整个过程，并重点关注了叙词表中等同、等级及相关参见三种基本语义关系的本体表达，并从更细粒度上实现了同一个叙词内部多个细分概念在本体等级结构中的表示。此外，还开发自动处理工具实现批量叙词表数据

---

① 司莉，张孝天．多语言知识组织系统的互操作项目调查及研究[J]．2016(9)：3-17.

② 宋文．知识组织体系语义互操作研究[J]．图书馆论坛，2012(6)：117-121.

③ 贾君枝．基于 ISO25964 的词表互操作实现探析[J]．数字图书馆论坛，2016(12)：9-14.

④ 鲍秀林，吴雯娜．语义映射质量及影响因素分析——以国家叙词库语义映射为例[J]．中国图书馆学报，2016(5)：57-67.

的本体构建。①

王汀和冀付军为了解决大规模领域本体的自动化构建问题，提出了一种领域主题词表与网络百科知识库相融合的两阶段领域本体自动化构建方案。首先，基于主题词表至本体的粗映射，形成领域粗糙本体；其次，采用改进的同义词林与编辑距离相似度相结合的方式，对百科知识与粗糙本体进行自动融合、自适应调整和扩充，形成含有丰富语义信息的、良构的领域本体。②

司莉、陈雨雪和庄晓喆通过对信息技术领域主题词表中涉及数字出版的主题词及其相互关系的分析，构建了适合科教出版的领域本体模型所需的要素与本体描述模型，使之能完整反映数字出版领域的知识网络，并通过抽取相关系列专著的信息，完成该领域本体的实例化。③

（二）叙词表的语义化描述研究

随着语义网与关联数据技术的兴起与发展，采用 SKOS 对网络叙词表进行语义化描述逐渐成为主流，这为叙词表的发布、共享以及应用提供了新的契机。

曾新红以 SKOS Core 为基础，以实现中文叙词表和分类法等传统受控词表的全描述为目标，研究传统中文知识组织系统的语义描述规范，④ 并从易于共享和实现的角度，对中文叙词表及分类法中各项语义元素的 SKOS 描述进行了具体的规定或建议，并通过示例介绍了 SKOS 规范的具体应用方法。⑤

鲜国建等基于 SKOS 及 SKOS-XL 规范和模型，将 CAT 中的叙词及词间语义关系进行规范表达和关联描述，并与 AGROVOC、NALT、EUROVOC 和 LCSH 等几大知识组织体系在概念实例层面建立语义关联。同时，基于开源

---

① 李晓瑛，李军莲，冀玉静，等．基于叙词表及其语义关系的本体构建研究［J］．情报科学，2018(11)：83-87.

② 王汀，冀付军．基于主题词表与百科知识相融合的领域本体自动构建研究［J］．情报学报，2017，36(7)：723-733.

③ 司莉，陈雨雪，庄晓喆．基于主题词表的数字出版领域本体构建［J］．出版科学，2015(6)：80-84.

④ 曾新红．中文知识组织系统形式化语义描述标准体系研究（一）——扩展 SKOS 实现传统受控词表全描述［J］．中国图书馆学报，2012(5)：57-68.

⑤ 曾新红．传统受控词表的 SKOS 描述规范及应用指南［J］．数字图书馆论坛，2014(4)：9-19.

工具 Virtuoso 构建 CAT 关联数据发布系统，可提供 CAT 概念解析、浏览导航、SPARQL 查询终端和 RDF 下载等关联数据服务。①

石泽顺和肖明通过抓取 EBSCO 公司 LISTA 数据库的图情学科网络叙词表构建样本，利用 SKOS 对叙词表中的语义关系进行规范化描述，利用 qSKOS 对语义化词表的完整性进行验证，为 SKOS 叙词表的正确性与合法性提供保证，利用 Apache jena Fuseki 将 SKOS 格式的叙词表发布关联数据，并构建 Jena 文本索引以支持 Lucene 全文本检索。最后，利用 Graphviz 进行叙词网络的绘制和可视化呈现，并利用 Skosmos 构建图情学科叙词表检索系统，实现了图情学科知识概念的中英文浏览、查询和检索。②

四、叙词表的应用

网络环境下，叙词表的应用不再局限于传统的信息标引与检索应用领域，开始在知识服务、术语服务等方向开展应用探索。

（一）叙词表在知识服务中的应用

孙坦、刘峥和崔运鹏等面向用户精准的知识发现和问题解答服务需求，利用传统知识组织构建方法、基于深度学习的方法进行语义知识库的构建和精准发现实验，提出改进的实现思路——融合知识组织与认知计算两种技术方法，并对其体系架构和关键技术进行分析，这对于构建新一代开放知识服务系统具有重要指导意义。③

李晓瑛、李军莲和李丹亚在深入研究一体化医学语言系统（UMLS）内容与结构的基础上，探讨了其在知识发现应用中的基本原理和主要作用，为我国开展一体化语言系统的知识发现应用提供了参考。④

鲁玉玲探讨了专业出版领域知识服务平台的构建，认为要充分利用主题

① 鲜国建，赵瑞雪，寇远涛，等．叙词表关联数据构建研究与实践[J]．现代图书情报技术，2013(11)：8-14.

② 石泽顺，肖明．基于网络叙词表的图情学科 SKOS 构建与可视化研究[J]．情报学报，2018，37(3)：274-284.

③ 孙坦，刘峥，崔运鹏，等．融合知识组织与认知计算的新一代开放知识服务架构探析[J]．中国图书馆学报，2019(3)：38-48.

④ 李晓瑛，李军莲，李丹亚．一体化医学语言系统及其在知识发现中的应用研究[J]．数字图书馆论坛，2019(9)：24-29.

词表和领域本体来实现内容资源的知识组织，以满足知识服务平台的功能需求。①

(二) 术语注册与术语服务

术语注册与术语服务是在网络环境下对叙词表进行维护和应用的一种理想方式，能够更好地提高词表服务水平。术语注册是对各类词表提供权威的、集中控制的存储，以促进此表的发现、重用、管理、标准化和互操作。而术语服务是对词表元数据和词表内容进行浏览、查询、应用的各种 Web 服务的统称。

欧石燕通过对国内外术语注册与服务系统及相关研究的调研分析，指出当前我国在术语注册与术语服务方面的研究与应用与国外相比还有较大的差距，提出了一个基于 SOA(Service-Oriented Architecture) 构建术语注册和服务系统的解决方案。② 此外，欧石燕以《汉语主题词表》为来源词表，采用语义网技术和 REST 架构构建术语服务，并设计了复选扩检式、单选替换式、混合式和自动扩检式四种术语服务在信息检索系统中的应用方式，并采用用户测评法对这四种应用方式进行可用性测评，结果表明复选扩检式是可用性最佳的术语服务应用方式。③

贾君枝和薛秋红对词表注册过程进行分析，结合我国元数据注册标准，构建了词表注册管理平台的系统架构，设计跨职能的词表注册业务流程并分析词表状态变化，最后概括出术语注册管理平台所需的五个基本功能，并对其实现可利用的关键工具进行说明。④

为了方便相关领域不同专业用户使用，中国科学技术信息研究所开发了《汉语主题词表》服务系统，通过可视化技术展示各类概念关系，提供词表的在线概念检索和辅助标引服务。目前《汉表》服务系统主要提供了两种服

---

① 鲁玉玲．专业出版领域知识服务平台内容资源基础的构建[J]．编辑之友，2018(5)：33-37.

② 欧石燕．基于 SOA 架构的术语注册和服务系统设计与应用[J]．中国图书馆学报，2011(9)：13-25.

③ 欧石燕，唐振贵，苏翡斐．面向信息检索的术语服务构建与应用研究[J]．中国图书馆学报，2016(3)：32-51.

④ 贾君枝，薛秋红．面向简单知识组织系统的术语注册管理平台构建研究[J]．数字图书馆论坛，2016(2)：22-26.

务方式：浏览器网页服务和接口调用服务。①

◎ 本章思考题

一、名词解释

叙词法　　概念组配　字面组配　入口词表　轮排索引
等同关系　范畴索引　词族索引　等同率　等级关系全显示

二、简答与论述题

1. 简述叙词法的基本原理。
2. 列举概念组配的主要类型。
3. 简述词间关系的种类。
4. 简述叙词表的宏观结构。
5. 列举叙词表的评价指标。
6. 试述网络环境下叙词表的发展和应用。

① 《汉语主题词表》服务系统[EB/OL].[2020-6-25].https://ct.istic.ac.cn/site/organize/welcome.

第五章 分类主题一体化词表

第一节 分类主题一体化词表概述

一、分类主题一体化词表的含义

分类标引是对文献的内容特征和形式特征进行分析，并将主题分析的结果转换为分类标引的文献处理过程，是依据分类表对文献内容进行的系统组织。而主题标引在对文献的内容特征和形式特征进行分析之后，将主题分析的结果转换为语词的文献处理过程，其依据的是主题词表。对于一种文献，既需要采用分类方式，又需要采用主题的方式进行组织，满足用户从分类途径以及主题途径检索信息的需要，分类主题一体化词表便应运而生，它对分类表和主题词表功能起到互为补充的作用。

20世纪80至90年代，国内外编制了大量分类主题一体化词表，如《联合国教科文组织叙词表》《基础叙词表》以及我国的《社会科学叙词表》《中国分类主题词表》等。所谓分类主题一体化词表是指分类语言和叙词语言在其术语、参照系统、标识、索引系统等方面完全实现兼容所组成的统一体。

二、分类主题一体化词表的原理

分类主题一体化词表集成了分类法与主题法的优点，分类法与主题法虽然有着许多不同，但在构成原理上却是相同的。① 一体化词表的原理在于分类法与主题法构成原理上的趋同性，主要体现在：

① 张琪玉．情报检索语言实用教程[M]．武汉：武汉大学出版社，2004：192.

(一)两者均采用了概念逻辑的原理

分类法是用分类号来表达各种概念，将各种概念按学科性质进行归类与系统排列。因此，分类法必须以概念逻辑为基础。而主题法是指以表示文献主题的语词作标识，提供字顺检索途径，并主要用参照系统揭示词间关系的标引和检索文献的方法。词(类)表的编制以及使用均要应用概念逻辑的原理，具体而言，两者都采用了概念的划分与概括、概念的分析与综合的逻辑原理。

如：《图形创意设计》(内容：将目前国内外最新的图形设计图例与中国美术学院图形语言课程的教案、学生创作设计的作品均作为第一手资料结合起来，针对平面设计艺术专业的教学特点，既阐述了图形训练入门各阶段的步骤、练习进程，又较全面地介绍了图形设计领域的原理、表现手法和形式语言，并且收录了招贴、包装、书籍、商业广告、时尚类等多个领域中的优秀新锐图形作品)。

先对文献进行分析，其主题是工艺美术中的图案设计，用分类法表示类号为“J51”，其主题词为“图案 \ 设计”。

(二)两者都使用了分类的方法

分类法本身就是按照一定的知识体系分门别类地揭示与组织信息，主题法则在建立词间关系时要用到分类法，用参照符号(语义关系符号)显示主题词之间的各种关系，通过各种参照符号将众多主题词连结成语义网络，实际上就是一个隐蔽的分类体系，而分类法是显露的分类体系。

(三)两者的基本构件相同

分类号与主题词在本质上都是主题概念的标识，只是在形式上不同，分类法是以类号作标识，而主题法是以语词为标识。但对于文献主题分析的过程与结果是相同的，都是代表一组相同主题文献的类集，两者通过一定的方式可以进行转换。

(四)两者有机结合实现优势互补

一体化词表是分类法与主题法两者有机结合产生出来的，相对于单独的分类法与主题法，这种词表有多种优点：①既可以进行分类标引，又可进行主题标引；②可在一个检索系统中同时完成主题检索和分类检索；③可以集中进行分类表和叙词表的管理等。① 另外，在一体化词表中，分类表部分除了能从学科分类的角度揭示主题概念的系统关系与等级关系外，还能够借助与之对应的主题词表部分，进一步揭示主题概念的多重等级关系与相关关

---

① 侯汉清，王荣授．图书分类工作手册[M]．北京：中国科学技术出版社，1992：7.

系，其功能优于单一分类法的功能；而主题词表部分除了能够揭示主题概念的相关关系、同一关系等外，还能够借助与之对应的分类表部分，揭示主题概念之间的系统关系与等级关系，其功能优于单一的主题法的功能。

三、分类主题一体化词表的类型

分面叙词表与分类号—主题词对应表是分类主题一体化词表的两种主要类型。

(一)分面叙词表

分面叙词表是以世界上编制的第一部分类主题一体化词表，即英国学者艾奇逊(Aitchison)等编制的《分面叙词表》命名的类型，也是最典型的一体化检索语言。其基本结构包括分面分类表与字顺叙词表两部分。由于对分类表与叙词表的词汇进行了词形、词义与词间关系的控制，使两者能够一一对应，等值兼容。

以《分面叙词表》为例，其分类表的类名(即主题词)按分面排列，用缩行表示上下位关系(属分关系)。分类表内对相关类名(即主题表内的参照关系)作为参见项目一并列出，但和直接类名互相区别，直接类名的类号排在类名之前，而相关类名序号列在类名之后，并在类名前加“ * ”符号。字顺表内只列出主题词的“用”“代”关系和相关关系。若按主题词的角度是属分关系，但按分类角度，属于不同门类的，则在字顺表内作为附加的上位词(BT)和附加的下位词(NT)表示出来。图 5-1 给出了《分面叙词表》的图书馆学分面类表，ZR 为情报学大类，分为图书馆学与情报检索两个主题领域，图书馆学又分为若干分面，如分别按类型、按管理、按设备、按材料、按服务划分的若干分面。图 5-1 与 5-2 分别是《分面叙词表》的分面类表与字顺表的举例。

分面分类表除了能够用于分类标引外，还可以充当叙词表的范畴索引，字顺表除了具有主题标引的功能外，还可以作为分类表的字顺索引，两者通过分类号或词号相联系。

(二)分类号—主题词对应表

这是由一种现成的分类表(往往是体系分类表)与一种现成的叙词表(主题词表)，通过词汇对应相互结合而成的一体化语言，它将分类表和主题词表的功能集于一身。这种词表一般分别以分类号和叙词为序，保留原分类表和叙词表中相应款目的基本或全部项目，在类目后列出对应的叙词(或叙词串)，在叙词后列出对应的分类号。① 相对于分面叙词表中分类表与叙词表的等值对应，这种对应表式的一体化词表中的分类表与叙词表的词汇并不能实现完全的等值对应，只有一部分是等值对应(等值兼容)的关系，有相当一部分是在不同程度上的兼容关系，还有一小部分无法兼容互换。由于是在已经出版的两部分类表与叙词表之间寻求兼容，不对原词表与类表进行大的改动，因而这种对应表式的一体化词表被有些学者称为低层次的分类主题一体化词表。

这种分类法—主题词对应表是最早的分类主题一体化词表。早在 20 世纪 70 年代，英美等国就编制了一些分类表与标题表的对照索引，如 1971 年威廉斯(Williams)编制的《分类的国会图书馆标题表》(Classified Library Of Congress Subject Headings)，1981 年鲍克公司(Bowker)编制出版的《主题规范文档》(Subject authorities)，即是 DDC 与 LSCH、LCC 与 LCSH、LCSH 与 DDC、LCC 的对照索引，是分类表和主题词对照索引的起源之一。20 世纪 80 年代我国学者选取《中图法》与《汉语主题词表》相关类目，编制了一批分类—主题词表双向对照索引，《中图法》编委会编制的《中国分类主题词表》就是这种类型的一体化词表。

ZR	*Information science*
ZR2	**LIBRARIES**
	By type:
ZR3	National libraries
ZR4	Public libraries
ZR5	Municipal libraries
ZR6	County libraries
ZRB	Educational libraries
ZRC	University libraries
ZRD	College libraries
ZRE	School libraries
ZRG	Government libraries
ZRI	Institutional libraries
ZRK	Business libraries
ZRL	Commercial libraries
ZRM	Industrial libraries
	By management:
ZRP	Library management
ZRQ	Library planning
ZRR	Library accommodation
ZRS	Library buildings
ZRV	Library administration
ZRY	Library mechanisation
	*Computers WJH
	Use this notation in combination with specific process, for example:—
ZRY/ZSL	Mechanised loans systems
	(inverted entries may be made)
	By equipment:
ZS	Library equipment
	*Closed circuit television NJP
	*Computers WJH
	*Teletype systems N4S
ZS2	Library furniture
	By materials:
ZS4	Library materials
	*Bookselling ZKVM
	*Publishing ZKOE
	Combine with notation for form divisions, for example:—
ZS4/A3O	Books (library materials)
	For microforms combine with notation for microphotography, for example:—
ZS4/WV5	Microfiche (library materials)
ZS6	Library materials processing
ZS7	Selection (library materials)
ZS8	Acquisition (library materials)
ZS9	Accessioning
ZSB	Periodicals processing
ZSC	Storage (library materials)
ZSD	Preservation (library materials)
ZSE	Repairs (library materials)
	*Book binding WY5
ZSG	Withdrawal (library materials)
ZSH	Obsolescence rate (library materials)
	By services:
ZSI	**Issue (library materials)**
ZSK	Circulation (library materials)
ZSL	Loans systems (library materials)
	*Closed circuit television NJP
	*Document reproduction WU
	*Facsimile transmission N3F
	*Mechanised loans systems ZRY/ZSL
ZSM	Interlibrary loans
ZSN	Internal loans systems

图 5-1 《分类叙词表》图书馆学分面类表

① 曹树金，罗春荣．信息组织的分类法与主题法[M]．北京：北京图书馆出版社，2000：393-394.

Communication Skills ZLSF

Communication Switches K5Y

Communication Systems N

Communication Theory MS
UF Detection theory
Estimation theory
Statistical communication theory
RT Communication (sociology)
Cybernetics
Decision theory
Game theory
Interference (radio wave)
Logical and switching theory
Network analysers
Network analysis
Network syntheses
Probability theory
Random noise
Random processes
Signal processing
Signal to noise ratio
BT(A) Statistics

图 5-2 《分类叙词表》字顺表

第二节 《中国分类主题词表》(第 3 版)简介

一、《中国分类主题词表》的概况

《中国分类主题词表》(简称《中分表》)是在《中图法》编委会的主持下，从 1987 年发起编制到正式出版，历时 8 年，以北京图书馆(现国家图书馆)为核心的全国 40 个图书情报单位 160 位专家学者和编辑人员共同参加编制，1994 年出版的一部大型文献标引工具书。它是在《中图法》第三版(包括《中国图书资料分类法》第 3 版)和《汉语主题词表》(以下简称《汉表》)的基础上编制而成的分类检索语言和主题检索语言兼容互换的工具。《中分表》荣获国家优秀科技信息成果“二等奖”和国家社会科学基金项目二等奖。

2000 年《中图法》第六届编委会成立，开始修订《中国分类主题词表》。《中国分类主题词表》第 2 版于 2005 年由北京图书馆出版社正式出版。2017 年 4 月第 3 版(8 册)由国家图书馆出版社出版。

《中分表》目前是我国规模最大的分类—主题一体化标引工具，《中分表》第 3 版收录分类法类目 51873 条，优选主题词 120818 条、非优选主题词(入口词)46434 条，主题概念短语(主题词组配形式 66373 条)，涵盖了哲学、社会科学与自然科学等各领域学科与主题概念。

二、《中国分类主题词表》(第 3 版)的结构体系

《中分表》是采用“分类法—叙词表对照索引式”模式构建的分类主题一

体化检索语言。其体系结构主要由以下两部分组成。

1.《分类号—主题词对应表》结构

《中分表》的第一卷为"分类号—主题词对应表"部分，共一卷两册，是从分类体系到主题词对照的完整索引，以《中图法》(含《资料法》)为主体，将《汉语主题词表》的所有主题词置于相应类目下，第3版采用《中图法》第五版。该表既是一部增加了主题词、主题词组配形式、对应注释与说明后的新版式《中图法》，换句话说，是一部以主题词或主题串(主题词的组配形式)为注释的机关报版《中图法》，又是一部以《中图法》体系组织而成的《汉语主题词表》范畴索引。

(1)对应款目的格式

该卷分左右两栏编排，左栏是《中图法》的类表(包括分类号、类名、注释)，其格式与《中图法》相同；右栏是相对应的主题词和主题词串构成的先组式标题(来源于《汉表》，包括了许多新增词)。其主要功能是文献分类标引和通过分类的途径查找主题词，进而进行主题标引。

分类号对应的主题词分为两段，第一段为黑体字部分，是类名对应的主题词及主题词串，按类名顺序排列；第二段为类目注释对应的主题词、主题词串以及归属该类目的其他主题词，按主题词或主题词串的汉语拼音字顺排列。

该表的结构见下例：

例1：

B83-0	美学理论	**美学理论** 审美；审美分析；审美感受；审美活动；审美评价；审美文化；审美意识
B83-06	美学流派及其研究	**美学\学派**
B83-061	抽象主义美学、印象主义美学、形式主义美学	**抽象主义\美学；印象主义\美学；形式主义\美学**
B83-062	唯美主义美学、相对主义美学	**唯美主义\美学；相对主义\美学**
B83-064	结构主义美学	**结构主义(美学)**
B83-066	自然主义美学	**自然主义\美学** 自然美
B83-069	其他 完形心理美学、实用主义美学、现象学美学、表现主义美学、分析美学、符号论美学等入此。	**美学\学派** 表现主义\美学；分析美学；符号论\美学；接受美学；景观美学；|伦理美学|；实用主义\美学；完形心理学\美学；现象学\美学；心理美学；信息论美学

(2)对应款目中使用的符号

①加号“+”，是区别图书、资料分类的标记，不用作标引文献；

②方括号“[ ]”，用于表示交替类目及对应的主题词；

③分号“;”，用作多个主题词或主题词串之间的分隔符；

④斜杠符号“\”，用于表示概念相交与概念限定或倒置关系的主题词之间的组配。

如，无人侦察机，主题词为：无人驾驶飞机\侦察机

中国财政政策，主题词为：财政政策\中国

⑤增加双竖线“| |”，当一个主题词对应多个类目时，作为对应于非主要类目主题词的指示。

2.《主题词—分类号对应表》结构

《中分表》的第二卷为“主题词—分类号对应表”部分，共6册。该表是从主题词到分类号的对照索引，是以《汉表》的字顺表为主体，增加了大量的主题词串，并将《中图法》类号置于相应主题语或主题词串下，按主题词款目和主题词串标题的字顺排列，其后列出对应的分类号。主要用于文献主题标引和通过主题查找相关的分类号，作为分类标引的辅助手段。该表既是一部扩充了的《汉表》，又是一部主题词表式的《中图法》的类目索引。

(1)款目结构

该表的基本要素为：主题词(包括其汉语拼音及英文译名，为节省篇幅，印刷版省去主题词的汉语拼音和英译名)，对应的分类号(包括正式分类号与类号)，主题词的含义注释及语义参照。

①首先列出主题词的汉语拼音，再依次列出主题词、主题词注释、英译名、类号及各种参照关系。

②类号在英译名下，多个类号按主次排序，多个次要类号按类序排。

③参照项列在类号之下，依次列举D(代)、S(属)、F(分)、Z(族)、C(参)。

④主题词等级符号“·”，在“D”参照之下，“C”参照之上。

⑤同种参照项或同级族内词按主题词的拼音顺序排列。

该表的结构见下例：

kang fu yi xue

康复医学

Convalescent medical science

R49

Z 医药学

S 医学
·康复评定

she ying ji shu
摄影技术
Photographic technique
TB8
D 摄制技术
D 摄影(技术)
D 摄影\技术
D 照相技术
C 摄影艺术

ying yong xin li xue
应用心理学
Applied psychology
B849
Z 心理学
S 心理学
· 产业心理学
· 工程心理学
· 工业心理学
· 航空心理学
· 航天心理学
· 环境心理学
· 经济心理学
· 军事心理学
· 劳动心理学
· 旅游心理学
· 情报心理学
· 商业心理学
· · 广告心理学
· · 市场心理学
· · · 推销心理学

· · · 消费心理学
· 审计心理学
· 数理心理学
· 体育心理学
· 文艺心理学
· · 艺术心理学
· · · 绘画心理学
· · · 音乐心理学
· · 文学心理学
· 政治心理学
· 咨询心理学
· 宗教心理学
· 新闻心理学
· 文化心理学

(2)使用的圈码符号

在对应表的分类号中，有些类号后面或附表分类号的前面接着圈码符号，如K①，圈码用来提示标引人员在标引时需要采用复分表。具体如下：

圈码①——按“总论复分表”分。

圈码②——按“世界地区表”分。

圈码③——按“中国地区表”分。

圈码④——按“国际时代表”分。

圈码⑤——按“中国时代表”分。

圈码⑥——按“世界民族与种族表”分。

圈码⑦——按“中国民族表”分。

圈码⑧——按“通用时间、地点和环境、人员表”分。

圈码⑨——按“专用复分表”分或仿分。

(3)各种参照符号

①“Y”(用)：用于从非正式主题词指向正式主题词。

②“D”(代)：用于表示被正式主题词所代替的非正式主题词。

③“S”(属)：表示上位词。

④“F”(分)：表示下位词。

⑤“C”(参)：表示相关的主题词

⑥“Z”(族)：表示族首词。

⑦“.”(级点)：表示某个族首下主题词相对于族首词的等级数。

另外，双竖线“||”在类号两旁，表示次要号，区别于主要类号。

3. 分类号主题词对应规则

(1)一般类目的对应规则

基本延续《中分表》第2版的对应规定，强调优选词专指对应，取消倒置组配的形式、非概念组配的字面组配。对具有多重属性的可归入两个或两个以上类的主题词，选择一个类作为主要类，其余类对应时均加“||”，以示区别。①

(2)特殊类目的对应规则

①凡类组类目，各主题概念应分别对应，主题词之间用“;”隔开。其他类目用其上位词和其本身的主题词组配对应，“一般性问题”类目本身不对应主题词。说明类、停用类等非标引用类不对应主题词。

②特殊类名类目，如：“各国××”“各种××”“按××分”等类目，对应时不再使用加自然语言修饰词的方法，而采用正式主题词标引，若产生歧义时则采用上位类标引。如

<table>
<tr><td>G259.3/.7 各国图书馆事业、信息事业</td><td>图书馆事业\国外；信息事业\国外</td></tr>
<tr><td>U448 各种桥梁</td><td>桥；桥\建筑设计；桥\类型</td></tr>
</table>

③关于学科或事物应用的类目或与其他学科关系的类目，对应时采取以学科或事物为主体因素，其他为限定因素，根据不同情况进行对应，如××\关系，××\应用\××。如：

<table>
<tr><td>I0-05 文学与其他科学的关系
文艺心理学入此。</td><td>文学\关系
文学心理学；文艺风格学；文艺经济学；文艺社会学；文艺心理学</td></tr>
<tr><td>F716 商业技术与设备
业务操作技术与革新，新技术在商业部门中的应用，商业业务的机械化与自动化等入此。</td><td>商业技术；商业设备\应用；
|服务设施|；商品操作技术；商业加工；商业交易；商业设施；商业现代化；商业自动化；商业自动化系统；自动计费系统</td></tr>
<tr><td>S252 飞机在农业上的应用</td><td>农业飞机\应用</td></tr>
<tr><td>TG115.22+2 X射线分析应用</td><td>X射线\应用\金属分析；X射线\应用\金属分析\晶粒尺寸\测定；X射</td></tr>
</table>

① 国家图书馆《中国图书馆分类法》编辑委员会.《中国分类主题词表》(第三版)[M]. 北京：国家图书馆出版社，2017：18.

线\应用\金属分析\应力测定；X射线\应用\金属分析\织构\测定；X射线\应用\相图\金相分析；X射线\应用\金相分析

三、《中国分类主题词表》的功能

《中分表》是通过分类法与主题法、先组式检索语言与后组式检索语言相结合而成的一体化词表。其作用在于：不仅可以使分类标引、主题标引在经过同一主题分析、采用同一标引工具的过程中一次完成，而且能够降低标引难度，提高标引的一致性，节省标引人员的劳动。此外，分类号与主题词之间的对应联系，也有利于分类号与主题词之间的相互转换，从而提高检索效率。

（一）“分类号—主题词对应表”的功能

（1）用于分类标引，起《中图法》的作用。《中分表》本身就是在《中图法》与《汉表》之间建立的对应关系，还由于类目后对应主题词及主题词串，有助于明确辨识类目的确切含义，应该说比《中图法》的性能更为优越。

（2）可作为《汉表》的范畴索引。通过《中图法》较为严密的学科与主题分类体系了解某一学科、专业与领域主题词的全貌，其效果优于一般的范畴索引。①

（3）实现分类主题一体化标引。因为分类号后有对应的主题词与主题词的组配形式，所以，在分类标引的同时，提供可选作标引用的主题标识。

（二）“主题词—分类号对应表”的功能

（1）是《汉表》的修订更新版。第3版对《中分表》第2版更新的重点在于增改主题词，新增主题词10061条，删除错误或无文献保障的主题词80条，新增入口词有10744条，增补入口短语66373多条。

（2）是《中图法》的类目索引。如前所述，该表是一部主题词表式的《中图法》的类目索引，即用《汉表》字顺表取代《中图法》的类目索引。

总之，《中分表》的整体功能超过了《中图法》和《汉表》两种功能之和，实现了分类法与主题法、先组式检索语言与后组式检索语言的兼容与互换。

① 国家图书馆《中国图书馆分类法》编辑委员会．《中国分类主题词表》（第二版）及其电子版手册［M］．北京：北京图书馆出版社，2006：38-40.

第三节　《中国分类主题词表》的应用

《中分表》目前是我国规模最大的分类—主题一体化标引工具，应用范围广泛，可适用于图书馆、档案馆、情报所、书店、电子网站等各种类型、各种载体的文献数字信息资源的分类主题一体化标引和检索，它不仅适用于综合性文献标引和检索的需要，而且也照顾到专业文献信息资源标引和检索的需要。同时《中国分类主题词表》的电子版为实现机助标引和自动标引提供了知识库和应用接口。其主要作用如下：

(1)便于在分类标引的同时进行主题标引，降低主题标引的难度；(2)便于对已经分类的文献补充标引主题词；(3)沟通分类法与主题法的联系，具体而言，建立分类目录与主题目录，分类检索系统与主题检索系统两者的联系，实现分类法的族性检索与主题法的特性检索的相互补充；(4)《中国分类主题词表》电子版与网络版为文献信息标引系统与检索系统提供了公共应用接口和易用的用户检索界面，便于其成为检索系统的知识检索与文献主题(内容)检索平台的组成部分。《中分表》在分类标引中的应用与主题标引中的应用具体分述如下。

一、在标引中的应用

1. 在分类标引中的应用

(1)从“分类号—主题词对应表”入手

从“分类号—主题词对应表”入手进行分类标引，相当于使用《中图法》。主要利用该表的左栏部分，标引时，要遵守《中图法》的标引规定。对应表的右栏为所列举类目对应的主题词与主题词组配形式，列举的概念要比类名与注释中所列举的更多一些，可作为类目注释，有助于辨别类目的含义。例如，“TN974 雷达电子对抗”，其类名对应词为“雷达电子对抗”，其下列举了次要对应词，可起到注释的作用，便于用户更为准确地理解类目的含义。

TN974 雷达电子对抗	**雷达电子对抗** 被动角跟踪；储频装置；多脉冲干扰机；|反雷达伪装|；|反雷达伪装材料|；|复合干扰|；干扰机(雷达)；高频积累；跟踪遮断器；极化选择；距离门选通；雷达对抗；雷达反侦察；|雷达干扰|；|雷达干扰模拟器|；雷达干扰设备；雷达截面积；雷达警戒；雷达警戒设备；雷达抗干扰；|

雷达侦察｜；雷达组网；旁瓣匿影；频率捷变；视频积累；双模干扰机；速度门选通；相关接收；相控阵干扰机；引导式干扰机；引信干扰机；隐蔽接收；隐身技术；杂波干扰机；｜质心干扰｜；中频积累；自动调谐干扰机；自适应干扰机

(2)从“主题词—分类号对应表”入手

当不清楚某个主题概念属于哪一学科或专业范围，难以从分类体系查找类目时，可从“主题词—分类号对应表”入手，先查其对应的分类号，再利用“分类号—主题词对应表”进行核对。一般不能直接使用该表中的类号进行标引，只是作为辅助分类标引的工具。为标引人员从主题词字顺入手查找有关类号，以及从相关主题比较中选择分类号提供帮助。

2. 在主题标引中的应用

(1)从“主题词—分类号对应表”入手

从“主题词—分类号对应表”入手进行主题标引，相当于使用《汉表》，主要利用其参照系统提供的语言环境进行选词，必要时也可根据主题词所列出的对应分类号转查“分类号—主题词对应表”，进一步确定标引用词。利用该表进行主题标引时，必须遵守主题标引所规定的标引规则。

(2)从“分类号—主题词对应表”入手

当采用《中分表》进行一体化标引，即同时进行主题标引与分类标引时，或对已采用《中图法》标引的文献补标主题词时，适用从“分类号—主题词对应表”入手进行主题标引。

二、在检索中的应用

《中分表》在检索中的应用可以通过检索 OPAC 来体现。OPAC(Online Public Access Catalogue)即联机公共检索目录，是一种通过因特网对图书馆馆藏资源进行检索的工具。通过分类和主题标引，可以对图书、论文等文献进行内容检索，从而提高检索的查全率和查准率。用户只要事先在《中分表》中设置好要检索的图书馆 OPAC 检索式(通过“个人管理”进行设置)，使用时将鼠标放在分类或主题款目框的分类号或主题词上，点击右键，选择所设置的 OPAC 检索，系统会自动将分类号或主题词加到该 OPAC 检索式，对选定的 OPAC 数据库实施检索，并显示检索结果。《中分表》已成为检索系统的组成部分。如图 5-3 所示，鼠标放在 J06 类号，点击右键，则可对选中的国家图书馆的 OPAC 进行检索。

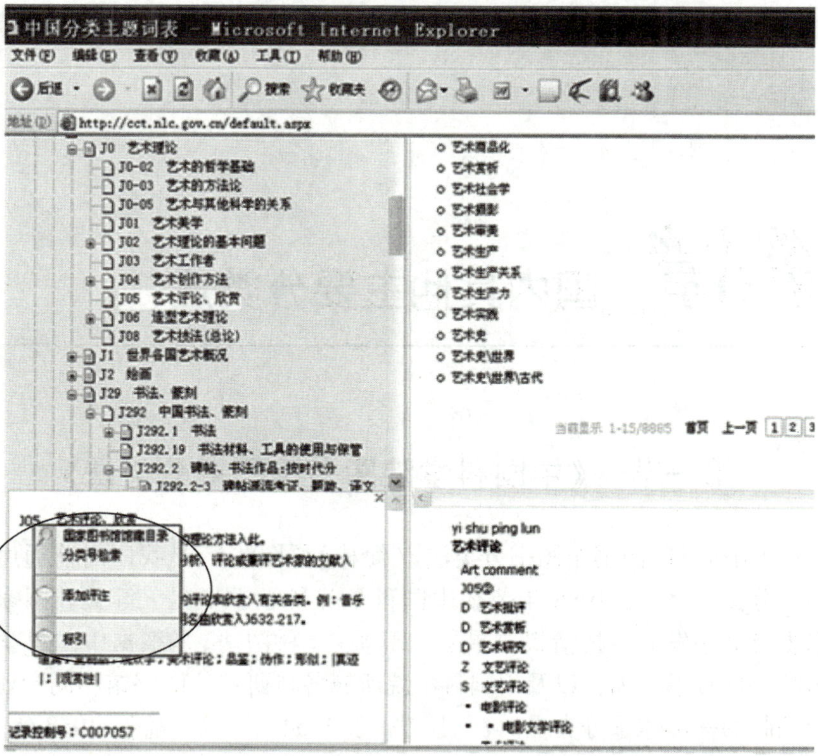

图 5-3　《中分表》OPAC 检索界面

◎ 本章思考题

一、名词解释

《分面叙词表》　《中国分类主题词表》

二、简答与论述题

1. 简述分类主题一体化词表的原理。
2. 试分析主题一体化词表的优势。
3. 简述分类主题一体化词表的类型。
4. 试析《中国分类主题词表》的结构与主要功能。

第六章 国内其他主要分类法

第一节 《中国科学院图书馆图书分类法》

《中国科学院图书馆图书分类法》(简称《科图法》)是我国当前通用的三大图书分类法之一，1986年荣获中国科学院科学进步奖三等奖和国家科学技术委员会颁发的科技情报成果奖二等奖。《科图法》是根据中国科学院图书馆综合性藏书范围，以及中国科学院所属各科研单位图书馆不同专业的特点而编制的一部体系分类法。《科图法》于1954年开始编制，1958年11月由科学出版社出版第1版。1970年10月开始修订，1974年2月出版第2版的自然科学、综合性图书类表和附表，1979年11月出版第2版的马克思主义、列宁主义、毛泽东思想，哲学和社会科学类表，1982年12月出版第2版的索引。自1987年开始再次修订，于1994年12月出版了第3版。

一、《科图法》的体系结构

(一)宏观结构与微观结构

1. 宏观结构

《科图法》的宏观结构包括编制说明、大纲、简表、详表、附表。其中，编制说明是对分类法的指导原则、编制方法、使用方法、修改经过等有关事项的总体说明；大纲，又称基本大类表，是分类法一级类目组成的一览表；简表由分类大纲及进一步区分出来的二级类目组成，是分类法的体系框架；详表，又称主表，是由分类法的各级类目所组成的一览表；附表，又称复分表，《科图法》的附表包括7个通用复分表。

2. 微观结构

《科图法》的微观结构，是指其类目的结构。《科图法》的类目由类号、类名、类级、注释和参照等组成。《科图法》用字体的变化与缩格表示不同类级。例如：

55.5 太阳系
.503 太阳系物理学
.51 太阳系的起源与演化
.52 地球
.5203 地球的起源与演化、地月系
.521 形状、大小
…………

(二)基本部类与基本大类

《科图法》设置了5个基本部类，即马克思列宁主义、毛泽东思想；哲学；社会科学；自然科学；综合性图书。《科图法》在5个基本部类基础上进一步划分为25个基本大类，具体见表6-1。

表6-1 《科图法》的基本部类与基本大类表

基本部类	基本大类
马克思列宁主义、毛泽东思想	00 马克思列宁主义、毛泽东思想
哲学	10 哲学
社会科学	20 社会科学(总论) 21 历史、历史学 27 经济、经济学 31 政治、社会生活 34 法律、法学 36 军事、军事学 37 文化、科学、教育、体育 41 语言、文字学 42 文学 48 艺术 49 无神论、宗教学
自然科学	50 自然科学(总论) 51 数学 52 力学 53 物理学 54 化学 55 天文学 56 地球科学 58 生物科学 61 医药、卫生 65 农业科学 71 工程技术
综合性图书	90 综合性图书

(三)类目体系

《科图法》是一部体系分类法，其类目采用层层划分、详细展开的方式，形成一个等级分明的类目体系。例如：

71 工程技术 ………………………………………………………… (1级类目)
72 能源学、动力工程 ………………………………………………… (2级类目)
72.3 原子能学、原子能工程 ………………………………………… (3级类目)
72.32　原子能化工技术……………………………………………… (4级类目)
72.321　　核燃料的生产 ………………………………………… (5级类目)
72.3211　　铀燃料的生产 ……………………………………… (6级类目)
72.3212　　钍燃料的生产 ……………………………………… (6级类目)
…………

(四)复分表

《科图法》第3版共设置有7个通用复分表：(1)总类复分表；(2)中国时代排列表；(3)中国地域区分表；(4)中国各民族排列表；(5)国际时代表；(6)世界地域区分表；(7)世界各民族排列表。

此外，在原来基础上修订增补后共设置有19个专类复分表：(1)中国哲学家著作细分表；(2)中国地方史、志细分表；(3)其他各国历史细分表；(4)其他各国经济细分表；(5)其他各国政治细分表；(6)其他各国共产党细分表；(7)其他各国外交细分表；(8)其他各国法律细分表；(9)其他各国军事细分表；(10)各军、兵种细分表；(11)其他各国教育细分表；(12)各项体育运动、体育技术细分表；(13)其他各种语言文字细分表；(14)中国少数民族文学作品细分表；(15)其他各国文学细分表；(16)各种农作物细分表；(17)各种家畜、家禽细分表；(18)其他各种矿细分表；(19)各种化学工业一般著作细分表。

二、《科图法》的标记系统

(一)标记符号与标记制度

《科图法》采用阿拉伯数字单纯号码作为标记符号，其标记为混合标记制。号码分为两部分：第一部分采用整数顺序数字，从00~99分配到5大部、25大类及其主要类目中；第二部分基本上采用小数层累制，即在主要类00~99两位数字后加小数点“.”，小数点后基本上按小数制排列。例如：

78 机械工程、机器制造
.1 机械工程一般著作
.11 机械原理、机械力学
.111 机械运动学
.112 机构学

.113 机械动力学

1 机械振动学

2 机械稳定与平衡

3 机械强度

4 机械摩擦、磨损及润滑

6 机械精确度

在基本采用层累制的同时，《科图法》还采用了八分法、双位制、借号法等多种变通措施，增强了配号的灵活性，提高了号码系统的扩充性。

(二)辅助标记符号

1. 类号中的标记符号

(1)“.”，小数点。加在两位数组成的大类号后，将大类号与下级类号分开。

(2)“[ ]”，方括号。表示交替类号

例如：

51[.37]数学基础

宜入 51.03。

“[.37]”表示交替类号，如果要使用“51.37”，则需将“[ ]”去掉，同时将原使用类目 51.30 改为交替类目。

(3)“—”，起止线。置于两个类号之间，表示连续类号。例如：

32.1 世界政治制度及状况

.2 中国政治制度及状况

.4—5 其他各国政治制度及状况

依国分，用附表六；并再依“其他各国政治细分表”分。例：朝鲜政治制度为 32.4211。但自然区域细分时，前面必须加“0”。例：欧洲人民政治运动为 32.5108。

2. 类名中的辅助标记符号

类目名称中的辅助标记符号一般只有顿号“、”和圆括弧“( )”两种。凡类目名称用两个以上的词语组成时，中间可用“、”隔开。例如：“37 文化、科学、教育、体育”。凡类目需要将同义词列出时，可用“( )”。例如：“41.263 吴语(江浙话)”、“41.264 湘语(湖南话)”等。

三、《科图法》复分表的使用

1. 总类复分表

(1)分类表中的各级类目均可依此表复分，即以表中号码加在原有分类号码之后。例：《应用化学教学大纲》为54.7053。使用中应注意原有号码末位是0的，应省去本复分表类号中的0。例：《哲学辞典》应为10.72，而不是10.072(在复分表中072的类名为“名词、术语、命名法、词典、百科全书、类书”)。

(2)凡正表中已列出本表内容的有关类目，或隐含有本表内容的有关类目，不再重复加本表相应的复分号。如有冲突，以正表为准。例：《物理实验设备》为53.0573，而不是53.056。

(3)一种图书如有加两种或两种以上复分号的可能时，只能根据其主要内容或主要形式决定采取一种，不能重复使用。例：《文学目录手册》可以用42.071或42.073，不能用42.071073或42.073071。

(4)每种图书的分类号码中原则上只有一个0，但遇详表中的号码是借用0来扩展时，仍然可以使用本表复分。例：《天体生物学书目》为58.109071。

2. 中国时代排列表、地域区分表和民族排列表

(1)编列依据

中国时代表先按中国历史分期编列，再按朝代划分，1949年后按五年计划时期划分。

中国地域区分表先列北京市，再将全国划分列出6个地区，即黄河流域、北部省区，西北部省区，辽河流域、东北部省区，长江流域、东部和中部省区，西南部省区，珠江流域、南部省区。然后在各大区下列出各省、自治区及直辖市、特区等。并编列1个供省、自治区、直辖市细分的地区细分表。使用本表时要注意带有“[ ]”符号的地区，是为处理旧有图书资料时使用的。如：

6 西南部省区

61 四川省

62[原西康省]

中国各民族排列表先按地区划分，再编列各地区分布的民族。最后编列一个古代民族专类表。

(2)使用方法

凡分类表中注明“依中国时代表分，用附表二”“依中国省区表分，用附表三”“依中国民族表分，用附表四”的，均可使用相应的复分表进行复分，将相应类号加在主类号之后即可。

3. 国际时代表、世界地域区分表、世界各民族排列表

(1)编列依据

国际时代表先按照世界历史分期编列，再按地区及世界历史进程中发生的标志性事件进行细分。如将“近代(1640—1917年)”类划分为：“英国资产阶级革命至法国资产阶级革命前夕(1640—1789年)”“法国资产阶级革命至巴黎公社前夕(1789—1870年)”“巴黎公社至第一次世界大战前夕(1871—1913年)”“第一次世界大战时期(1914—1918)”等时期阶段。

世界地域区分表是根据自然区划编列的。世界各民族排列表依世界各种民族列类。

(2)使用

凡分类表中注明“依国际时代表分，用附表五”“依世界民族分，用附表七”的，均可使用相应的复分表进行复分，将相应的类号加在主类号之后即可。但使用“世界地域区分表”时要注意：

①凡分类表中注明“依国分，用附表六”的，均用本表复分，即将本表中的号码加于原有分类号码之后。如分类表中未注明依国分，而又需要依国分时，则先加附表一中的“04”，然后才依本表复分。

②凡本表中所列的非行政区域(如东南亚、南亚等)，如果需要采用其他标准继续细分，而所分的号码与所属的国家号码(如越南、巴基斯坦等)冲突时，必须在非行政区域号码的后面加“0”。

③在使用本表区分国家时，如果遇到详表中已标出“亚洲各国”(“东方”)和“欧洲、非洲、美洲、大洋洲各国”(“西方”)的号码，则应将重复的号码删去。例：朝鲜哲学应为14.2，而不是14.42。

四、《科图法》标引实例

(1) 标引《唐代文学作品选》，分类号为44.132

分析：该书是有关唐代文学作品的，宜先归入中国文学作品集，再按时代复分表进行复分。

42 文学

44 中国文学作品

44.11—18 各时代作品总集

一个时代、多种体裁的多人作品集入此，依中国时代分，用附表二。一种体裁的多人作品集入44.3—44.8有关各类。

归类过程：“42文学”→“44中国文学作品”→“44.11~18各时代作品总集”，依该类下的注释“一个时代、多种体裁的多人作品集入此，依中国时代分，用附表二”，查找附表二“中国时代复分表”中唐代号码是“32”，故该书的分类号应为：44.132。

(2)标引《中国潜艇部队营的训练》，分类号为36.47623

分析：该书是有关潜艇部队的训练，宜先归入中国军事类，再根据相关类目进一步细分。

36 军事、军事学

36.2 中国军事

36.24 军事教育、军事训练、军事科研

总论入此；专论各军兵种的教育、训练入36.4有关各类。

36.4 武装力量

36.47 海军

36.476 各种舰队

1 水面舰艇部队

2 潜艇部队

3 海军陆战队

4 海军岸防兵

5 海军航空兵

7 海军防空兵

36.4 武装力量(各军、兵种)

注意：如有需要，各军、兵种可依下表细分。

1 军事建设、军事组织

司令部工作等。

2 条令、教令、条例

3 教育、训练

军事演习等。

……

归类过程："36军事、军事学"→"36.2中国军事"→"36.24军事教育、军事训练、军事科研"，依该类下的注释"总论入此；专论各军兵种的教育、训练入36.4有关各类。"→"36.4武装力量(各军、兵种)"→"36.47海军"→"36.476各种舰队"→"36.4762潜艇部队"。

"36.4武装力量(各军、兵种)"类下有"各军、兵种细分表"，可再依此表细分。"3教育、训练"，故该书的分类号应为：36.47623。

(3)标引《亚洲各国外交政策》，分类号为33.8401

分析：该书是有关国际关系中的外交政策的，应归入各国外交类，注意复分时要加"0"。

33.8 国际关系、外交学

33.84—85 其他各国外交

依国分，用附表六；并再依"其他各国外交细分表"细分。

归类过程："33.8国际关系、外交学"→"33.84—85其他各国外交"，该类下有注释："依国分，用附表六；并再依'其他各国外交细分表'细分。"查附表六"世界地域区分表"，亚洲次第号为"4"，具有概括性地区的类目，如再依其他标准细分时，须在主类号后加"0"再复分。"1"为"其他各国外交细分表"中"政策"的号码。该书的分类号应为：33.8401。

第二节　《中国人民大学图书馆图书分类法》

《中国人民大学图书馆图书分类法》(简称《人大法》)是中华人民共和国成立后，为适应时代发展和图书馆工作的需要，参照国外图书分类法而编制的一部新型图书分类法。1952 年由张照、程德清主持编成初稿，1954 年出版第 1 版，1955 年出版第 2 版，1957 年出版第 3 版，1962 年出版第 4 版，1982 年出版第 5 版。《人大法》出版后，除了中国人民大学图书馆及该校各系资料室采用外，曾被许多图书馆，主要是 1949 年后新建立的图书馆所使用。我国主要的图书出版发行单位也曾在业务工作中广泛使用《人大法》。

《人大法》第 6 版于 1996 年 3 月由中国人民大学出版社出版。该版是在第 5 版的基础上修订而成的，从 1991 年 4 月《人大法》第 6 版修订委员会和修订工作小组成立至 1995 年 6 月正式定稿，直至 1996 年 3 月出版，历时近五年。《人大法》第 6 版的修订原则是：

(1)坚持 17 个大类不变，体系结构基本不变和标记制度基本不变。

(2)坚持全面修订与有所侧重相结合。从加强科学性、实用性等方面对《人大法》进行全面修订，修订重点为哲学、社会科学类目，自然科学类目力求全面而概括。

《人大法》第 6 版的修订内容主要体现在以下几个方面：

(1)为容纳综合论述自然科学和社会科学以及某些类无专属的综合性科学著作，将第十七大类的类名由“综合参考”改为“综合性科学、综合性图书”。在其下设“综合性科学”类目，以解决图书分类中的实际问题。

(2)社会科学类中，为力求详尽反映学术研究的新成果，对原来按政治观点或社会制度区别立类的，凡是能按学科性质区分的，改为按学科立类，加强了分类法的稳定性。对自然科学各类，根据科学技术的发展和人们认识的深化，作了必要的修订，使之尽可能真实、概括地反映科学技术发展的实际情况。

(3)为使类目确切、简单、概括地反映事物的本来面目和发展状况，对有关类目进行增删、调整和扩充。《人大法》第 5 版详表有 8773 条类目，此次修订，删除了其中 500 余条类目。

(4)更改有关类名，类目注释用语力求简单概括。

(5)对综合复分表和中国地区表、国家复分表的类目作了少量的调整、增补和变动，中国民族复分表增列了“古代民族”类目。

(6)进一步明确标记符号中圆括号“( )”和小圆点“.”的用法，作出了“凡遇表示一位类的双位数类号，则在其后加小圆点“.”。

一、《人大法》的体系结构

(一)宏观结构与微观结构

1. 宏观结构

《人大法》的宏观结构包括编制说明、大纲、基本类目表、详表、复分表及附录等。其中，编制说明是对该分类法的对象与任务、基本精神、编制整理经过、体系与适用范围等有关事项所做的说明；大纲，又称基本大类表，是分类法一级类目组成的一览表；基本类目表，又称简表，是由分类大纲及进一步区分出来的二级类目组成，是分类法的体系框架；详表，又称主表，是由分类法的各级类目组成的一览表；《人大法》的复分表有7个。《人大法》还有两个附录："书次号使用方法说明"和"文别号使用方法说明"。

2. 微观结构

微观结构，即类目的结构。《人大法》的微观结构由类号、类名、类级、注释和参照等组成。

(二)基本部类与大类

《人大法》第6版的全部类目分为四大部类、十七大基本类。第一部分(1-2)马克思列宁主义、毛泽东著作和哲学。第二部分(3-12.)属于社会科学。第三部分(13.-16.)属于自然科学。第四部分(17.)综合参考是某些图书类无专属的综合性类目。具体见表6-2。

表6-2　　《人大法》的基本部类与基本大类表

总结科学	1 马克思主义、列宁主义、毛泽东思想 2 哲学
社会科学	3 社会科学、政治 4 经济 5 军事 6 法律 7 文化、教育、科学、体育 8 艺术 9 语言、文字学 10. 文学 11. 历史 12. 地理

续表

自然科学	13. 自然科学 14. 医药、卫生 15. 工程技术 16. 农业科学技术
综合性科学、综合性图书	17. 综合性科学、综合性图书

（三）类目体系

《人大法》分类总表的分类顺序是：马克思主义、列宁主义、毛泽东思想与哲学→社会科学→自然科学→综合性科学、综合性图书。

各类体制，大体分为两部分：凡属于本类总的理论、学科概况、学科史、综合性的标准和规范、通用技术与方法等类目都列于本类的前面，用圆括弧把号码括起来；凡属于本类其他的同等类目，列于前述类目的后面，只标明类号，不用圆括弧。例如：

4　经济

4(1)　政治经济学

4(2)　经济学概论、经济学分支学科

……　……

41　世界经济

42　中国经济

……　……

上例中，“4(1)政治经济学”、“4(2)经济学概论、经济学分支学科”等是总论性类目，“41 世界经济”“42 中国经济”是专论性类目。

（四）复分表

《人大法》第 6 版设有 7 个通用复分表，分别是：(1)综合复分表；(2)中国民族复分表；(3)中国时代复分表；(4)中国地区复分表；(5)国家复分表；(6)国际时代复分表；(7)世界地区复分表。

（五）附录

《人大法》还有两个附录：“书次号使用方法说明”和“文别号使用方法说明”，分别对分类号相同的文献如何给予索书号以及如何给外文书以文别号作了说明。

二、《人大法》的标记系统

(一)标记符号与标记制度

《人大法》标记符号采用阿拉伯数字。用一位数字或两位数字后加小圆点表示大类。在标记制度上,《人大法》严格采用层累制,以数字的位数表示类目的等级,每一位类号代表一类,如遇双位数字表示一类,则在后面加注小圆点“.”,例如:

5　军事

51　中国军事

…………

58　陆军

59　海军

510.　空军

511.　战略导弹部队

上例中,“510. 空军”和“511. 战略导弹部队”与“51 中国军事”“58 陆军”“59 海军”等是同位类。

(二)辅助标记符号

1. 圆括弧“( )”

圆括弧的使用情况主要有以下几种:①本类总论的理论、学科概况;②学科史;③综合性的汇编、标准和规范;④通用技术、方法。

2. 小圆点“.”

凡遇表示一位类的双位数类号,则在其后加小圆点“.”。

三、《人大法》复分表的使用

复分表只对类目起复分作用,不能单独使用。各类文献有必要按复分表细分时,需在主类号后面加一短横线“-”,然后加上复分表的次第号码,再加上复分表中的号码。

1. 综合复分表

《人大法》将“1”定为综合复分表的复分号,复分时将“-1”连同复分的号码加在主类号后即可。如《政治经济学教学大纲》的分类号码为4(1)—15,“4(1)”为政治经济学的类号,将“-”与“1”(次第号)与教学大纲的复分类号“5”加在主类号后。

2. 中国民族复分表

《人大法》将“2”定为中国民族复分号。复分时将“-2”连同复分的号码加在主类号后即可。如《布依族史料简编》的分类号码为 11. 312-238。“11. 312”为中国现代民族史的号码，将“-”与“2”（次第号）与布依族的复分号码“38”加在主类号后。

3. 中国时代复分表

《人大法》将“3”定为中国时代复分号。复分时将“-3”连同复分的号码加在主类号后即可。如《南北朝时期我国土地占有形态的发展》的分类号码为 425-39。“425”为中国国民经济史的分类号码，将“-”与“3”（次第号）与汉朝复分号码“9”加在主类号后。

4. 中国地区复分表

《人大法》将“4”定为中国地区复分号。复分时将“-4”连同复分的号码加在主类号后即可。如《内蒙古自治区第一届人民代表大会第二次会议汇刊》的分类号码是 3541-417。“3541”为地方各级人民代表大会的分类号码，将“-”与“4”（次第号）与内蒙古自治区的复分号码“17”加在主类号后。需要注意的是，对已撤销的省，表中用方括号括起，以供参考或分编当时出版的图书使用。

5. 国家复分表

《人大法》的国家复分表包括“5”“6”“7”三个复分表。复分时，需在主类号后面加一短横线“-”，再加上复分表中的号码。如《保加利亚人民民主制度的理论与实际》的分类号码为 38-625。“38”是各国政治的分类号码，“625”是保加利亚的复分号码。

6. 国际时代复分表

复分时，需在主类号后面加一短横线“-”，然后加上复分表的次第号码，再加上复分表中的号码。

如《现代世界伟大文化名人》一书的分类号码是 11. 8-83。“11. 8”是历史人物传记的分类号码，“8”表示国际时代复分表，“3”是近代的复分号码。

7. 世界地区复分表

复分时，需在主类号后面加一短横线“-”，然后加上复分表的次第号码，再加上复分表中的号码。

凡讲到两个或两个以上国家的情况或者各洲的情况，不用国家复分表，而用世界地区复分表。如《美洲地理》一书的分类号码是 12. 1-94。“12. 1”是世界地理，“9”表示世界地区复分表，“4”是美洲地区的复分号码。

具有复分表中两种以上形式特征的图书，可以选择主要的两种同时进行复分；其号码顺序是先国别号码后时代号码、综合复分表号码。如《法国名人录》一书的分类号码是 11. 8-723113. 。“11. 8”是历史人物传记的分类号码，“723”是法国的国家复分号码，“113.”则是手册、名录的复分号码。

四、《人大法》标引实例

(1)《唐代文学作品选》

分析：该书是有关唐代文学作品的，宜先归入中国文学作品集，再按时代复分表进行复分。注意：《人大法》复分表的使用是先在类号后加一短横，然后再加复分号码。

10. 文学

10.9 文学作品集

10.91　中国

1 全集

2 选集、文集

3 专集、特刊

4 丛书

归类过程：“10. 文学”→“10.9 文学作品集”→“10.91 中国”→“10.912 选集、文集”；再按附表 3“中国时代复分表”复分，唐代的复分号为：“11.”。故该书的分类号应为：“10.912-311.”。

(2)《WTO 的理论基础与中国的市场建设》

分析：从题名分析，该书是研究 WTO 框架下的中国市场经济建设，落脚点应是中国市场经济建设，故该书应归入“42 中国经济类”下，再进一步细分。

4 经济

42　中国经济

421　经济建设路线、方针与政策

4214　社会主义现代化建设(1979 年以后)

42144　社会主义市场经济

归类过程：“42 中国经济类”→“421 经济建设路线、方针与政策”→“4214 社会主义现代化建设(1979 年以后)”→“42144 社会主义市场经济”。故该书的分类号应为“42144”。

(3)《非理性的人——存在主义哲学研究》

分析：该书是研究存在主义哲学的，应归入哲学流派中的存在主义哲学中。

2 哲学

23　哲学史

237　现代西方哲学

2372　　20世纪以来

23727　　存在主义

归类过程："2 哲学"→"23 哲学史"→"237 现代西方哲学"→"2372 20 世纪以来"→"23727 存在主义"。故该书的分类号为："23727"。

第三节　《中国档案分类法》

《中国档案分类法》(简称《中档法》)是档案分类标引与检索的工具书，是我国第一部统一的档案分类法。《中档法》从1983年开始编制，1987年出版第1版。1989年12月至1994年12月期间，编制了中国档案分类法53个专业表，修订了3个历史表。1995年1月至1995年10月，成立了《中档法》第2版编委会及其综合编审组，在53个专业表和3个历史表的基础上，汇总第2版主表，完成第2版的征求意见稿。1995年10月由国家档案局主持在北京召开《中档法》第2版审定会。1997年12月《中档法》第2版出版。第2版是对第1版的延伸和扩充，其类目、条目、内容、规模均大大超过第1版。

《中档法》是为档案的分类标引和组织档案的分类目录，建立档案目录和咨询中心而编制的，适用于我国各个历史时期所形成的各类档案的信息分类。它的出版促进了我国档案分类的标准化与规范化。《中档法》是以国家机构和社会组织从事社会实践活动的分工为基础，按照档案的内容和特点，分门别类组成的科学体系。其分类标准：以职能分工为主要分类标准，并结合档案记述和反映的事物的属性，选择其他辅助分类标准。

一、《中档法》的体系结构

(一)宏观结构与微观结构

1. 宏观结构

本分类法从我国档案资源构成的实际情况出发，由编制说明、中华人民共和国档案分类表、新民主主义档案分类表、民国档案分类表、清代档案分类表组成。即所谓的"一法四表"。

其中，中华人民共和国档案分类表适用于类分中华人民共和国成立以后形成的档案；新民主主义档案分类表适用于类分新民主主义革命时期形成的档案；民国档案分类表适用于类分民国时期形成的档案；清代档案分类表适用于类分清代形成的档案，其一级类目还适用于类分清代以前形成的档案。

本分类法的4个分类表，均由主表和辅助表组成。主表是分类表的主体，根据需要设置了若干基本大类，在基本大类之下设立了3~7级的类目。辅助表又称复分表，是由主表中抽出的某些具有共性区分的类目组成，供主表有关类目需要进一步复分时使用的类目表。

2. 微观结构

《中档法》的微观结构也是体系分类法，4个分类表的类目都是由类号、类名、类级、注释和参照组成的。用字体的变化与缩格表示不同类级。

（二）基本部类及大类

《中档法》的体系结构是以不同历史时期的国家机构、社会组织从事社会实践活动的职能分工为基础，并紧密结合档案记述和反映的事物属性关系，采取从总到分，从一般到具体的逻辑体系。第2版由原来第1版的“一主表二附表”增为“四主表”，分别适用于类分不同历史时期、不同历史条件下形成的档案。主表是分类表的主体，它根据需要划分了政治、经济、科学文化三大基本部类，并设置了若干基本大类，在基本大类之下，设立了3~7级类目，类目总量为10万条。其中，《中华人民共和国档案分类表》设置有19个基本大类，《新民主主义档案分类表》共设置13个基本大类，《民国档案分类表》共设置16个基本大类，《清代档案分类表》共设置18个基本大类，详见表6-3。

表6-3　**《中档法》的基本部类与基本大类表**

表名 类名	《中华人民共和国档案分类表》	《新民主主义档案分类表》	《民国档案分类表》	《清代档案分类表》
A	中国共产党党务	中国共产党党务	中国国民党党务	政务总类
B	国家政务总类	政务	政务总类	宫廷、皇族及八旗事物
C	政法	公安、司法、法院	内政	职官、吏役
D	军事	军事	社会	军事
E	外交	国际共运、外事	考试、监察	政法
F	政协、民主党派、群众团体	群众团体、群众运动	司法	民族事务
G	文化、教育、卫生、体育	文化、教育、卫生、科研、体育	军事	中外关系
H	科学研究		外交	镇压人民斗争活动

续表

表名 类名	《中华人民共和国档案分类表》	《新民主主义档案分类表》	《民国档案分类表》	《清代档案分类表》
J	计划、经济管理	经济管理	教育、文化、科学研究	宗教事务
K	财政、金融	财政、金融	经济总类	文化、教育、卫生、科学研究
L	贸易、旅游	商业	财政、金融	
M	农业、林业、水利	农业	农、林、水利	财政
N	工业	工业	工、矿、电业	金融
P	交通	交通、邮电	商业	农业、水利、畜牧业
Q	邮电		交通	手工业、工业、公用事业
R	城乡建设、建筑业		邮电	建筑
S	环境保护、土地管理			交通、邮电
T	海洋、气象、地震、测绘			商业
U	标准、计量、专利			
W				天文、地理

（三）《中档法》的复分表

《中档法》的 4 个分类表分别设置了各种通用复分表。详见表 6-4：

表 6-4 **《中档法》的复分表**

《中华人民共和国档案分类表》	综合复分表、世界各国和地区表、中国地区表、中国民族表、科技档案复分表
《新民主主义档案分类表》	综合复分表
《民国档案分类表》	综合复分表、世界各国和地区表、民国时期行政区划表
《清代档案分类表》	综合复分表、世界各国和地区表、清代行政区划表、中国民族表

为实现对特定学科或领域事物的充分列举划分，除综合复分表外，《中档法》的《中华人民共和国档案分类表》还设置了17个专类复分表，分别是：(1)联合国、国际组织、国际会议表；(2)艺术表；(3)世界各国、地区通讯社表；(4)广播影视语言表；(5)专业学科表；(6)疾病病种表；(7)商品表；(8)国际产业表；(9)农作物品种表；(10)家畜家禽表；(11)煤炭矿区表；(12)有色金属品总表；(13)中国铁路干线表；(14)中国铁路枢纽表；(15)中国干线公路表；(16)中国沿海主要港口表；(17)中国内河主要港口表。此外，《中档法》中还设置了大量专类细分表，实现节省篇幅和增强分类法容纳性的有机统一。

(四)《中档法》的注释

为了帮助档案分类人员理解和使用类目，《中档法》对一部分类目做必要的注释，主要用于说明类目的内容、类目之间的关系、类目的适用范围、类目的细分方法等。

1. 内容范围注释

注明类目所包括的内容范围，及有关知识和门类的归类方法。

例1：

KB 413 出纳

出纳机具入此。反假币券入KB128。

例2：

KB 21 存款

利率入KB13。机构设立入KB16。网点经费开支入KB425。账户入KB431。

2. 类目关系注释

注明类目的参照、交替关系。

例1

LA 92 食品卫生

参见GF542。

例2

LC1213 查验货物

[1214]征税(征收税费)

宜入LC2。

1215 货物放行

[1216]后续管理

入LC122/LC125。

1217 办结海关手续

3. 细分方法注释

注明类目复分或仿分的方法。例如：

LD4 鉴定

41 质量鉴定

仿 LD1·1 分。

42 数量和质量鉴定

二、《中档法》的标记系统

1. 符号形式与标记制度

《中档法》采用汉语拼音和阿拉伯数字相结合的混合编号制。用一个拼音字母标志一个大类，根据需要，有些二级类目采用双字母制；在字母之后采用阿拉伯数字表示下属类目的划分并顺序编号。标记制度基本上遵循层累制编号原则，数字的位数一般表示类目的级数。4 个分类表的类目都是采取层层划分、详细展开的方式，形成等级分明的类目体系，数字的数位一般表示类目的级位。

例如：

B 国家政务总类

BA 人民代表大会工作

BA1 代表大会

BA11 会议

BA111 预备会议

BA112 全体会议

为了增强标记符号的容纳性，使号码适应类目需要，在号码的配备上采用了两种办法：

第一，当同位类目超过 10 个，并在 16 个以内时，采用八分制，即同一级类目的号码由 1 到 8，以后用 91、92 直到 98 号码一般不用 0。

例如：

A11 中央会议

A111 全国代表大会

A112 中央委员会会议

…………

A118 工作会议

A1191 办公会议

A1199　其他会议

第二，当同位类目超过 16 个时，为避免号码冗长，采用双位制表示各同位类，即用 11、12 直到 19，再从 21、22 直到 29，依此类推，可以容纳 81 个同位类。

例如：

KD 审计

KD1 财政审计

KD111 财政预算编制审计

KD112 财政预算执行情况审计

…………

KD119 规费收入审计

KD121 罚没收入审计

…………

此外，在编号时，为了适应新类目的增加，方便以后扩充类目，《中档法》还预留一定数量的空号码，即采用空号法以增强分类法的容纳性。

例如：

A6 对外联络

A61 联络

A62 接待

A63 调研

A69 其他

2. 辅助符号

《中档法》还设置了多种辅助符号，用于类号的扩充，详见表 6-5。

表 6-5　**《中档法》的辅助符号**

符号名称	符号形式	符号名称	符号形式
综合复分表	-	专用复分号	=
世界各国和地区区分号	( )	专类复分号	·
中国地区区分号、交替符号	〔 〕	关联符号	:
民族区分号	《》	并列符号	+
科技档案复分号	〈 〉	起止符号	\

三、《中档法》复分表的使用

(一)《中华人民共和国档案分类表》辅助表的使用

(1)综合复分表的使用

综合复分表适用于主表中的任何一级类目，各馆可结合具体情况灵活运用。使用本复分表时应注意将复分号加在主表分类号之后即可。具有本复分表中两种以上区分标准的档案文件，只可选择其中主要的一种加以复分，不能重复使用。在主表中已刊有专类或已隐含有综合复分表有关内容的类目，不能再使用综合复分表的相应类目进行复分。

(2)其他复分表的使用

凡主表中已注明“依××分”时，均使用相应的复分表进行复分。使用“世界各国和地区表”时，要将表中的号码用复分符号“( )”括起来加在主表的分类号码之后。“中国地区表”采用国家标准《中华人民共和国行政区划代码》(GB/T2260—1995)，同时根据档案的实际情况，增加了中华人民共和国成立初期撤销的行政大区和省，如在实际标引中需要细分时，可依照GB/T2260—1995的序列延伸。使用时，要将表中的号码用复分符号“〔 〕”括起，加在主表的分类号码之后，注意表内带有“〔 〕”的地区，是为处理历史档案时使用。“中国民族表”采用GB3304—82《中国各民族名称的罗马字母拼写法代码》的阿拉伯数字代码。使用时，要将表中的号码用复分符号“《》”括起，加在主表的分类号码之后。使用“科技档案复分表”时，要将表中的号码用复分符号“〈 〉”括起，加在主表的分类号码之后。

(二)《新民主主义档案分类表》复分表的使用

《新民主主义档案分类表》只有一个复分表，即“综合复分表”，适用于任何一级类目的复分。使用时，将复分号加在主表中的分类号后即可。若主表中已列有专类者，不再使用本表复分，具有本复分表两种以上内容特征的档案，只能选择其中主要的一种加以复分。

(三)《民国档案分类表》复分表的使用

《民国档案分类表》设有三个复分表，即“综合复分表”“世界各国和地区表”“民国时期行政区划表”。综合复分表的使用规则与前两种综合复分表相同。

“世界各国和地区表”以南京国民政府内政部1947年11月审定的《世界新地图》(增订六版)为依据，结合民国时期(包括日伪时期)档案复分的实际需要，略作修订而成。使用时，要将复分号用世界地区符号“( )”括起，加在主表号码后。当档案内容涉及同一洲或同一地区内多个国家或地区时，用洲或地区的号码，即用上位类号表示。

“民国时期行政区划表”采用南京国民政府内政部1947年编《中华民国行政区域简表》，并根据民国档案分类的实际需要，增列“蒙古地方”行政区划。使用时，将表中的复分号用中国地区符号“[ ]”括起，加在主表的分类号之后。

(四)《清代档案分类表》复分表的使用

《清代档案分类表》共有四个复分表：“综合复分表”“世界各国和地区表”“清代行政区划表”“中国民族表”。综合复分表的使用与前述综合复分表相同。

使用“世界各国和地区表”时，同样要将复分号用“( )”括起，加在主表的分类号之后。凡档案内容泛指世界各国或涉及六个及以上国家、地区(不包括在同一洲或同一地区)者，用“000”表示。涉及同一洲或同一地区内多个国家或地区者，可用洲或地区的号码，涉及国家、地区不详者，用“999”表示。

使用“清代行政区划表”时，将表中的号码用“[ ]”括起，加在主表的分类号后。明代及以前各代的历史档案可参照本表复分，根据当时地理位置对应清代地区选择代码。若档案内容具有全国意义或涉及六个及以上地区时，用“00”表示，当档案内容涉及的地区不详时，用“99”表示。

使用“中国民族表”时，要将复分号用“《》”括起，加在主表分类号第一级类之后，其他号码之前。若当时民族名称与现在相异，则依其主体使用现在的民族代码。凡档案内容泛指各民族或涉及六个及以上民族者，用“00”表示。当档案内容涉及的民族不详时，用“99”表示。

四、《中档法》标引实例

(1)标引《关于授予谢文涛等同学硕士学位的决定》，分类号为GE54.84

分析：该档案是关于硕士学位授予的，应首先归入“GE教育”类下的“硕士研究生教育”类下，再进一步归入学位授予类中。注意：“GE5高等教育”类下注释：“高等职业技术教育入此。以下GE51/55依下表分。”

G 文化、教育、卫生、体育

GE 教育

GE5 高等教育

GE54 硕士研究生教育

G5 高等教育

以下GE51/55依下表分。

.1 综合管理

.2 教务工作

……

.8 学位工作

.84 学位审批与授予

归类："GE 教育"→"GE5 高等教育"→"GE54 硕士研究生教育"→(依专类复分表分)"GE54. 8 学位工作"→"GE54. 84 学位审批与授予"。

(2)标引《国务院办公厅转发农业部关于促进饲料业持续健康发展若干意见的通知》，分类号为 MA318：JC94111

分析：该档案是国家管理与调控农村经济发展的，既可归入"JC94 农村经济"类，也可归入"M 农业、林业、水利"类。具体到本档案，采用组配法能较好地反映其内容。

M　农业、林业、水利

MA　农业

MA3　畜牧业

MA318　饲料

J　计划、经济管理

JC　经济贸易管理

JC94　农村经济

JC9411　农村经济发展战略

JC94111　农村经济方针政策

归类："JC94 农村经济"→"JC941 农村经济管理"→"JC9411 农村经济发展战略"→"JC94111 农村经济方针政策"；"MA3 畜牧业"→"MA318 饲料"，故该档案的分类号应为"MA318：JC94111"。

(3)标引《汉口市建设公债条例及有关的各项文件》(民国时期，1934—1935 年)，分类号为 L19212. 1[28]

分析：该档案是关于民国时期的档案，应按《民国档案分类表》进行类分。该档案是关于地方公债的发行条例，应归入"L192 国债"类中，再进一步归入相关类中。

L　财政、金融

L1　财政

L191　公库

L192　国债

L1921　内债

L19211　中央公债

L19212　地方公债

依民国时期行政区划表分。

L192　国债

以下 L192/1922 依下表分。

. 1　章则合约

. 2　证券发行

……

. 7　债务争议

归类："L 财政、金融"→"L192 国债"(此处注释："以下 L192/1922 依下表分。")→"L1921 内债"→"L19212 地方公债"(此处注释："依民国时期行政区划表分。")→"L19212.1 章则合约"→依民国时期行政区划表分，将表示武汉的地区号"28"加在后面。注意：使用"民国时期行政区划表"时，要将表中的复分号用中国地区符号"[ ]"括起，加在主表的分类号之后。故，该档案的分类号应为"L19212.1[28]"。

第四节　图书、音像制品、电子出版物营销分类法

《图书、音像制品、电子出版物营销分类法》(简称《营销分类法》)是为了加强出版发行行业信息化建设和标准化工作，适应图书营销分类工作的需要，统一规范图书分类；加强出版发行行业的信息流通，有效管理出版物的发行；适应读者消费需求，方便读者找书购书而制定的分类标准。它既继承了《中图法》科学系统的分类思想，又针对出版发行行业进行了探索与创新。该标准由深圳出版发行集团、武汉大学信息管理学院起草，于 2008 年 12 月 22 日发布实施。

一、《营销分类法》的体系结构

(一)宏观与微观结构

1. 宏观结构

《营销分类法》的宏观结构包括编制说明、基本大类表、简表、主表、复分表。其中，编制说明主要是对适用范围、相关术语、分类原则、分类结构、编码方法、使用指南的相关说明。基本大类表是由一级类目构成的分类表；简表，是由基本大类表直接展开而形成的一、二级类目表，是主类表的骨架；主表，是在简表的基础上，将类目逐级扩展而成的类目表，并附有类目说明，是出版物营销分类标引的主要依据；复分表，是将主表中出现的共性子类目抽取出来，单独编列成表，供主表有关类目进一步细分时使用的类目表；《营销分类法》共设 7 个通用复分表。

2. 微观结构

《营销分类法》的微观结构，是指类目的结构，主要由类目代码、类目名称、类目等级、类目说明等组成。

(二)基本部类与基本大类

《营销分类法》根据出版物的载体形态分为图书、音像制品和电子出版物三大部类。图书部类下设 27 个一级类目(代码为 01-27)，音像制品部类下设 12 个一级类目(代码为 51-62)，电子出版物部类下设 4 个一级类目(代

码为71-74)，这些一级类目构成了《营销分类法》的基本大类。该标准在三大部类之间均预留一些号码，以供将来需要时扩充代码使用。具体见表6-6。

表6-6　**《营销分类法》基本大类表**

图书		音像制品		电子出版物	
类目代码	类目名称	类目代码	类目名称	类目代码	类目名称
01	马列主义、毛泽东思想、邓小平理论	51	艺术	71	软件
02	政治	52	时事政治	72	游戏
03	法律	53	军事	73	教育
04	军事	54	经济管理	74	电子图书
05	经济	55	文化、体育		
06	管理	56	历史、地理		
07	哲学	57	语言学习		
08	宗教	58	教育		
09	文化	59	少儿音像		
10	历史、地理	60	文学		
11	社会科学	61	科技		
12	语言文字	62	生活百科		
13	教育、科学研究				
14	中小学教材、教辅				
15	少儿读物				
16	文学				
17	艺术				
18	体育				
19	生活休闲				
20	自然科学				
21	医药卫生				
22	农业				
23	工业技术				
24	计算机				

续表

图书		音像制品		电子出版物	
25	建筑				
26	交通运输				
27	综合性图书				

(三)类目体系

《营销分类法》采用线分类和面分类相结合的分类方法，注重类目的系统性，从总到分、从一般到具体进行层级分类。

该标准类目体系由主表和复分表共同构成。主类表由基本大类表、简表、主表构成，类目级别一般到二或三级，最多到四级，共设有 43 个一级类目，340 个二级类目，503 个三级类目，68 个四级类目。

在类目体系的设置上，《营销分类法》遵循文献分类的原理，采用学科和主题相结合的立类方法，结合出版营销管理的需求以及读者对商品的理解和选购需求将一些跨越逻辑层次的出版物类目作为基本大类列出。例如：

类目代码	类目名称	类 目 说 明	
19	生活休闲		(1 级类目)
19. 01	饮食		(2 级类目)
19. 01. 01	食谱、菜谱	各类烹饪法、食谱、菜谱入此可按菜系细分	(3 级类目)
19. 01. 02	饮料	茶谱、咖啡、各种酒、各式饮料等入此	(3 级类目)
……			
19. 02	健身、保健		(2 级类目)
19. 02. 01	健身运动	具有健身功能，适合一般群众特别是老年人、女性开展的体育运动入此，如太极、气功、瑜伽、普拉提、器械健身等 参见“18. 03 体育运动”	(3 级类目)
19. 02. 01. 01	太极	太极拳、太极剑入此	(4 级类目)
……			

(四)复分表

《营销分类法》共设有 7 个通用复分表，即《总论复分表》《出版物载体复分表》《世界国家和地区复分表》《中国行政区划复分表》《世界时代复分表》《中国时代复分表》《语种复分表》。这 7 个通用复分表均适用于主表中的任何一级类目。

二、《营销分类法》的标记系统

（一）标记符号与标记制度

《营销分类法》采用数字层次编码方法（引用其他标准的复分表类目代码遵照原标准的规定执行），即主类表和复分表采用阿拉伯数字单纯号码作为标记符号，其标记制度以层累标记制为主，并且每个层次采用双位码的顺序标记制度。

（二）标记方法

《营销分类法》的标记方法具体为：

主类表类目代码采用非固定码位总长的层次码，用阿拉伯数字表示；每层次码均为 2 位数字，不足 2 位的前端用“0”补齐；自 1 层 2 位到 4 层 8 位，各层次码之间用半角符号“.”作为分隔符号。

一级类目代码由第一层次码表示，二级及其以下类目代码均由其上位类目代码与本层次码共同组成。

主类表类目代码结构图如下：

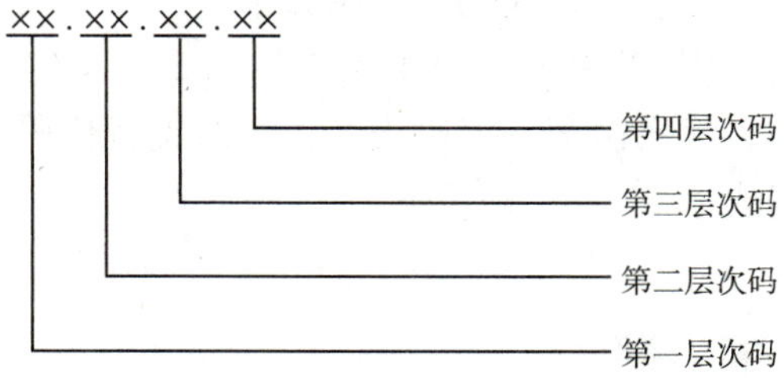

例如：

类目代码	类目名称	类 目 说 明
12	语言文字	
12. 01	语言文字理论	总论语言、文字的本质、结构系统及其内部发展规律、普通语言学、描写语言学、社会语言学、心理语言学、符号学、历史语言学、比较语言学、语言理论与方法论、语言与其他学科的关系、语言学派、学说及其研究等入此

续表

类目代码	类目名称	类 目 说 明
12. 02	汉语	
12. 02. 01	汉语语言学	汉语的语音学、文字学、语义学、语用学、词汇学、词义学、语法学、写作学与修辞学、翻译学、词典学、应用语言学、语文教学等入此
12. 02. 02	汉语学习研究	古代、近代、现代汉语的学习与研究等入此
12. 02. 02. 01	古代汉语	总论古代、近代汉语及发展，古代、近代汉语学习教材、资料等入此
12. 02. 02. 02	现代汉语	总论现代汉语及发展，现代汉语学习教材、资料等入此

复分表类目代码除了世界国家和地区复分表、中国行政区划复分表、语种复分表中类目代码分别按 GB/T2659—2000《世界各国和地区名称代码》、GB/T 2260—2007《中华人民共和国行政区划代码》、GB/T4880. 1—2005《语种名称代码 第 1 部分：2 字母代码》的相关规定执行。其他复分表类目代码采用非固定码位总长的层次码，用阿拉伯数字表示；每层次均为 2 位数字，不足 2 位的前端用“0”补齐；自 1 层 2 位到 2 层 4 位，各层次码之间无分隔符号。一级类目代码由第一层码表示，二级类目代码由一级类目代码与第二层次码共同组成。复分表类目代码结构图如下：

不足 2 位的前端用“0”补齐；自 1 层 2 位到 2 层 4 位，各层次码之间无分隔符号。一级类目代码由第一层码表示，二级类目代码由一级类目代码与第二层次码共同组成。

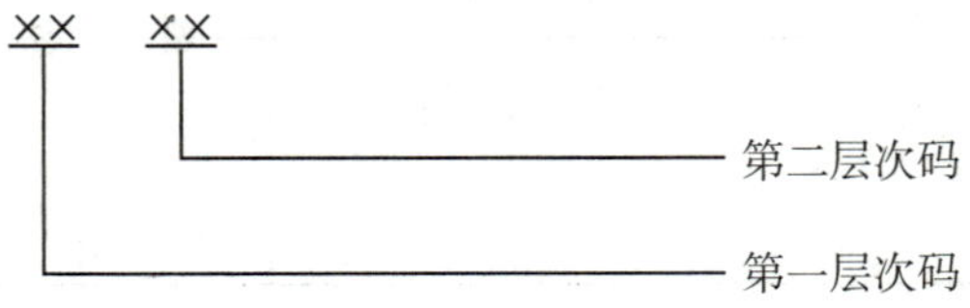

以《出版物载体复分表》部分类目为例：

类目代码	类目名称	类 目 说 明
01	纸质	
0101	图书	

续表

类目代码	类目名称	类 目 说 明
0102	小册子	
0103	活页	
0104	挂图	单张地图、教学挂图、资料挂图等
0105	其他纸质	

《营销分类法》的标记制度和标记方法既有分类层次的表达性，又易于使用掌握。这是为了适应图书营销分类行业对类号的表达性、简短性和易用性要求高，以及从事营销分类工作的并非全是专业的文献分类工作者的实际情况。

三、《营销分类法》复分表的使用

《营销分类法》的 7 个通用复分表适用于主表中的任何一级类目。复分表并非必须使用，若需要提高对复杂概念内容的揭示，可以选择将主类号和复分号组配。为避免混淆，复分表类目代码不能单独使用，应采用专门的符号与主表类目代码组配。

1.《总论复分表》

《总论复分表》是将主类表整体结构特征以类目形式体现出来，它用于扩充主表类目。在分类标引时，应在主类号后用大写字母“A”进行连接组配。

例如：《体育辞典》一书，在“18 体育”大类下未设置“工具书”专类，同时又没有合适的类目，就可以使用《总论复分表》中“12 工具书”来进行复分。因此，《体育辞典》可标引为“18A12”。

2.《出版物载体复分表》

在实际营销分类应用中，常常需要根据出版物载体形式进行分类。《出版物载体复分表》就是针对音像制品、电子出版物等形式的载体进行复分的依据。使用该复分表进行分类标引时，要在主类号后加大写字母“B”连接相应的复分类号。

例如：VCD 影碟《地道战》，首先选择基本部类音像制品，在该类中选择“51 艺术”大类；《地道战》属于“电影故事片”，类号为 51. 02. 01；考虑该载体形式为 VCD，因此 VCD 影碟《地道战》可以标引为“51. 02. 01B0204”。

3.《世界国家和地区复分表》

本表类目名称和代码遵照 GB/T 2659—2000《世界各国和地区名称代码》中关于世界国家和地区的中英文简称及数字代码的规定执行。同时，增加了“世界”及各大洲的分类代码，并在类名后用“ * ”标示。

本表适用于出版物的分类需要考虑世界国家和地区划分的情况，进行分类标引时，在主类号后加大写英文字母“C”连接复分类号。

例如：分类标引图书《当代各国政治体制：美国》，根据分类表将其归类到“02. 05 世界政治”，进一步按《世界国家和地区复分表》可知类目“美国”的代码为“840”，因此，该书可标引为“02. 05C840”。

4.《中国行政区划复分表》

本表类目名称和代码遵照 GB/T 2260—2007《中华人民共和国行政区划代码》中对省(自治区、直辖市、特别行政区)、市(地区、自治州、盟)及省(自治区)直辖县级行政区划代码的规定执行。如需使用其他县级及县级以下行政区划的代码，请查询 GB/T 2260—2007《中华人民共和国行政区划代码》。

在营销分类时，根据地方特色，从地区的角度来划分出版物是比较常见的方式。主类表往往因为篇幅的限制，不可能一一列出。因此，编制《中国行政区划复分表》十分必要。在使用本表进行复分时，需要用大写字母“D”将主类号和复分号连接起来。

例如：对《北京旅游》一书进行分类标引，“19. 08. 01 中国旅游”→北京市在《中国行政区划复分表》的类目代码为“110000”，因此《北京旅游》标引为“19. 08. 01D110000”。

5.《世界时代复分表》

某些出版物需要按世界时代来分类标引或者陈列，《世界时代复分表》则满足了这一需求。大写字母“E”是本复分表的专用连接符。

例如：《世界近代史》一书，在主类表中找到“10. 02 世界史”，再依该表复分，标引为“10. 02E04”。

6.《中国时代复分表》

本表用于在营销分类时，出版物需要考虑中国时代划分的情况。专用连接符为“F”。

例如：《清代史》，可标引为“10. 03. 02F0218”。

7.《语种复分表》

该复分表适用于需要根据语种进行划分的出版物，类名和代码遵照 GB/T 4880. 1—2005《语种名称代码 第 1 部分：2 字母代码》的相关规定执行。在进行分类标引时，应当使用大写英文字母“G”连接。

例如：《行政管理学(藏文版)》一书，先入“02.06.03 行政管理”类，再复分“bo 藏语”，最后标引为“02.06.03Gbo”。

四、标引实例

《营销分类法》主要的使用对象是从事出版物生产和销售活动的出版发行单位，图书、音像制品、电子出版物生产和销售的特性，以及广大读者在找书购书中的现实特点，其分类比《中图法》相对要通俗易懂、简易一些。以下是《营销分类法》标引实例。

(1)图书：《海洋科学导论》

分析：该书是有关海洋科学的图书，属于自然科学，该类下根据自然科学的主要学科门类进行划分可知，海洋科学应归在地球科学中。

图　书		
类目代码	类目名称	类目说明
20	自然科学	
20.01	自然科学理论	非线性科学、系统科学入此 参见“13.13 科学研究”
……		
20.06	天文学、地球科学	
……		
20.06.02	地球科学	
20.06.02.01	测绘学	测绘学教育、测绘学基础、大地测量学、工程测量学、摄影测量与遥感学、地图制图学、海洋测量学、测绘仪器等入此
……		
20.06.02.05	海洋学	海洋调查与观测、区域海洋学、海洋基础科学、海洋资源与开发、海洋工程等入此

归类过程：“20 自然科学”→“20.06 天文学、地球科学”→“20.06.02 地球科学”→“20.06.02.05 海洋科学”。故该书分类号应为“20.06.02.05”。

(2)DVD：《学跳蒙古舞》

分析：首先判断出版物的载体 DVD 属性为音像制品，蒙古舞宜先归入舞蹈，根据题名可知该 DVD 是用于蒙古舞教学的视频，再按出版物载体进行复分。

音像制品		
类目代码	类目名称	类目说明
51	艺术	
51.01	音乐	中小学音乐类音像节目入“58.01 中小学教育”下有关各类、少儿音乐类音像节目入“59.03 素质教育”
……		
51.05	舞蹈	中小学舞蹈类音像节目入“58.01 中小学教育”下有关各类、少儿舞蹈类音像节目入“59.03 素质教育”
51.05.01	教学欣赏	
51.05.01.01	民族舞	我国各民族舞蹈、外国各民族舞蹈入此
51.05.01.02	古典舞蹈	中国古典舞蹈、外国古典舞蹈入此
……		

归类过程：音像制品→“51 艺术”→“51.05 舞蹈”→“51.05.01 教学欣赏”→“51.05.01.01 民族舞”；再按“出版物载体复分表”复分，DVD-Video的类目代码为“0206”。故该书的分类号为“51.05.01.01B0206”。

(3)软件：《中国电子地图交通旅游版》

分析：《中国电子地图交通旅游版》属于电子出版物的软件类。

电子出版物		
类目代码	类目名称	类目说明
71	软件	
71.01	系统工具	操作系统、系统增强、系统测试、系统修复工具、系统优化工具、系统清理工具、系统工具、系统还原工具、系统封装工具、系统检测工具、系统垃圾清理工具等软件入此
71.02	网络软件	通信软件、网络协议软件、网页浏览、邮件处理、搜索引擎、网络工具(下载工具、离线浏览、FTP)等入此
……		
71.08	电子地图	各种行政区域电子地图、导航电子地图、教育类电子地图、专题性电子地图等入此
……		

归类过程：电子出版物→“71 软件”→“71.08 电子地图”，故《中国电子地图交通旅游版》的分类号为“71.08”。

第五节　《学科分类与代码》

学科是相对独立的知识体系，而学科群是具有某一共同属性的一组学科，每个学科群包含若干分支学科。根据一定的原则对现实科学体系按其内在联系加以归类并以符合逻辑的排列形式表述出来且赋予代码，即形成学科分类代码。鉴于学科分类在科学发展中所具有的特殊地位，联合国、美国、德国和日本等国际组织与世界发达国家都很重视学科分类体系标准化工作，纷纷制定相应的学科分类与代码标准。《中华人民共和国学科分类与代码国家标准》，简称《学科分类与代码》(Classification and Code Disciplines)，是中华人民共和国关于学科分类的国家推荐标准，目前使用的版本是 GB/T 13745—2009。该标准规定了学科分类原则、学科分类依据、编码方法，以及学科的分类体系和代码，是科学发展、教育、科技统计、学科建设等方面工作的一个重要依据。本标准的分类对象是学科，适用于基于学科的信息分类、共享与交换，亦适用于国家宏观管理和部门应用，但不能代替文献、情报、图书分类及学术上的各种观点。此外，它不同于专业和行业，在本分类体系中(尤其在工程与技术科学分类体系)，出现的学科与专业、行业、产品名称相同，但其涵义不同。

一、《学科分类与代码》的发展概况

1992 年 11 月 1 日，国家技术监督局在北京正式发布《学科分类与代码》第一版本，并于 1993 年 7 月 1 日正式实施，标准号为 GB/T 13745—1992。2006 年，国家开始对第一版国家标准进行修订，由中国标准化研究院提出，并由全国信息分类编码标准化技术委员会(SAC/TC353)归口，主要起草单位是中国标准化研究院和中国科学与计划财务局。2009 年 6 月 26 日，国家质量监督检验检疫总局、国家标准化管理委员会通过《中华人民共和国国家标准批准发布公告 2009 年第 6 号(总第 146 号)》，并于 2009 年 11 月 1 日起实施新版《学科分类与代码》，标准号为 GB/T 13745—2009，该版本标准一直沿用至今。与 GB/T 13745—1992 相比，GB/T 13745—2009 的主要变化如下：

——增加了前言、引言和附录 A；

——在标准的结构和格式编排方面，按照 GB/T1. 1—2000 的规定进行了更新；

——对学科代码的形式作出了修改，取消了十进制分类符号的点“.”，以便于信息处理；

——增设了信息与系统科学相关工程与技术等 3 个一级学科群，调整二级学科心理学为一级学科；

——增设了医学史、重症医学、光学工程、兵器科学与技术等 39 个二级学科，调整天文地球动力学等 13 个三级学科为二级学科，变更了生物工程、仪器仪表技术等 10 个二级学科的类别归属；

——增设了基因组学、月球科学、术语学等 337 个三级学科，调整传染病学等 4 个二级学科为三级学科，变更了密码学等 65 个三级学科的类别归属；

——取消了理论统计学等 4 个二级学科及普通心理学等 25 个三级学科；

——调整变更各级学科名称 67 项，如货币银行学更名为金融学等。

二、《学科分类与代码》的分类依据与分类原则

在《学科分类与代码》中，“学科”应具备共同的基本条件，包括：理论体系和专门方法的形成；有关科学家群体的出现；有关研究机构和教学单位以及学术团体的建立并展开有效的活动；有关专著和出版物的问世等。在学科认定基础上对学科进行分类，主要的分类依据包括：学科研究对象、学科的本质属性或特征、学科的研究方法、学科的派生来源、学科研究的目的与目标。此外，在学科分类中，《学科分类与代码》遵循以下 6 大分类原则：

（1）科学性原则。根据学科研究对象的客观的、本质的属性和主要特征及其之间的相关联系，划分不同的从属关系和并列次序，组成一个有序的学科分类体系。

（2）实用性原则。对学科进行分类和编码，直接为科技政策和科技发展规划，以及科研经费、科技人才、科研项目、科技成果统计和管理服务。

（3）简明性原则。对学科层次的划分和组合，力求简单明了。

（4）兼容性原则。考虑国内传统分类体系的继承性和实际使用的延续性，并注意提高国际可比性。

（5）扩延性原则。根据现代科学技术体系具有的高度动态性特征，应为萌芽中的新兴学科留有余地，以便在分类体系相对稳定的情况下得到扩充和延续。

（6）唯一性原则。在标准体系中，一个学科只能用一个名称、一个代码。

三、《学科分类与代码》的体系结构与标记符号

《学科分类与代码》共设 5 个门类、62 个一级学科、748 个二级学科、近 6000 个三级学科。其中，5 个学科门类分别是自然科学类、农业科学类、医药科学类、工程与技术科学类、人文与社会科学类；一级学科根据情况，分别选用“××学”“××科学”“××科学技术”“××工程”“××工程技术

科学”五种名称。对于标记符号，五个门类为科技统计使用，不在标准中出现，标准仅对一、二、三级学科进行分类。其中，一级学科用三位数字表示，二、三级学科分别用两位数字表示，例如5702520，其中570为一级学科，25为二级学科，20为三级学科。代码结构如下图所示：

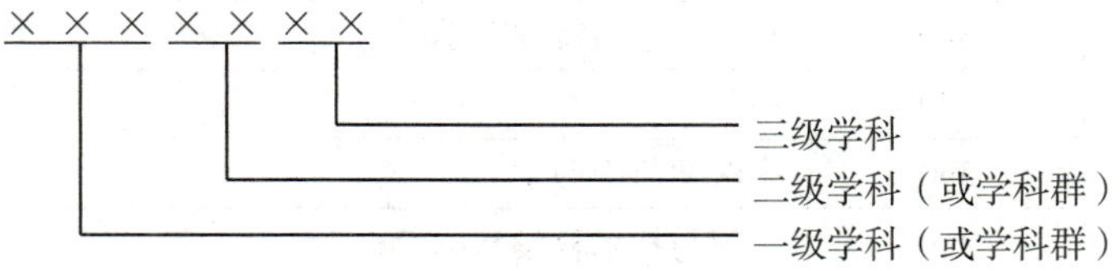

门类排列顺序是：A 自然科学，代码为110-180；B 农业科学，代码为210-240；C 医药科学，代码为310-360；D 工程与技术科学，代码为410-630；E 人文与社会科学，代码为710-910。此外，二、三级学科设“群体学科”，用数字“99”表示，例如：

1101799　数论其他学科

1102199　代数学其他学科

限于篇幅，表6-7仅对五大门类及其对应的一级学科进行展示。

表6-7　**《学科分类与代码》一级学科列表**

学科门类	一级学科代码	一级学科名称	数量(个)
自然科学类	110	数学	13
	120	信息科学与系统科学	
	130	力学	
	140	物理学	
	150	化学	
	160	天文学	
	170	地球科学	
	180	生物学	
	190	心理学	
	210	农学	
	220	林学	
	230	畜牧、兽医科学	
	240	水产学	

续表

学科门类	一级学科代码	一级学科名称	数量(个)
医药科学类	310	基础医学	6
	320	临床医学	
	330	预防医学与公共卫生学	
	340	军事医学与特种医学	
	350	药学	
	360	中医学与中药学	
工程与技术科学类	410	工程与技术科学基础学科	24
	413	信息与系统科学相关工程与技术	
	416	自然科学相关工程与技术	
	420	测绘科学技术	
	430	材料科学	
	440	矿山工程技术	
	450	冶金工程技术	
	460	机械工程	
	470	动力与电气工程	
	480	能源科学技术	
	490	核科学技术	
	510	电子与通信技术	
	520	计算机科学技术	
	530	化学工程	
	535	产品应用相关工程与技术	
	540	纺织科学技术	
	550	食品科学技术	
	560	土木建筑工程	
	570	水利工程	
	580	交通运输工程	
	590	航空、航天科学技术	
	610	环境科学技术及资源科学技术	
	620	安全科学技术	
	630	管理学	

续表

学科门类	一级学科代码	一级学科名称	数量(个)
人文与社会科学类	710	马克思主义	19
	720	哲学	
	730	宗教学	
	740	语言学	
	750	文学	
	760	艺术学	
	770	历史学	
	780	考古学	
	790	经济学	
	810	政治学	
	820	法学	
	830	军事学	
	840	社会学	
	850	民族学与文化学	
	860	新闻学与传播学	
	870	图书馆、情报与文献学	
	880	教育学	
	890	体育科学	
	910	统计学	

四、其他说明

(1)该标准中学科排列次序和级别与学科重要程度无关。

(2)该标准纳入了成长中的新兴学科，萌芽中的新兴学科暂不纳入。

(3)分类体系中的名称，原则上用学科名称，考虑实际应用及学科分类层次的需要，有少量“学科群”名称出现。

(4)交叉或具有多重归属的学科，可在多处列类，只在一处赋予代码，其他相关位置不给代码，而在说明栏注“见×××××××(代码)”或“参见×××××××(代码)”，例如：

1205010	系统建模	
	决策分析	见 6305035
	决策支持系统	见 6305040
	管理信息系统	见 6305045

(5)一级学科下的分支学科，根据确定学科位置的不同特征进行划分，原则上取一个特征，考虑学科特点及使用需要，对有些学科用两种或两种以上特征划分。

(6)本分类体系的学科遵循从理论到应用，从一般到个别，从抽象到具体，从通用到专用，从简单到复杂，从低级到高级，从宏观到微观的排列顺序。

(7)该标准对某些横断学科、综合学科及某些特殊学科进行特殊处理，具体如下：

① 分类表中的“信息科学”是指小概念，不包括“计算机科学”。“信息科学与系统科学”的理论和技术部分，其性质与数学类似，排列在数学之后，考虑其发展前景，设为一级学科。“信息科学”和“系统科学”都以“控制论”“系统论”“信息论”为基础理论，很难分开，故暂列在一类。

② 考虑到工程与技术科学门类与自然科学及生产应用的映射关系，在该门类中设立“信息与系统科学相关工程与技术”“自然科学相关工程与技术”“产品应用相关工程与技术”三个一级学科群，以归入基于自然科学或生产应用而派生出的各类工程技术学科或学科群，但早已形成的传统工程与技术一级学科(如化学工程、矿山工程技术、测绘科学技术等)则不在此列。

③ “环境科学技术及资源科学技术”“安全科学技术”“管理学”三个一级学科(群)属综合学科，本学科列在自然科学和社会科学之间。

④ 根据我国实际情况，将“地理学”列入“地球科学”下二级学科，“人文地理学”列入“地球科学”，属特例。

◎ 本章思考题

简答题：

1. 简述《中档法》的宏观结构。
2. 比较《科图法》《人大法》《中图法》小圆点的用途。
3. 比较《中图法》《科图法》《人大法》的标记制度。

第七章　国外其他主要分类法

第一节　《杜威十进分类法》

《杜威十进分类法》(Dewey Decimal Classification and Relative Index, DDC)是由美国图书馆学先驱麦维尔·杜威(Melvil Dewey, 1851—1931)于1873年创制，并于1876年首次正式出版的一部综合性等级列举式分类法。作为一个通用的知识组织工具，它通过不断更新以适应知识的发展，为图书馆馆藏的组织提供了一个实用分类排架体系，是全球使用最广、影响最大的图书馆分类体系。目前全球有超过140个国家的20多万个图书馆使用DDC进行馆藏的组织与入口提供，其中有60多个国家的图书馆使用DDC类号来组织其国家书目。① 在美国，有95%的公共图书馆及学校图书馆、25%的学院及大学图书馆及20%的专门图书馆使用DDC。此外，DDC也能用来组织网际网络上的各种资源。

DDC已被翻译成30多种语言。自1988年以来，DDC出版了以下语种的版本：阿拉伯语、法语、德语、希腊语、希伯来语、冰岛语、印度尼西亚语、意大利语、挪威语、俄语、西班牙语、瑞典语、土耳其语和越南语。最新版的DDC概要(类表前三级)已被翻译成南非荷兰文、阿拉伯文、中文、捷克文、法文、德文、希伯来文、意大利文、挪威文、葡萄牙文、俄文、西班牙文、瑞典文和越南文。

① Joan S. Mitchell, Diane Vizine-Goetz. The Dewey Decimal Classification [EB/OL]. [2010-7-17]. http://www.oclc.org/research/publications/library/2009/mitchell-dvg-elis.pdf.

一、DDC 的发展概况

(一) DDC 的发展历程

1. DDC 的最新版本

DDC 目前有全本(Full Edition)和简本(Abridged Edition)两个版本，各自都发行了印刷版和网络版，网络版的全本为 WebDewey，简版为 Abridged WebDewey。印刷版全本最新版为 DDC23，共 4 卷，第一卷主要包括 DDC 简介及使用方法、术语表(DDC 中术语的简短定义)、分类法简介及术语表索引、手册、六个复分表；第二、三卷是分类法的全文，包括概要(前三级类目)和主表；第四卷为相关索引(DDC 的主题字顺表)。

DDC 简本是全本的浓缩本，是在全本的基础上，对其符号系统和层次结构的逻辑删减，包括所有类和主要索引术语，主要提供给馆藏量低于 2 万册的图书馆使用。

WebDewey 和 Abridged WebDewey 分别是 DDC 简本印刷版、全本印刷版的在线版本，具有检索和浏览功能，内容包含了对应的印刷版的主表、复分表和索引，对印刷版的所有修订，附加的索引款目和映射词汇表，两者每季度更新。WebDewey 现为 OCLC 编目与元数据服务系列的一部分，通过 OCLC 整合编目服务(OCLC Connexion service)提供使用。Abridged WebDewey 目前包含了主表中列举的近 5000 个类号，以及索引中额外的 400 个组合类号。

2. DDC 的版本更新

DDC 的主要发展历程如下：

- 1876 年，DDC 第 1 版发表，命名为《图书馆图书小册子编目与排架适用的分类法及主题索引》(A Classification and Subject Index for Cataloguing and Arranging the Books and Pamphlets of a Library)。
- 1885 年，DDC 第 2 版发表，更名为《十进分类法及相关索引》(Decimal Classification and Relative Index)，编者署名为 Melvil Dewey。
- 1900 年，首个 DDC 简本印刷版出版。
- 1911 年，DDC 第 7 版发行，由 Forest Press 出版。
- 1930 年，美国国会图书馆开始将杜威类号印刷在目录卡片上。
- 1993 年，OCLC 的 Forest Press 发行了光盘版的电子杜威(Electronic Dewey，ED)，包含常用的 LCSH 对照杜威类号。它是第一个电子格式(CD-ROM 形式)的图书分类体系，标志着文献分类法机读化的开端。

- 1996年，DDC第21版及光盘版的视窗杜威(Dewey for Windows, DFW)发行，它首次实现了印刷版和电子版的同步发行。DFW是对ED的改进，其检索系统将分类法与标题表结合在了一起，操作平台由DOS升为Windows，用户界面发生了根本性变化，2001年起，DFW实现每年更新。①
- 2000年，WebDewey in CORC(基于DDC第21版)发行，它是世界上第一部网络版分类法。
- 2002年，WebDewey(WebDewey in CORC的新版)和Abridged WebDewey(基于简本第13版)发行，开始提供于OCLC集成编目服务(OCLC Connexion cataloging service)中，这些服务取代了电子杜威和视窗杜威。
- 2003年，DDC第22版(简称DDC22)发行，它包括了完整、最新的杜威十进分类法，是DDC在网络环境下出版的第一个版本。
- 2004年，DDC简本第14版发行。
- 2011年，DDC第23版发行，是目前最新的杜威十进分类法。
- 2012年，DDC简本第15版发行。

(二)DDC的修订与维护

1. 修订机构

DDC之所以保持旺盛的生命力，其原因之一在于拥有实力雄厚的管理机构，定期修订，使分类法不断得到更新。早在1916年，就成立了十进分类法咨询委员会(Decimal Classification Advisory Committee)。1922年，杜威就委托“普拉西德湖教育基金会”的一个常设委员会，负责杜威法的修订和出版工作。1930年，图书馆决定在主题编目部下成立“十进法小组”，1958年，又成立了“杜威法编辑室”。后来，“十进法小组”和“杜威法编辑室”合并成立了“十进法部”，这是从事杜威法修订的主要机构之一。另一个重要机构为“十进法编辑政策委员会”(Decimal Classification Editorial Policy Committee, EPC)，这个常设机构负责对杜威法的现状和前景进行研究，每年还专门召集两次会议，讨论杜威法存在的问题与修订方案。

DDC每隔6~10年修订一次，目前由编辑办公室、EPC负责。杜威编辑办公室负责DDC的日常管理和常规修订工作，因其位于美国国会图书馆，借助美国国会图书馆的地位和实力，DDC得以不断更新和发展壮大，成为

① 俞君立，陈树年．文献分类学[M]．武汉：武汉大学出版社，2001：238-239.

全球使用最广泛的图书馆分类体系。编者们将类表修订和扩展的建议转交给EPC进行审查并建议实施,[①] EPC是OCLC与ALA的联合委员会，负责DDC的维护工作。其主要职能是广泛吸收专家和用户意见，与编辑小组密切配合，为编者及OCLC提供关于DDC内容和战略方向的建议，包括DDC修订、改革及总体发展等方面，引导DDC的持续发展。EPC是一个国际管理委员会，其10个成员来自澳大利亚、加拿大、南非、英国和美国等地，代表着学术图书馆、国家图书馆、公共图书馆、学校图书馆以及专业图书馆等用户的利益，在为DDC的发展引进全球视角方面发挥了重要作用。

分类法的编辑人员及国际政策委员会与馆员紧密合作，确保了对DDC所作的修订、扩充和增补真实地反映当今图书馆用户的需求。

OCLC现负责DDC网站资料的更新维护与出版工作。从1911年起Forest Press负责DDC的出版。1988年，普莱西德湖教育基金会(Lake Placid Education Foundation)将Forest Press及DDC的版权出售给OCLC，OCLC Dewey Services网站上会及时发布DDC的新增及修订款目(每月第一天发布)、新的LCSH标目与DDC类号的映射、网络版的季度更新、DDC新闻与事件、DDC相关研究等最新动态消息。

2. 修订方式

DDC的修订有三种方式：常规修订(routine revision)、广泛修订(extensive revision)与彻底修订(complete revision)。常规修订限于更新术语、改进注释、适度扩充。广泛修订指在类表基本结构不变的情况下对子类适度调整，它与常规修订一起统称连续修订。彻底修订则是对相关领域类目体系的重新编制，在第20版以前被称为凤凰表，包括以“凤凰表”的形式直接纳入新版，如第20版的音乐类；也可先单独出版，而后并入主表，如“数据处理”等。通过不断修订，DDC在保持稳定的前提下对类表结构进行必要的调整，从而适应科学发展的需要。[②]

二、DDC的类目体系结构

(一)实用主义

杜威在编制DDC时，遵循的基本原则就是实际效用。他认为他的分类

---

① Introduction to Dewey Decimal Classification [EB/OL]. [2010-03-17]. http://www.oclc.org/asiapacific/zhcn/dewey/versions/ddc22print/intro.pdf.

② 马张华. 国外文献分类法修订维护的发展及对《中图法》的启示[J]. 国家图书馆学刊, 2008(2): 40-44.

法不是追求理论上的完整体系，而是从实用的观点来提供一种新的图书排架法来代替固定排架法和找出一种便于按主题排列和检索图书的方法。杜威说："实际的效用和经济是这个体系的关键，任何理论上的完整，如果会妨碍实用或者增加(工作)费用，就不许它来影响这个表。""不论在什么地方，哲学上的理论和正确性都让位给实际的效用……理论上的和谐性和精确性不止一次地为实际需要而牺牲了。""实际的效用不要求我们遵从这个人或那个人的思想，而只要求性质相同的图书永远集中在同一地方；而且有办法很容易地知道那个地方在哪。……如果这一点做到了，一个好分类法的一切条件就都满足了。"①

(二)类目排列依据

在类目安排上，杜威接受了美国哈利斯所编的图书分类法，只对其稍加调整。他将哈利斯分类法采用倒转培根法(将英国哲学家培根的知识分类次序倒转过来，改为哲学、文艺和历史)安排的100个类归纳为10个大类，并保存其序列，仅作个别调整。二级类目与哈利斯分类法的100个类基本相同，并将涉及全部知识而不能归入任何一门学科的图书归为"总论"类，序列在其他学科知识门类之首。各学科内容逐级展开。

(三)体系结构

DDC的基本大类根据学科或研究领域，按照一般到具体的顺序，以等级体系加以组织。其类目体系按照学科之间的一定联系与关系归纳组织，但并非一门学科为一类，不少相关学科成为类组，如：100 哲学和心理学，900 历史与地理等。每一学科门类下先列"总论"类，然后按学科内容层层展开，形成等级体系。

DDC自1876年的第1版到2011年第23版问世，平均修订周期为5.8年，其修订工作一直遵循两条原则：一是要跟上知识发展的步伐；二是要保持分类号的连续性和完整性。因此，虽历经100多年的发展，DDC的体系结构变化并不大。

1. 基本大类或总纲

DDC划分为10个大类(main classes)，涵盖了所有的知识体系。DDC第23版的10个大类分别为：

000 计算机科学、信息及总论(Computer Science, Information&General Works)

---

① 邹华亨．实用性与实用主义——对图书分类法实用性的认识[J]．图书馆，1982(4)：7-10.

100 哲学与心理学(Philosophy & Psychology)
200 宗教(Religion)
300 社会科学(Social Sciences)
400 语言(Language)
500 自然科学(Science)
600 技术(Technology)
700 艺术与娱乐(Arts&Recreation)
800 文学(Literature)
900 历史与地理(History&Geography)

2. 门(divisions)

每个大类下细分为 10 个类(divisions)，称为门(divisions)。“总论”性类目排在首位。例如：

500 自然科学与数学
510 数学
520 天文学及有关学科
530 物理学
540 化学及有关学科
550 地球科学
560 古生物学；古动物学
570 生命科学；生物学
580 植物学
590 动物学

3. 纲(sections)

每一门下再分成 10 小类(sections)，包括 9 个小类与 1 个“总论性”类目，称之为纲。门下的类目逐级细分，细分出来的类目统称为子目。例如：

510 数学
511 数学普遍原理
512 代数学
513 算术学
514 拓扑学
515 分析学
516 几何(学)
517 [未分配]
518 数值分析

519 概率及应用数学

大类、类、小类等前三级类目统称为 DDC 概要(DDC Summary)，形成了一个约含 1000 个小类的知识体系。

4. 类目逐层展开情况

纲以下的类目逐层展开，细分为子目，以下是逐级展开的类目的举例：

700 艺术(大类)

790　运动，游戏和娱乐(门)

796　　竞技及户外运动和游戏(纲)

796.3　球类运动(子目)

796.32　用手投掷或击打的充气球

796.323　　篮球

三、DDC 的标记符号与标记制度

(一)标记符号

DDC 采用阿拉伯数字作为标记符号(也有少数类目采用拉丁字母或其他符号作为标记符号的一部分)，并按照小数值的顺序来排列。DDC 以三位数(000~999)代表前三级类目，第一位数字表示大类，如，300 表示社会科学，400 表示语言，500 表示自然科学。第二位数字表示二级类目，370 代表教育。第三位数字表示小类，如，373 中学教育。依此类推，层层隶属。

分类号第三位与第四位之间用小数点(或称小圆点)隔开。小数点后面通过详细列举或类号组配表示类目的细分。

(二)标记制度

DDC 基本上采用以阿拉伯数字为标记符号的小数(十进制)层累标记制。它以 0~9 标记类目，按分类号的小数数值由小到大排列先后次序。用第一位小数标记第一级类目，第二位小数标记第二级类目，依此类推，逐层展开。有时候，小数的级位与类目所展开的层次不完全一致。

四、DDC 的类目注释系统

DDC 中的注释非常丰富，主要有以下几种类型。

(一)描述某类目内容和范围的注释

(1)定义注释(Definition notes)：用于指明类目中术语的含义。例如：

364 犯罪学

　　犯罪及其预防。

(2)范围注释(Scope notes)：指明类目范围的注释。例如：

700 艺术、美术与装饰艺术

美术、装饰艺术、文学艺术、表演艺术及娱乐艺术的描述，评论、技术、程序、仪具、设备、材料。

(3)异名注释(Variant-name notes)：用于同义词或是近义词。例如：

332.32 储蓄和信贷协会

异名：住房贷款协会、建房协会、家庭贷款协会，抵押协会。

(4)入此注释(Class-here notes)：列举某类目中的主要主题(topics)，也用来表明跨学科和综合学科作品的分类。例如：

333.95 生物资源

生物多样性、生物圈入此。

391 服饰与个人仪表

有关戏服、服装、时装的跨学科著作入此。

371.192 家校关系

家长参与学校活动；综合研究教师与家长关系入此。

(5)居中类目注释(Centered entry)：即对一组或某一区间连续的类目的内容范围、分类规则等共性问题加以说明。例如：

314-319 特定大陆、国家、地区的综合统计

在基本类号 31 后加上附表 2 中的复分号 4-9，如，法国的统计为 314.4。

314 欧洲的综合统计

315 亚洲的综合统计

(二)包括注释

包括注释(including notes)：指明类目中暗含的主题。随着文献的增长，届时，这些暗含主题可能会拥有自己的类号。例如：

362.16 康复护理医疗设施

包括康复医院、慢性疾病患者疗养院。

(三)涉及其他类目注释

(1)入别类注释(Class-elsewhere notes)：将分类人员引向相关主题，指明某个学科或主题的某部分内容不归在该类目下。例如：

791.43 电影

电影的摄影方面入 778.53；为电视制作的电影、电影录像带(影视资料)入 791.45。

155.4 儿童心理学

有关儿童发育的跨学科著作入 305.231。

(2)参见注释(see references)：指明本类目与被参照的类目的联系。参

见注释可指向某特定类号，或分散在主表中的某概念。参见注释以“For”开头，并以斜体显示。例如：

577.7 海洋生态学

盐水生态学入此。

盐湖生态学，见577.639；咸水湿地与海岸生态学，见577.69。

(四)修订注释

(1)修订注释(Revision notes)：提醒用户新版分类法与前一版相比，某个类目已发生了变化以及表明修订的程度：新增类表、完全修订或者广泛修订。例如：

370 教育

本表已被广泛修订。370.1，370.7，375-377及378.14-378.19尤其脱离早期版本。

777 摄影和摄像

从778.5迁移过来的新的类号和子类。

(2)停用注释(Discontinued notes)：指明前一版本中某类号已不再使用。例如：

[306.853]农村家庭(城郊家庭)

此号停用，入306.85。

616.852 23 惊恐性障碍

停止将此类号用于有关焦虑症的综合著作，入616.8522。

(3)类号位置变更注释(Relocation notes)：指明某类号已移入另一类号中。例如：

381.149 折扣店

属零售店的折扣店移入381.15。

相应的新类号中通常给出了原类号注释。例如：

381.15 零售店(直销店)

属零售店(直销店)的折扣店入此[原类号为381.149]。

(4)禁用注释(Do-not-use notes)：指明该类号不再使用。例如：

[374.809]历史，地理，人物的处理

禁用；入374.9。

(5)原类名注释(Former-heading notes)：只用于前一版中某类号所对应的类名发生了改变，新类名与原类名不太相似甚至毫无相似之处，但类号的含义实质相同的情况。例如：

659.131 5 工业广告

原类名：针对行业用途的广告。

(五)标引方法注释

(1)复分注释(Add, including subdivisions-are-added):指明复分的方法。例如:

551.68 人工影响和控制天气

在基本类号 551.68 后增加以下 551.5 中 551.51—551.57 中相应号码。例如,人工降雨的类号为 551.6876。

(2)类号组配注释(Number-built notes):用于指明和解释主表与附表中组配类号的来源。例如:

353.132 63 驻外事务处

类号组配依据 352—354 下的用法说明。

(3)引用次序注释(Citation order):对于需要采用多种分类标准细分的主题,指明细分的先后次序。例如:

909.04 关于种族与民族的历史

使用附表 5 中的号码 05-99 与基本类号 909.04 组配,例如犹太人世界史为 909.04924;加 0 后所得结果再加上 909.1-909.8 中 909 后面的类号,例如 18 世纪犹太人世界史为 909.0492407。

此注释规定的引用次序为:世界史+具体的种族或民族+加分面指示符“0”+历史时代。

(4)优先次序注释(preference order):用于指明涉及多种分类标准的复合主题,按某种标准优先归类的顺序。例如:

305.9 职业团体及其他团体

除非另有指示,在类分含有 305.9 下两个或更多子目的分面的主题时,使用后一个类号。如,失业馆员为 305.9092(非 305.90694)。

馆员的职业(305.9092)排在失业状况(305.90694)之后,因此,选择图书馆员(305.9092)。

(5)见手册注释(See-Manual reference):指引标引人员参考使用手册。例如,

371.262 标准测试

见手册 371.262 与 371.264 的比较。

(6)选择注释(option notes):主表和附表中的许多地方设置了选择注释,为标引人员提供多种选择方法,便于按不同标准集中相关文献,提供多途径检索。

372.(412)读物

(选用类号:宜入特定语言类,用附表 4 复分。如:英语读物入 428.60。)

（如需要将有关教育的特定学科的读物归入该学科类，可选用该类号。用 372. 3-372. 8 类下表中的标识 015 复分。如：科学读物入 372. 35045。）

五、DDC 复分表的使用

（1）表 1 标准复分表（Standard Subdivisions）

标准复分表相当于"总论复分表"。主要包括反映学科的共性问题及文献类型等类目。如：

-01 哲学和理论

-02 文集

-03 词典，百科全书，词汇索引

-04 特殊出版物

-06 组织与管理

-07 教育，研究及相关主题

-08 历史及关于各类人的描述

-09 历史，地理，人物处理

表 1 中的符号可与主表中的任意类号组配。在某些情况下，需根据主表中的说明加"0"后再进行复分，一般来讲，"0"只能使用一次。例如（划线部分为标准复分概念）：

150. 1 心理学的哲学与理论（Philosophy and theory of psychology）

230. 003 基督教辞典（Dictionary of Christianity）

340. 02573 美国律师名录（Directory of lawyers in the U. S.）

624. 0285 土木工程中的计算机应用（Computer applications in civil engineering）

796. 912092 花样滑冰运动员传记（Biography of a figure skater）

（2）表 2 地理区域、时代、人物复分表（Geographic Areas, Historical Periods, Persons）

表 2 中的号码不能单独使用，可按照注释直接使用（在主类号后加上地区符号或时代号码）。如：

373. 3-373. 9 各洲，各国，各地区的中等教育

在基本类号 373 后添加附表 2 中的符号 3-9，如，澳大利亚中等教育为 373. 94，或间接通过表 1 中的"09 历史、地理、人物处理"与主表中的任意类号组配（有特别指示的除外），即表 2 与表 1 中的 09 结合使用。如，澳大利亚小学阅读教学为 372. 40994，其中，"372. 4"为"小学阅读教学"+表 1"09 历史，地理及人物处

理”+表 2“94 澳大利亚”。

该表的主要类目如下：

-001-009 标准复分号

-01-05　历史时代

-1　一般的地区、区域、地方、海洋

-2　人物

-3　古代社会

-4　欧洲西欧

-5　亚洲东方远东

-6　非洲

-7　北美

-8　南美

-9　世界其他地区及地球外的世界太平洋岛群

(3) 表 3 艺术、文学复分表(Subdivisions for the Arts, for Individual Literatures, for Specific Literary Forms)

表 3 中的号码不能单独使用，但可以按照个人文学其子类下组配注释的要求使用(在 800 中按说明使用)，或与 810-890 下的个人文学类中用 * 标出的基本类号使用(通常紧接 810-890 中具体语言的类号)，还可被用于 700.4，791.4，808—809 中说明处。

表 3 共有以下三个子表：

(1) 表 3A 个人著作复分表。

(2) 表 3B 多著者著作复分表。

(3) 表 3C 用于 3B，及 700.4 艺术、美术及装饰艺术-艺术专题研究，791.4 公开演出-电影、广播、电视，808-809(808 为两种以上文献的修辞学和文学作品集；809 对两种以上文献的历史、描述及评价)的复分。

(4) 表 4 单种语言及语系复分表(Subdivisions of Individual Languages and Language Families)

表 4 中的符号不能单独使用，但可依据具体语言或语系子目下的复分注释的要求使用，或按照 420-490 下的说明，与用 * 标出的单种语言的基本类号使用，如，挪威语(439.82)语法(表 4 中为-5)为 439.825。

必要时，表 1 中的类号用于表 4 中类号的复分，如，-509 为语法史(其中-5 为语法，出自表 4；09 为历史、地理、人物处理，出自表 1)，因此 439.82509 为挪威语法史。具体见手册 410 处。

表 4 的主要内容如下：

-01-09 标准复分
-1 书写体系、音韵学、语音学
-2 语源学
-3 字典
-5 语法、句法
-7 历史和地理的变化、现代非地理的变化
-8 语言的标准用法(规范语言学)应用语言学

(5)表 5 种族与民族复分表(Ethnic and National Groups)

表 5 中的号码不能单独使用，可根据注释直接使用或间接通过表 1 中的 089(标准复分号，表示民族与种族)与主表中的任意类号组配使用。

例如：738. 089951　遍布世界的中国陶瓷艺术家，组配过程为：738 陶瓷艺术+089 种族和民族团体(表 1)+951 中国(表 5)。

表 5 主要类目如下：

-05-09 [种族源于多个大陆的混血血统的人；欧洲人和欧洲血统的人]
-1　北美洲
-2　英国人，英格兰人，盎格鲁撒克逊人
-3　日耳曼人
-4　现代拉丁民族
-5　意大利人，罗马尼亚人及相关民族
-6　西班牙人和葡萄牙人
-7　其他意大利民族
-8　希腊人及相关民族
-9　其他种族和民族

(6)表 6 语种复分表(Languages)

表 6 按语系列类，供有关各类在必要时对文献所属的语种进行复分。其号码不能单独使用，可按照注释要求与主表及其他附表中的规定使用。例如，荷兰语圣经，类号为 220. 53931，其中，圣经类号为 220. 5，荷兰语在表 6 中类号为 3931。

表 6 的主要类目为：

-1　印欧语系
-2　英语及古英语(盎格鲁撒克逊)
-3　日耳曼诸语言\德语
-4　罗曼诸语言
-5　意大利语，撒丁，达尔马提亚语，罗马尼亚语，里托罗曼斯语

-6　西班牙语和葡萄牙语
-7　意大利语族
-8　希腊语
-9　其他语言

六、DDC 的索引

DDC 的索引为相关索引，相关索引为杜威首创。DDC 是按学科组织分类法体系，因此一个主题可能出现在多个大类(学科)中。例如，“服装”这一主题，服装的心理影响，归入心理学，类号为 155.95；服装的风俗，归入风俗学，类号为 391；服装设计，应归入 746.92。相关索引除了能将分类表中的类名、类目注释中的名词术语从类表中抽出来，按字顺排列外，还采用倒置、按学科集中的方式，将分散在分类表中的相关事项加以集中，也按字顺排列在索引中，其后加注分类号码。如：

医院(Hospitals)	362.11
医院—会计学(Hospitals—accounting)	657.8322
医院—美国独立战争(Hospitals—American Revolution)	973.376
医院—畜牧学(Hospitals—animal husbandry)	636.08321
医院—建筑学(Hospitals—architecture)	725.51
医院—武装部队(Hospitals—armed forces)	355.72
医院—美国内战(Hospitals—Civil War (United States))	973.776
医院—建造业(Hospitals—construction)	690.551
医院—能源经济学(Hospitals—energy economics)	333.7964
医院—机构后勤(Hospitals—institutional housekeeping)	647.9651
医院—景观设计(Hospitals—landscape architecture)	712.7
医院—法学(Hospitals—law)	344.03211
医院—债务法(Hospitals—liability law)	346.031
医院—管理学(Hospitals—management)	362.11068
医院—管理法(Hospitals—management—law)	344.03211068
医院—餐饮服务(Hospitals—meal service)	642.56

七、DDC 标引实例

(1)标引《第二次世界大战中的美国海军(1922—1947)》，DDC 类号为 940.545973，首先归入“940.5459 具体国家的作战”，再用附表 2，美国类号为“73”。

940 欧洲历史西欧

940.5 标准复分 1918—

940.54 第二次世界大战的军事史

940.545 海军作战

940.5459 具体国家的作战

船舶、船员、部队入此；关于具体国家发起的战役和战斗的综合性著作入此，基本类号 940.5459 后用表 2 下的 4-9 复分(美国为 73)。

(2)标引《瑞典的因特网》，DDC 类号为 004.67809485，首先归入“004.678 因特网(万维网)”，再用附表 1 的地理区分“09”，依据复分规则，将瑞典类号“485”加在“09”之后。

004.678 因特网(万维网)

09 地理区分(附表 1)

485　瑞典

附表 2，附表 1 的 093 至 099 的说明，具体各个洲、各国的号码加在附表 1 的 09 之后。

(3)标引《乔纳森·斯威夫特的图书馆与阅读\：传记书目手册》，DDC 类号为 018.2。

010 书目

018 按作者、主要款目、日期或登记号组织的目录

基本类号 018 用 017.1-017.4 中 017 下面的号码复分，例如，私人或家庭图书馆的作者目录为 018.2。

(4)标引《入侵植物及森林生态系统》，DDC 类号为：634.965，首先归入“634.96 伤害、疾病、虫害”，再取“632”后面的“5”。

630 农业及相关技术

634 果园，水果和林业

634.9 林业

634.96 伤害、疾病、虫害

基本类号 634.96 后用 632.1-632.9 中 632 后面的号码复分。

632.5 杂草

(5)标引《犹他州纳瓦霍族印第安人的公民和政治权利》一书，DDC 类号为 323.1197260792，首先归入“323.11 公民权利与政治权利”，再取附表 5 中号码“9726”，加“0”之后加上附表 2 中“犹他州”的号码“792”。

323.11　公民权利与政治权利

附表 5，如 323.111-323.119 类下的说明：在基本类 323.11 号后增加表 5 中-1 到-9 相应的类号。

9726　纳瓦霍族印第安人

0　（如附表 5-0 下的说明：附表 2 中所取的号码前加“0”）

792　犹他州(附表 2)

第二节 《国际十进分类法》

一、UDC 的发展概况

1. UDC 的起源与发展

《国际十进分类法》(Universal Decimal Classification，UDC)是比利时的目录专家保尔·奥特勒(Paul Otlet，1868—1944)和亨利·拉封丹(Henri La Fontaine，1854—1943)在 DDC 的基础上编制的一部体系—组配式分类法。它广泛应用于世界 130 多个国家和地区的书目服务机构、文献中心、图书馆和情报机构，并被应用于图书馆 OPAC 以及数据库信息组织与检索。① UDC 目前有 40 种不同语言的版本，成为世界图书情报的国际交流语言，并用于组织网上资源，是世界上最为广泛使用的分类法之一。

1890 年，奥特勒和拉封丹在布鲁塞尔组织成立“社会政治研究会”，其中设有书目组，负责编制全世界社会政治科学专著和论文目录。1895 年召开第一次国际目录学会议，决定编制《世界图书总目》，并成立国际目录学会(International Institute for Bibliography，IIB)，由该学会承担此项工作。当时，决定采用 DDC 作为编制书目的分类法，但认为 DDC 类目用于资料分类不够详细，类目偏重美国观点，必须加以扩充和调整。在得到杜威同意后，便以 DDC 第 5 版为基础加以修改补充，于 1905 年编成《世界图书总目手册》(Manuel du repertoire bibliographique universel)，称之为 UDC 第 1 版(法文版)，即 UDC 国际第 1 版，由国际目录学会于 1905—1907 年分 35 个分册出版，共包括 3. 3 万个类目和 1 个字顺索引。1927—1933 年用法文出版以《国际十进分类法》为名的分类表，即 UDC 国际第 2 版，类目增至 7 万个。之后陆续出版第 3 版(德文版)、第 4 版(英文版)、第 5 版(法文修订版)、第 6 版(日文版)、第 7 版(西班牙版)、第 8 版(德文版)等。1977—1984 年英国标准学会用英文出版了 UDC 的详本共 22 册，可视作 UDC 最新、最全的版本。

---

① About UDC [EB/OL]. [2020-06-26]. http://www.udcc.org/index.php/site/page?view=about.

国际十进分类法的版本甚多，依照其详简的程度，可以分为四个版本：完全版(Full Edition, or Extended Edition)、中型版(Medium Edition, or Standard Edition)、缩略版(Abridged Edition)和袖珍版(Pocket Edition)。完全版内容最完整，目前已出版了十几种文字的版本；中型版的内容只有完全版的1/3左右，是使用最多的版本；缩略版的篇幅约为完全版的1/10；1999年出版的袖珍版，基本上是供教学使用的。

2. UDC的修订与管理

UDC非常重视修订与维护。随着科学技术的不断发展，UDC经常性地作相应的增补与修改工作。国际目录学会成立后，办公室设在布鲁塞尔，1938年改名为国际文献工作联合会(The International Federation for Information and Documentation, FID)。自创始以来，就由国际文献工作联合会(FID)下负责分类法管理的分类法中心委员会负责增补和修订工作。该委员会由各国分类法专家组成，他们也是各文种UDC版本的编辑者。FID的成员国也大多设有本国的UDC委员会或由有关机构负责本国语文版UDC的翻译、编辑出版、修订及与FID/CCC联络等事务。由于UDC以适用于全世界的分类体系为目标，因此类目的新增与修改是采取开放式的管理系统。各国UDC使用者都可以向FID提出修订意见与方案，经讨论审定后，以“提案通告”形式送交各使用国分类法小组，如果4个月内无异议就算通过，发表于每半年出版一次、每三年汇编一次的《UDC扩充与修改》(Extensions and Corrections to the UDC)期刊上。

进入20世纪80年代后，UDC这种由分类法中心委员会和各地区委员会共同负责修订的管理方式已不适应时代发展。1984年由UDC管理委员会取代FID，并于1988年成立“UDC发展任务小组”，负责UDC的发展与管理研究。1992年起，由FID和荷兰、英国、法国、日本、西班牙五国的UDC出版者共同组建的国际十进法联盟(UDC Consortium, UDCC)开始接管UDC的知识产权和管理工作。从1990年至1993年3月，UDC管理机构建立了一个由6万个类目组成的英文机读核心主文档(Master Reference File, MRF)，其作用之一即是作为各种形式和语言的UDC文本修订与发展的基础。

3. UDC在中国的发展

UDC最早于1926年由朱家治首次予以评介，① 20世纪50年代末，丁柯、刘国钧等大力倡导引进UDC，对UDC进行了大量研究和评介工作。

① 俞君立.《国际十进分类法》、《冒号分类法》首次传入中国问题新释[J]. 图书馆杂志，2000(3)：13-14.

1958 年中国科技情报研究所翻译并内部出版了 UDC 中文简本，此后又陆续出版了 UDC 中文详本，包括机械电工、医学等分册。1963 年国家科委决定在全国科技情报界采用UDC。20世纪80年代初，UDC在国内得到重新评价，并被应用于我国专利文献、标准文献、学位论文等文献资料的标引工作。

1997 年年底，澳门中央图书馆欧卓志、邓美莲等在《国际十进分类法》(葡文版)基础上翻译出版了《国际十进分类法》中文版简本。这是我国首次正式出版的《国际十进分类法》中译本，为我国翻译、出版《杜威十进分类法》及其他外国分类法提供了经验。澳门中央图书馆翻译出版的 UDC 中文版简本是按照国际惯例，征得国际十进分类法联盟的同意，获得了他们的正式授权，并共同签署了出版协议书。澳门中央图书馆在完成翻译中文版简本之后，还计划翻译、出版 UDC 的中文版详本。

目前，我国对 UDC 的使用主要集中在出版物的标识方面。如：科学技术报告、学位论文、学术论文的封面上要求标注 UDC 的分类号码。此外，每一份标准文献和专利文献上也要标出 UDC 的分类号码。

二、UDC 的编制思想与体系结构

1. 编制思想

UDC 的基本原理与 DDC 相同，突出实用这一编制思想，自称是一种实用的分类法。奥特勒认为，不应该将 UDC 看做是一种知识的哲学分类，类目的次序也非首要，UDC 的目的在于使任何一篇文献只要经过正确的编号与排档，就可立即从任何角度查到。UDC 不同于 DDC 的显著特点在于加入了 DDC 所没有的一套辅助性的联系符号与关联符号，从而通过类号组配表达复杂的主题概念。

2. 类表结构

(1)基本大类

UDC 沿用了 DDC 的基本大类结构，将人类的全部知识划分为 10 大门类，每一大类用 1 位阿拉伯数字表示，第 4 类语言类于 1964 年并入第 8 类文学类，空下的第 4 类拟用作扩充科技类目。UDC2009 年英文版(简表)的基本大类如下①：

0 科学与知识、组织、计算机科学、信息、文献、图书馆、机构、

① 本节中例子大部分来源于 UDC Summary (http：//www. udcsummary. info/php/index. php)，部分来源于澳门中央图书馆编译、澳门文化司署 1997 年出版的《国际十进分类法 中文版简本》。

出版

1 哲学、心理学

2 宗教、神学

3 社会科学、统计、政治、经济、贸易、法律、政府、军事事务、福利、保险、教育、民俗

5 数学、自然科学

6 应用科学、医学、技术

7 艺术、消遣、娱乐、运动

8 语言、语言学、文学

9 地理、传记、历史

(2)类目体系

UDC 类目区分程度比 DDC 详细，按照从一般到特殊的原则，逐级进行区分，形成层层展开、详细列举的等级类目体系。例如：

6 应用科学、医学、技术

62 工程技术

621 机械工程论、核技术、电气工程、机械

621.3 电力工程

621.38 电子学

三、UDC 的标记符号与标记制度

UDC 类目采取阿拉伯数字作为分类号码，有时也采用字母法，为了醒目和帮助记忆，其类号通常每隔 3 位加一圆点“.”。

UDC 基本上采用小数层累制作为标记制度，分类号码的级位体现类目的等级。每细分一次，就在原号码后加一位号码。当展开的同位类超过 9 个或需要预留空位时，采用八分法或百分法进行标记。例如：

616 病理学、临床医学

616-01 各方面疾病、患者与治疗

616-02 病原学、病因学

…………

616-08 治疗

616-091 病理解剖学、病理解剖

616-092 病态生理学过程、病症运动模式、发病机理、病症起源研究

…………

35　公共行政、政体、军事

351　公共行政的职能细节

351.71　公共财产、公共工程、税款

351.713　国库法、税款、税收的行政管理

351.72　公共财产、财政法

351.74　警察机关、公共纪律法

351.75　治安维持

351.76　公共道德规范

…………

351.86　国防法

351.88　对外事务及对外关系行政法

为了缩短号码和扩充类目，采用借号法(包括借上级号码、下级号码和同级号码)标记类目先后次序。依次举例如下：

665.61 原油

665.62 原油处理及天然加工

665.63 对原油的整理及其分馏

665.64 裂化及重整

546.27　硼(B)

546.28　硅(Si)

546.289 锗(Ge)

655.35 凹版印刷

655.352 雕凹版印刷

655.353 蚀凹版印刷

655.366 辅助性操作，划线、页码计算、折纸、裁纸、胶粘、加封面、标记等

655.392 静电印刷及类似过程

四、UDC 的辅助符号

UDC 不仅编有多种通用复分表与专类复分表，而且采用了十余种辅助符号。主表类号与各种辅助符号的组配，使复合主题得到多方面的揭示，从而使分类法具有更大的灵活性。正是因为复分表和各种辅助符号的广泛使用，使 UDC 成为一种等级体系—分面组配式的分类法。

1. 辅助符号的种类

UDC 各种辅助符号及举例见表 7-1。

表 7-1　　UDC 各种辅助符号一览表

类别	名称	符号	示例	
综合符号	并列符号	+	59+636	动物学和动物饲养
	扩充符号	/	341. 1/. 8	国际公法、国际法
	合成符号	′	669. 15′27	铁钨合金
关联符号	关联符号	:	17：7	艺术道德
通用复分号	语文辅助符号	=…	61=30	德文医学图书
	形式辅助符号	(0…)	51(038)	数字词典
	地区辅助符号	(1\9)	629. 113(73)	美国汽车工业
	时间辅助符号	“…”	5“19”	20 世纪的科学
	观点辅助符号	. 00…	628. 1. 005	给水设备与安装问题
	种族与民族辅助符号	(=…)	398(=515)	藏族人的民间传说
	字母及非 UDC 数字符号	A\Z、* 或 No.	025. 49ZTF	中国图书馆分类法
专用复分号	短横专用复分号	_ …	621. 9-52	机床自动控制
	点零专用复分号	. 01/. 09	629. 123. 011	远洋船的船体结构

(1)并列符号——+(加号)

用以连接两个或两个以上不相连贯的类号，表示一个相对意义上的综合类。“+”前后的类号可以轮排，用以提供多途径检索。例如：

64+66 或 66+54 化学和化工

633. 15+633. 51+633. 853. 52 玉米、棉花、大豆

(2)扩充符号——/(斜线)

用以连接一组并列的相连贯的类号中最前、最后的两个类号，表示一个相对意义上的综合类。例如：

632. 11 不利气象和气候条件、天气损害

632. 112 干旱

632. 115 光

632.116 降雨和冷凝

632.112/.116 干旱、光、降雨和冷凝对植物的损害

(3)关联符号——:(冒号)

用以连接两个或两个以上的类号，表达一个新的主题概念。冒号前后的类号可以轮排，提供多途径检索。冒号的用法主要有:

①用于……的……

621.395:621.375 电话所用的放大器

(电话)(放大器)

②……应用于……

311:63 统计学在农业中的应用

(统计学)(农业)

③在……条件下的……

536.48:534.22-8 低温条件下的超声波传播速度

(低温)(超声波传播速度)

④……对……的影响

613.84:616-006.6-02 吸烟的致癌作用

(吸烟)(致癌病因)

⑤……的部件、设备

669.013.5:542.1 冶金工厂化验室设备

(冶金工厂)(实验设备)

⑥……的研究方法

620.172:669.13 铸铁的抗张强度试验

(抗拉试验)(铸铁)

⑦……所受的……的效应

537.529:537.63 固体中放电现象所受的磁场效应

(固体中的放电)(磁场效应)

⑧利用……方法的……

543.42:669.14 钢的光谱分析

(光谱分析)(钢)

(4)语文辅助号——=…(等号)

用以区别文献的语种，“=”号后接通用语文复分表中的具体文种号，使用时加在主类号后。如果需要先按文种集中文献资料，则文种号码前后都用“=”号，并置于主类号之前。例如:

61=30 德文版医学图书　　　=30=61

66=20 英文版化工技术图书　=20=66

(5)形式辅助符号——(0…)(圆括号零)

用以区分文献资料的编辑出版形式，与类型复分表结合使用。如(03)为参考书、字典，(05)为连续出版物、期刊、年鉴。形式辅助号接在主类号后，主类号与形式辅助号可以轮排。例如：

51(038)数学辞典(038)51

629.7(058)航空年鉴(058)629.7

(6)地区辅助符号——(1\9)(圆括号)

用以表示文献主题内容所涉及的地点和区域，与地区复分表结合使用。地区辅助号接在主类号后，也可前置。地区与地区之间还可在括号内用“:”“/”“+”进行连接。例如：

629.113(73)美国汽车工业(73)629.113

339.56(520:510)日本与中国之间的贸易

712.23(44+485)法国和瑞典的国家公园

351.812(7/8)南北美洲铁路系统

(7)种族与民族辅助符号——(=…)(圆括号等号)

用以表示文献所涉及的种族或民族，与种族与民族复分表结合使用。例如：

008(=927)阿拉伯民族的文化

793(=995.1)澳大利亚土著人的舞蹈

(8)时间辅助符号——“…”(引号)

用以表示文献资料内容所涉及的日期、时期或其他时间属性，与时间复分表结合使用。例如：

629.7“313”未来的空运工具

730“-0206\+0220”公元前206年至公元220年间的雕塑艺术

159.9“19”20世纪的心理学

“2001.07.13”2001年7月13日

“199”20世纪90年代(1990—1999)

(9)观点辅助符号——.00…(点零零)

表示主题的各个方面、某些特殊方面的问题或表示主题的不同观点或角度，与观点复分表结合使用。观点复分表的大纲为：.001 理论观点；.002 实践观点；.003 经济、财务及商业观点；.004 使用观点；.005 设备观点；.006 基本建设观点；.007 职工、人力观点；.008 组织、行政管理观点；.009 对外关系观点。表中每一类下又逐级细分。观点辅助号必须加在主类号后，不能单独使用。例如：

629.4 铁路车辆

629.4.001 铁路车辆的理论、计算与试验

629.4.002 铁路车辆的制造

629.4.004.54 铁路车辆的修检

(10)专用复分符号——-…(短横)及.01\.09(点零)

专用复分符号与有关专用复分表结合使用。用专用复分号细分主类号时，省去“-”或“.0”前面的数字，直接加在主类号后。例如：

629.127 潜水艇(主类号)

629.12.011 船舶结构(专用复分号)

629.127.011 潜水艇的船体结构

(11)合成符号——′(撇号)

撇号常用于化合物、冶金、高分子材料等特定门类。当两个以上概念的类号组成一个类号时，在第一个全称类号后依次加上其他类号与第一个类号从左至右不同的部分，用“′”号表示，构成一个复分概念的合成类号。一般根据注释说明来使用。例如：

669.15 铁合金

669.24 镍

669.15′24 铁镍合金

(12)字母及非UDC数字符号

UDC为适应某些类目按名称区分，以表示特定事物的需要，允许采用字母法。为了加强类目的细分化程度，表达专深的主题概念，某些类目允许采用其他分类法的号码作为辅助性的分类号，加在UDC有关类号之后。例如：

025.49DDC《杜威十进分类法》

025.49LCC《美国国会图书馆分类法》

025.49ZTF《中国图书馆分类法》

598.2(51＊1/7)中国各地区鸟类分布(＊后号码为《中图法》中国地区表的号码)

598.2(51＊71)中国四川省鸟类分布(＊71为中国地区表中四川省的号码)

2. 辅助符号的选用次序

UDC有多种辅助符号，当需要连续使用两种以上辅助符号时，一般根据“具体性递减”原则来选用。UDC对常用的几种辅助符号选用次序如下：

主类号→专用复分号→观点辅助号→地区辅助号→时间辅助号→形式辅助号→语文辅助号

例如：52.001.5(73)“19”(082)=30《20世纪美国天文学研究论文集》(德文版)。

3. 辅助符号的排列次序

带有辅助符号的分类款目按“具体性递减”原则排列。见表7-2。

表7-2　**UDC辅助符号排列次序表**

引用次序	名称	符号	示例	
1	并列符号	+	622.341.1+669.1	铁矿石开采和黑色冶金
2	扩充符号	/	622.341.1\.2	铁矿石和锰矿石开采
3	主类号		622.341.1	铁矿石开采
4	关联符号	:	622.341.1:37	铁矿石开采教育
5	语文辅助符号	=…	622.341.1=30	德文铁矿石开采文献
6	形式辅助符号	(0…)	622.341.1(035)	铁矿石开采手册
7	地区辅助符号	(1\9)	622.341.1(94)	澳大利亚铁矿石开采
8	种族与民族辅助符号	(=…)	622.341.1(=97)	北美印第安人的铁矿石开采
9	时间辅助符号	“…”	622.341.1“19”	20世纪的铁矿石开采
10	字母及非UDC数字符号	A\Z或*，No.	622.341.1*Fe_2O_3	赤铁矿(Fe_2O_3)的开采
11	观点辅助符号	.00	622.341.1.002.67	铁矿石开采的副产品
12	专用复分符号	-…	622.341.1-78	铁矿石开采的防护装置
13	专用得分符号	.01/.09	622.341.1.06	铁矿石采矿工艺和技术
14	合成符号	'		

第三节　《美国国会图书馆分类法》

《美国国会图书馆分类法》(Library of Congress Classification，LCC)是美国国会图书馆在前馆长G.H.普特南主持下根据本馆藏书情况编制的综合性等级列举式分类法。1899年参考C.A.卡特的《展开式分类法》(Expansive

Classification，简称 EC）拟定最早的大纲，然后按大类陆续编制并分册出版，1901 年发表分类大纲。它是世界上最大型的列举式分类法，也是世界上使用最广泛的图书馆分类体系之一，原计划只用于国会图书馆自身馆藏的分类与排架，后因类目详尽完整，被广泛应用于美国及其他一些国家的大多数研究图书馆和学术图书馆，以及许多综合性图书馆。在中国主要是香港、澳门和台湾地区使用，使用范围一般限于英文文献的分类编目。

随着国会图书馆编目数据使用量的显著增加及套录编目的影响，LCC 的使用范围越来越广。成员馆可直接采用其分类结果或通过套录编目而大大减轻原始分编的工作量。LCC 因此成为多数图书馆处理西文资料时使用的分类法。目前，LCC 除用作图书馆中物理馆藏的排架工具之外，在以下领域也具有扩展潜力：①整合分类法和受控主题词来改进信息存储和检索；②组织网络资源；③生成专业领域\特定领域的知识分类表。

一、LCC 的发展概况

（一）LCC 的发展历程

19 世纪 90 年代，国会图书馆馆藏量增至近 100 万册，原有的分类系统已远不能满足馆藏分类的要求。1900 年，国会图书馆决定研制新的分类方案，在比较当时流行的几种分类法后，决定在克特《展开式分类法》基础上自行编制。对 EC 的大类稍加修改成为新的分类法大纲，各类的分类表由各学科专家依照实际的藏书和当时出版的各科目录分头编订，每一类表完成后各自出版。1901 年，分类大纲及“E-F 美洲史”发表，1902 年，“Z 目录学”大类详表出版，之后，其余各大类均分别独立编制和出版。直至 1969—1992 年“K 法律”类的陆续出版，LCC 才全部完成。目前共分 44 册出版，各分册均有索引，各大类类表可作独立的专业分类表使用。

20 世纪 90 年代初期，LCC 类表主要以印刷产品的形式存在，由人工进行维护和修订。1993 年，LC 开始将 LCC 转换为 USMARC（现称为 MARC21）格式，1996 年完成。这在 LCC 发展历程中占有重要地位，极大地提高了工作效率，为 LCC 整个主表以及复分表和索引的及时修订提供了便利。1995 年，Gale Research 公司推出了 LCC 的视窗环境下的机读光盘版（SuperLCCS on CD-ROM），收录 LCC 全文，每季度更新；1996 年，国会图书馆编目传递服务（Cataloging Distribution Services，CDS）推出了 LCC 的全文视窗光盘版 Classification Plus，内含 LCC 类表及 LCSH 主题标目，每季度更新；2002 年，正式推出 LCC 的网络版 Classification Web（取代 Classification Plus），Classification Web 基于 Web 每周更新，不仅包括 LCC 全文，还包括 LCSH 的全文，以及 LCSH 主题标目、DDC 类号与 LCC 类号间的映射，此外还链接了编目数据库。①

LCC 由图书馆及各学科专家共同编制，各大类以分册形式先后出版，其分册数因每次修订内容的增减而不同。自 2015 年起，LCC 开始每年进行修订并按年度发布新版本(其中 KI-KIL 和 KVJ 分别是 2017 年和 2016 年新增分册)。目前共分 44 个分册出版，每个分册基本都包括以下部分：(1)前言：包括对大类内容范围的解释和类表发展等的简要介绍；(2)纲要：类表中所有用两个字母标识的类目一览表；(3)简表；(4)详表；(5)复分表；(6)索引；(7)关于版本和修订情况的有关附录。但并不是所有的大类都有复分表和索引。② 此外，LCC 没有总的说明、总索引和通用复分表。各分册的内容见表 7-3。

表 7-3　**LCC 各分册最新版本**

分册类号	中文类名	英文类名
A	总论	General Works
B-BJ	哲学、理学	Philosophy, Psychology
BL-BQ	宗教(总论)、印度教、犹太教、伊斯兰教、佛教	Religion (General). Hinduism, Judaism, Islam, Buddhism
BR-BX	基督教，圣经	Christianity, Bible
C	历史辅助科学	Auxiliary Sciences of History
D-DR	历史(总论)及欧洲史	History (General) and History of Europe
DS-DX	亚洲、非洲、澳大利亚、新西兰等的历史	History of Asia, Africa, Australia, New Zealand, etc.
E-F	美洲历史	History: America
G	地理、地图、人类学、娱乐	Geography. Maps. Anthropology. Recreation

① Library of Congress Classification in a New Setting Beyond Shelfmarks [EB/OL]. [2010-08-18]. http://www.loc.gov/cds/chanarticle.html.

② 俞君立，陈树年．文献分类学[M]．武汉：武汉大学出版社，2001：262.

续表

分册类号	中文类名	英文类名
G 类复分表	地理克特号码表	Geographic Cutter Numbers Tables G1548-G9804
H	社会科学	Social Sciences
J	政治学	Political Science
K	法律总论，比较法与统一法，法理学	Law in General. Comparative and Uniform Law. Jurisprudence
K 类复分表	K 类形式复分表（不适用于 KD、KE 及 KF）	Form Division Tables For Law
KB	宗教法规	Religious Law
KD	英国和爱尔兰的法律	Law of the United Kingdom and Ireland
KDZ、KG-KH	美洲、拉丁美洲及西印度群岛的法律	Law of the Americas, Latin America, and the West Indies
KE	加拿大法律	Law of Canada
KF	美国法律	Law of the United States
KI-KIL	土著人民法	Law of Indigenous Peoples
KJ-KKZ	欧洲法律	Law of Europe
KJV-KJW	法国法律	Law of France
KK-KKC	德国法律	Law of Germany
KL-KWX	亚洲和欧亚大陆、非洲、太平洋地区及南极洲的法律	Law of Asia and Eurasia, Africa, Pacific Area, and Antarctica
KVJ	太平洋地区（辖区）：夏威夷	Pacific Area: Pacific Area Jurisdictions: Hawaii (to 1900)
KZ	国际法	Law of Nations
L	教育	Education
M	音乐	Music and Books on Music
N	美术	Fine Arts
P-PZ 复分表	语言与文学复分表	Language and Literature Tables

续表

分册类号	中文类名	英文类名
P-PA	文学和语言学(总论)、希腊语及文学、拉丁语及文学	Philology and Linguistics (General). Greek Language and Literature. Latin Language and Literature
PB-PH	现代欧洲语言	Modern European Languages
PJ-PK	东方语言学与文学、印度伊朗语语言学与文学	Oriental Philology and Literature, Indo-Iranian Philology and Literature
PL-PM	东亚、非洲、大洋洲语言;北极、印度语言及人工语言	Languages of Eastern Asia, Africa, Oceania. Hyperborean, Indian, and Artificial Languages
PN	文学(总论)	Literature (General)
PQ	法语、意大利语、西班牙语及葡萄牙语文学	French, Italian, Spanish, and Portuguese Literatures
PR、PS、PZ	英国和美国文学，儿童纯文学	English and American Literature. Juvenile Belles Lettres
PT	德语、荷兰语及斯堪的纳维亚语文学	German, Dutch, and Scandinavian Literatures
Q	自然科学	Science
R	医学	Medicine
S	农业	Agriculture
T	科技	Technology
U-V	军事科学、海军科学	Military Science. Naval Science
Z	目录学、图书馆学、信息资源	Bibliography. Library Science. Information Resources.

(二)LCC的修订与发布

1. LCC的修订

LCC目前由国会图书馆下设的政策与标准部门(The Policy and Standards Division, PSD)，负责分类表的修订与发展。PSD的职责是为编目规则的应用提供指导，开发文档支持编目政策和实践，监测编目的发展趋势并根据编目创新发展制定新政策，促进国家和国际图书馆界对这些问题的探讨。通常由来自LC的主题编目员及合作编目计划的其他馆馆员提出分类法修订、增加及改变的建议。若发现已有类目存在问题或新主题文献无适合类号可归时，即可拟定修订建议。PSD 及其他编目员的代表组成编辑委员会，每周定期召开会议，对收集到的建议进行讨论审核。建议一经审核通过，新的类号立即生效。①

随着 LCC 在其他图书馆广泛使用，LC 在分类体系的发展过程中及对体系修改时，均开始在考虑自身馆藏需要的同时，兼而考虑其他图书馆的需求。19 世纪 90 年代建立了协作编目委员会，协作图书馆开始将标引 LCC 分类号的 MARC 记录提供给国会书目数据库，这些号码也逐步成为类表发展的依据，因而大大扩充了 LCC 的修订基础。

LCC 各类表视其需要分别修订。目前，许多类表已经历过多次的彻底修订，而有些类表则经过几十年才得以首次出版。LCC 基本采用了连续修订与定期再版相结合的修订形式。连续修订是根据分类实践需要对类目的增补和扩充，通常采用及时发布的形式。定期再版，一方面是对常规修订的累积，另一方面也包括对类目的重大调整。

2. LCC 的发布

LCC 的最新变动首先以每周列表(Weekly lists)的形式公布于 LC 的编目与采购网站(http：//www.loc.gov/aba/cataloging/classification/weeklylists/)，2002 年以前刊于 LC《国会图书馆分类法——增补及变更(LC Classification，Additions and Changes)》季刊上。修订内容经过编辑小组的处理之后将会纳入 Classification Web 中，最后再纳入纸本类表。

LCC 新版类表的出版形态有四种：(1)新类表：新近完成而未曾出版过的类表；(2)重刊本：已经没有库存而近期内又无计划出修订版的类表，LC 会重印，后附类表增加及改变的补篇；(3)汇编版：汇编旧版的增加与改变而成的，如 Q 类 1989 年第 7 版；(4)修订版：有着许多新类号及新类目。

二、LCC 的体系结构

(一)编制原则

LCC 最初的编制目的是解决国会图书馆藏书及未来扩充的组织和排架问题，以国会图书馆文献收藏的实际情况和未来文献的出版状况为类目设置依据。LCC 各类的细分程度取决于该馆藏书的数量和内容，不强调整个体系的严密性。G. H. 普特南在其 1901 年的工作报告中着重指出：“这个分类表不

① 张丽英．中美图书分类法比较研究——从历史沿革、编订机制、应用现状与发展趋势角度出发[D]．福州：福建师范大学，2008.

是知识分类，不追求各学科的严密科学的系统性，只是企图把许多不同的类排成便于使用的次序。类目的设置和次序完全受图书情况的制约，这是一种以图书为分类法对象的原则。”LCC 所采取的这种以图书作为分类法的对象的原则，后来被英国分类理论家休姆(E. W Hulme)于 1911 年在《分类法原则》一书中称为“文献保障原则”。

(二)类表结构

LCC 将人类总体知识分为 21 个大类，其总体顺序为：总论—人文科学及社会科学—自然科学和技术—目录学、图书馆学与信息资源。

1. 基本大类

LCC 共分为以下 21 个大类：

A 总论(General Works)

B 哲学、心理学、宗教(Philosophy Psychology Religion)

C 历史学及相关学科(Auxiliary Sciences Of History)

D 世界史及欧洲、亚洲、非洲、澳大利亚、新西兰等地的历史(World History and History of Europe, Asia, Africa, Australia, New Zealand, etc.)

E—F 美洲史(History of The Americas)

G 地理学、人类学、娱乐(Geography. Anthropology. Recreation)

H 社会科学(Social Sciences)

J 政治学(Political Science)

K 法律(Law)

L 教育(Education)

M 音乐(Music and Books on Music)

N 美术(Fine Arts)

P 语言和文学(Language and Literature)

Q 科学(Science)

R 医学(Medicine)

S 农业(Agriculture)

T 科技(Technology)

U 军事科学(Military Science)

V 海事科学\海军学\海事学(Naval Science)

Z 目录学、图书馆学、信息资源(总论)(Bibliography. Library Science. Information Resources(General))

2. 类目排列依据

LCC 基本类目细分的次序大致依据“马泰尔七原则”(Marter’s seven points，马泰尔是原美国国会图书馆编目部主任，LCC 的主要参编者之一)。其分组及次序大致如下：

(1)形式区分：期刊、名录、年鉴、字典等

(2)理论、哲学

(3)历史

(4)论文、总论性著作

(5)法律、法规，国家关系

(6)研究和教学

(7)专门主题和按逻辑次序从一般到特殊的主题细分。

例如：

CD　文献学、档案学、印章学

CD1-511　文献学

CD1-15　期刊、连续出版物(按出版物语种排)

CD20-27　社团

CD28-29　国会

CD31-33　作品集(非系列的)

CD40-45　字典. 百科全书

CD47　文献学史

CD50-69　总论性著作

…………

CD87　伪造文献

CD91-392　用于研究的文献收藏品，复制本等

CD501-511 研究和教学

三、LCC 的标记系统

(一)LCC 标记符号与标记制度

LCC 采用的是英文字母与阿拉伯数字混合的标记符号。通常用 1 个字母表示基本大类(26 个英文字母中的 I、O、W、X、Y 5 个尚未使用)，用 2~3 个字母表示二级类目，且都以总论性类目开头。三级类目以下的类目再逐层展开，细分为若干子目，在二级类目后用 1~4 位阿拉伯数字(1~9999)表示展开的各级类目，还可用小数再细分，最后还可加上克特字顺号码。下面以 J 大类的展开情况为例：

J 政治科学
JC　政治理论、国家(The state)、国家理论
JC131-273　现代国家
JC134-273　按时代排
JC134-145　16 世纪
JC137-145　当代作品．传记
JC143　意大利
JC143. M14-. M4　尼克洛·马基雅弗利，1469—1527
JC143. M14 作品集　(按日期排)
JC143. M142-. M1429　译本(按语言排)

LCC 基本上采用顺序标记制，类号不能显示类目间的等级关系(如从属关系、并列关系)，只能通过其顺序判断类目的前后位置。类目的等级用字体和缩格来表示。

(二)LCC 中的克特字顺号码

克特字顺号码是一种使用字母—数字(字母和数字均可为 1 个或多个，整体视为小数)来表示词或名称的工具。通常置于 LCC 分类号之后，以小数点与分类号隔开。LCC 中的克特字顺号码用于标记个人名称、团体名称、地理名称、事物主题以及著作名称等。主要使用例举如下：

(1)用于区分相关主题，采用克特号码细分主题，例如：

ML1-3930 有关音乐的文献
ML100-109 字典，百科全书
ML102. A-Z 按主题分，A-Z
ML102. A2 手风琴
ML102. B35 乐团
ML102. B5 爵士大乐团
…………
ML102. Z37 查瑞拉小歌剧

P 语言学和文学
PK6433-6439 新波斯语诗歌合集
PK6438-6439 特殊的
PK6438. A-Z 按形式，A-Z
PK6438. D53 方言诗
PK6438. G3 抒情诗

S 农业(总论)

SF451-455 家兔和野兔(宠物)

SF455. A-Z 按品种，种类或群，A-Z

SF455. A4 美国间格纹大型兔

SF455. A5 安哥拉兔

…………

SF455. R4 獭兔

(2)用于地区复分，使用克特号码表示主题的地区复分，例如：

D　世界史及欧洲、亚洲、非洲、澳大利亚、新西兰等地的历史

DD701-905. 22 德国地方史及描述

DD801. A-Z　州，省，地区等，A-Z

DD801. A28　阿尔高阿尔卑斯山

DD801. A 44　阿尔卑斯，巴伐利亚

…………

DD801. W6-. W82　符腾堡

(3)双位克特号码，是指用两位克特号码表示一个特定的主题。例如：

PT9995. B5　弗雷德里克阿维德·布鲁姆 1867—

PT9995. B5A199-. B5A59　译本(合集或选集)

…………

PT9995. B5Z4581-. B5Z999　传记和评论

PT9995. B5Z4581-. B5Z4589 期刊、社团、连续出版物

PT9995. B5Z459　字典，索引等. 按日期

PT9995. B5Z46　自传，日志，回忆录. 按日期

…………

四、LCC 的复分表

除在类表中使用克特号进行类目复分外，LCC 还包含很多复分表，但 LCC 没有供全部分类表使用的通用复分表，只有根据各类具体需要而设置的专类复分表或复分方法。使用复分表配号时通常直接在现有的号码后加上复分表的号码。大体可分为以下八种类型：

(一)形式复分表

形式复分表包括出版物形式复分(文集、丛书等)、作品风格复分(幽默、爱国等)、文学形式复分(诗歌、散文、小说等)等，如：

表 H61 地区或国家经济史复分表

H61. A2 历史

H61. A3 传记合集

H61. A5-. Z 个人传记，A-Z

标引《英国经济史》，类号为 HB103. A2。其中，HB103 为英国经济，A2 为 H16 复分表中历史的号码。

(二)地区复分表

在 LCC 不同类目中，虽然专类地区复分表设置的数量、所分配的复分号各不相同，但表中的地区、国家名称一致，复分类目的分类排序也采用一种固定的顺序，如 H 大类中的 3 个地区复分表便是如此，详见表 7-4。

表 7-4 **LCC 复分表 H1、H3、H5 对照表**

表 H1 类号	表 H3 类号	表 H5 类号	类名
1	1-2	1	美洲、西半球
2-15. 25	3-43. 25	2-10. 25	北美洲
15. 5-41	43. 5-121	10. 5-43	拉丁美洲
42-67. 8	122-198. 8	44-91. 845	欧洲(包括欧盟国家)
68-81. 7	199-240	91. 85-116. 5	亚洲
76. 5-81	225. 5-233	106-113	东亚、远东
76. 5	225. 5	106	总论
78	230	110	中国
……	……	……	……
82-88. 4	241-258	117-129. 3	非洲(包括撒哈拉以南非洲)
88. 45-. 73	258. 25-260	129. 45-. 73	大西洋地区、大西洋群岛
88. 74-. 93	260. 2-261. 5	129. 74-. 94	印度洋群岛
89	262-264	130	澳大利亚
97. 5	288. 5	130. 4	新西兰
……	……	……	……

专类复分表需要依注释使用，如：

HB3741-3840 商业周期、经济波动

依表 H1，按地区或国家分

在 HB3740 后加表 H1 中的国家号码

总论性著作入此

特殊危机参见 HB3717

见 HC94+ 经济史

标引《中国经济波动》，类号为 HB3818，依复分表注释 HB3740+78(中国的号码)。

(三)时代复分表

LCC 的时代复分表篇幅较短，其标记各时代的符号有两种：一是数字；二是借用克特字顺号。

(1)使用数字作为复分号的时代复分表，例如：

PL777. 1-. 88 日语流行歌曲合集

依表 PL1 按时代分。

在 PL777 后加表 PL1 中的时代号。

表 PL1 日语文学历史时代复分表

PL1 0. 1-. 53 1867 年及以前

PL1 0. 35-. 53 江户时代，1600—1868 年

PL1 0. 4-. 45 江户时代前期，1600—1788

PL10. 4 一般著作

PL1 0. 45. A-Z 专题研究

…………

标引《日本江户时代前期的日语流行歌曲合集》，类号为 PL777. 4(PL777+0. 4)。

(2)使用克特字顺号作为复分号的时代复分表，例如：

G7904. S478 首尔地图

使用表 G7901. S 进行历史复分。

表 G7901. S 韩国(朝鲜民主主义人民共和国)历史复分表

G7901. S. S1 总论

G7901. S. S2 935 年以前

G7901. S. S3-. S33 高丽时期，935—1392 年

G7901. S. S4-. S55 朝鲜王朝(李朝)，1392—1910 年

G7901. S. S6-. S7 日据时期，1910—1945 年

G7901. S. S75 盟军占领时期，1945—1948 年

G7901. S. S8-. S83 1948—1960 年

G7901. S. S8　　　　　总论

G7901. S. S83　　　　朝鲜战争，1950—1953

…………

因此，标引朝鲜战争时期的首尔地图，类号为 G7904. S478S83。其中首尔地图类号为 G7904. S478，朝鲜战争时期在 G7901. S 专类复分表中的号码为 S83。

(四)主题复分表

虽然 LCC 中的许多主题或相关主题的细分已在其类表中详细列举，但 LCC 仍设置了一些主题复分表。例如：

G7904. S478　首尔地图

使用表 G1 进行主题复分，. S1-. S7 历史地理学除外。

表 G1 主题细分(subject subdivisions)

G1. A1-. A9 特种地图和地图集

不能分入其他任意主题组(subject group)，但由于其特殊格式或特殊处理，而要从一般地图和地图集中分离出来的作品入此。

G1. A1　略图和基本地图、空白定位图、城市、郊区

G1. A15　商业区，商业中心，或市中心

G1. A2　索引地图

G1. A25　数字化地图资料

G1. A3　航测图．鸟瞰图

G1. A35　全景图

G1. A4　遥感图．摄影地图．正射影像地图、等密度线影像地图

G1. A43　遥感影像

…………

G1. A7　盲人地图

G1. A8　特殊地名

…………

如标引《首尔市盲人地图》，类号为 G7904. S478A7，其中首尔地图类号为 G7904. S47，盲人地图在 G1 专类复分表的号码为 A7。

(五)著者复分表

著者复分表是专门设置在“B 哲学、宗教”类和“P 语言、文学”类，用以细分哲学家和文学家，排列其作品的复分表。例如：

PR6051-6076 英国文学个人作家

除非另有说明，使用表 P-PZ40 进一步组织每位作者。

PR6063. A1692 拉纳尔德 · 麦克唐纳，1955—

依表 P-PZ40 复分

表 P-PZ40 著者复分表

P-PZ40. x date　文集(按日期)

…………

P-PZ40. xA6　文选、选集(按日期)

P-PZ40. xA61-. xZ458 独立作品(按题名)

P-PZ40. xZ4581-. xZ999　自传和评论

P-PZ40. xZ4581-. xZ4589 期刊、社团、连续出版物

P-PZ40. xZ459　字典、索引等(按日期)

P-PZ40. xZ46　自传、日志、回忆录(按日期)

…………

复分号中的“. x”代表的是所适用的基本类号末的克特号，在使用时略去。

标引《拉纳尔德 · 麦克唐纳自传》，类号为 PR6063. A1692Z46。其中拉纳尔德 · 麦克唐纳类号为 PR6063. A1692，“. xZ46”为在 P-PZ40 专类复分表中的“自传”的号码。

(六)机构复分表

LCC 类表中设置了部分机构复分表，下面以表 KDZ-KH10 为例：

KDZ-KH2 201. A-Z 特定法律学院 . 按名称，A-Z

每个学院按表 KDZ-KH10 细分。

表 KDZ-KH10　个别法律学院的进一步组织

KDZ-KH10. xA2-. xA29　许可证、法律、规章

包括国家和州立法规。

KDZ-KH10. xA3-. xA39　学习纲要、教师手册等

KDZ-KH10. x3-. x4　管理

KDZ-KH10. x3A5-. x3A59　一般著作

KDZ-KH10. x4A5-. x4Z49 专题著作，A-Z

KDZ-KH10. x4C85　课程

KDZ-KH10. x5A5-. x5Z79　历史、一般著作

KDZ-KH10. x5A5-. x5Z6　论文

KDZ-KH10. x5Z7-. x5Z79　演说、散文、讲稿

KDZ-KH10. x6A2-. x6A29 周年纪念、特别庆祝活动等

标引《哈佛大学法学院课程》，类号为 KDZ-KH2 201. H4C85。其中哈佛大学法学院的类号为 KDZ-KH2201. H，“. x4C85”为 KDZ-KH10 专类复分表中“课程”的类号。

（七）翻译复分表

LCC 中设置了部分翻译复分表，下面以表 P-PZ30 为例：

PL782-783 日语文学合集译本(由日语翻译为外语)

依修改后的表 P-PZ30 复分。

表 P-PZ30 译本复分表

P-PZ301. A1-. A8 多种文字的对照本、翻译为多种语言的译本

P-PZ301. A1 总论

P-PZ301. A3 诗歌

P-PZ301. A5 戏剧

P-PZ301. A8 散文．散文小说

P-PZ301. E1-. E8 英语

P-PZ301. F1-. F8 法语

P-PZ301. G1-. G8 德语

P-PZ301. I1-. I8 意大利语

P-PZ301. R1-. R8 俄语

P-PZ301. S1-. S8 日语

P-PZ302. A-Z 其他语言，A-Z

标引《日语诗歌合集英语译本》，类号为 PL782. E3，《日语戏剧合集德语译本》，类号为 PL782. G5。

（八）语种复分表

LCC 设置了部分语种复分表，下面以表 P-PZ2 为例：

PB1-431 现代语言

依修改后的表 P-PZ2 复分。

表 P-PZ2 语种复分表

P-PZ21-5 期刊、连续出版物

P-PZ21 英美的

P-PZ25 其他(包括数种文字的对照本)

P-PZ26-10 社团

P-PZ26. A1 国际的

P-PZ26. A2-Z　英国、美国、法国和德国的

P-PZ210 其他（包括数种文字的对照本）

…………

标引《现代语言的英美期刊》，类号为 PB1。

(九)综合复分表

综合复分表(又称汇编复分表)即同时包括两种或多种复分类型的复分表，如同时包括形式、主题、地区、时代等复分形式，使用时应根据需要选用相应部分。下面以表 T1 为例：

TC215-327 港口及海岸防护工程、海岸工程

依表 T1 进行历史和国家复分。

在基本类号 TC200 后加上表 T1 中的国别号。

特殊港口、入口、航道入此。

表 T1 历史和国别复分表

T1 15-20	历史
T1 15	总论
T1 16	古代
T1 17	中世纪
T1 18	现代
T1 19	19 世纪
T1 20	20 世纪
T1 21-127	特殊国家
T1 21-54	美洲
T1 21	总论
T1 22-27	北美洲
T1 22	总论
T1 23-25	美国
T1 23	总论

…………

标引《现代海岸工程》，类号为 TC218(TC200 加上现代类号"18")，《美国港口工程》类号为 TC223(TC200 加上美国类号"23")。

第四节　《国际专利分类表》

《国际专利分类表》(International Patent Classification，IPC)是面向专利

文献的等级列举式分类法，是目前国际通用的专利文献分类和检索工具，主要根据所属技术领域对专利文档(专利申请、已授予专利的规格、实用新型等)进行分类和检索。伴随着新技术的不断涌现，专利文献每年增长约 150 万件。IPC 自诞生以来为海量专利文献的组织、管理和检索做出了不可磨灭的贡献。

一、IPC 的发展历程

1951 年，法国、联邦德国、英国和荷兰等国的专利专家组成分类法工作组，共同编制国际通用的专利分类法，并在 1968 年分别用英文和法文同时出版。此后，美国、日本等国也陆续参加推广工作，成立扩大的 IPC 联盟。1971 年 3 月 24 日，一次外交会议通过了《关于国际专利分类的斯特拉斯堡协定》(Strasbourg Agreement Concerning the International Patent Classification，以下简称《协定》)，于当天由 15 个国家签署。该《协定》是 IPC 产生和修订的法律基础，在此之后形成的国际发明专利分类法事实上成为了 IPC 的第一版。

IPC 联盟的主要机构是大会和专家委员会。IPC 专家委员会建立了一个附属机构，即 IPC 修订工作组(IPC Revision Working Group，IPC/WG)。IPC/WG 负责 IPC 的修订，并且每年在日内瓦定期召开两次会议，联盟所有成员和观察员均可参加。IPC 在诞生之后进行定期修订，以改进分类系统，适应专利文献的增长与网络化和数字化需求，及时反映相关技术的发展。IPC 修订版的管理由世界知识产权组织(World Intellectual Property Organization，WIPO)进行。在 1968—2006 年之间，IPC 大约每五年进行一次修订(1974 年、1980 年、1985 年、1990 年、1995 年、2000 年、2006 年分别出版第 2~8 版)，每次修订后都会发布新版本。自 2006 年以来，IPC 的修订更加频繁，每个版本均以其生效的年月表示，例如 2007.10 版、2008.01 版、2008.04 版等。自 2010 年以来，IPC 每年进行一次修订，每个新版本均于 1 月 1 日生效，并以年份作为版本标识，例如 2018 年版。目前 IPC 最新版本为 2020 年版。相关版本信息、① 版本文档、使用指南②可通过 WIPO 的 IPC 主页获取。

---

① WIPO. International Patent Classification [EB/OL]. [2020-05-01]. https://www.wipo.int/classifications/ipc/en/faq/.

② WIPO. Guide to the International Patent Classification (2020)[EB/OL]. [2020-05-01]. https://www.wipo.int/publications/en/details.jsp?id=4490&plang=EN.

目前，IPC 的官方版本为英语和法语，此外被翻译成多种语言，包括中文、捷克语、荷兰语、爱沙尼亚语、德语、日语、韩语、波兰语、葡萄牙语、塞尔维亚语、斯洛伐克语、西班牙语等。IPC 已在全球 100 多个国家/地区使用，在发布专利文件时使用 IPC 的国家数量远远超过《协议》联盟成员数量；IPC 可以说是专利分类的通用语言。我国自 1985 年 4 月 1 日起在出版的专利文献上标注 IPC 分类号。自 2006 年 1 月(第 8 版)以来的中文版可通过国家知识产权局获取。①

二、IPC 的类目体系结构

IPC 按照技术主题设立类目，将与发明专利有关的全部技术内容分为 5 个不同等级：部（section）、大类（class）、小类（subclass）、主组（main group）、分组（subgroups）。逐级分类，组成完整的等级分类体系，包含约 70000 个由分类符号标识的条目。部是分类的最高层次，由部符号和部标题构成，其中每个部用大写字母 A 到 H 之一表示，每个部的标题为该部内容的高度揭示。全表共分 8 个部，见下表。

部	中文标题	英文标题
A	人类生活必需	HUMAN NECESSITIES
B	作业；运输	PERFORMING OPERATIONS；TRANSPORTING
C	化学；冶金	CHEMISTRY；METALLURGY
D	纺织；造纸	TEXTILES；PAPER
E	固定建筑物	FIXED CONSTRUCTIONS
F	机械工程；照明；加热；武器；爆破	MECHANICAL ENGINEERING；LIGHTING；HEATING；WEAPONS；BLASTING
G	物理	PHYSICS
H	电学	ELECTRICITY

根据最新版本，即 2020 年版，各层次所含条目数量见下表。

① 国家知识产权局．分类工具——国际专利分类[EB/OL]．[2020-05-01]．http：//www. sipo. gov. cn/wxfw/zlwxxxggfw/zsyd/bzyfl/flgj_gjzlfl/index. htm.

Section	No. of classes	No. of subctasses	No. of main groups	No. of subgroups	Total no. of groups
A	16	84	1138	8168	9306
B	38	169	1998	15440	17438
C	21	87	1322	13466	14788
D	9	39	354	2858	3212
E	8	31	323	3122	3445
F	18	99	1099	8189	9288
G	15	86	736	8161	8897
H	6	51	548	8626	9174
Total	131	646	7518	68030	75548

除层次条目(部、大类、小类、主组和分组)以外，IPC 还包含注释(note)、索引(index)、参照(reference)等要素。

注释(note)用于定义或解释特定的单词、短语、领域范围，或指示主题的分类方式。注释可以与部、大类、小类或组相关联，且在发生冲突时优先于任何一般性指导。例如：

条目	注释(英文)	注释(中文)
F42	This class covers also means for practice or training which may have aspects of simulation, although simulators are generally covered by class G09	尽管 G09 类通常涵盖模拟器，但该类还涵盖了可能具有模拟方面的实践或培训方式
B22F	" Metallic powder " covers powders containing a substantial proportion of non-metallic material	"金属粉末"涵盖了含有大量非金属材料的粉末
B01J 31/00	In this group, the presence of water is disregarded for classification purposes	在该组中，出于分类目的，不考虑水的存在

IPC 配有关键词索引(official catchword index)，是按字母顺序排列的列表，目前包含约 20000 个技术术语/关键词。通常，检索者在不熟悉所查技术领域的时候可借助关键词索引并结合使用 IPC 确定分类范围和准确的分类号。德国专利商标局(The German Patent and Trade Mark Office)已经提供了

更详细的关键词索引(德语和英语版本)，提供了超过100000个不同的条目，可以在德国专利商标局IPC网站的IPC搜索功能中在线搜索。

参照(reference)可出现于IPC大类、小类、组或注释的标题之后，在方括号中包含一个短语，以指代IPC分类中的另一个位置，表明参照所指示的主题被所提及的一个或多个地方覆盖。例如：

A01D 69/00 收割机或割草机的驱动机构或其部件(用于割草机或收割机的切割器的驱动机构入A01D34/00)。

三、IPC的标记符号

IPC的部用A-H表示，每个部下设有不同数量的大类。

大类由部号和两位数字组成，例如：A01 农业；林业；畜牧业；打猎；诱捕；捕鱼。

小类由大类号和一个大写字母组成(其中A、E、I、O、U、X六个字母不用)，例如：A01B 农业或林业的整地；一般的农业用机械或工具的部件、零件或附件。

每个小类细分为许多组，其中有主组和分组。主组由小类号加上1位到3位的数组成以及“/00”组成，例如：A01B1/00 手动工具；分组由小类号+1位到3位的数+“/”+除“00”以外的2位到4位数组成。

体系结构如下图所示：

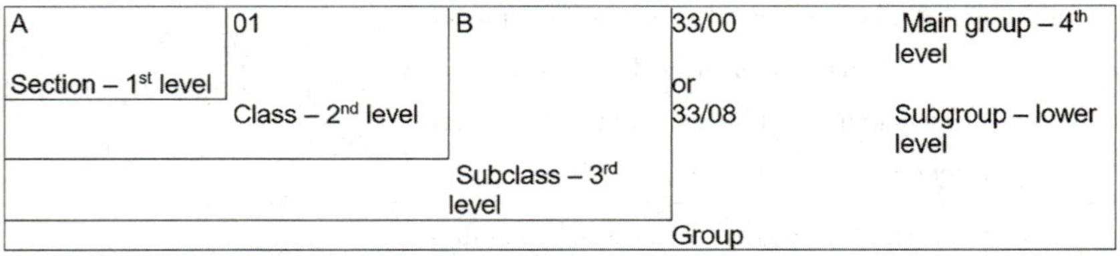

以下选择“B——作业、运输”及其下设类目对各个层级及相应标记符号进行说明：

部：B——作业、运输；

大类：B64——表示飞行器、航空、宇宙飞船。大类类号用两位数标记；

小类：B64C——表示飞行。小类类号用大写字母标记；

主组：B64C25/00——表示起落装置。主组类号用1-3位数加/00标记；

分组：B64C25/02——标记是将主组/00中的00改为其他数字。

分组内的等级是依次降低的，但从分类号上看不出来，只能根据小类前的圆点数目加以判断。如：

25/02. 起落架；

25/08.. 非固定的；

25/10... 可快放的，可折叠的或其他的；

25/18.... 操作机构；

25/26..... 操纵或锁定系统；

25/30...... 应急动作的。

四、IPC的分类原则

虽然IPC对各个类别做了明确的定义，但是具体给专利标记分类时，需要遵循IPC的分类原则。IPC分类表定义了5个分类原则：

(1)整体分类。IPC将科学发明和专利的技术主题尽量作为一个整体，或按功能分类，或按应用分类，而不是将它的各组成部分分别分类。

(2)功能分类。技术主题按功能分类分入功能分类位置；分类表中不存在该功能分类位置的，分入适当的应用分类位置。

(3)应用分类。有的技术主题按应用分类分入应用分类位置；分类表中不存在该应用分类位置的，应当分入适当的功能分类位置。

(4)既功能分类又应用分类。有的技术主题既按功能分类分入功能分类位置，又按应用分类分入应用分类位置。若分类表中不存在该功能分类位置，则只分入应用分类位置；若分类表中不存在应用分类位置，则只分入功能分类位置。

(5)独立权利要求与从属权利要求的分类。从IPC类别的划分原则上看，按照不同的划分原则，一个专利往往有多个标签，从USPTO的官方网站上检索到的专利，IPC标记绝大部分都是多个的，例如：专利号为4，910，036的美国专利的IPC号为：A23L 1/0522；A23L 1/32；A23L 1/39；A23L 001/32；A23L 001/195；A21D 002/36。日文的专利提供的IPC标记也是多个的。造成多IPC标记的原因主要是因为IPC类别系统分类原则之间存在重合，有些专利按功能分类有一个相应的IPC，同时按照应用分类也会有一个相应不同的TPC标记。例如：能装入多个胶卷，并可按需要曝光其中指定胶卷的照相机及其在飞机上的装置，即按功能分类分入G03B19/06，而按应用分类分入B64D47/08。

◎ 本章思考题

一、名词解释

DDC　LCC　UDC　IPC　克特字顺号码

二、简答与论述题

1. 列举 DDC 类目注释的类型。
2. 举例说明 UDC 辅助符号的类型。
3. 简述 LCC 中克特字顺号码的主要用途。
4. 简述 IPC 的类目体系结构。
5. 请比较《中图法》、《科图法》、《人大法》、DDC、UDC、LCC、CC 的标记制度。

第八章 分类法及主题词表的电子化与网络化

第一节 《中图法》电子版与网络版

《中图法》电子版是在《中图法》机读数据库的基础上，利用计算机技术实现多功能检索和多窗口动态显示及辅助赋号标引的分类法。2001 年 6 月，《中图法》编委会和北京丹诚软件有限责任公司共同研发完成《中图法》第四版电子版，由北京图书馆出版社(国家图书馆出版社旧称)首次出版。2020 年，《中图法》编委会在《中图法》第五版基础上将其升级，集成其三个常用版本并增加版本互动和辅助赋号标引功能等，即形成《中图法》第五版电子(升级)版。

《中图法》电子版可适用于任何图书馆、档案馆、情报所、书店、电子网站等各种类型、各种载体的文献与信息的分类组织。其应用范围广泛，既适用于传统文献的分类标引，又适用于电子信息的整序组织，尤其《中图法》第五版电子升级版实现了机助赋号标引，为自动标引奠定了基础。它的问世是我国分类法电子化应用发展的一个里程碑，标志着我国文献、信息分类法已经从传统印刷型分类法迈向电子分类法发展的新阶段，从此，《中图法》成为动态的、可超文本顺序浏览的、多窗口等级树视图展现形式的数字化检索工具和半智能化标引工具，满足《中图法》在新的应用环境下的用户需求。

一、《中图法》电子版

(一)《中图法》电子版的研制

《中图法》电子版研制是基于类目、类目表的机读化描述，挖掘类目间、类表间、不同版本间和类目复分的规律，通过软件技术动态呈现应用规律的过程。也是实现数字化检索、可视化呈现和半智能化标引的过程。其研制重点主要包括以下两方面。

1. 类目机读化数据库与可视化检索软件

1999 年，《中图法》编委会根据“美国分类法机读格式”（“USMARC Classification Format”）的设计思想和“国际机读规范数据格式”（UNIMARC Format for Authorities）的结构特点，草拟了《〈中图法〉机读数据格式》《汉语主题词机读规范格式》，为建设《中图法》《中国分类主题词表》机读数据库奠定了基础。2000 年 10 月 31 日，国际图联分类法研究小组颁布了国际标准分类法机读格式（UNIMARC Classification Format）后，《中图法》编委会根据此格式分析《中图法》类目结构和类目间的关系，研制出《中图法》的 MARC 格式（简称 CLCMARC），也可称为中国分类法通用机读标准格式。

CLCMARC 与书目记录、规范记录、馆藏记录的 MARC 格式的组成部分相同，把分类法记录分成记录结构（头标区）、记录内容标识（目次区）、记录的数据内容（数据区）三部分，其作用不同，三部分分别代表记录的物理表示与布局、数据元素及标识、可交换的数据。结构上与 UNIMARC 保持兼容，遵循国际标准化组织的“文献目录信息交换用磁带格式”标准（GB29-1-82，ISO2709），在该格式中为了说明分类法记录实体及其关系采用了一系列字段、子字段、指示符及其符号，均遵循 UNIMARC Classification Format 的来源标准及相关定义。

CLCMARC 数据区对类目的基本特征、类型、有效性、组配性、单纯与相关参见（相关与交替关系）、类级的层次性等给予详尽地描述，包括以下数据块：

0--记录标识块

1--记录通用编码信息块

2--类目标识块

3--附注块

4--单纯参见块

5--相关参见块

6--类号组配说明块

7--索引款目块

8--信息来源块

9--国内使用块

分类法记录的主要实体是“2--类目标识块”所指的并为其建立的实体，

即类号、类名是被记录和描述的对象，也是记录必备项目，需通过字段和子字段、指示符等来描述，包括系列上位类类号、类名、类号的编辑制度（如层累制、八分法、借号法、顺序制）、类级等。如图 8-1 所示，250 字段除＄a、＄c、＄j 字段关于该类号、类名描述外，还包括＄h、＄d 描述的该类系列类名与类级，为软件生成类目树视图及实现类表等级动态显示等可视化形式和检索点提供准确信息。

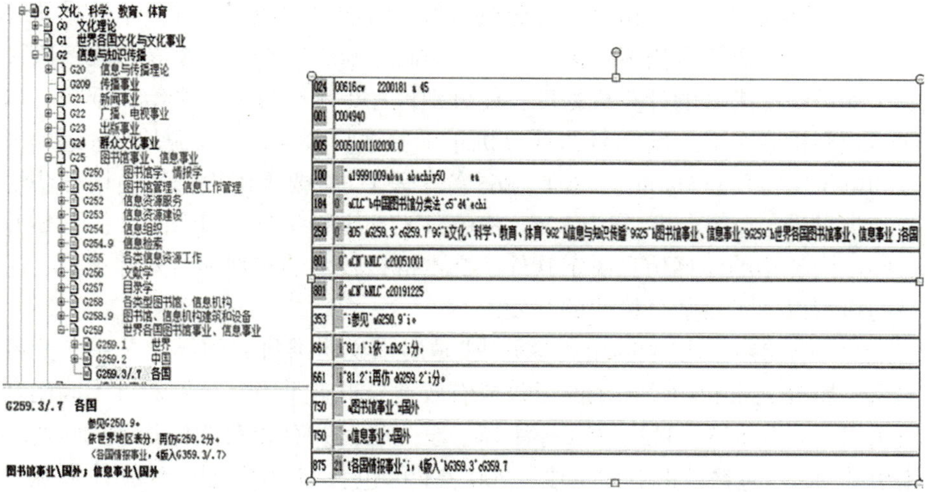

图 8-1　“G259. 3/. 7 各国图书馆事业、信息事业”类目的 MARC 记录与对应类目树体系

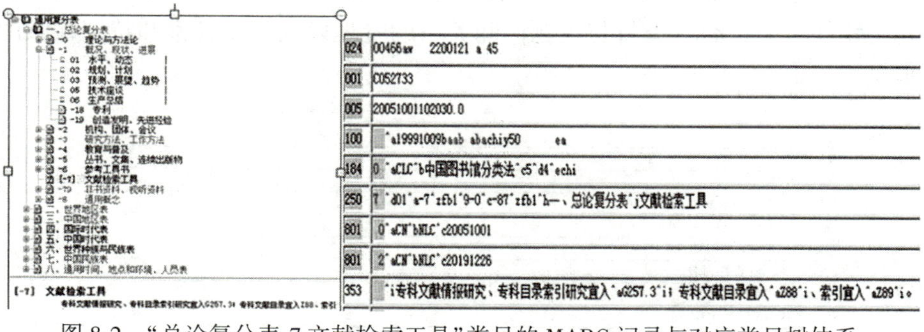

图 8-2　“总论复分表-7 文献检索工具”类目的 MARC 记录与对应类目树体系

“1--记录通用编码信息块”是对主要实体即类目的特征描述。如记录类型（主表类目、通用表类目、索引词记录）、类号类型及有效性（单一类号、限定类号、指示性类号、停用类号）、类目性质（使用类、交替类）、复合类号性质、类号的显示表控制、分类表版本类型等。这些信息描述决定了软件

如何显示类目所在主、附表及版本位置，以及类号(交替类、说明类、停用类)的表现形式等。如图 8-1、图 8-2 的 100、184 等字段及控制符信息。

注释是类目的必要补充信息，在《中图法》中主要有 4 种类型：类目含义注释、参见注释、类目复分使用注释、类目历史沿革注释。不同注释类型在 CLCMARC 中用 3—、6—和 8—不同的字段表述。“3--附注块”是对类目范围、单纯参见和相关参见的注释说明，区分为 330、343、353 等相关字段。“6--类号组配说明块”是指导标引员对主表和附表正确地进行类号组配的注释，即对主表类号仿分、复分或依附表组配复分使用注释。本数据块有大量的类号编码组合描述，区分为 661、662、663、665、668 等相关字段说明，促进组配类号的计算机处理，能分别地标识出类号的各个组成部分，以便于顺利检索和对组配类号的计算机正确验证。“8--信息来源块”除记录来源和电子定位信息外(801、804、865 等字段)，主要为用户选择使用方法说明和类目沿革注释，区分为 825、830 和 875 注释字段。如图 8-1、图 8-2。这些不同类型的注释信息决定软件超文本链接技术的实现和有效性类目、注释的检索以及类目复分模块的开发。

“4--单纯参见块”“5--相关参见块”是用来说明类目之间继承关系、交替关系、属分关系和相关关系的无效或有效类号根查手段，分别通过不同的字段来描述，与 875、343、353 等注释字段关联，并有相对应的控制符。“7--索引款目块”为类目索引词字段，700-751 可包含与《中图法》对应并来源于《中国分类主题词表》的主题词和主题标目，753 字段包含非控的索引词，754 字段包含来源于分面表的论题性主题。如图 8-1、图 8-3 所示。这些描述方便软件对类目间、类目与主题词间关系的管理以及关系检索和特定检索的实现。

024	00740cw 2200193 a 45
001	C000158
005	20051001102030.0
100	^a19991009aaaa abachiy50 ea
184	0 ^aCLC^b中国图书馆分类法^c5^d4^echi
250	8 ^d01^aB^j哲学、宗教
801	0^aCN^bNLC^c20051001
801	2^aCN^bNLC^c20191225
330	0 ^i总论哲学及兼论哲学与宗教的著作入此。
330	0 ^i专门科学的哲学理论入有关各类。例：教育哲学入^aG40-02^i；历史哲学入^aK01^i。
353	^i宗教入^aB9^i。
553	0 ^3C009878^5innn^d05^aK825.1^h历史、地理^h传记^h中国人物传记^h人物传记：按学科分^j哲学、社会科学^t哲学家思想评传和宗教人物传
553	0 ^3C000807^5ihnn^d02^aB9^h哲学、宗教^j宗教^t宗教
661	1^81.1^i依^zfb1^i分,
661	3^81.2^nB-0^i理论与方法论所属类目入^xB0^i。

图 8-3 “B 哲学、宗教”类目的 MARC 记录及其注释与相关关系字段

这套格式基本能把《中图法》类目体系及与《中国分类主题词表》的映射关系描述清楚，为《中图法》机读数据库规范化建设奠定了基础。2002 年 5 月根据 CLCMARC 修改完善《中图法》第四版机读数据库，建立了可与“主题词规范数据库”连接转换的《中图法》机读标准格式数据库。2010 年已更新为《中图法》第五版数据，共建 5 万余条类目记录，包括每个类目的主题词索引，即类号对应主题词串和单个主题词的映射库。因此，CLCMARC 也是《中国分类主题词表》机读标准格式的主要组成部分，是生成“分类号-主题词对应表”的基础库，是《中图法》电子版可视化浏览与检索软件开发的基础。

2. 复分规则与辅助分类软件

《中图法》为体系—组配式分类法，其中有大量隐含类号未将等级列举出来，需标引时复分组号。需复分类目的类型有单一类和起止类，须分别附加类号和重组类号。其复分类型有依通用复分表复分、专类复分表复分、类目仿分。仿分即仿照已列出类目的类号(含“一般性问题”类组)进行细分，被仿类目有单一类和范围类。除“总论复分表”可适用于全表类目复分和特殊规定外，所有复分类目均通过类下或指示性类下(被指示类的类名后有复分标识圈码标注)的复分注释提示标引员。经统计，《中图法》第五版有复分、仿分注释的类目共 1200 余条，其中 150 余条为指示性类目，共指示全表可复分类目有 14600 余条，《中图法》中近 1/4 类目使用时，可根据文献主题复分。因此，电子版机助复分赋号功能的研发是非常必要的，可提高分类标引效率、准确性和编目质量，解决了非受训人员对分类法复分理解有难度的问题，节省了不必要的劳动成本。

机助复分赋号主要依赖复分注释和组号规则。即依据 CLCMARC 的“6--类号组配说明块”等相应字段的描述，专用于资料复分的注释在 825 字段说明。复分顺序是体系分类法包括《中图法》复分规则严格规定的，不同的复分顺序，其组号结果完全不同。因此，机器需本着同一主题复分组号结果必须一致的原则学习复分，尤其要学会连续多次复分和跨越复分规则以及复分加 0 规则。其规则如下：

(1)若当前类有两处或两处以上连续复分注释时，复分优先顺序为与当前类由近到远的注释顺序执行类目复分。即先执行当前类的复分注释，再执行被仿类目的复分注释，第三执行被仿类目被包含的指示性类的复分注释，第四执行当前类被包含的指示类的复分注释，依此类推。如图 8-4 所示。

(2)复分组号加 0 规则：a：若当前类有下位类，配号时除附加被仿类目的尾号(不同号码部分)外，需提前在附加号前加 0，但若被仿类目为《中图法》自然科学部类(N/X 大类)的专类复分表、“一般性问题”和“总论复分

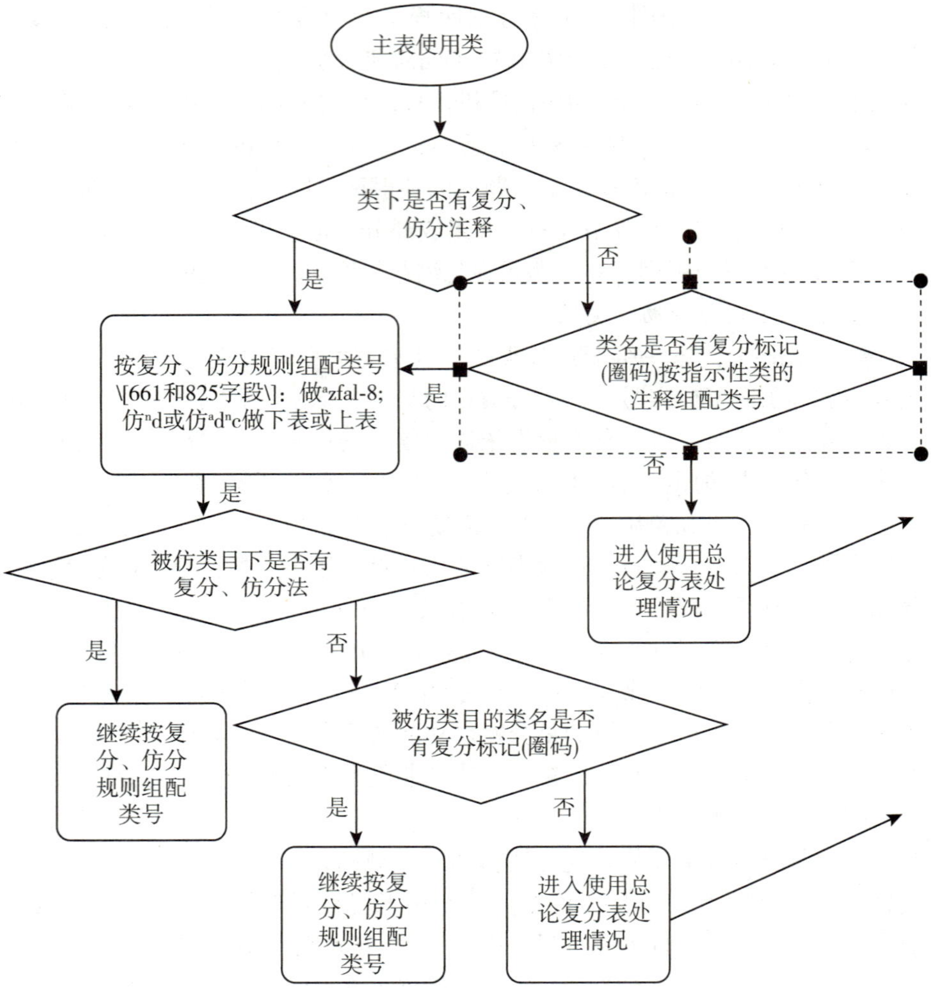

图 8-4　复分、仿分顺序流程

表”时，因附加号已提前配 0 或有-，则不需在附加号前额外加 0。若当前类复分仿分后的类号或其结构与其下位类不冲突时，不用加“0”，此情况需提前人工编制除外类目表用于软件执行。b：当连续顺序复分类目需跳过(跨越)一次复分或仿分执行下一个复分时，应在复分前的号码尾部加“0”。以上加 0 的目的是以免与当前类的下位类重号。如图 8-5 所示。

(3)若类目注释对复分加“0”有特殊规定，则优先按类目注释的规定执行即可。

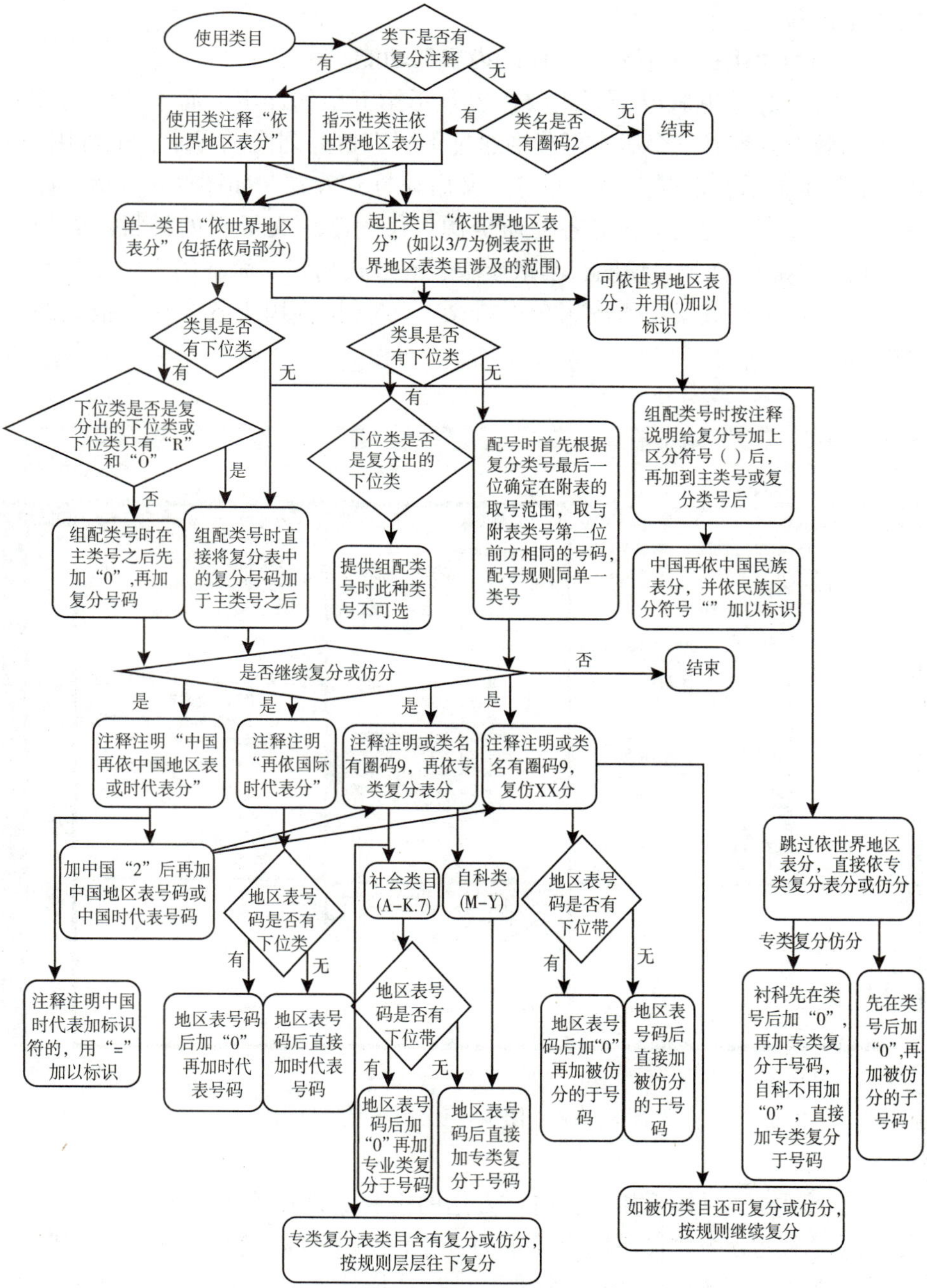

图 8-5　示例：依世界地区表分和中国地区表复分流程

以上是辅助分类软件依据的可读数据和学习规则，规则之外的特殊要求需人工提前在程序中干预处理。

(二)《中图法》第五版电子版的内容与功能

《中图法》第五版电子版主要内容包括第五版的详本、简本和期刊分类表三个版本内容。三个版本可分别通过不同窗口并列互动显示，也可用“标签”单版本显示，根据需要，用户定义启动打开方式。如图 8-6 所示。详本用于类分图书、论文资料等各介质资源，仅用于论文资料的类目，类号有“+”标记或指示性类目说明，与纸质版表现形式相同。简本用于中小型图书馆文献分类组织或仅用于图书分类排架。《期刊表》用于各介质期报刊的分类组织。

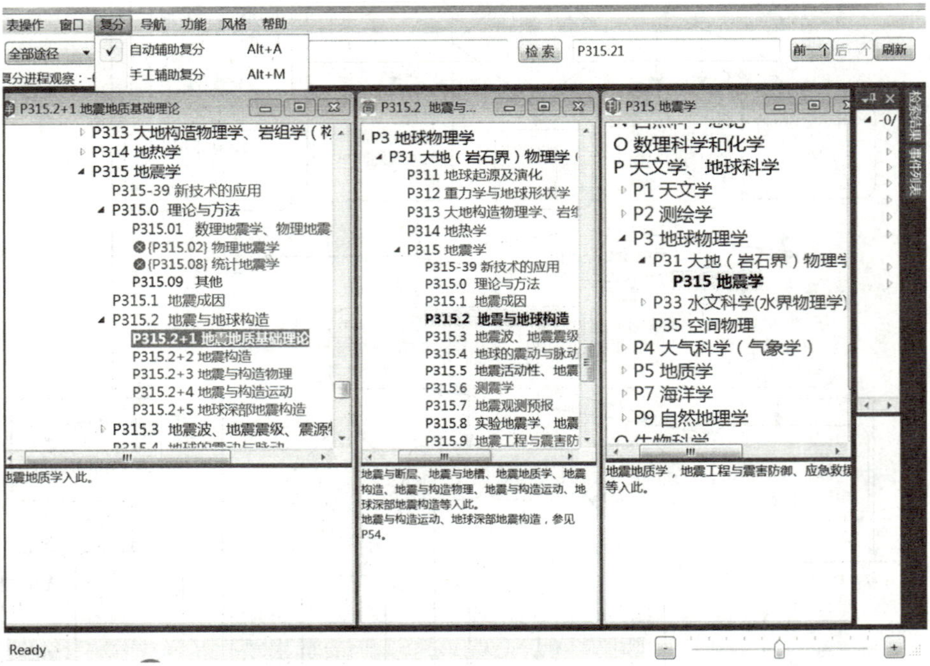

图 8-6 《中图法》三个版本互动显示

三个版本类目体系相同，内容表达的主要差别在于类目划分详简不同、复分深度和复分表数量不同。简本为详本所列类目数量的 10%，《期刊表》为详本所列类目数量的 4%，个别类目存在描述差异，但其类目实质相同。《期刊表》“形式复分表”“Z 综合性连续出版物”类的类目设置与详本不同，但不相互矛盾。因此，三个版本可在一个平台共同显示和互动使用。三个版本集成在一个平台，可方便用户同一主题分析，分别给出不同标识，满足不同资源整合和组织需求，通过详本检索可直接定位简本和《期刊表》类号，反之，通过简本或《期刊表》的浏览或检索有助于快速确定详本复杂主题的专指类目。

第5版电子版功能主要包括类目检索部分、类目显示部分和机助复分组号功能部分：

(1)检索部分：可选择从类号、类名、类目注释、主题词、索引标目词及其全部途径进行检索类目，检索方式包括任意一致、前方一致、后方一致、完全一致，根据检索点和需要开展准确检索、部分一致检索、全文检索及多词逻辑检索以及多版本类表检索等。

(2)显示部分：包括《中图法》主表与附表的类目树浏览显示、多版本类目互动显示、检索结果显示(区分不同版本的检索结果)、详细类目显示、注释类号的超文本链接显示(多版本互动和多窗口打开显示)等。可详细显示类目和相关类目，在详细显示类目下可复制类号、类名及类目款目的全部内容。

(3)机助复分组号部分：人工根据资源主题分析，确定类目，计算机根据定位类目显示所需复分表或仿分类列，人工选择或跨越复分表类目，机器根据规则组配类号并提示和显示可继续复分的类表或类列，人机互动，以此类推，最后按文献主题分析结果和类表复分顺序及要求完成该类目的复分组号或配号。

《中图法》电子版针对其印刷版存在的翻阅困难、难以从语词入手进行检索、固定的线性排列难以实现类目跳转、比较、判断，提供检索和多方式的可视化形式。解决复分组配困难，尤其是配号规则理解有误以及自动标引不能准确赋号等不适应的问题，参考国外分类法确立并实现了如下整体功能。

1. 简捷易用、多版本互动的系统界面

《中图法》电子版主框架界面可定义多版本打开或单版本打开。其界面由类目树框、类目注释框、菜单工具栏、检索栏和检索结果栏、复分类目框、复分结果栏、超文本框等界面组成(如图8-7所示)。可实现多版、多窗口互动显示，分别从主题词或概念、类号等进行检索，以及从详、简类目树互动浏览、互动定位、查找类目、自动推送复分类目和智能组号，降低类目查找难度、提高分类标引质量。超文本技术可方便地进行类目间的跳转、比较判断、选择类目，提高了标引效率。

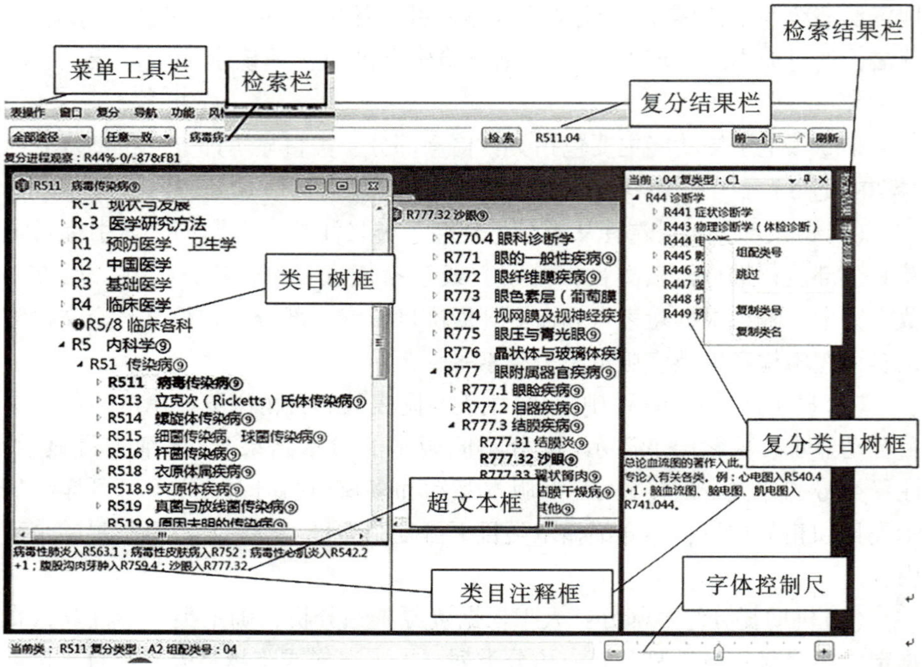

图 8-7 《中图法》电子版主界面

2. 多途径的检索功能

《中图法》电子版具备强大的检索功能，后台有《中国分类主题词表》25万余条的主题词、词串及关键词等类目索引词支撑，可从类号、类名、类目的注释文字、主题词、入口词、关键词、主题词组配式等途径进行简单检索或组配检索、全文检索和映射检索，即能够检索类表中出现过的任意概念、符号与类号，以及《中国分类主题词表》的主题词、标目词(类号索引词)和关键词的映射类及相关类。电子分类法还打破了印刷本的线性体系，实现多窗口多版本类目检索和系统推荐主题词的映射类检索，以便通过概念找到专指类及相关类。

3. 多维的浏览显示功能

通过类目树显示、复分表或仿分类列的同现显示、类目的详细显示、多版本检索结果显示功能实现类目的多层面、多窗口、超文本的多维显示。特别是类目间的超文本显示和复分同现显示，节省了翻阅印刷本的时间，大大加快了文献分类标引和检索的速度，用鼠标左键单击超文本窗的热点链接文字(注释或类号)，即蓝颜色的字符，就可以在当前详细窗内显示相关类目的详细内容。

4. 机助复分智能配号功能

《中图法》第五版电子版为了方便用户分类标引准确、解决复分难度，在文献主题分析选定类目后，由机器自动按复分顺序推送复分依据并自动赋号配号，保证分类标引的准确性、连续性与一致性。同时可浏览和追溯机助复分步骤以及复分号组配过程，对标引人员复核主题分析起到引导作用，对自学分类标引规则起到培训作用。如图 8-8 所示。智能复分功能使人机侧重点分工明确，标引员集中发挥文献主题分析的提炼能力，复杂的复分机理、配号过程和结果由机器把控确定。

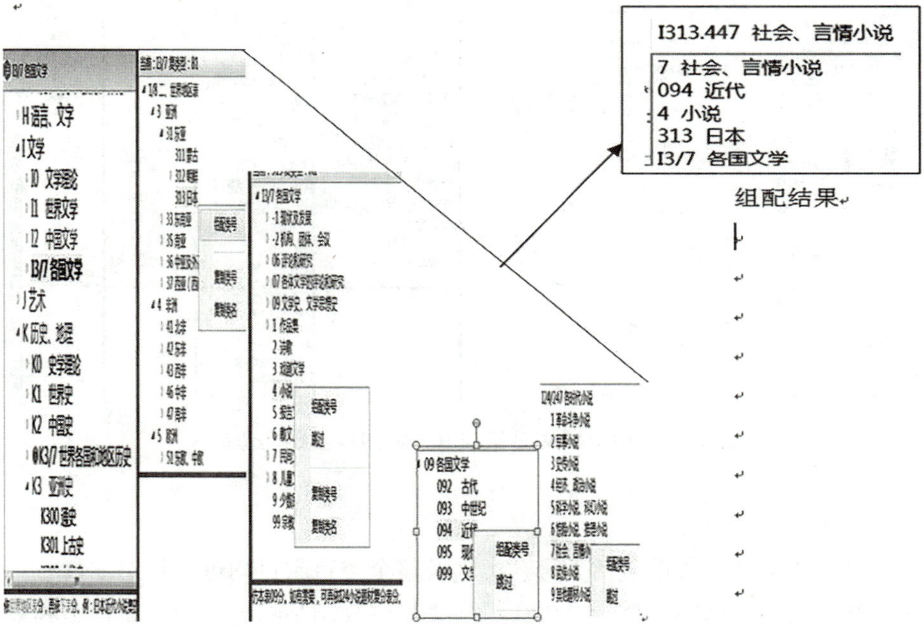

图 8-8　日本近代社会言情小说类号机器辅助组配过程

5. 方便与 Web 版链接复用功能

《中图法》电子版是为满足脱离服务器在本机开展文献资源分类工作的用户需求，与《中图法》Web 版相比，电子版增加了机助复分、智能配号及多版本互动等功能模块。为满足《中图法》Web 版用户这一需求，《中图法》电子版与 Web 版已建立链接功能，可相互使用各特有功能。即通过《中图法》Web 版或《中国分类主题词表》Web 版相同类目的右键菜单选择“标引”，自动发送标引类号，链接定位到《中图法》电子版的相同类目处，启用该版该类机助复分、智能配号功能，从而完成类号组配需求。同时也满足用户使用“简本”或《期刊表》电子化版本的需求(如图 8-9 所示)。

鉴于 Web 版具备用户撰写并记载在服务器的评注功能，电子版通过链接互通复用，满足用户增、删、改类目等评注信息集中记录于 Web 版中，以便即时反馈于《中图法》管理者，不再单独在电子版中设立评注功能。

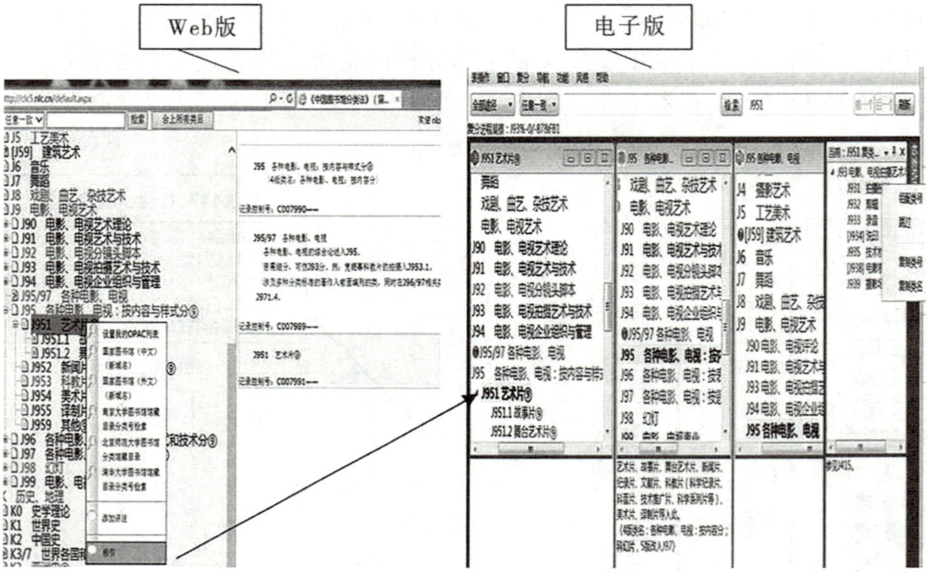

图 8-9 《中图法》Web 版与电子版 J951 类的动态链接

6. 复制粘贴功能

分类法的文本数据包括类号、类名及整个类目款目均可在类目注释栏选择右键，复制、粘贴，类号也可在组配类号栏复制粘贴，方便类目标引和数据使用。

(三)《中图法》电子版的使用

1. 系统主界面

《中图法》电子版具有友好的界面，易掌握、易操作。它的主界面由两种动态窗口和工具条、检索栏、类号组配栏组成。动态窗口包括三个版本类表的类目浏览树及注释窗口，复分类目或仿分类目浏览树及注释窗口。

(1)工具条的组成

程序启动的主框架第一栏为工具条，主要由电子版三个类表打开方式(启动打开和人工打开)、多窗口表现形式(多窗口同现以及排列方式(层叠、水平、垂直)和标签窗口)、辅助复分方式(自动、手动)等项目组成。如图8-7所示。根据用户使用需求，可随时选择和变更程序启动模式、多窗口排列方式以及辅助复分方法。

(2)检索栏的组成

程序启动的主框架第二栏为检索栏，包括检索途径(类号、类名、类目注释，对应标题词、主题词、入口词、入口短语等索引词及其全部途径)、检索方式(前方一致、后方一致、任意一致、完全一致)、检索项输入域、检索结果集。用鼠标单击“检索”按钮，即根据检索项可匹配的检索方式选择检索。

(3)类号组配栏的组成

程序启动的主框架第二栏检索栏之后排列的为类号组配栏，用于生成浏览树定位类号和组配复分合成的类号，即标引类号。如图8-8的组配结果栏，该栏有下拉列表，可展开浏览每步按顺序复分的复分号及其对应的类名。

(4)动态窗口的组成

程序启动后的主框架有1个或多个活动窗口，为类目浏览树框和类目注释框，即1个或多个版本的类目树。当定位某一类目时，会同现复分表或仿分类列的浏览树框和复分或仿分类目注释框。如图8-7和图8-8所示，即为全表和复分或仿分类表的活动窗口。

2. 检索栏的使用

《中图法》电子版的检索栏中提供了检索项输入域、检索途径下拉列表、匹配方式下拉列表、打开检索结果集按钮、检索按钮。其中“检索项输入域”输入检索字符，“检索途径”选择检索对象或其索引词，“匹配方式”选择与检索对象或其索引词的匹配算法。电子版的检索原理是根据用户输入的检索项、用户指定的检索途径，在数据库或其索引中进行搜索，在搜索中，按照用户要求的匹配方式进行匹配运算。

(1)检索项输入域

在检索栏输入要检索的内容。检索项输入域的内容与选用的检索途径和匹配方式相关。如果选择的检索途径是“类号”，那么检索项必须是一个类号，否则无法检索到所需要的结果。

(2)检索途径

检索途径有类号、类名、类目注释、类目索引词(包括主题词、标题词、入口词或入口短语)、全部途径。

①类号：《中图法》中各种类号包括标识符，如起止类号的标识符“\”

等都可完全照录作为检索入口。检索时，系统忽略标识符。通用复分表复分号，除“总论复分表”复分号外，均为阿拉伯数字，为机器可读区分不同复分表的类号含义，在《中图法》MARC 数据中用 fb1-fb8 分别代表 8 个通用复分表的标识符，其对照关系如下：

fb1＝总论复分表

fb2＝世界地区表

fb3＝中国地区表

fb4＝国际时代表

fb5＝中国时代表

fb6＝世界种族与民族表

fb7＝中国民族表

fb8＝通用时间、地点和环境、人员表

检索复分号时，可同时输入通用复分表的标识符，以便进行专指检索。

②类名或类目注释：包括类名及注释中有检索意义的字符。

③对应主题词或入口词或入口短语：通过类目对应词及其入口词或标题词的短语检索出映射类。该检索词为后台索引词，用户不能直接浏览但可通过单字或单词的前方一致或任意一致方式，系统推荐出相似词，选择某相似词后，可采取完全一致或前方一致或后方一致或任意一致的匹配方式检索出相似词的对应类。

④对应标题词：通过类目对应的标题词检索出对照映射类。即通过两个或两个以上的单个词组配检索，每个词间采用“ \ ”分隔符，组配次序系统忽略。同理，标题词为后台索引词，每个词选择同样如上所述，由系统推荐相似词方式，然后采用多词逻辑计算检索命中该标题词映射的类目。

(3)匹配方式

《中图法》电子版的匹配方式有完全一致、前方一致、后方一致、任意一致匹配，即代表类表内容(类名、类号、注释文字、主题词、标题词等)的完整部分、前方、后方、任意位置分别与检索项相同，则算命中，其中类号只能选择前方一致和完全一致，类目注释和标题词只能选择任意一致才有检索意义。

(4)检索注意点

第一，凡是《中图法》中的类号，均可从检索栏中查找。但若以经过标引员复分、组配而成的类号作为检索项，则不应选择类号途径，选择全部途径有可能有命中结果；第二，以类名为检索项时，输入必须是有检索意义的内容，否则检索结果没有参考价值。第三，主题词检索时注意系统推荐的相似概念主题词的选择，检索命中的为其映射类，即该类包含此主题词完整概念，不是其某一方面的概念，因此，注意命中结果为检索词的专指类目和相关类目的判断区分。

3. 类目浏览、多表互动、确定类号

通过类目树框进行浏览定位，类似于翻阅《中图法》，使用超链接技术，可迅速命中相关类。类目树是《中图法》的类目详表，图标左边有“▷”或“◢”的标志，表明它是“未展开”或“已展开”的一个类目，用鼠标左键单击“▷”或“◢”标志，可以“展开”或“收起”类目的子目。鼠标停留在某一类目上时就会出现该类目的相关注释框。若类目有复分注释或复分标记，会互动再现复分表或仿分类列框，可浏览选择复分类目，右键点击组配类号。用户可逐级浏览类目，互动浏览或组配到所需要的类目为止，分类号或组配号定位在复分结果栏中，可复制获得标引类号。

浏览方式可以使检索者在浏览过程中逐步明确检索目标和复分结果，也可以多版本间浏览互动，通过“简本”或“期刊表”大纲式浏览查找到“详本”深级类目，反之，通过“详本”深级类目浏览定位“简本”或“期刊表”浅级类目。如图 8-10 所示。如浏览详本类目树查找“绿豆施肥”类目的路径和多表定位类。S 农业科学→S5 农作物→S52 豆类作物→S522 绿豆→S506 土壤、施肥＝S522：S506＝S522. 06。

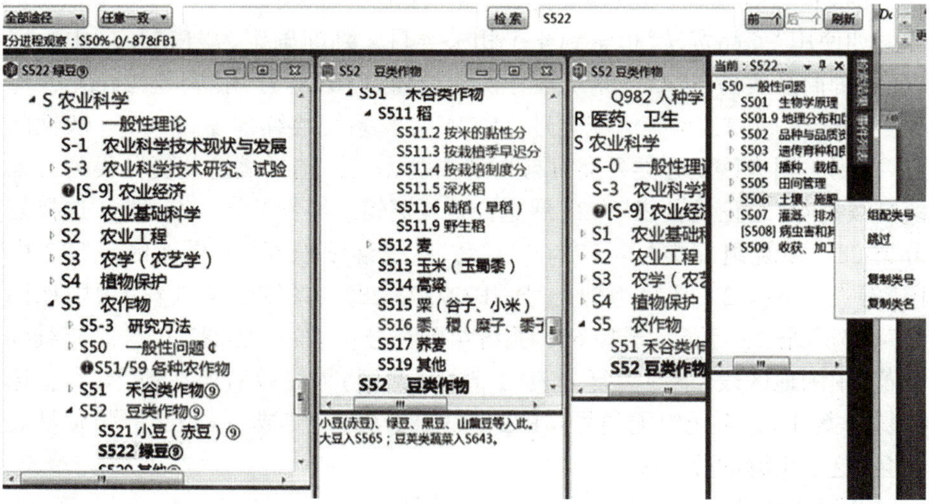

图 8-10　《中图法》电子版类目树“S522 绿豆”与“S506 土壤、施肥”浏览组配选择

4. 机助复分智能配号使用

电子版提供手动辅助复分和自动辅助复分两种形式，可根据复分需求选择使用。手动辅助复分与自动辅助复分不同点在于首次复分需人工点击触发复分表，再连续复分则与自动辅助复分功能相同，即由机器根据复分规则自动连续推荐复分表，选择复分类目，右键点击、组配复分号完成智能配号功能。系统启动推荐使用自动辅助复分方法，其使用要点如下。

①根据文献主题分析结果选择所属类目开展复分。

电子版可利用各种检索方法选定文献主题所属类目，如通过主题词或关键词查找选定类表中列举的类目或浏览类表定位所属类目，系统会根据选定类目自动连续逐步推荐复分表或仿分类列，人工在复分表框选择复分类目，右键组配类号或根据文献主题内容跨越复分开展下步复分组号工作，由人机互动逐步完成分类赋号过程。

例 1："越南对中庸之道研究进展动态"这一主题的分类：

如使用"中庸之道"查找到"B222 儒家"类目，系统自动推荐专类复分表"5 研究、评论"等复分类目，选择复分类目 5，右键点击，系统组配类号：B222. 05(根据规则自动加 0)，系统继续推荐"总论复分表""-1 概况、现状、进展"等类，选择复分类目-1，系统组配类号：B222. 05-1，系统继续推荐"世界地区表""333 越南"等类，选择 333 类，系统组配类号：B222. 05-133. 3。由系统辅助、人工选择、机器配号完成"越南对中庸之道研究进展动态"这一主题分类配号。

例 2："医药品广州贸易展览会"这一主题的分类：

如使用"商品贸易"检索到 4 个相关类目，判断确定为"F724. 7(中国国内)各种商品贸易"类目，系统推荐仿分类列"F763 医疗用品、医药品⑨"等类目，选择 F763，系统组配类号：F724. 73，系统继续推荐"F760 一般性问题"类列，因为该复分类列类目与文献主题无关，选择跳过此复分类列，系统继续推荐"总论复分表""-28 展览会、展览馆、博物馆②③"等类，选择复分类-28，系统组配类号：F724. 73-28，系统继续推荐"世界地区表""2 中国"等类，选择 2，系统组配类号：F724. 73-282，系统继续推荐"中国地区表""65 广东省"等类，选择 65，系统组配类号：F724. 73-282. 65，系统继续推荐"中国地区表"下专类复分表"1 省(自治区)人民政府所在地"等类，选择复分类目 1，系统组配类号：F724. 73-282. 651。完成"医药品广州贸易展览会"这一主题的分类配号。

②对连续复分的起止类号禁止首次跨越复分。

《中图法》为体系组配式分类法，起止类号为依地区表或时代表或民族表复分或仿主表分的一组起始范围内的待组配类号，不能直接标引需复分组配后引用。起止类一般要求连续多次复分或仿分。因此，电子版要求起止类首次复分不允许选择跨越复分，这样才能保障其后连续复分类目的正确配号。如图 8-11 所示，K833/837 类目首次复分禁用跳过选择。

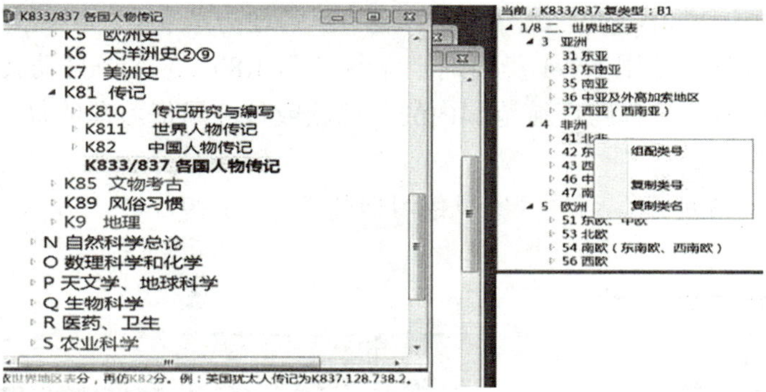

图 8-11　K833/837 类目的组配“跳过”禁用空白

③已在表中提前复分列举的类目禁止重复复分。

《中图法》也为列举式分类法，对一些常用主题会提前复分列举在类表中，同时允许对不常用的同位类目采用后组复分使用。电子版对一些先组类目采取禁止推荐复分表或用提示语指导选择复分的方法。如：K3/7 世界各国和地区历史，涉及多种层次复分类目的选择。对常用国家或地区的历史在类表中已按时间详细列出，对不常用的国家或地区历史则采用依世界地区表分，并仿分其下专类复分表，凡在国家下已详列子目者，其通史可依专类复分表“0 通史”细分。如图 8-12 所示，K531 芬兰史，为已列举的国家或地区的历史，系统采用右键复分的提示语，以便其下层次的复分正常进行。

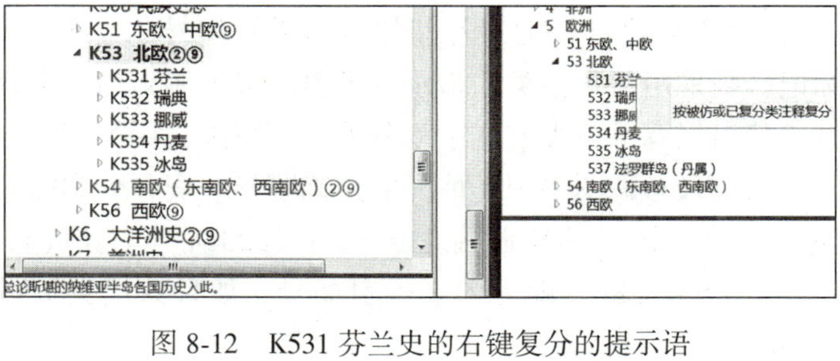

图 8-12　K531 芬兰史的右键复分的提示语

④对被仿分的类目中含继续复分的选择使用。

《中图法》对被仿分的类目中含继续复分要求，需根据文献主题选择复分或跨越复分使用。若非中国所属类目需仿中国下属类目复分时，该类有依中国时代表或中国民族表或中国地区表等复分要求，系统会自动转换为国际时代表或世界民族种族表或世界地区表等。例如：“K891 世界风俗习惯”可仿“K892 中国风俗习惯”分，其中“K892.4 各地方风俗习惯总志”，要求依中国民族表分。使用 K891 类目时，系统会将 K892.3 注释自动转换为世界地区表，以满足选择跨区域范围内的某民族或种族风俗习惯的复分需求，以及正确配号。

如图 8-13 所示，西方国家风俗习惯的类号：K891.419.56。

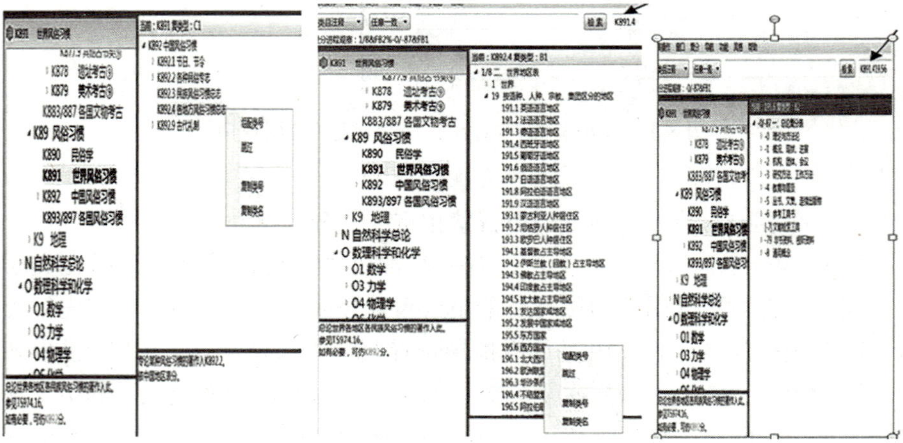

图 8-13　西方国家风俗习惯的组配类号生成过程

⑤资料复分特殊需求的使用。

《中图法》详表区分为图书资料共用类和资料独自用类，在类表中类号一般用+号标记为资料独自用类，若其类号为借号编号制度无法通过+前方一致方法标记，则采用包含该类的指示性类目注释说明。当图书资料共用类复分使用时，若出现有下位类或连续复分涉及资料独自用类有复分注释的判断矛盾时，则系统只考虑图书用类情况的正确赋号。资料分类需人工干预组配完成。如：各种牛繁殖的文献主题，选择 S823.8 类(有资料用的下位类)，系统赋号为 S823.83，即为图书标引类号。如果为论文资料，人工将其改为 S823.803。

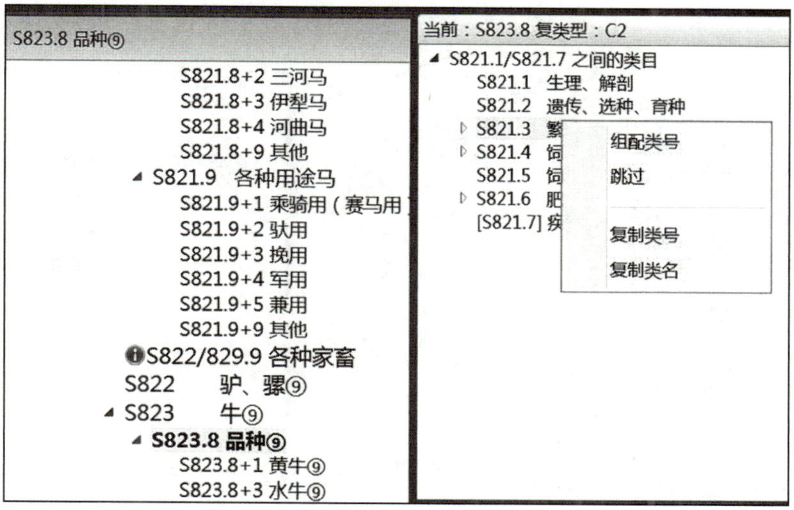

⑥其他复分规定使用。

电子版对《中图法》列举类中特殊编号制度如借上位编号的下位类或提前复分列举的同位类，上位类复分时均不需加 0。《中图法》还有一些类目复分时要求加地区复分号或时代复分号或民族复分号的标记，如( )、=、“”，系统对类似的特殊规定均可正确执行，标引员使用时应注意掌握。

例 1：上海民国经济史：F129. 6(251)。

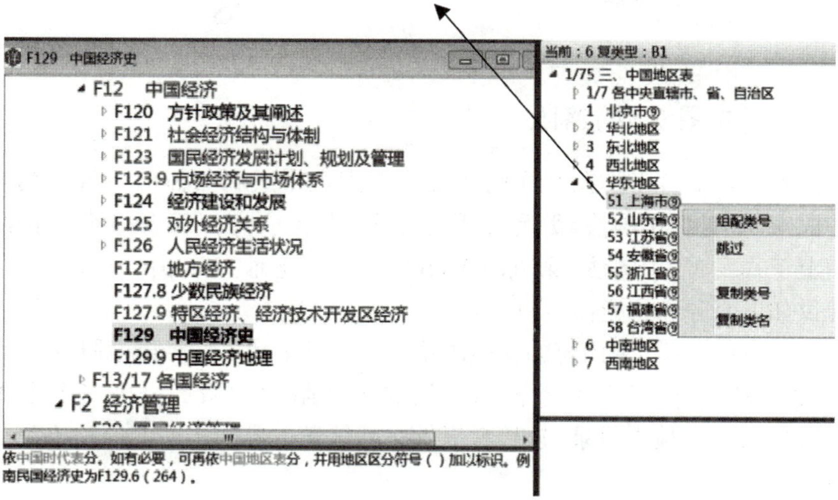

例 2：金石文考订研究：K877.24。

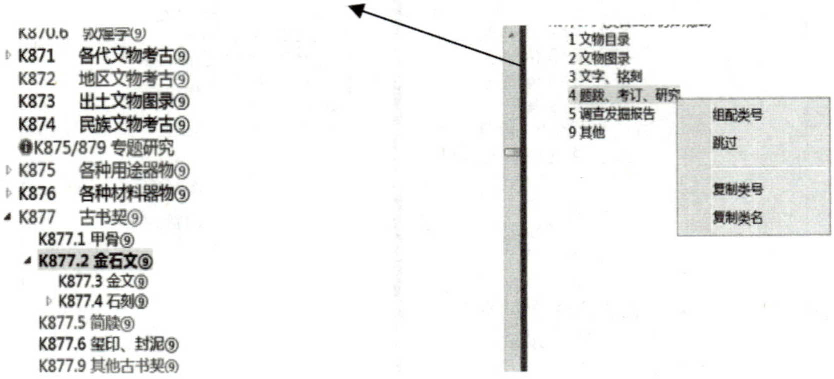

例 3：泰国哲学：B336。

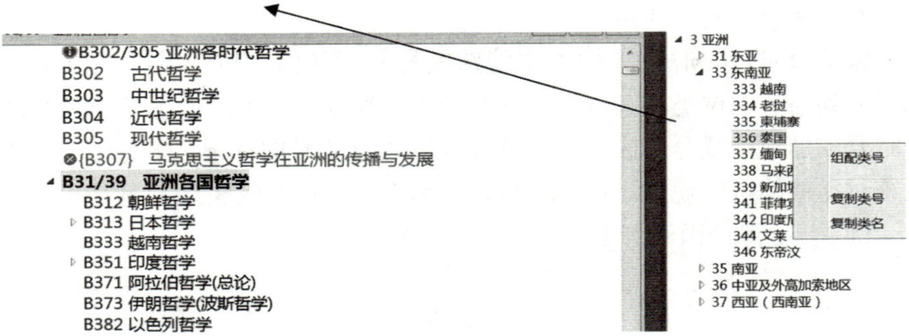

二、《中图法》网络版

随着检索语言工具在互联网环境中的表现形式和具体应用等问题的出现，国家图书馆《中图法》编委会开展大量的相关研究，于 2011 年在国际互联网上正式发布《中图法》第五版 Web 版，访问地址为 http：//clc5. nlc. cn，已提供如下服务和功能：

(1)提供各类知识内容的在线浏览、互动显示和多途径检索服务。

(2)为广大读者和参考咨询人员提供文献检索服务，可与多个 Web OPAC(联机公共检索目录)连接，提供文献信息内容的多库实时检索和学科导航服务。

(3)为分类标引用户提供利用分类号标引发送服务，把所需分类号粘贴到剪贴板供分类标引系统使用。

(4)为广大读者等各类用户提供评论注释服务，可从任何角度针对类目添加评注，方便用户建立个人书签、公共使用文档，也使我们能快速掌握读者及用户使用信息，以便提高《中图法》服务质量，更好地开展知识服务。

(5)为业界提供《中图法》(第五版)的实时更新数据服务，利用更新系统和评注系统可实时更新《中图法》(第五版)的数据，缩短《中图法》维护修订周期，在《中图法》(第五版)印刷版基础上，Web 版包含《中图法》(第五版)出版后的所有修订刊物信息。

(一)《中图法》Web 版主页面

主页面分上下两栏，上栏为《中图法》检索途径、用户使用功能设置及管理；下栏分左右两栏，左栏为“《中图法》(第五版)类目浏览表”，右栏初始页面为“《中图法》Web 版使用说明”，选定左栏类目后，右栏页面随即显示该类目的详细款目及其在分类法中的位置(如图 8-14、图 8-15 所示)。

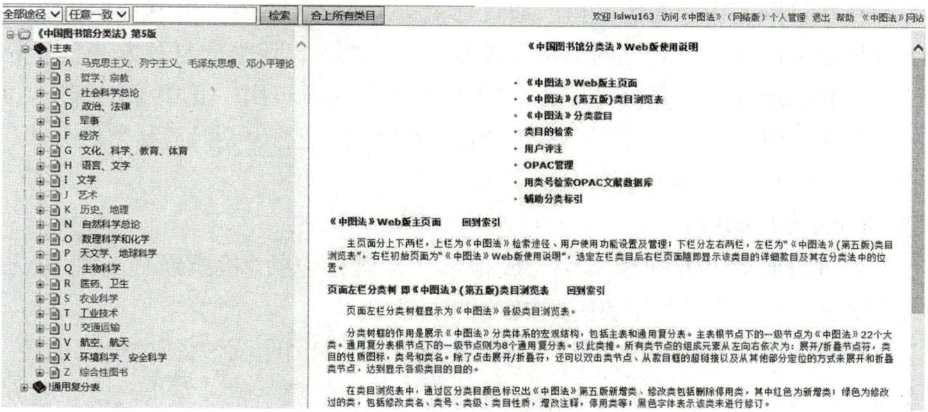

图 8-14　《中图法》网络版主页面截图

(二)页面左栏分类树

页面左栏分类树框显示为《中图法》各级类目浏览表。其作用是展示《中图法》分类体系的宏观结构，包括主表和通用复分表。主表根节点下的一级节点为《中图法》22 个大类。通用复分表根节点下的一级节点则为 8 个通用复分表。

在类目浏览表中，通过区分类目颜色标识出《中图法》第五版新增类、修改类，包括删除停用类，其中红色为新增类；绿色为修改过的类，包括修改类名、类号、类级、类目性质，增改注释，停用类等；黑色字体表示该类

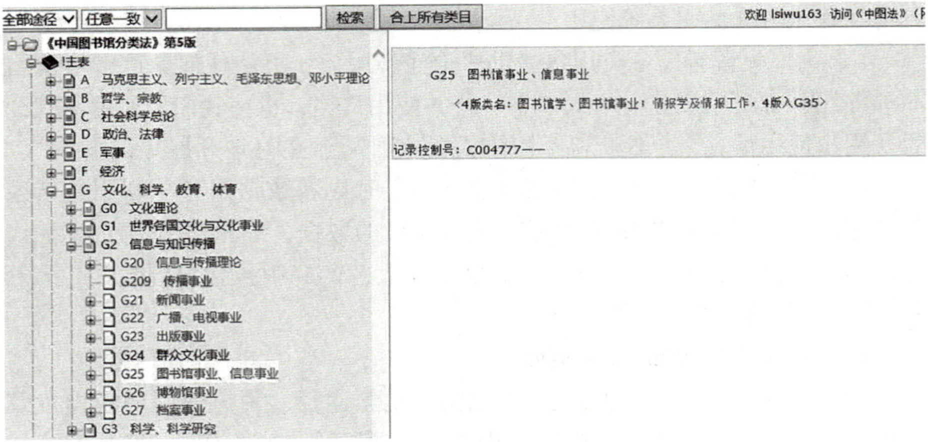

图 8-15　选定类目 G25 的详细款目

未进行修订。

在类目浏览表中的类名后，通过标记符①②③④⑤⑥⑦⑧⑨标识出类下无直接复分注释而需复分的类目，以便提示分类人员该类的复分方法及复分范围，起到增强类目复分助记性、降低复分难度等作用。其中标记符①-⑧分别对应《中图法》第五版的 8 个通用复分表，标记符⑨对应“专类复分表”或“一般性问题”类或临近仿分类。

(三)类目的检索

通过页面最上方的检索栏完成检索，检索栏包括“检索途径”“匹配方式”“检索词输入框”“执行检索按钮”四个部分。

检索途径也称为检索入口点或检索点，提供 4 个检索途径：全部途径、类号、类名、类目注释。一共有四种匹配方式：任意一致、完全一致、前方一致和后方一致。

(四)用户评注

用户可以随时将分类法使用中的特殊规定、使用说明等以“评注”的形式添加在分类款目上，以便记载和查找本单位使用分类法的详细规定和特殊细节；同时，用户还可以将类目的问题、对类表及系统的意见及建议添加在“用户评注”中，便于《中图法》编委会实时更新维护《中图法》类表及完善改进 Web 版系统。

用户如果需要加入“评注”，在分类树框或分类款目详框中点击鼠标右键，在弹出的快捷菜单中选择“添加评注”命令，即可在评注窗口的文本框中加入新的评注或修改以前的评注。保存后，在该分类款目详细框显示新增或编辑过的评注。点击右上角的“个人管理”，用户可以对自己所做过的所有分类评注统一进行查看和编辑。

（五）OPAC 管理

在“个人管理/OPAC 管理”中单击左栏的“OPAC 列表”，系统将已有的 OPAC 检索式以表格方式提供。“OPAC 名称”指显示在分类树框或分类款目详细框中右键菜单上的项目名称。“OPAC 地址”是加上分类号后检索该 OPAC 数据库的检索式。

第二节　《杜威十进分类法》网络版

分类法的网络版，主要是指在因特网上获取、使用、更新的分类法版本。它既不同于光盘版的单机版，也不同于光盘版的网络版（在局域网上使用的光盘版）。DDC 的电子化与网络化一直走在世界分类法的前列：1993 年研制的“电子杜威”开创了分类法电子版的先河，1996 年开发了“视窗杜威”（Dewey for Windows），2000 年又率先推出了网络版 WebDewey。WebDewey 是在网上获取、使用与更新的 DDC 分类法版本。具备检索与浏览、DDC 类号与国会图书馆标题表（LCSH）的匹配、从映射的 LCSH 标题到 LCSH 规范档的链接等多种功能。允许用户将自己的注释添加到 WebDewey 中，建立分类法“使用本”。

WebDewey 是 DDC 最容易使用的方式。主要用于：（1）DDC 类号检索与浏览，以及与 LCSH 标题词、MeSH（医学标题表）的映射；（2）增加与显示使用评注；（3）易于导航的、简单的用户界面，既适合于新手也适合于高级用户。

一、WebDewey 的主界面

WebDewey 主界面包括了检索、高级检索、浏览与评注功能，涵盖了主表与复分表的所有内容，以及杜威服务的所有栏目（如图 8-16 所示），还设置了基本检索框。

二、类目记录显示

（一）具体类目记录

点击任一类号的超链接，即进入类目记录页。如图 8-17 所示，类目记录页主要包括以下部分：类目层级关系显示框、类目注释框、相关索引词框、关联术语框（LCSH、MeSH、BISAC）、其他术语来源框（用于设置上述三个关联术语框的显示与否)、用户注释框。部分类目还设有历史沿革信息框。

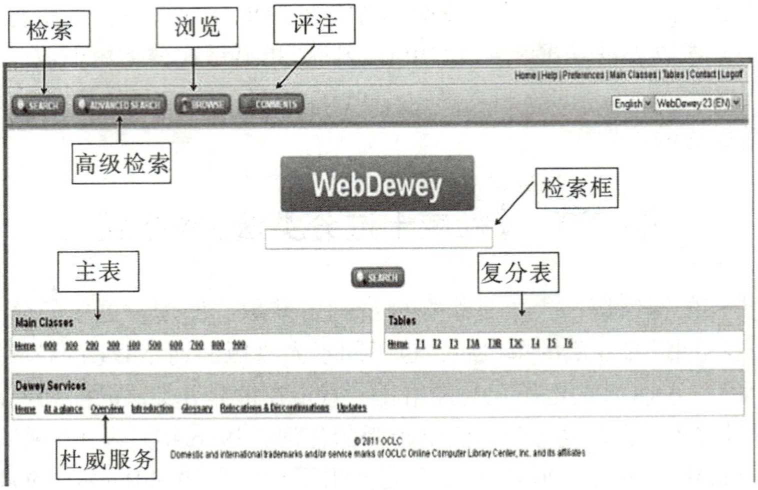

图 8-16　WebDewey 主界面

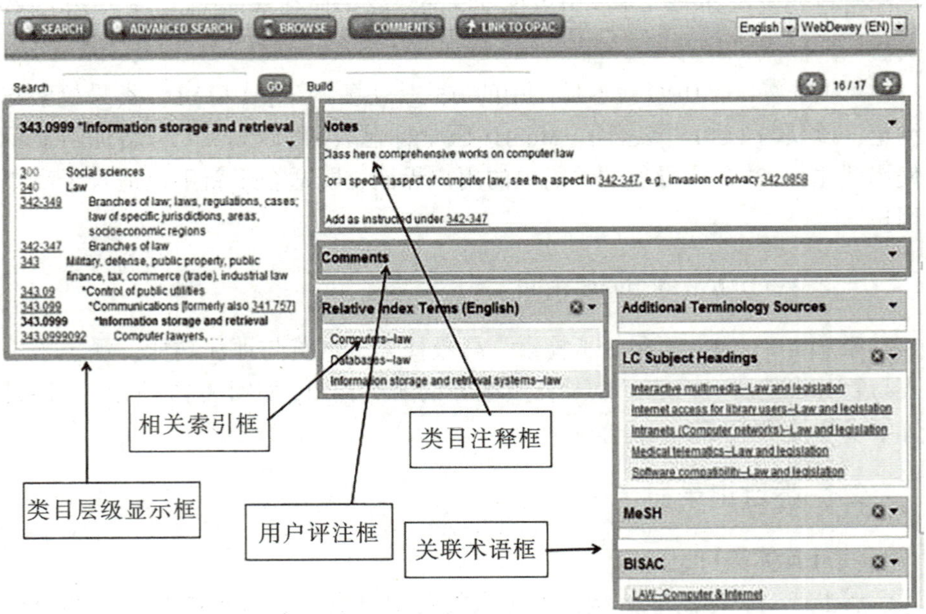

图 8-17　“343.0999 信息存储与检索法律”类目记录页

(二)复分表类目记录

复分表不能单独使用，需同主表一起使用，它为复杂主题的进一步揭示提供了途径。单击 WebDewey 首页“Tables”中的“Home”即可直接进入复分表首页，如图 8-18 所示。

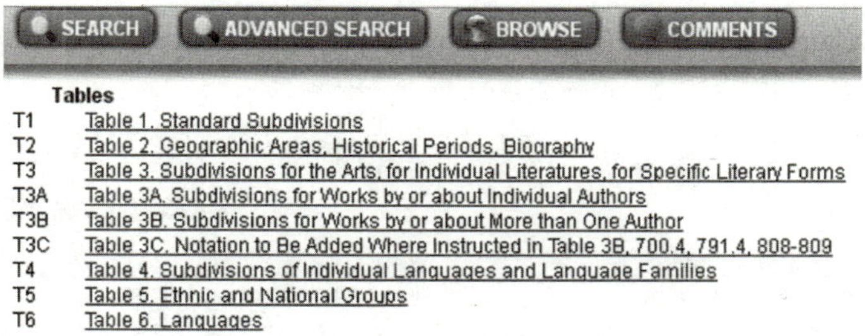

图 8-18　复分表首页

点击复分表标题的超链接可进入复分表类目记录页。页面主要由以下部分构成：复分表类目层级显示框、使用说明框、用户评注框、相关索引词框、关联术语框和历史沿革信息框。页面结构与类目记录页类似。

三、WebDewey 的使用

(一)检索界面

点击“Search”按钮，便可进入检索界面。可进行一个条件的简单检索，也提供了逻辑“与”“或”“非”的高级检索。需要注意的是：检索词要与“in”后的检索途径相匹配。如以类名作检索词，则要选择“Caption”。另外，WebDewey 还支持通配符检索和词邻近检索，从而进一步提升了系统的完整度与精确度。例如输入“chinc *”，便可检索出所有以此开头的单词，并显示其所在的类目与类号。

(二)浏览界面

点击系统首页上端的“BROWSE”即可进入浏览界面。界面主要由浏览框、浏览途径选项列表两部分构成。WebDewey 共提供 DDC 分类号(含类名)、相关索引、LCSH、MeSH、BISAC 五种浏览途径(如图 8-19 所示)。

(三)用户注释的创建

WebDewey 提供用户注释功能，允许用户把自己的注释添加到系统中，以反映出相关机构和个人的分类惯例与特殊规定。同时也有助于 DDC 的管理和维护机构及时掌握用户的使用信息和意见建议。

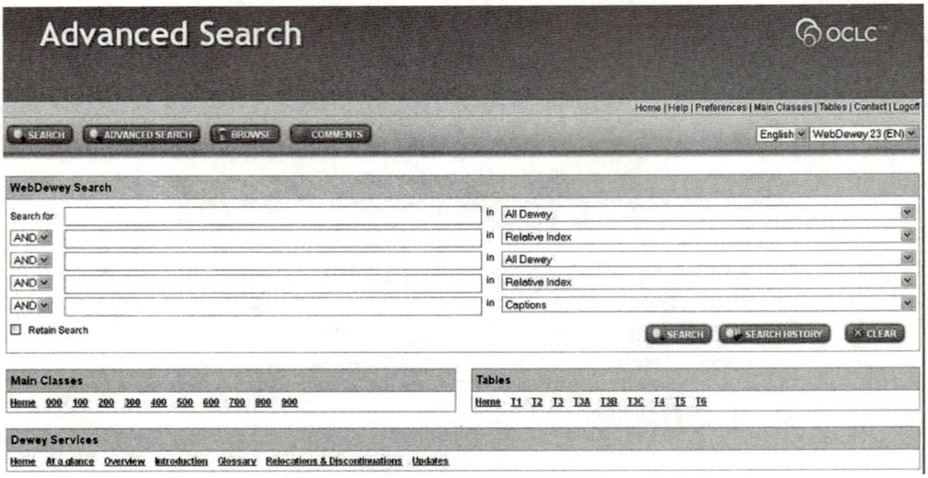

图 8-19　WebDewey 的高级检索界面

系统首页的"COMMENTS"即是用户注释页面的入口。页面由上方的"Search"和下方的"Comments"两个子页面组成(如图 8-20 所示)。在上方的检索框中输入关键词,点击右侧的"Search"即能实现对用户注释内容的检索,并查看用户曾添加过的注释记录。点击"New Comment"可新创建一则注释,其中"Type of Comment"(注释类型)、"Title"(注释标题)和"Comment"(注释内容)为必填项。编辑完成后,点击"Save"便成功保存了注释(如图 8-21所示)。

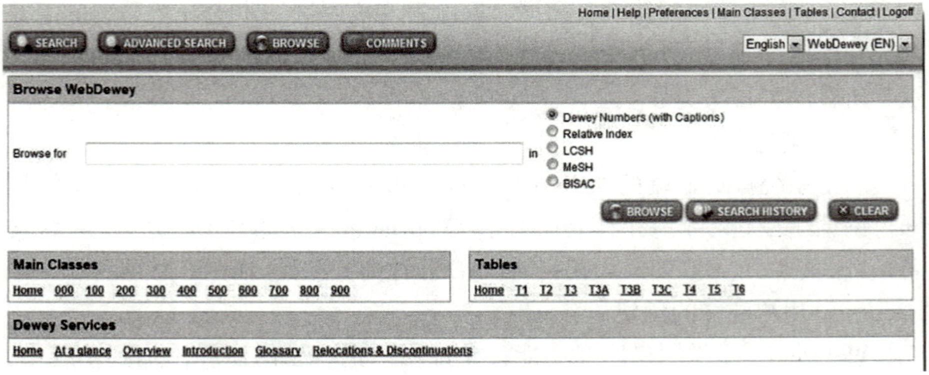

图 8-20　WebDewey 的浏览界面

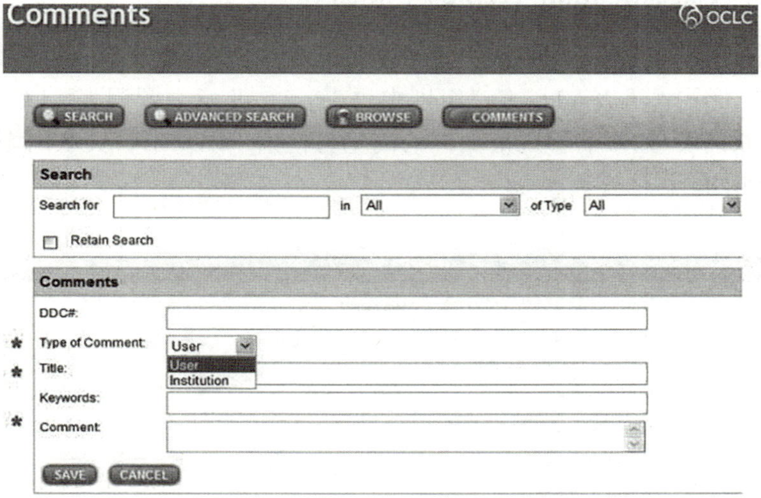

图 8-21 WebDewey 用户注释

第三节 《美国国会图书馆分类法》网络版

Classification Web(简称 Class Web)是美国国会图书馆于 2001 年推出的国会图书馆分类法的网络版，实现了国会分类法与标题法的兼容，用户在检索分类号的同时，还可查看与该分类号相对应的标题词的关系。该网站由国会图书馆每日对其进行更新，用户可获取最新版的国会图书馆分类法数据库。

Classification Web 的主要特点：

(1)全文显示 LCC 分类法数据；

(2)以熟悉的叙词表模式显示 LCSH；

(3)显示国会图书馆名称标题；

(4)所有文档可每日更新；

(5)可实现 LCC 分类号与 LCSH 的关联；

(6)强大的检索与导航工具；

(7)通过增强浏览器实现强大的类号计算功能，当使用复分表时，可以自动计算并组合复分表与主表的分类号；

(8)方便的用户注释功能；

(9)可链接当地 OPAC 数据。

一、Classification Web 的主界面

Classification Web 的界面，主要功能包括 LCC 分类法、LCSH 标题表、LC 体裁/形式术语表、LC 人口组别术语表、LC 儿童主题词表、LC 音乐演奏媒介叙词表与 LC 名称规范文档的浏览与检索，以及书目关联的浏览(如图 8-22 所示)。

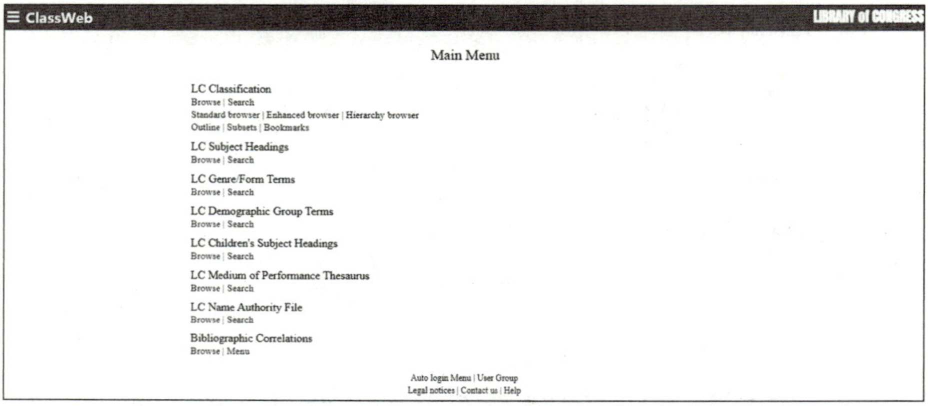

图 8-22　Classification Web 的主菜单

在“Main Menu”页面中点击“Browse”，可浏览(逐页)分类法 A 到 Z 类的所有类目，包括复分表的内容。点击“Search”，可提供简单检索与高级检索(布尔逻辑检索)。另外还支持截词检索。

二、Classification Web 的使用

(一)标准浏览器(Standard Browser)的使用

在“Main Menu”页面中点击“Standard Browser”，便可进入标准浏览器的界面。可显示主表、复分表以及与链接其他相关类目。当点击复分表时，屏幕上的数据则替换为复分表的内容。类号的标引与计算必须由编目员人工完成。

(二)增强浏览器(Enhanced Browser)的使用

在“Main Menu”页面中点击“Enhanced Browser”，便可进入增强浏览器的界面。该浏览器是建议使用的默认浏览器，能够将主表和复分表的类号组合在一起，当点击链接在该浏览器中的复分表时，复分表就会整合显示(产生一个经过计算的完整的类号以及相应的类名)在类表中。如在检索栏输入

“hd0000”，点击检索，显示结果如图 8-23 所示。选中类名“Periodicals, Societies, Serials”(蓝色加亮)，是将复分表 H18 中的相关类名与 HD9000 类号进行计算，得出相应类号，如食品供应与生产贸易的期刊、社团与连续出版物，其类号为 HD9000.1。类号 HD9000.1、(HD9000.2)、HD9000.3、HD9000.4……就是计算了复分表 H18 的结果。

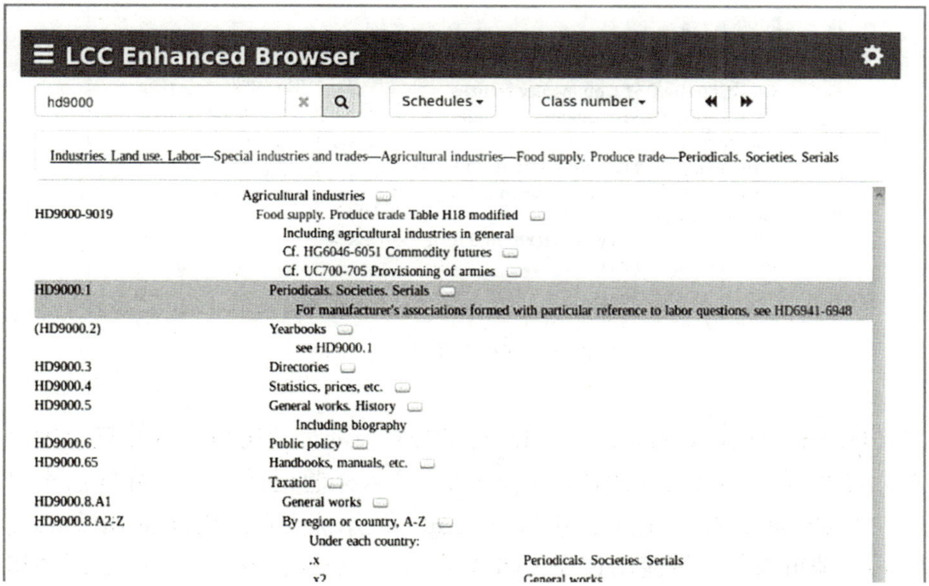

图 8-23 Classification Web 增强浏览器

(三)等级浏览器(Hierarchy Browser)的使用

Classification Web 的等级浏览器可浏览 LCC 中所有等级的类目。在“Main Menu”页面中点击“Hierarchy Browser”，便可进入等级浏览器的界面。以 HD9000-9019(食品供应，生产贸易)类为例，输入“HD9000-9019”，执行命令。页面则显示“HD9000-9019”大类，点击有超链接的类名，即可进入下一级类目，逐层浏览。等级浏览器可以实现复分类号的自动计算。

(四)分类法数据链接

每一条分类法记录后面有一个白色的按钮，点击会弹出下拉菜单。如增强浏览器中的类号 HD9000-9019，在点击按钮前，其显示如图 8-24 所示。当点出按钮弹出图标时，其显示如图 8-25 所示。

其菜单有 6 个主要功能：Dewey correlation，显示该类号对应的杜威分类

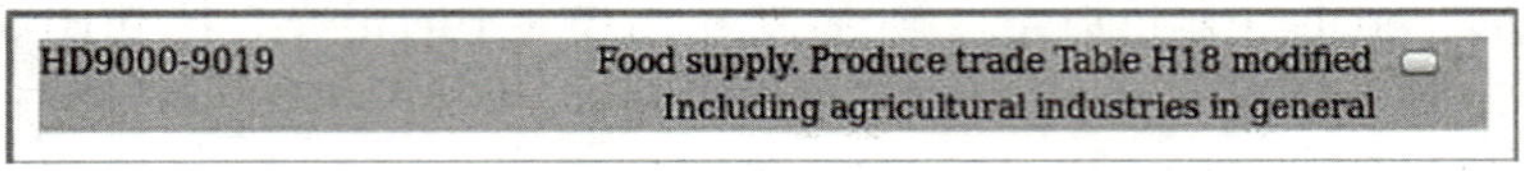

图 8-24　下栏菜单弹出前示例

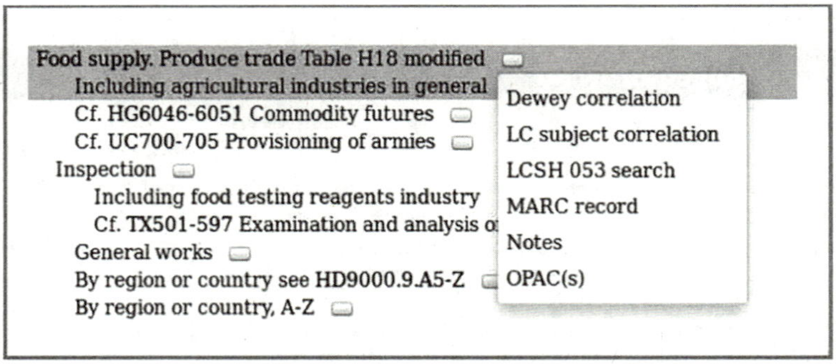

图 8-25　下栏菜单弹出后示例

号；LC Subject correlation，显示 LC 分类号对应的最常用的 LCSH(国会图书馆标题表)的标题词；LSCH 053 search，显示标题记录中包含分类法类号 053 字段中的 LCSH 标题词；MARC record，显示该类目的机读 MARC 格式；Notes，编辑该分类号使用评注；OPACs，显示收录有该类号文献的图书馆的联机公共查寻目录列表。

第四节　《中国分类主题词表》的电子版与网络版

一、《中国分类主题词表》的电子版

《中分表》(Chinese Classified Thesaurus，CCT)电子版是在《中国分类主题词表》标准的机读格式数据库和管理系统的基础上，开发的可应用于网络环境下的分类—主题一体化标引和检索工具，是通过软件开发把分类法—主题词表结构化的机读数据，以多文档、多窗体形式，用动态手段再现分类主题一体化的对应转换结构及其语义结构。

(一)主窗体

主窗体的标题名称是“《中国分类主题词表》”。主窗体是词表电子版的框架窗体，即系统的工作区。所有子窗体表均显示在它的里面(浏览表除

外）。主窗体还包括菜单栏、工具栏、检索栏、检索结果栏和状态栏等系统功能结构组件（如图 8-26 所示）。

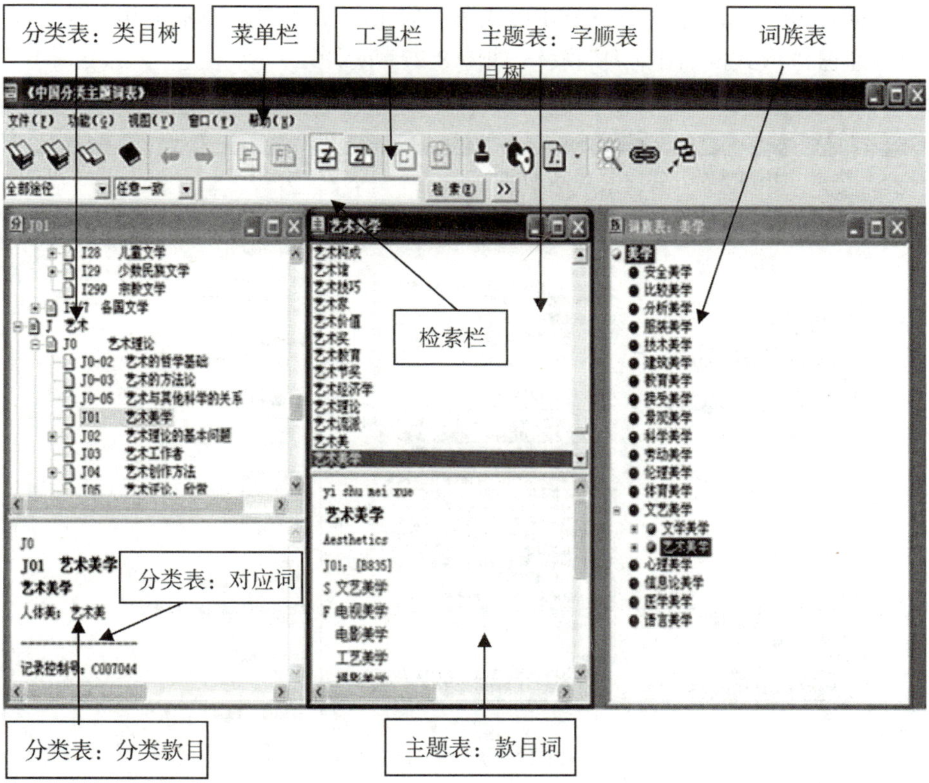

图 8-26　《中分表》电子版主窗体

其分类表由两部分组成：分类树框和分类款目框。分类树框的作用是展示分类体系的宏观结构，采用树视图（TreeView）显示整个分类标识体系。分类树的两个根节点分别对应分类法的主表和复分表，分类款目框用来显示分类体系的微观结构，包括：本款目的直接上位类和下位类，本款目的类号、类目名称、类目注释以及对应的专指主题词和附属主题词。

其主题表由两部分组成：主题词字顺列表框和主题词款目框。主题词字顺列表框将词表的所有主题词按汉语拼音进行排列，主题词款目框显示当前主题词的款目内容。包括：主题词汉语拼音，款目主题词，注释，主题词英译名，对应分类号以及各种参照关系。

词族表由两部分组成：词族框和族首词字顺列表框。词族框显示当前主题词的词族，即当前主题词各级关系全显示，族首词字顺列表框将词表的所有族首词按汉语拼音顺序排列。

(二)浏览表窗体

词表电子版还提供了一个在形式和内容上与书本式词表基本相同的、采用普通窗体形式的“浏览表”窗体(如图 8-27 所示)。

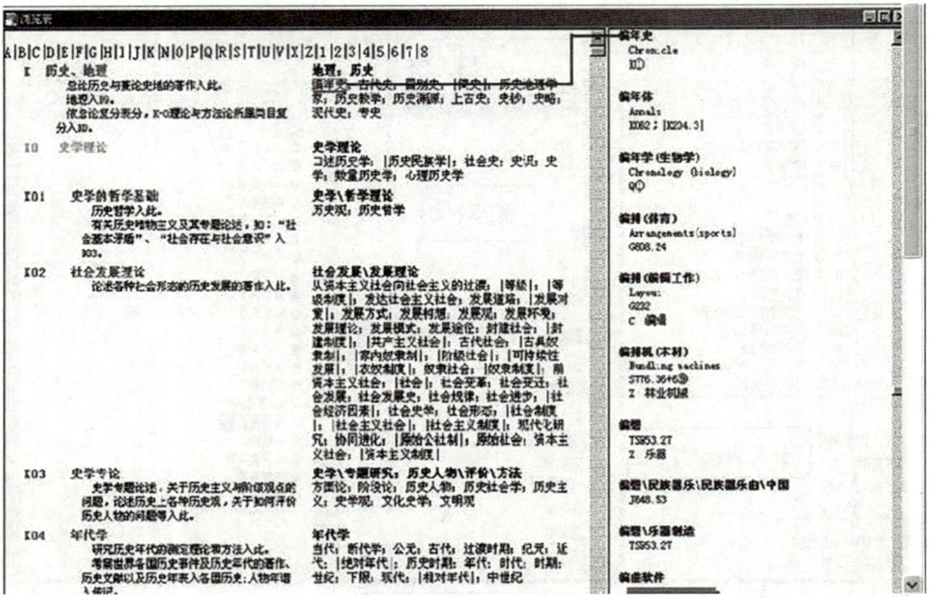

图 8-27 《中分表》电子版的浏览表窗体

二、《中国分类主题词表》的网络版

《中国分类主题词表》Web 版[含《中图法》(第四版)Web 版]的开发，正是顺应网络环境的新需求，借鉴国内外的理论成果和实践经验，在《中国分类主题词表》电子版先期成果和研制实践的基础上，为信息资源的组织、检索和利用提供一个最大、最全面、可扩展更新的知识体系，一个通用的数字型检索语言交换平台，从而在我国信息资源整合、重组、共享中发挥不可替代的作用。

《中国分类主题词表》Web 版已于 2010 年 3 月 17 日通过国家图书馆验收，在互联网上正式发布。《中国分类主题词表》Web 版访问地址：http：//cct. nlc. gov. cn。

(一)《中分表》网络版的主界面

《中分表》提供可视化网络友好界面，该界面是用户访问、使用《中国分类主题词表》Web 版的基本界面。如图 8-28 所示。

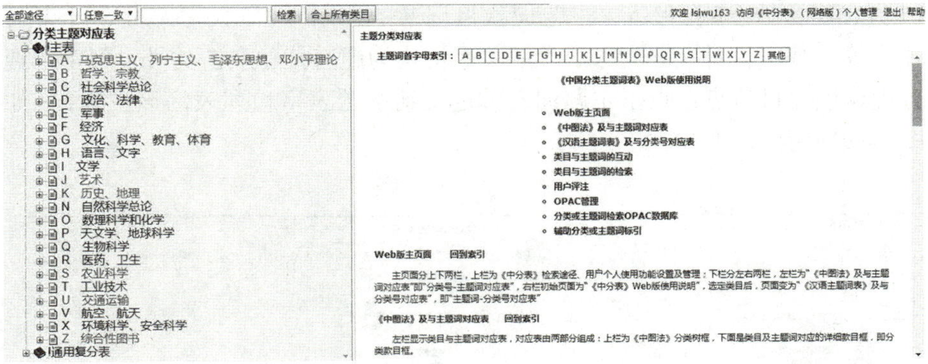

图 8-28　《中分表》网络版的主界面

(1)浏览窗口，即《中分表》"类目-主题词互对应体系"的浏览窗口(客户端需直接使用浏览器浏览)和超链接的多窗口。(2)检索窗口：从此窗口可输入检索词，选择检索方式，进行一体化检索。此窗口还提供与书目文档、规范文档、路径查找等有关的超链接结果显示窗口，以一定的结构形式显示相关的款目。(3)辅助性窗口：具有辅助功能的窗口。

(二)《中图法》及与主题词对应表

主界面的左栏显示类目与主题词对应表，对应表由两部分组成：上栏为《中图法》分类树框，下面是类目及主题词对应的详细款目框，即分类款目框。分类树框的作用是展示《中图法》分类体系的宏观结构，采用树视图(TreeView)显示整个分类等级体系。分类款目框用来显示分类体系的微观结构，包括类号、类名、类目注释以及类目对应和包含的主题词，横线下为本分类款目记录的控制号(以大写字母 C 开头)，标引评注。注释中的类号、对应主题词等均可超链接。点击类号，可定位到分类树该类目节点；点击主题词，可定位到该主题词款目(如图 8-29 所示)。

(三)《汉语主题词表》及与分类号对应表

主界面的右栏为"主题词—分类号对应表"，该表由两部分组成：上栏为主题词字顺列表，下栏为主题词款目框。

主题词字顺列表将主题词表的所有主题词按汉语拼音进行排列，所有非汉字开头的主题词排在末尾，通过点击或从其他部分定位可选择当前主题词。点击本栏上方的字母列表可浏览对应字头的主题词，还可以通过检索和从分类表定位主题词。

主题词款目框显示当前主题词的款目内容。包括：主题词汉语拼音、款目主题词、注释、主题词英译名、对应分类号、参照关系词[包括：代(用)、属、分、族、参]，主题词款目记录的控制号(以大写字母 S 开头)，评注等。其中，对应分类号和参照关系词均为超链接，点击类号，可定位到分类树该类目节点；点击主题词，可定位到主题表字顺列表的该主题词(如图 8-29 所示)。

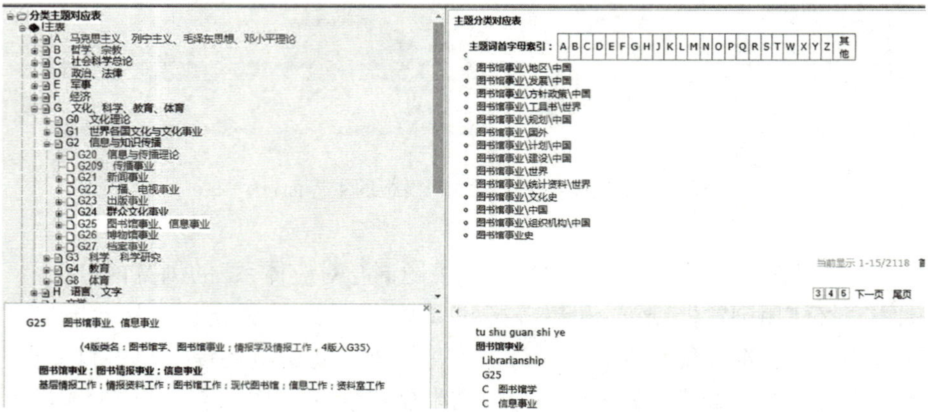

图 8-29 《中分表》对应表界面

(四)《中分表》的用户评注

词表网络版中记载某馆使用分类法、主题词表的详细规定和特殊细节功能称为用户评注。用户可以通过《中分表》Web 版的“评注”功能随时加入必要的使用说明，可以分别在分类款目和主题词款目上添加“评注”，作为其使用分类表和主题词表的特殊规定。“评注”加入的方法：在分类或主题款目框中点击鼠标右键，在弹出的快捷菜单中选择“添加评注”命令，即可在评注窗口的文本框中加入新的评注或修改以前的评注。保存后，在该分类或主题款目框显示新增的或编辑过的评注。点击界面右上角的“个人管理”，可以对所做过的评注进行查看和编辑。

(五)OPAC 数据库的分类号与主题词检索

OPAC(Online Public Access Catalogue)即联机公共检索目录，用户在网络环境下可以在任何时间、任何地方对提供 OPAC 服务的图书馆馆藏资源进行远程检索。用户只要事先设置好需要检索的网站的 OPAC 检索式(通过

“个人管理”进行设置)，将鼠标放在分类或主题款目框的分类号或主题词上，点击右键，选择已设置的 OPAC 检索，系统就会自动将分类号或主题词加到该 OPAC 检索式，对选定的 OPAC 数据库实施检索。

◎ 本章思考题

1. 简述《中图法》电子版的功能与检索方法。
2. 简述《中国分类主题词表》Web 版的功能。
3. 简述 WebDewey 的使用方法。
4. 试比较 WebDewey 及 Classification Web 异同。

第九章 数字信息资源的组织

数字资源是指那些以数字的形式存储在光、磁等非纸介质载体中，并通过网络通信、计算机或终端再现出来的资源，其可以采用文字、图像、声音、动画等多种形式表现出来。[①] 由于世界上绝大部分数字信息资源都是网络信息资源，所以本章的内容主要探讨的是网络信息资源的组织。在数字化、信息化、网络化时代，网络信息、网络文化与人们的生活越来越密切。根据瑞典互联网流量监测机构 Pingdom 统计报告，2012 年年底，世界网站总数已经有 6.34 亿个，域名数有 2.46 亿个，网民总数为 24 亿。[②] 第 45 次《中国互联网络发展状况统计报告》显示，截至 2019 年 12 月，中国的网站数量达到 497 万个，域名数有 5094 万个，截至 2020 年 3 月，网民数量达 9.04 亿人。[③] 一方面，网络信息资源数量庞大，种类繁多且动态性强，电子书刊、网络版参考工具书、在线联机目录、数据库、软件、音频、视频和其他形式的信息等，组成了巨大的网络信息库；另一方面，网络环境下，信息的庞杂无序，形式新颖丰富，用户的需求和信息组织的技术环境都发生了很大的变化，这些都对信息组织提出了新的要求。

---

① 马费成．数字信息资源规划、管理与利用研究[M]．北京：经济科学出版社，2012：2-4.

② Internet 2012 in numbers[EB/OL]．[2019-10-23]．https：//royal. pingdom. com/internet-2012-in-numbers/.

③ 中国互联网络信息中心．第 45 次《中国互联网络发展状况统计报告》[EB/OL]．[2020-6-30]．http：//cnnic. cn/hlwfzyj/hlwxzbg/hlwtjbg/202004/P020200428399188064169. pdf.

第一节　知识组织系统的应用

一、知识组织系统概述

(一)知识组织系统的含义与类型

知识组织系统(Knowledge Organization Systems，KOS)，是对人类知识结构进行表达和有组织地阐述的各种语义工具(semantic tools)的统称，包括分类法、叙词表、语义网络、概念本体，以及其他情报检索语言与标引语言。① 曾蕾将知识组织系统分为三大类型：词单(Term lists)，包括词汇/字典、地名表、规范文档、术语表等；分类与大致归类(Classification & Categorization)，包括分类法、知识分类表、大致归类类表、标题表等；关联组织(Relationship Groups)，包括本体、语义网络、概念地图、叙词表等。② 如图 9-1 所示。

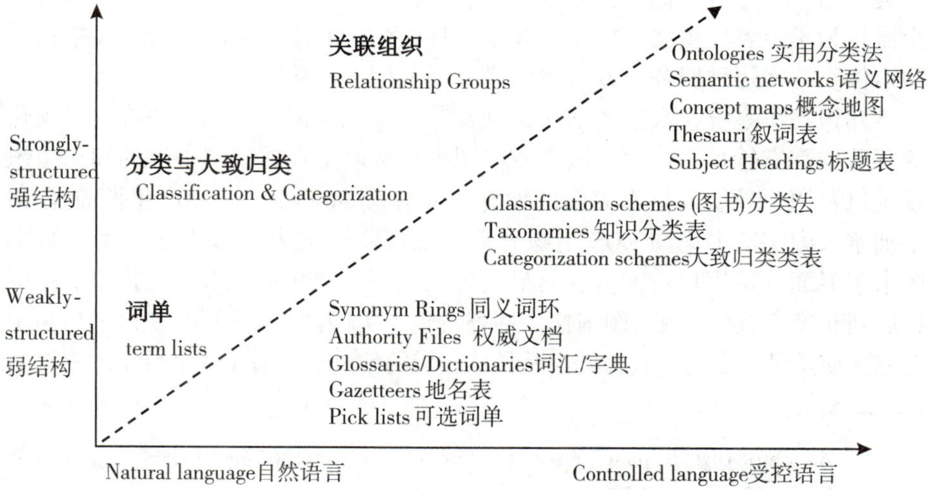

图 9-1　知识组织系统(KOS)一览

---

① 曾蕾．网络环境下的知识组织系统[J]．现代图书情报技术，2004(1)：2-3.

② 曾蕾．用于标引、浏览、检索的语义工具 Semantic Tools[EB/OL]．[2019-12-3]. http：//www. libnet. sh. cn/upload/htmleditor/File/071213121547. pdf.

(二)知识组织在数字图书馆的作用

知识组织系统是数字图书馆的有机组成部分，其作用正逐渐被人们认识。Shiri认为其主要作用有：(1)叙词表与分类法用于各种数字资源的跨库浏览与检索；(2)利用现有的叙词表创建数字图书馆的本体模型；(3)分类法与受控词汇为数字资源提供了通用的知识表达工具；(4)使用知识分类表描述数字资源的不同层面，为不同数字仓库提供统一的、有序的检索。① Hill等认为知识组织系统所支持的功能包括：(1)描述：受控的标识集，用以描述事物；(2)定义：标识的意义；(3)翻译：等价表达形式之间的匹配；(4)导航：在一个有组织的表达结构中的联接。② 王军认为其具备五大功能：(1)分类法和主题词表为数字图书馆资源的组织和管理提供了一个知识框架；(2)为数字图书馆业已累积的元数据资源提供有效的利用手段；(3)为用户提供一个检索、服务、教育一体化的知识空间；(4)一个自丰富、自增强、自适应的知识系统；(5)提供数字图书馆知识管理的技术基础。③

Soergel总结了KOS在数字图书馆中的主要功能：①单个领域和其相互关系的语义路线图，给出一个概念的范畴，关联概念和术语并给出定义；在分类法的背景下解释概念；通过学科、语言和文化关联概念和术语。②促进交流，为学习者提供概念框架。③设计良好检索的概念基础。④定义数据元的本体。⑤多语种服务。⑥自然语言处理的词汇基础等。④

知识组织系统在数字图书馆馆藏发展、知识发掘和查询、评价、可视化等环节中都有特别的作用。国外数字图书馆普遍重视数字图书馆的知识组织系统以及用户导航与检索界面的设计。Shiri和Molberg在2005年调查了33个加拿大数字图书馆的KOS组织界面，发现主题词表和分类法是用于数字图书馆界面支持用户查询信息的最主要工具。⑤ 2009年，Shiri又将调查范围扩展到北美的269个数字图书馆。调查发现，美国国会主题词表(LCSH)是主题描述使用最广泛的工具，其次是具体领域的叙词表，有113个数字图书馆利

---

① Ali Shiri Digital library research：Current developments and trends[J]. Library Review，2003，52(5)：198-202.

② Hill，等．在数字图书馆结构中融入知识组织系统[J]. 现代图书情报技术，2004(1)：4-8.

③ 王军．基于分类法和主题词表的数字图书馆知识组织[J]. 中国图书馆学报，2004(3)：41-44，64.

④ Dagobert Soergel. Digital Libraries and Knowledge Organization[M]. Berlin：Springer，2008：9-39.

⑤ Ali Shiri，Keri Molberg. Interfaces to knowledge organization systems in Canadian digital library collections[J]. Online Information Review，2005，29(6)：604-620.

用本馆自编的知识分类表，还有的图书馆利用 DDC 分类法组织资源。①

一些数字图书馆建设中注重融入知识组织系统，如美国亚历山大数字图书馆将地名辞典融入其知识组织系统中，作为其独特的组成部分，建立了地理参考数字图书馆。投资约 4 亿元的我国国家数字图书馆工程，也将知识组织作为标准规范建设的主导项目之一进行建设。可见数字图书馆知识组织系统的研发已成为数字图书馆为用户提供知识服务的关键技术之一。

（三）数字图书馆知识组织系统的创建方法

数字图书馆知识组织系统的创建需要集成和利用各类知识组织系统。王军提出集成分类法、主题词表和语义元数据构造数字图书馆知识组织系统。其主要方法是：(1)首先改造分类法和主题词表，形成一个由类目或同义词集合作为概念节点、以学科等级关系或概念语义关系作为边的概念网络；(2)然后将各元数据记录按照它们的主题标引信息分配到对应的概念节点下，作为对应概念节点的文献实例，相当于元数据的“上架”。王军等基于数字图书馆 DLKOS，在《中国分类主题词表》的基础上，开发了 VISION 概念检索的知识组织系统。以《中国分类主题词表》为知识组织系统的核心，以元数据作为知识网络的实例，用户可以得到词汇辅助、知识导航等帮助，实现概念检索。

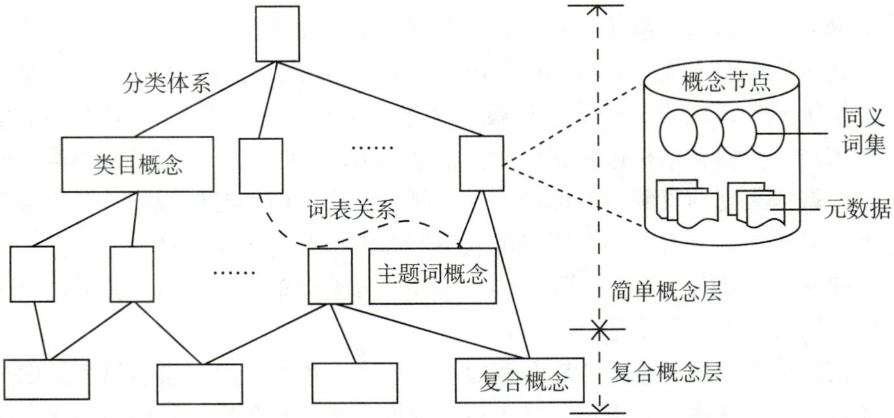

图 9-2　数字图书馆知识组织系统的结构②

① Ali Shiri, Sarah Chase-Kruszewski. Knowledge organisation systems in North American digital library collections[J]. Program: Electronic Library and Information Systems, 2009, 43(2): 121-139.

② VISION 数字图书馆知识组织系统[EB/OL]. [2020-07-22]. http://kvlab.org/kvision_old/proj_intro1.php.

另外，还有研究者探讨了采用分类主题一体化、元数据、集成分类法、主题词表和语义元数据以及专家系统4种数字图书馆知识组织的策略。① 有研究者对基于元数据、叙词表与主题图的数字图书馆的知识组织进行探讨，认为利用叙词表的知识体系作为概念检索和知识导航的基础，将元数据中的主题标识向叙词表映射，实现了资源集合基于主题概念的汇聚和关联。② 利用XTM对该知识模型进行编码，并利用主题图可视化工具TMnav实现基于主题概念的资源导航。

二、分类组织法的应用

根据特定的目标，选定信息资源的学科领域，对有关的网站网页进行搜索和收集，加以鉴定核实，并对核实后的网址进行合理组织，使之能够提供检索、浏览和链接的信息集合。与搜索引擎的主要区别在于，它属于专题性和学科专业性的，系统性和易用性强。如当前图书馆的学科服务平台，就是针对某一学科或领域的研究者的需要，将Internet上与之有关的各种资源线索，包括与该学科或领域有关的研究机构、实验室、电子书籍、学术期刊、会议论坛、专家学者等的URLs，系统地组织起来，存放于某一网页，供用户浏览或者检索。用户在访问某一学科的虚拟图书馆的网页时，通过激活相关的网络线索即超级链接，就可以浏览到大量相关资料。

其知识组织方式一般有两种，第一种是学科分类与资料类型分类，学科分类是按照学科性质，根据学科概念体系，依学科分类的方法组织网上信息，用户可按树状结构逐步找到所需信息(如图9-3所示)；电子资源类型分类，即将搜集到的资源按照综合信息、研究机构、期刊与出版物、会议通告等外在形式进行分类组织，用户可以按资源类型找到所需信息。

图9-3为厦门大学图书馆的《中图法》的分类浏览系统，为从分类法出发浏览书目数据提供了途径。

第二种为数据库方式，即利用数据库技术，依据一定的索引语言抽取一个或几个标识点作为检索点，形成检索数据库或指示数据库供用户检索。数据库形式可以满足用户的特性检索需求，用户可以比较快地找到所需信息。有的图书馆在组织学科网络信息时，既采用分类组织，又采用了数据库方

① 李桂贞，郑建明．论数字图书馆的知识组织[J]．图书馆理论与实践，2007(5)：70-73.

② 吴雯娜．基于元数据、叙词表与主题图的数字图书馆知识组织[J]．情报学报，2006(5)：345-347.

图 9-3　厦门大学图书馆《中图法》分类浏览系统

式，以增强导航库的功能。

三、主题组织法的应用

主题组织法主要指用主题指南的方法，主题指南又称为“主题目录”“专题指南”或“网络资源目录”等，是一种利用人工或机器搜索信息，对搜集的信息进行甄别、加工、整理、分类，以超文本链接的方式将不同学科、不同类型的信息按照字母、地区、时间、主题的顺序进行排列组织，提供检索和查询的结构化等级主题目录。目前，许多网站将收集的网络信息资源地址编制成目录，提供给用户浏览或检索，就是主题指南的形式。

主题指南之所以又称为网络资源目录，是从事物主题概念出发，以主题或主题与学科相结合来组织网络信息资源的一种分类体系，可以通过上下位类的限定来扩大或缩小检索范围，提高查准率。主题指南一般是经过人工分类整理的网站列表，由人工来收集和组织信息，建立和维护目录。一般是由学科专家依自建的主题分类系统，将筛选过的网站按照相关主题加以归类。主题指南以超文本技术为支撑，信息间的内在联系通过超文本的方式向用户提供发散性的浏览和查询，用户可以随时转换到感兴趣或更加贴切需求的主题。

以目前互联网上最大最广泛的人工目录——开放式目录 Open Directory Project 为例，Open Directory Project 是由来自世界各地的志愿者共同维护与建设，其编辑人员主要来自互联网的志愿者，他们共同为目录提供资源(如图 9-4 所示)。

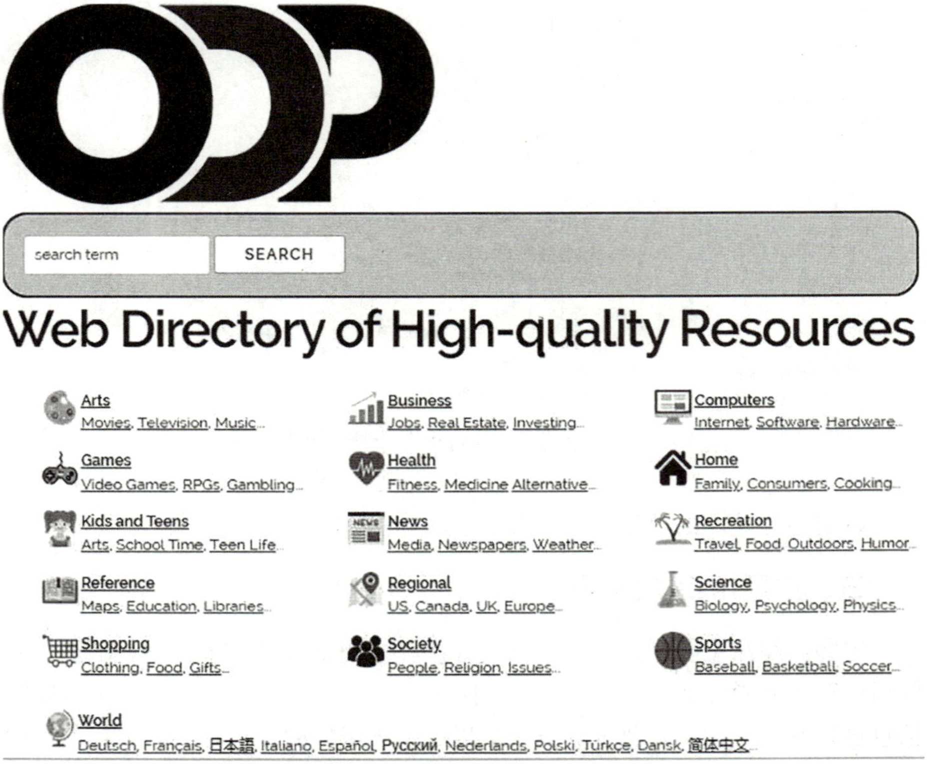

图 9-4　Open Directory Project 首页截图

Open Directory Project 共分为 16 个一级大类，其大类顺序按英文字母顺序排列。

Arts(艺术)　Business(商业)　Computers(计算机)
Games(游戏)　Health(健康)　Home(家庭)
Kids and Teens(儿童与青少年)　News(新闻)　Recreation(休闲)
Reference(参考)　Regional(地区)　Science(科学)
Shopping(购物)　Society(社会)　Sports(体育)
World(世界)

Open Directory Project 网页目录二级类目设置较详细，并按英文字母顺序排列。如在 Reference 类下，设置 27 个下级子类，而其中的 libraries 子类目之下列有 23 个下级子类，还可再细分，依次列出。每一子类下均列有本类的资源“Resources in This Category”。图 9-5 显示了 Libraries 图书馆子类下的 Library and Information Science 图书情报学的子类列表，共 26 个，用户顺着目录路径进行浏览，查找所需的相关信息。

Directory of Library and Information Science Resources

Home > Reference > Libraries > Library and Information Science

Included are: professional resources for librarians, i.e., resources which assist librarians in carrying out their duties; resources for librarians' personal professional development; and resources related to the academic discipline of library and information studies.

Subcategories

Archives	Associations	Chats and Forums
Conferences	Digital Library Development	Directories
Employment	Equipment	Government Documents
Information Retrieval	Intellectual Freedom	Intellectual Property
Journals	Knowledge Management	LIS Libraries
Librariana	Librarians	Library History
Research Organizations	Resource Sharing	Schools
Software	Subject Specialties	Technical Services
User Services	Weblogs	

图 9-5　Library and Information Science 图书情报学子类列表

四、大众分类法的应用

大众分类法来自英文单词 Folksonomy，这个概念由美国信息构建专家 Thomas Vander Wal 和 Gene Smith 于 2004 年 8 月提出，它由 Folk 和 taxonomy 两个词合成，① 意为“以用户为中心的基于大众一致意见产生的分类体系”，

① Michel Buffa, Fabien Gandon, Guillaume Ereteo, et al. SweetWiki: A semantic wiki[J]. Web Semantics Science Services & Agents on the World Wide Web, 2008, 6(1): 84-97.

即用户按照自己的分类标准，依托标签共建共享平台，通过自然语言赋予网络信息资源以检索标识，以一种平面化的、无等级的方式对网络资源进行标注，且具有标注简单、灵活易用等诸多优点，因而打破了传统固态、僵化的资源组织模式。目前，虽然国内学者对 Folksonomy 的概念认知差异不大，然而学术界尚未形成一个统一、权威的译法，出现了分众分类法、社会分类法、自由分类法等多种翻译形式。① Folksonomy 主要包括用户、资源和标签三个核心概念。由于大众分类来源于普通大众，该分类体系是依靠用户对资源标记行为来建立的，而且用户对信息资源的标记具有随意性，因此在被大众使用过程中更贴近于信息使用者的需求。

大众分类法没有严格统一的分类标准和规范，而是将主导权交给用户，由用户控制，分类的形成过程完全是自发的，它鼓励一般的信息使用者根据自己对信息资源的理解和认知，使用任意的标签对信息资源进行标注，元数据的产生方式不是来自于信息领域专家和网站作者，而来自用户标记过程中产生的标签，与传统的信息资源分类方式相比，有效地克服了维护成本高、受控词表复杂及普通用户难掌握的缺陷，更好地利用了广大用户的集体智慧、具有极其丰富的群体知识，而且标签处于一种平等关系，没有严格的层级结构，能够从多个方向、多个切面和多个角度描述信息资源，自下而上形成对信息资源的分类。②

大众分类法已经在诸多领域进行了应用，如利用 Folksonomy 高效获取知识信息(如 del. icio. us、Steve)，利用 Folksonomy 有效组织个人知识信息、建立个人知识库(如 Connotea、PennTags 网络书签服务)，利用 Folksonomy 实现知识信息的交流与分享(如豆瓣网、43Things、Flickr、Wikipedia)。③ Folksonomy 在图书馆的信息组织中也得到运用。如杜克大学图书馆福特图书馆博客④等(如图 9-6 所示)。Folksonomy 可用于对博文进行标记、浏览和检索，并在标签云图中通过字体大小表示标签的热门度。用户既可以为指南资源添加标签，也可以查看标签并通过标签链接相关资源。

---

① 刘庆旭，毕强．国内外 Folksonomy 研究综述[J]．情报杂志，2016，35(4)：168-174.

② 杨帅旗．公众分类在医疗门户网站信息资源组织中的应用研究[D]．北京：北京交通大学，2017：12.

③ 田梅．Folksonomy 在个人知识管理中的应用[J]．现代情报，2012(5)：90-93.

④ Ford Library Blog [EB/OL]．[2019-11-4]．http：//blogs. fuqua. duke. edu/fordlibrary/.

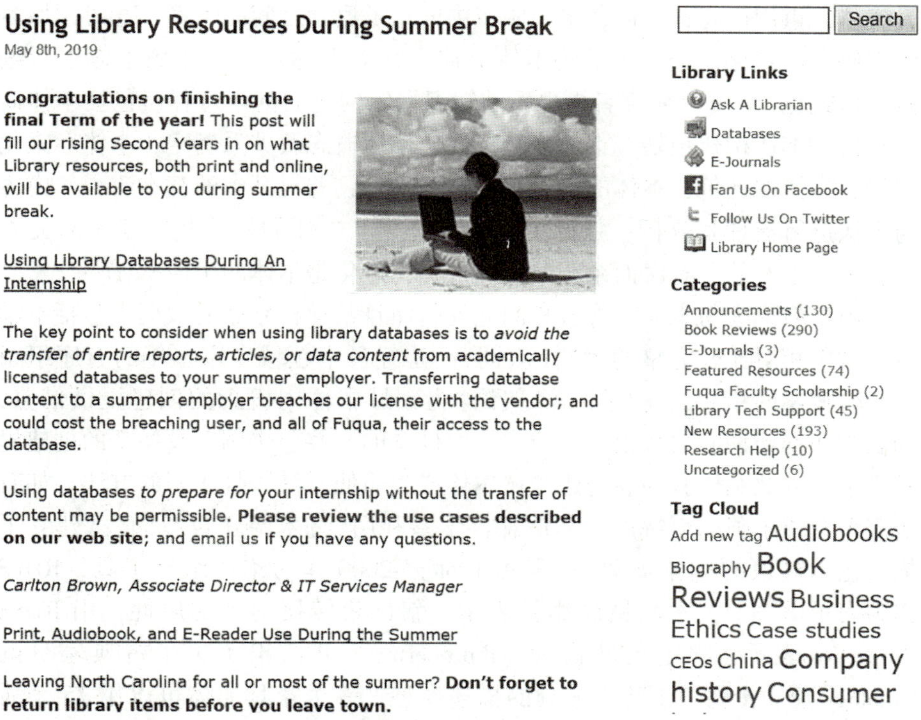

图 9-6　杜克大学福特图书馆博客标签云

五、本体的应用

本体是网络信息组织与检索工具的理想选择，主要原因是：①本体关于领域知识的共同理解和描述使得现代网络信息组织是建立在语义信息而不是语法信息基础之上的，它是以信息（或知识）内容或其本质特征为依据进行信息组织的有效方法，它在优化网络信息组织的同时也必将促进信息组织向知识组织的转变。②信息组织的目的是建立有效的信息系统，从而便于信息的检索和利用，而本体对于概念及其之间关系的精确描述可以极大地提高信息系统的检索效率。③本体面向计算机和网络的特点及其形式化描述使其能更好地满足现代信息组织，特别是网络信息组织的需要。本体的主要功能在于有助于对信息资源内容意义的精确理解，实现系统的互操作、复用和共享。当前主要应用于数字图书馆与信息检索之中。

有研究者提出了构建领域本体的知识工程法包括 5 个步骤：①确定本体

的领域与范围；②列举领域中重要的术语、概念；③建立本体框架；④设计元本体，重用已有的本体，定义领域中概念及概念之间的关系；⑤对领域本体编码、形式化，选用合适的本体描述语言对上述建立的领域本体进行编码、形式化。[①] 还有研究者提出领域知识本体构建的基本过程，包括本体需求分析、本体构建规划、本体信息获取、本体概念及关系确定、本体形式化编码、本体的评价、本体的进化和本体的表示，并对其中的基本流程、内容与方法进行梳理和分析，强调了本体的进化、本体的构建是一个不断完善的、螺旋上升的、有序而系统的发展过程，进化是本体的生命所在。[②]

由于叙词表与本体有许多相同之处，而且某学科领域的叙词表包括本学科领域中相对比较完整的术语(叙词)，是经过本领域专家多年的有序组织与经验积累的结果，这些术语(叙词)为领域本体中概念的创建提供借鉴，词表中注释与词间关系也为领域本体中概念的属性、实例以及关系的创建提供借鉴，因此利用叙词表构建领域本体成为简便、易行且实用的方法。如有研究者介绍了阿姆斯特丹大学信息科学系利用《艺术与建筑叙词表》建立了描述艺术对象的本体实例,[③] 采用 Protégé-2000 作为本体编辑工具，RDFS 作为表示语言。艺术品概念用类表示，叙词集转换为类的属性，用 RDFS Properties 表示，限定词转换为 Subproperties，并给出了关于古典家具的 Ontology 建立步骤：①建立家具的描述模型，一个家具实体可以用 25 个元数据来描述；②将家具属性和从叙词表的特定子集联系起来，使其能成为家具属性的值；③添加领域知识，特别是能够约束家具属性值的知识。

第二节　其他组织方式

一、文件目录的方式

文件的组织通常有以下方法：一是将文件分级存放，这样在寻找某一特定文件时可以减少搜索时间；二是按文件所属的栏目进行存放，如可以将一级网页存放在一级子目录下，二级网页存放在二级子目录下，依此类推。

文件的目录结构是网页在服务器上的存放状况，影响管理者对网站的日

① 肖敏．领域本体的构建方法研究[J]．情报杂志，2006(2)：70-71，74.

② 杜小勇，马文峰．学科领域知识本体建设方法研究[J]．图书情报工作，2005(8)：74-78.

③ 唐静．叙词表转换为 Ontology 的研究[J]．情报理论与实践，2004(6)：642-645.

常维护。文件目录结构合理与否，将直接影响到文件的增加、删除、修改、更新、上传等。

以文件方式组织网络信息资源简单方便，但随着网络信息资源利用的不断普及和信息量的不断增多，以文件为单位共享和传输信息会使网络负载越来越大；而且当信息结构较为复杂时，文件系统难以实现有效的控制和管理。因此，文件方式只能是组织网络信息资源的辅助形式。

二、网站与超链接

网站是多个网页的集合，即根据一定的规则，将用于展示特定内容的相关网页，通过超链接构成一个整体。它利用超文本和超链接技术将多个网页组织形成一个庞大的具有特定结构的面向特定用户的或者任务整体。常见门户网站如新浪、搜狐、腾讯、凤凰网都是采用相关技术由众多的网页组织而成。

网页的链接结构主要是指各网页间的链接形式，反映的是网页彼此间的关联状况，网站中各网页的链接形式决定了用户在访问该网站时的浏览次序和效率。在实际的网页制作中，网页结构的设计直接影响到网页的版面布局。网页的链接结构通常可以分为两种基本形式：树状结构和网状结构。树状结构也叫层级结构，网状结构也叫平级结构。

(1)树状结构类似于目录结构，网页按内部逻辑分为不同层次，一个上级网页指向一个或多个下级网页，层层进入，层层退出。这种结构的优点是结构清晰，用户可以很容易地了解自己所处的位置，但是这种层次分明的结构使得用户在浏览时必须按其事先规定的目录结构逐层进行浏览，因而导致浏览效率较低。

(2)网状结构是一种很少具有或者根本不具有总体结构的文档结构，网页之间只要有相互关系，任何两个网页都可以建立超链接。网状结构有利于用户对所需信息的快速定位，从而提高浏览速度，但是由于这种结构的无序性，容易使用户迷路，而且随着网站信息量的增加，会使得网站的维护工作日益困难。

因此，在实际的设计中，通常采用树状结构和网状结构混合使用的方式来组织网页之间的链接。

三、数据库的方式

数据库方式包括内容数据库和指引数据库两种组织方式。内容数据库就是将数字资源按照固定的记录格式存储在数据库中进行有序组织的方式。数据库技术是对大量的规范化数据进行管理的技术，它可以大大提高信息资源管理的效率。因为数据库的最小存取单位是字段，所以可根据用户需求灵活地改变查询结果集的大小，从而降低网络数据传输的负载。数据库方式是当前普遍使用的网络信息资源的组织方式之一。

指引数据库是指所建立的数据库从物理上讲并不存储各种实际的数字资源，它存放的是有关主题的数据库或服务器的地址等信息，可指引用户到特定的地址获取所需的信息。专业指引库类似于网上专业搜索引擎，它将因特网上与某主题相关的站点进行集中，按照方便用户检索的原则，采用用户熟悉的方法加以组织，向用户提供这些资源的分布情况，指导用户查找。以武汉大学图书馆的法学学科服务平台为例(如图 9-7 所示)，设置“主页”“文献资源”“学术机构”“热点追踪”“资源荐购”“学习社区”“法律实践”“教师指定教材教参数据库”“德语法学资料”“学科评估”“SSCI 期刊列表”11 个页面，整合的信息资源包括馆内的资源和服务以及互联网开放资源等。每个页面下含有若干个模块。以“文献资源”为例，其包括“综合数据库”“专业数据库”“网络资源”“图书”“推荐期刊”“常用中文期刊”等模块，用户可按需进行浏览，检索所需资源。其原理就是指引库方式。

图 9-7　武汉大学图书馆法学学科服务平台截图

四、超媒体四种组织方式

超媒体由超文本与多媒体技术融合而成，是一种非线性的信息组织方式。它将文字、表格、声音、图像、视频等多媒体信息以超文本方式组织起来，形成 Web 页面，使人们通过浏览器可以访问各种不同结构的信息仓库，找到所需要的任何媒体的信息。超媒体在本质上和超文本是一样的，只不过超文本技术在诞生的初期管理对象是纯文本，所以叫作超文本。随着多媒体技术的兴起和发展，超文本技术的管理对象从纯文本扩展到多媒体，为强调管理对象的变化，就产生了超媒体这个词。

超媒体通过节点和链来实现其对信息的组织。节点是某一信息的片段，它存储的是信息本身以及被链接对象的地址。链用来连接节点，以描述信息之间的关系。用户根据信息之间的联系，顺着链路查看信息。超媒体组织方式符合人们思维联想和跳跃的习惯，具有良好的包容性和可扩充性，超越了媒体类型对信息组织与检索的限制。加上通过浏览的方式搜寻所需信息，避免了检索语言的复杂性。但当超媒体网络过于庞大时，很难迅速而准确地定位，很难保存遍历过程中所有的历史记录，就难以避免地会造成用户“迷航”的现象。

数字资源的组织常常结合了多种组织方式，充分利用各种信息组织方式的优势，从而为用户提供多种选择。以北京大学图书馆数据库导航系统(如图 9-8 所示)为例加以说明，其分别采用按首字母、按学科、按内容类型、

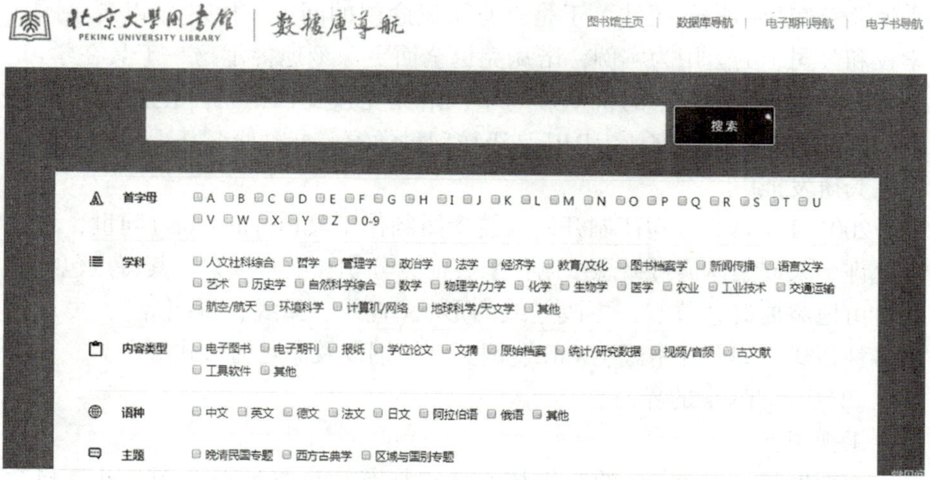

图 9-8　北京大学图书馆数据库导航系统截图

按语种、按主题5种方式对其所购买或自建数据库进行组织，方便用户按其所需进行检索。如想了解图书档案学的数据库，可从学科中选择，共有164个数据库。若要获取相关资源，必须点击具体的数据库，才可以进入这个数据库进行资源的检索和获取。

第三节　信息组织新工具

本节介绍几种信息组织的新工具。第一种工具是概念地图制作工具CmapTools，它可以灵活、自由地组织与再现信息，可视化动态地呈现信息与信息间的关联；第二种工具是思维导图制作工具MindManager，无论是目标设定、时间管理、资源分配、创新思考、会议报告，还是人生规划，都可以运用思维导图把它完整、清晰地展示出来；第三种工具是本体构建工具Protégé，Protégé作为本体编辑和知识管理系统，是目前使用最广泛的本体论编辑器之一，本体是语义网的核心技术，而语义网可以帮助用户实现人与电脑之间的无障碍沟通；第四种工具标签云是关键词的视觉化描述，用于汇总用户生成的标签或一个网站的文字内容。

一、概念地图制作工具 CmapTools

(1)CmapTools简介

概念图(Concept maps)是诺瓦克(Joseph D. Novak)1972年创建的。诺瓦克当时需要寻找一种方式来表征儿童的概念变化，催生了用概念图的形式来表征儿童知识结构的想法，于是就有了概念图的问世。1998年以概念图在学校和公司中的运用为实例，诺瓦克更全面更深刻地揭示这一工具在学习、创造、运用知识过程中的价值。同年，诺瓦克接受西部佛罗里达大学的邀请，担任人机认知研究所IHMC高级访问科学家，开始研究基于网络的概念图工具研发推广。

2001年IHMC公司研制开发的概念图制作工具(CmapTools)问世，该工具允许个人或集体通过概念图制作来表征、分享和发布知识。其特点包括方便自由地添加概念节点，更改连线的形状(直线、弧线、折线等)，可以导出多种格式，如图片格式、XML、网页、大纲以及命题的形式等。

(2)CmapTools的界面

①视图框。

视图框是CmapTools的组织核心，它具有管理本地概念图、共享概念图、打开收藏夹、查看历史文件和搜索概念图的功能，如图9-9所示。

图 9-9　CmapTools 的视图框

②编辑框。

编辑框用于绘制和编辑概念图。在编辑框的文件菜单中选择“新建概念图”或按“Ctrl+N”则弹出编辑框。

③样式框。

样式框用于调整编辑框中概念的字体、大小、样式、颜色、对齐方式等属性值。如图 9-10 所示，点击编辑框中的“窗口”——“显示样式调色板”后可以弹出样式框。

(3) CmapTools 基本操作

①创建概念。

在编辑框的空白处双击鼠标左键，生成一个新的概念，双击该概念后可为其添加/编辑文本。

②创建关系。

单击概念出现图标后，可从该概念拖曳出新的概念，同时可编辑两个概念间的关系。

③添加文件/网址/信息。

添加文件：选中需添加文件的概念，单击鼠标右键，选中“增加 & 编辑链接到文件”后，在弹出的对话框中选中需添加的文件即可。

图 9-10　CmapTools 的样式框

添加网址：选中需添加网址的概念，单击鼠标右键，选中“添加网址”后，在弹出的对话框中填写相关网址。

添加信息：选中需添加信息的概念，单击鼠标右键，选中“添加信息”后，在弹出的对话框中填写相关信息即可。

综合以上功能操作，可以绘制出一幅完整的概念图，如图 9-11 所示，一个关于“韦棣华”的概念图。

二、思维导图制作工具 MindManager

(1) MindManager 简介

自 20 世纪 70 年代起，思维导图在国外开始广泛应用于教育学习以及商业决策领域。20 世纪 80 年代传入中国，最初用于帮助“学习困难学生”克服学习障碍，后来被用于工商界(特别是企业培训领域)，用来提升个人及组织的学习效能及创新思维能力，其“自由发散联想”的特性非常适合于“头脑风暴”式的创意活动。目前，思维导图的制作工具有 MindManager、Xmind、MindMapper 等。

MindManager 是一款用于项目管理的可视化软件，由美国 Mindjet 公司开发，用于创建和管理思维导图。该软件功能强大，界面简洁，软件操作人性化，是许多思维导图培训机构的首选软件，在 2015 年度 Biggerplate 全球思维导图调查中被选取为思维导图软件用户首选，包括可口可乐、迪士尼、

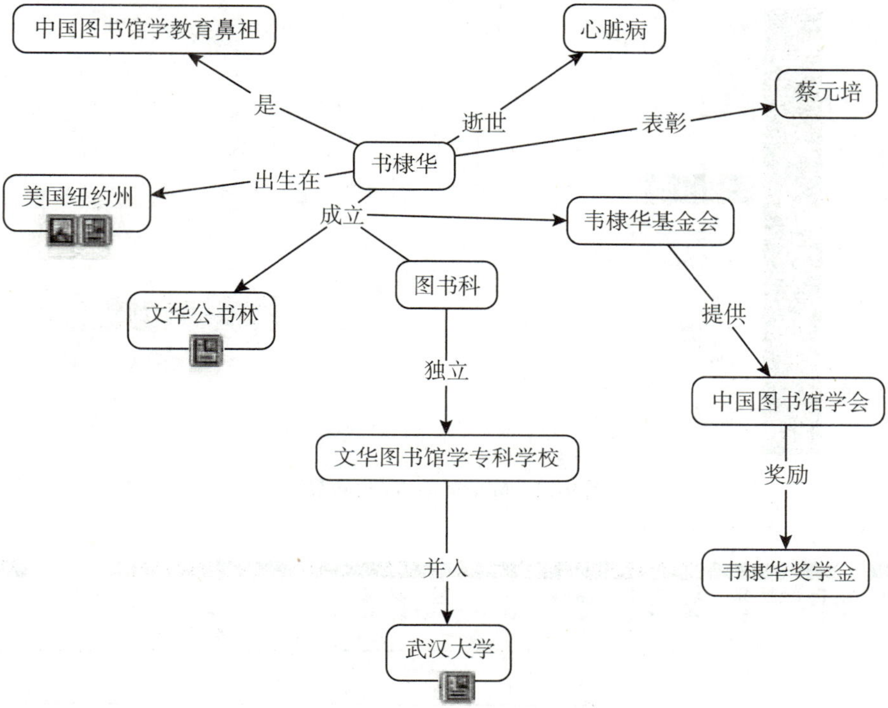

图 9-11　用 CmapTools 创建“韦棣华”概念地图

IBM 及沃尔玛等大公司也在使用 MindManager 思维导图工具。

(2) MindManager 的界面

①模板界面：点击文件——新建，进入模板主页界面，可以选择空白模板、本地模板、在线模板，如图 9-12 所示。

空白模板包括放射状导图、右向导图、树状导图、组织状导图、流程图、概念图等；安装后软件自带的本地模板包括会议和活动、战略规划、流程图、管理、问题解决以及项目管理模板；同时也可以使用在线模板。

②运行主界面：在选择模板后创建思维导图，进入导图制作运行界面，如图 9-13 所示，运行界面上半部分是 MindManager 的菜单栏、空白区域是思维导图绘制区域。

(3) MindManager 基本操作

①添加主题。

添加新主题：首先选择一个模板，如选中空白模板的“放射状导图”，点击创建导图，选中中心主题，按 Enter 键，或者在空白处双击鼠标，或者

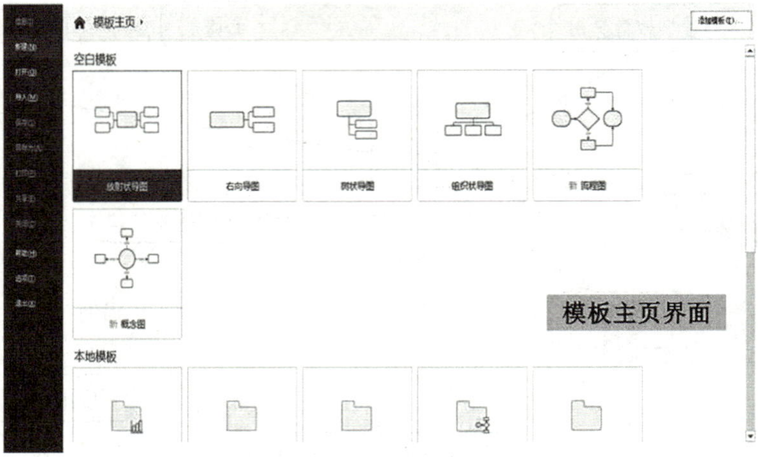

图 9-12　MindManager 模板界面

图 9-13　MindManager 运行主界面

使用中心主题上的加号，可以快速插入主题；单击主题即可添加文字。

添加子主题：选中主题，按 Enter 键或者使用主题上的加号，即可插入子主题。

②编辑主题。

编辑新主题：单击主题或者子主题，直接可以进入编辑状态，输入需要的内容即可，如果需要换行，使用 Shift+Enter 键。

添加图片或者其他资料：选中主题，单击右键，可以选择添加电脑中的图片或者其他图标或者文件等。

进度追踪：右击主题，选择图标来添加任务进度及优先级图标。

添加浮动主题：右击导图空白区域，可以添加浮动主题，对于概念关系无法确定的主题可以先写作浮动主题，待主题关系确定后再进一步修改。

添加标注主题：选中子主题，点击右键，选择“插入”—“标注主题”或按 Ctrl+Shift+Enter 插入标注主题。

③其他操作。

移动 & 连接主题：选中主题，用鼠标拖动主题到适当位置，红色的连接向导显示可行的主题连接和关系。

扩展 & 折叠主题：点击折叠加/减号可以展开或者折叠子主题组。

通过以上操作，可以绘制出一幅简单的思维导图，如图 9-14 所示，是一幅关于“旅游”主题的思维导图。

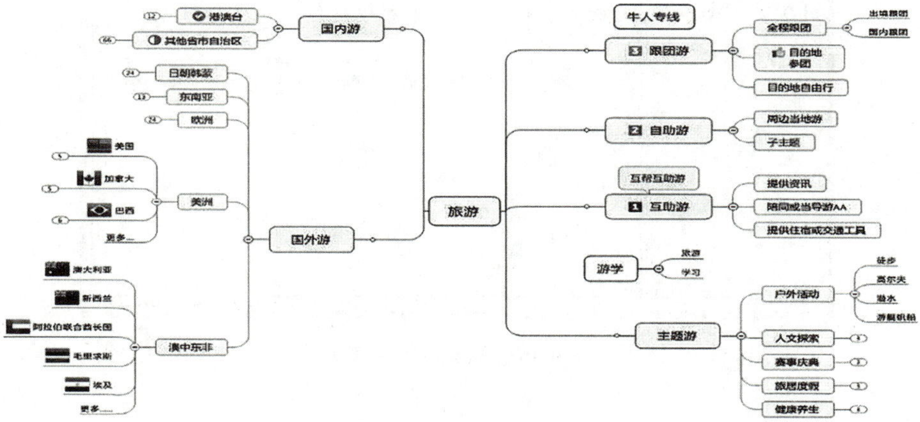

图 9-14　关于“旅游”主题的思维导图

三、本体制作工具 Protégé

（1）Protégé 简介

本体的目标是捕获相关领域的知识，确定该领域内共同认可的词汇，提供对该领域知识的共同理解，并在不同层次的形式化模式上给出这些词汇（术语）和词汇间相互关系的明确定义。本体主要由以下要素构成：类（集合、概念）、实例、属性、关系、约束（限制）、规则、公理等。

Protégé 是本体构建主要软件之一，它是由斯坦福大学医学院生物医学信息研究中心基于 Java 语言开发的本体编辑器，是一个免费的开放源代码软件，已成为目前使用最广泛的本体论编辑器之一。

(2) Protégé 的操作界面

在 Protégé 界面中，一个空白待创建的本体由 5 种标签页组成，分别是本体元类、实体、类、属性、个体(实例)和插件，个体就是我们常说的实例，属性(Properties)就是关联或关系，类是一组包含了个体的集合。每个标签页的页面大致相同(以 Protégé4.3 为例)，类标签页的界面，由标题栏、菜单栏、地址栏、标签栏、浏览框、编辑框 6 部分组成，如图 9-15 所示。

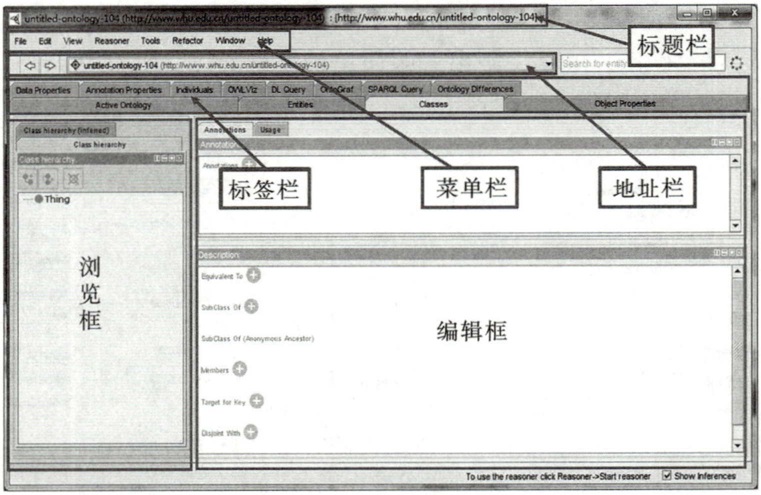

图 9-15　Protégé 类标签页

属性标签页主要由左边的属性浏览框和右边的属性编辑框组成，个体标签页主要由个体浏览框和个体编辑框组成。本体中的概念及关系的插件 OntoGraf 的标签页及可视化显示如图 9-16 所示。

(3) Protégé 的基本操作。

下面主要通过构建基于数字出版领域本体，介绍 Protégé 的具体操作。启动 Protégé，程序会自动建立一个新项目，得到一个空白的本体文件，左侧有一个空的类树，里面只有一个名叫 Thing 的类，它是一个超类，是所有类的顶层类。创建的本体可以 RDF 等多种方式输出，在第一次保存的时候，Protégé 会要求选择保存的格式，保存并命名本体。本体构建的具体步骤如下：

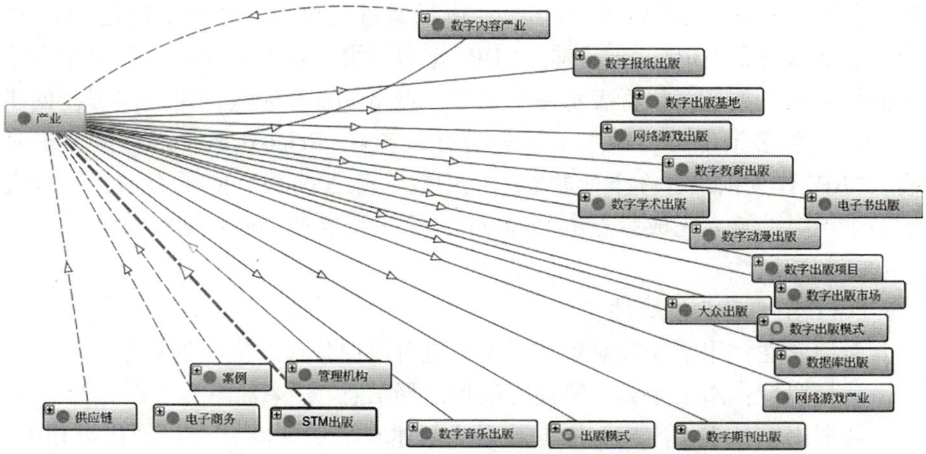

图 9-16　Protégé 可视化显示

①创建类

将数字出版领域概念术语分为理论、政策法规、标准规范、技术、工具、流程、案例、产业、产品、相关概念、机构共 11 个大类，选择 Classes 标签页，创建这 11 个类，是 Thing 的子类，由于 Protégé 对中文的支持不是很好，所以类的命名(name)最好不使用中文，名字中不出现空格，将这 11 个大类进行编号，并以编号作为这 11 个类的 name，其结果如下：

DP00　理论
DP01　政策法规
DP02　标准规范
DP03　技术
DP04　工具
DP05　流程
DP06　案例
DP07　产业
DP08　产品
DP09　相关概念
DP10　机构

Protégé 有两种创建类的方式：

第一种是一次只能创建一个类，通过类标签页的 add class 按钮创建。

另外一种是批量创建多个子类，通过菜单栏“Tools”中的“Create class

hierarchy…”按钮创建。在“Create class hierarchy…”的界面，子类可能有着相同的前缀(Prefix)或者后缀(Suffix)，可批量进行设置，我们要创建的这 11 个类的前缀都是“DP”，于是输入“DP”作为前缀，在下面的输入框中输入除去前缀后的子类名，一行表示一个子类，点击 Finish 完成创建。同理，创建“产业”大类多个子类，这些子类都是有关产业(Related Products)的，于是输入“RP”作为前缀，在下面的输入框中输入除去前缀后的子类名，一行表示一个子类，输入完成后点击 Continue，下一页点击 Finish 完成创建。

②创建属性。

OWL 主要有 3 种属性：

对象属性：用于连接对象和对象，也可以说是概念之间的关系。

注释属性：用于为类、属性等增加注释信息。

数据属性：用于连接对象与数据。创建对象属性的方法与创建类相似，在对象属性(Object Properties)的标签页点击创建即可，不能批量创建子属性。每个对象属性可能有相应的逆属性，如果某个属性将对象 A 连接至对象 B，那么它的逆属性就会将对象 B 连接至对象 A。先将概念间的语义关系归纳为 10 种关系，分别为：

Equals/Is synonym of	(等同于/是＊＊的同义词)
Has part/Is part of	(包含＊＊部分/是＊＊的一部分)
Has type/Is type of	(包括＊＊一类/是＊＊的一类)
Has instance/Is instance of	(有实例＊＊/是＊＊的实例)
Has tool/Is tool of	(有工具＊＊/是＊＊的工具)
Offer/Offered by	(提供＊＊/提供者是＊＊)
Develop/Developed by	(发明＊＊/发明者是＊＊)
Has standard/Is standard of	(有标准＊＊/是＊＊的标准)
In relation to	(与＊＊相关)
Manage/Manage by	(负责管理＊＊/管理者是＊＊)

其中，除了“In relation to”外，其余关系均以关系对的形式存在，即包含两种互逆的关系。以 OfferedBy 为例，在“Object Properties”标签页中，选中需要创建逆属性的 OfferedBy，点击编辑框中的“Inverse Of +”，在弹出的选项卡中选中它的逆属性 Offer 进行创建。

由于使用编号作为类的 name，类树不够直观明了，仅仅是由一组字母与数字的组合构成，因此，要为类添加注释属性 label：以产业类为例，产业类的编号为 DP07，选中类 DP07 点击右侧编辑框中的“Annotations+”，在弹出的选项卡左侧选择 label，右侧输入“产业”完成创建。

③创建约束。

在 OWL 中，属性用于创建约束(restriction)，即概念之间的关系。总共有两种类型的约束。量约束：存在量词和全称量词；基数约束：限制最大值、最小值，或要求精确等于某个值。例如，为“Adobe FrameMaker”创建“Developed By Adobe”的关系，在 class 标签页中选中“Adobe FrameMaker”，在编辑框中的 subclass of 中添加，选择“Object restriction creator”选项卡，创建一个 restriction，选择“DevelopedBy”作为谓语，some 作为约束类型，“Adobe”作为宾语，就建立了一个约束。

利用这些功能，可以构建一个较简单的完整的本体，如图 9-17 所示，是一个关于数字出版本体。

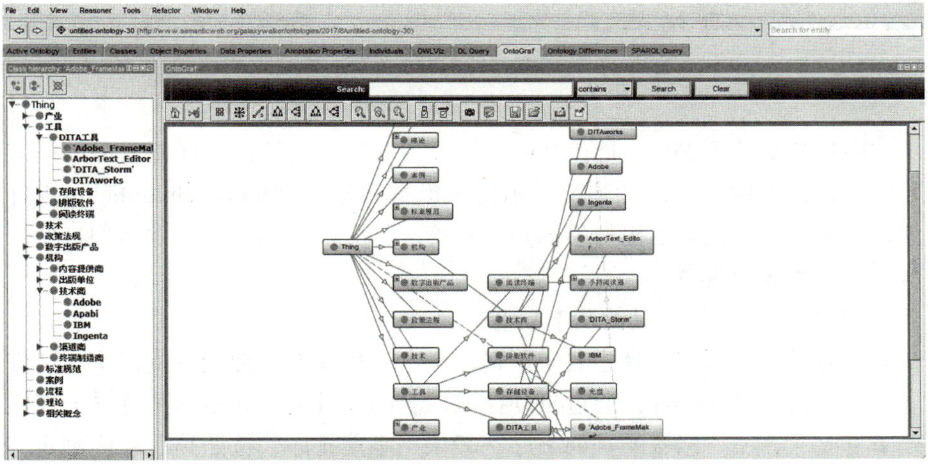

图 9-17　Protégé 生成的数字出版本体

四、标签云工具

(1)标签云简介

标签云是关键词的视觉化描述，用于汇总用户生成的标签或一个网站的文字内容。标签一般是独立的词汇，常常按字母顺序排列，通过改变字体大小或颜色来表现其重要程度。标签云可以直观地呈现关键词，让用户更好地了解文本、数据、网页的内容。如将小说《哈利波特与魔法石》全文导入到标签云工具，生成的标签云，可以使我们大体了解哈利波特与魔法石的主要人物与内容，如图 9-18 所示。

图 9-18 《哈利波特与魔法石》标签云图

照片分享社区 Flickr 是首个使用标签云的知名网站，其标签云由网站共同创立者、界面交互设计师斯图尔特·巴特菲尔德(Stewart Butterfield)设计创造。标签云可以显示出标签的热门程度。标签的字体越大，表示用户使用这个标签的次数越多。

(2)标签云构建工具的基本功能

目前标签云制作工具主要采用输入文本、提交网页地址、上传文本文件这 3 种方式来输入内容，通过自动抓取内容的关键词，并根据关键词的使用频率生成标签云。标签的排列顺序一般依照字典排序，按照热门程度确定字体的大小和颜色。可依照字典或者热门程度来查寻信息，标签通常是超链接，指向分类页面。标签云制作工具的使用方法基本类似，都是基于各类编程语言的网页工具，如有 Wordle、TagCrowd、WordItOut、TagCloud、ImageChef、Tagxedo 等制作工具。

WordItOut 是一款功能比较齐全的标签云工具，利用标签云工具的操作比较简单，以 WordItOut 为例对标签云的基本功能进行介绍，内容导入：点击 WordItOut 开始界面左上方的“create”按钮，输入内容，点击生成，新建一个文字云；设置字形、文字与背景颜色等。通过修改“Font”“Colors”“Layout”“Size”等属性，对文字云进行调整，使其更加美观，最后完成并保存，图 9-19 是用 WordItOut 工具制作的一张标签云图，内容是马丁路德金的“I have a Dream”。

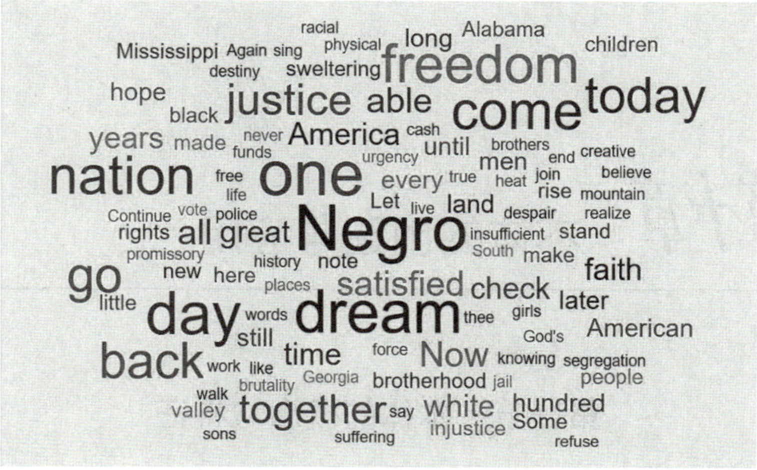

图 9-19　“I have a Dream”标签云图

◎ 本章思考题

一、名词解释

主题指南　Folksonomy　本体　知识组织系统

二、简答与论述题

1. 大众分类法的特点。
2. 简述知识组织系统的含义和类型。

第十章 本体的创建与应用

第一节 本体的概念与特征

一、信息组织中本体的概念

本体(Ontology)一词起源于哲学领域，20 世纪 90 年代中期以来，人们将本体的概念引入人工智能、知识工程和图书情报领域，用以解决知识概念表示和知识组织体系的创建等方面的问题。本体的本质是领域知识的共享与复用，能够实现信息系统之间的高层互操作。目前人们对于本体的理解还没取得一致，一些代表性的定义如下：

有学者将 Ontology 称为“概念集”，指特定领域公认的关于该领域的对象(实际对象和逻辑对象)及其关系的概念化表述，包含：①本领域对象类的层级体系；②对象类的属性及属性取值限制；③语义关系体系，即对象类之间的逻辑关系体系；④关于对象类及语义关系的推理规则。①

有学者将 Ontology 译为实用分类系统，认为其主要成分是一整套对某一领域里的知识进行表述的词和术语，编制者根据该知识领域的结构将这些词和术语组成等级类目，并且应用面向对象(Object-Oriented)的方法按需要给一些类目加以更细的定义(如特性、限制、推理规则等)。实用分类系统与传统知识分类工具的一个根本区别就是系统中的概念、特性、限制条件等内容都是计算机可读(懂)的，因而实用分类表中的知识定义可以被再利用。②

---

① 张晓林，李宇．描述知识组织体系的元数据[J]．图书情报工作，2002(2)：64-69.

② 秦健．实用分类系统与语义网：发展现状和研究课题[J]．现代图书情报技术，2004(1)：16-23.

还有研究者认为：本体是某一领域中的术语及术语间关系的规范说明，提供对领域知识的共同理解与描述，用于共享、交流和重用，由概念及概念之间的关系构成，概念及概念间的关系经过精确定义，主要供机器或计算机使用并可用数学方式表达。基于本体的信息组织具有通过概念之间的关系来表达概念语义的能力，能有效解决 XML 和 RDF 在处理语义上存在的一义多词和一词多义现象，能为信息资源提供语义标注，能够动态适应用户和信息源的变化，能为用户提供领域范围内的语义查询。①

目前比较认同的是由美国斯坦福大学知识系统实验室(KSL)的 Gruber 于 1993 年提出的，即本体是概念体系的规范。②

二、本体的特征

德国卡尔斯鲁厄大学的 Studer 等学者认为“本体是对概念体系的明确的、形式化、可共享的规范说明”。本体有四大特征：(1)明确(explicit)，指被引用的概念所属的上位类与在使用此概念时的限制条件应预先得到明确的定义和说明；(2)形式化(formal)，指本体应该具有机器可读性；(3)共享(share)，指本体中体现的是共同认可的知识，反映的是相关领域中公认的概念集，即本体所针对的是团体而非个体的共识；(4)概念化，是一个概念体系，又称概念模型(conceptualization)。③

通过上述概念的梳理，我们可以认为：本体是领域知识规范的抽象和描述(概念及概念之间关系的规范化描述)，是一种表达、共享、重用知识的方法。这种描述是规范的、明确的、形式化的、可共享的。本体的目标是捕获相关领域的知识，确定该领域内共同认可的词汇，提供对该领域知识的共同理解，并从不同层次的形式化模式上给出这些词汇(术语)和词汇间相互关系的明确定义。本体的主要功能在于有助于对信息资源内容意义的精确理解，实现系统的互操作、复用和共享。

当前，本体已成为知识工程、人工智能、数字图书馆和语义 Web 等诸多领域深入研究的课题。在图书情报领域，关于本体的研究与应用呈现出加

① 高凡，李景．Ontology 及其与分类法、主题法的关系[J]．图书馆理论与实践，2005(2)：44-46.

② Gruber T R. A translation approach to portable Ontology specification[J]. Knowledge Acquisition, 1993 (5): 199-220.

③ Studer R, et al. Knowledge engineering: Principals and methods [J]. Data and Knowledge Engineering, 1998, 25(1-2): 161-197.

速发展之势。

第二节　本体构建的主要方法与程序

一、本体构建的主要方法

本体创建是本体知识获取的核心，即从某个领域中抽取知识，形成描述该领域数据的语义概念、实例和其间的关系。目前创建本体的方法主要有以下几种。

(一)基于叙词表的本体构建

领域本体是指以一个特定的领域为描述对象的本体，提供该特定领域的概念定义和概念之间的关系、主要理论和基本原理、领域中发生的活动等。

Ontology 与叙词表存在着诸多本质上的共同性：从作用上看，两者都用以描述特定学科知识，作为特定学科信息(知识)的组织工具；从内容上看，两者均包含词(概念、类)及词(概念、类)间关系；从结构上看，两者都具有等级结构，并通过等级关系及词(概念、类)间关系将词(概念、类)组织起来，且都需要维护与不断修订。此外某学科领域的叙词表一般包括了本学科领域中相对比较完整的术语(叙词)，是本领域专家多年的有序组织与经验积累的结果，这些术语(叙词)可为领域本体中概念的创建提供支持，词表中的注释与词间关系也可为领域本体中概念的属性、实例以及关系的创建提供借鉴，因此利用叙词表构建领域本体成为简便、易行且实用的方法。

基于叙词表的本体构建的核心思想是：把叙词转换成领域本体中的概念；根据叙词间的层次关系，确定所对应的领域本体中概念间的等级关系；参考叙词的限义词、注释，为领域本体中的概念添加属性；参照叙词间的关系，为领域本体中的概念添加关系和为领域本体中的概念添加实例。①

迄今已有十多种叙词表被转换为 ontology。如联合国粮农组织(FAO)成立了农业本体论服务项目小组(AOS)，将 Agrovoc 叙词表转换为农业本体，阿姆斯特丹大学的 B. J. Wielinga 等将艺术和建筑叙词表(AAT)转换为 ontology 等。

国内学者在对叙词表与本体进行比较研究的基础上，主要探讨利用叙词表创建领域本体。王素芳介绍了由叙词表向 ontology 转换发展的 3 种方法：

---

① 唐爱民，真溱，樊静．基于叙词表的领域本体构建研究[J]．现代图书情报技术，2005(4)：1-5.

用 RDFs 关系表示叙词关系来建立 ontology；用 RDFs 关系表示叙词内容的方法建立 ontology；用 daml+oil 关系表示叙词关系的方法建立 ontology，并对转换原则和转换过程中存在的问题与建议进行探讨。①

唐静介绍了阿姆斯特丹大学信息科学系利用《艺术与建筑叙词表》建立了描述艺术对象的本体实例，② 采用 Protégé-2000 作为本体编辑工具，RDFS 作为表示语言。艺术品概念用类表示，叙词集转换为类的属性，用 RDFS Properties 表示，限定词转换为 Subproperties。并给出了关于古典家具的 Ontology 建立步骤。

唐爱民、真溱与樊静提出了一种基于叙词表的领域本体构建方法，③ 并通过基于《国防科学技术叙词表》构建军用飞机领域本体原型的过程对该方法进行了详细阐述。本体的描述语言选择 RDF，构建的军用飞机领域本体原型包含：22 个一级概念，共 4 级 84 个概念，34 个属性，24 个概念间关系，14 个实例。

牟冬梅与崔艳玲提出利用《医学主题词表》(MeSH) 构建医学领域本体，④ 本体中的术语主要采用 MeSH 词表中的规范语言，并结合还未规范到 MeSH 词表中的自然语言，构筑医学领域本体的词表，参考 MeSH 表的参照关系、组配关系和入口词与主题词关系、主题词与副主题词关系，构筑医学领域本体的词义，发挥 ontology 表达复杂关系的优势，建立一个网状的医学领域主题图。

曾新红提出了用 OWL(Web Ontology Language) 表示方法，从概念模式的确立、类和属性的确立、复合主题中语义的深层揭示 3 方面探讨将《中国分类主题词表》转换为本体的具体方案。⑤

另外，还有研究者采用文献计量方法对《中国农业科技文献数据库》中的分类和主题标引进行分析，揭示主题词与类目之间的关系，用于构建农业初级本体。⑥ 该本体由实际类目表、概念关系集和检索后控词表三部分组

---

① 王素芳. Ontology 与叙词表的融合初探[J]. 大学图书馆学报，2005(1)：74-78.

② 唐静. 叙词表转换为 Ontology 的研究[J]. 情报理论与实践，2004(6)：642-645.

③ 王素芳. Ontology 与叙词表的融合初探[J]. 大学图书馆学报，2005(1)：74-78.

④ 牟冬梅，崔艳玲. MeSH、本体论在医学知识组织中的作用[J]. 情报杂志，2005(7)：120-122.

⑤ 曾新红.《中国分类主题词表》的 OWL 表示及其语义深层揭示研究[J]. 情报学报，2005(2)：151-160.

⑥ 苏晓路，等. 农业科技信息智能检索系统中的知识组织[J]. 现代图书情报技术，2005(12)：34-38.

成。实际类目表是将文献库中的实际标引类号按照分类法等级体系和组织原则复原后形成的类目丰富、层次清晰、结构完整的分类树。概念关系集是主题词与其所存在关系的分类的集合，并将用于同义词扩检的词表作为后控词表。

(二)基于 SKOS 的叙词表到本体的转换

2005 年 W3C 推荐 Simple Knowledge Organization System①(简单知识组织系统，SKOS)，SKOS 是资源描述框架语言 RDF(S)的应用，为知识组织体系(Knowledge Organization System，包括叙词表、分类法、术语表等)提供一套简单、灵活、可扩展的机器可理解的描述和转化机制。简单知识组织系统是知识组织系统(例如叙词表、通用分类表、标题表和专业分类表等)的一个通用数据模型，其实质上是一套词汇集，其中的词汇主要由 RDFS 词汇定义，SKOS 是 RDF 面向概念框架表示这个特定领域的应用。SKOS 目前在 W3C 框架内制定，其组成为 SKOS Core、SKOS Mapping、SKOS Extensions。SKOS Core 词汇表提供了表达知识组织体系基础结构和内容的核心模型，该词汇表给出了一系列的标签作为叙词表转换的统一标签，应用该标签进行转换构建的本体具有很强的通用性，利于本体的重用和互操作性。下面是用 SKOS 表达的 EI Thesaurus 叙词 Well pumps 的例子：

Well pumps

SN：Scope formerly limited to water well pumps——含义范围注释
DT：Predates 1975——收录词表时间
UF：Deep well pumps——取代词
BT：Pumps——上位词
NT：Oil well pumps——下位词
    Water well pumps
RT：Submersible pumps——相关词
    Wells

SKOS Core 词表标签的类型如下：Well pumps 概念的类型属于 SKOS：Concept，是正式叙词，其首选标签即 SKOS：prefLabel，属性值是 Well pumps；DT 用 dc：date 来描述；SN 用 SKOS：scopeNote、UF 用 SKOS：altLabel 标签描述；SKOS：inScheme 标签描述概念出自哪种词表；SKOS：broader、SKOS：narrower、SKOS：related 标签分别给出了上位词、下位词和

① Simple Knowledge Organization System [EB/OL]. [2021-1-25]. http：//www.w3.org/2004/02/skos/.

相关词的概念。具体描述如下：

用 SKOS Core 词表标签表示描述 Well pumps 对应的语义关系如下①：

```
<RDF:RDF
xmlns:RDF="http://\\www. w3. org/1999/02/22-RDF-syntax-ns#"
xmlns:RDFs="http://www. w3. org/2000/01/RDF-schema#"
xmlns:SKOS="http://www. w3. org/2004/02/SKOS\core#">
xmlns:dc=http://purl. org/dc/elements/1. 1/"
<SKOS:Concept
RDF:about="http://www. EI. cust. edu. cn/thesaurus/concept/8219">
<SKOS:prefLabel>Well pumps</SKOS:prefLabel>
<dc:date>Predates 1975</dc:date>
<SKOS:altLabel>Deep well pumps</SKOS:altLabel>
<SKOS:scopeNote>Scope formerly limited to water wellpumps</SKOS:scopeNote>
<SKOS:inScheme RDF:resource=" http://www. EI. cust. edu. cn/thesaurus"/>
<SKOS:broader RDF:resource=" http://www. EI. cust. edu. cn/thesaurus/concept/59612"/>
<SKOS:narrower RDF:resource=" http://www. EI. cust. edu. cn/thesaurus/concept/5081"/>
<SKOS:narrower RDF:resource=" http://www. EI. cust. edu. cn/thesaurus/concept/8145"/>
<SKOS:related RDF:resource=" http://www. EI. cust. edu. cn/thesaurus/concept/72111"/>
<SKOS:related RDF:resource=" http://www. EI. cust. edu. cn/thesaurus/concept/822"/>
<\SKOS:Concept>
<\RDF:RDF>
```

也有研究者采用引入名称空间 Namespace，构建本体类 Class，构建本体属性 Property，为类添加属性，为本体添加实例的步骤，选用英国档案词表

① 刘春艳．语义 Web 环境下基于 SKOS 的叙词表到本体的转换研究[D]．长春：吉林大学，2006.

(UKAT)，利用本体的编辑工具 Protégé 应用 SKOS 标准构建了本体。①

(三)利用 OWL(Web Ontology Language)构建本体

OWL(Web Ontology Language)是 W3C 开发的一种网络本体语言，用于对本体进行语义描述，继承了 RDF 的基本事实陈述方式以及 RDFs 的类和属性分层结构，在此基础上进行扩展，加入了许多新词汇，具有丰富的语义和关系逻辑表示功能。根据其表示和推理能力的大小将它分为 3 个递增的子类：OWL Lite、OWL DL 和 OWL Full。② OWL Lite 表达能力最有限，仅提供了类分层的能力和简单的约束功能，然而推理效率高。OWL DL 包括了 OWL 的全部语言构造成分，但在使用时受到限制，以此在保持计算完整性和可判定性的前提下，提供了尽可能大的表达能力。OWL Full 取消了 OWL DL 中的限制，具有最强的表达能力。

OWL 本体包括类、属性、个体的描述，其中类分为 6 种：简单类、枚举类、属性约束类、交集类、并集类、补集类，公理有 4 条：类存在(owl：Classrdf：ID＝"")、子关系公理(rdf：subclassOf)、等价关系公理(owl：equivalentclass)、互斥关系公理(owl：disjointWith)。OWL 属性：对象属性(owl：ObjectProperty)与数据类型属性(owl：DatatypeProperty)。对象属性是将主体所属类(domain，定义域)的个体和客体所属类(range，值域)的个体联系起来。

二、本体构建的原则与主要程序

实用而准确的本体创建原则与步骤，是创建高质量本体的关键要素之一。

李景、孟连生提出的本体构建原则是：①知识本体的构建要面向特定的应用目的；②知识本体的构建应该基于一定的专业领域、学科背景或研究课题；③知识本体中包含的概念数目应该尽可能的最小化，尽可能将冗余去除；④知识本体的规模应该是有限增长的；⑤知识本体中的"类"的设计应当秉承独立性原则；⑥类的设计还应当秉承共享性原则。③ 笔者将其原则总

① 刘春艳．语义 Web 环境下基于 SKOS 的叙词表到本体的转换研究[D]．长春：吉林大学，2006.

② OWL Web Ontology Language Overview[EB/OL]．[2010-05-05]．http：//www.w3.org/TR/owl-features/.

③ 李景，孟连生．构建知识本体方法体系的比较研究[J]．现代图书情报技术，2004(7)：18-22.

结为：应用性、专业性、共享性及概念最小化等。

在本体构建过程中，人们提出了适用各自不同领域的本体构建方法，如TOEV(Toronto Virtual Enterprise)、METHONTOLOGY、骨架法等。有研究者提出了构建领域本体的知识工程法包括5个步骤：①确定本体的领域与范围；②列举领域中重要的术语、概念；③建立本体框架；④设计元本体，重用已有的本体，定义领域中概念及概念之间的关系；⑤对领域本体编码、形式化，选用合适的本体描述语言对上述建立的领域本体进行编码、形式化。① 杜小勇与马文峰提出领域知识本体构建的基本过程，包括本体需求分析、本体构建规划、本体信息获取、本体概念及关系确定、本体形式化编码、本体的评价、本体的进化和本体的表示，并对其中的基本流程、内容与方法进行梳理和分析，强调本体的进化、本体的构建是一个不断完善的、螺旋上升的、有序而系统的发展过程，进化是本体的生命所在。②

美国斯坦福大学医学信息学系的Noy与McGuinness提出了主要应用于领域本体构建的七步法。③

第一步：确定本体的专业领域和范畴(Determine the domain and scope of the ontology)。主要是确定本体所涵盖的专业领域、本体应用的目的、本体中能回答哪些类型的问题、本体的用户与系统维护者。

第二步：复用现有本体(Consider reusing existing ontologies)。如果所要建立的系统要与其他的应用平台实现互操作，而该平台又与特定的本体或受控词表相结合，复用现有的本体则为最行之有效的方法。

第三步：列出本体中的重要术语(Enumerate important terms in the ontology)，列出需要解释给用户的所有术语清单。

第四步：定义类和类的等级体系(Defining classes and a class hierarchy)。

第五步：定义类的属性(Define the properties of classes—slots)。完成第四步后，还必须描述概念间的内在结构，定义类的属性。

第六步：定义属性的分面(Define the facets of the slots)。

属性可能由多个“分面”组成。“分面”是属性取值的类型(ValueType)、

① 肖敏．领域本体的构建方法研究[J]．情报杂志，2006(2)：70-71，74.

② 杜小勇，马文峰．学科领域知识本体建设方法研究[J]．图书情报工作，2005(8)：74-78.

③ Natalya F. Noy, Deborah L. McGuinness. Ontology development 101: A guide to creating your first ontology [EB/OL]. [2010-3-12]. http://protege.stanford.edu/publications/ontology_development\ontology101.pdf.

容许的取值(AllowedValues)、取值个数(Cardinality)和有关属性取值的其他特征。

第七步：创建实例(Create instances)。

创建类的实例是本体构建的最后一个步骤。实例是本体中的最小对象，具有不可再分性。如果某个实例还可以再进行划分，那么它就是一个类，而不是实例。

综上所述，本体的编制大致可分为7个步骤，即：本体的需求分析→名词术语的来源→名词术语的规范→确定概念结构→定义类目的特性→定义属性的分面→选择实例。

第三节　本体构建步骤

本体构建工具，又称本体编辑工具，主要指用于本体的构建、编辑、维护与开发的软件系统。下面以 Protégé 工具为例，说明本体的构建过程。Protégé 的知识模型是基于框架的，Protégé 知识库由框架表示类、槽、面、实例和约束组成。类 Classes 是领域中的概念，是抽象概念的条目或命名的实例的收集。槽 Slots 描述了类的属性或性质，面 Facets 描述槽的性质。实例 Instances，有明确的槽的值。约束 Constraints 指定实例间的附加关系。本体结构以树形的层次目录结构显示，用户可以通过点击相应的项目来增加或编辑类、子类、属性、实例等。以创建简单的动物本体为例，说明利用 Protégé 创建本体的步骤如下。①

(一)建立新的项目

打开 Protégé，然后会出现对话框，点击 Create New Project…，出现 Create New Project 对话框后，选择 OWL Flies(. owl or . rdf)，单击 Finish(如图 10-1 所示)。

(二)建立类

在 Protégé 主页面上选择 OWL Classes 进行编辑。

在 Asserted Hierarchy(添加等级)中的 owl：Thing 上点击 Create subclass，或者在 owl：Thing 中点击右键选择 Create subclass，则建立了 protege 自动定义名为 Class_1 的类。在右边的 CLASS EDITOR(类编辑器)的 Name 选项中，输入要建立的类如 Animal，就会替换自动定义的名字(如图 10-2 所示)。

① Protégé 使用教程(基础篇)[EB/OL].[2020-07-22]. https：//download.csdn.net/download/mfc123csdn/8509587.

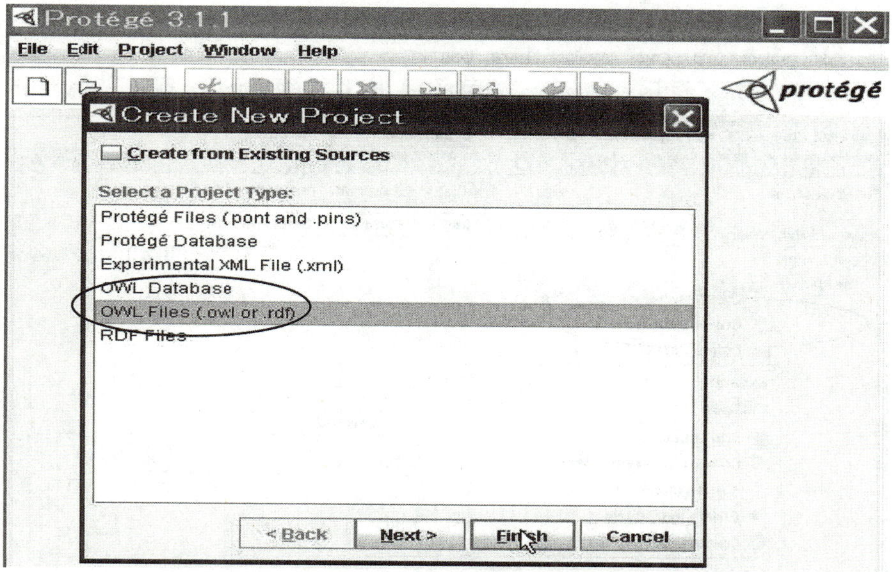

图 10-1　Protégé 本体创建步骤 1

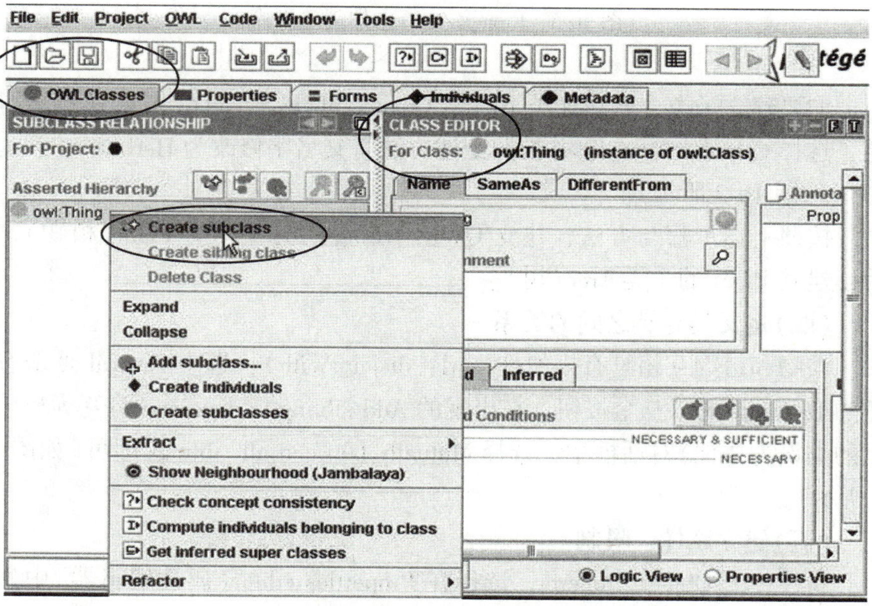

图 10-2　Protégé-2000 本体创建步骤 2

(三)建立子类

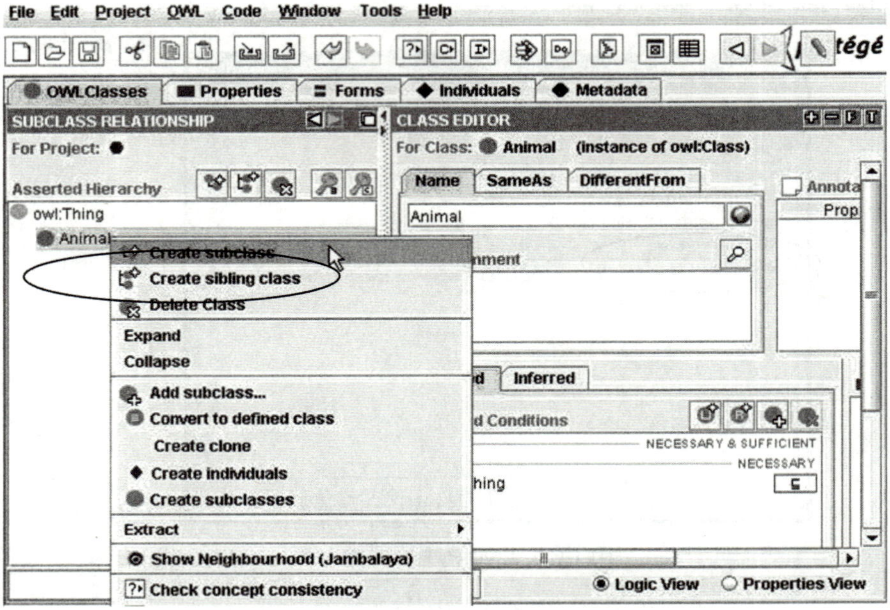

图 10-3 Protégé-2000 本体创建步骤 3

如要建立子类，就在该类下点击 Create subclass。如在 Animal 点击右上键，选择 Create subclass，并按照上述方法将其名字修改为 Herbivore(素食动物)(如图 10-3 所示)。

按照上述步骤与方法，建立 OWL：Thing 的另一个类 Plant(植物)，然后创建其 Plant 的子类 Tree(树)。

(四)定义类与类之间的关系

动物和植物互相具有排他性(owl：disjointWith)，选中 Animal 点击右下角的 Disjoints 的第三个按钮，在出现的 Add sibling to disjoints(将互为兄弟节点的类设为排他)对话框中，选择 Mutually between all siblings 即可(如图 10-4 所示)。

(五)建立属性、限制

新建一个 Object Property，选择在 Properties editor(属性编辑器)中修改 Name 为 is_part_of(整体与部分)，然后在右下角 Transitive 前面打钩，说明这是一个传递性属性。然后建立一个对象属性(owl：ObjectProperty)eat(吃)，在 Domain(定义域)中定义该属性的主体的类为 Animal。最后再建立一个属性 eated(被吃)，是属性 eat 的逆关系(owl：inverseOf)，在右下角 Inverser 框中选择 eat 属性(如图 10-5、图 10-6 所示)。

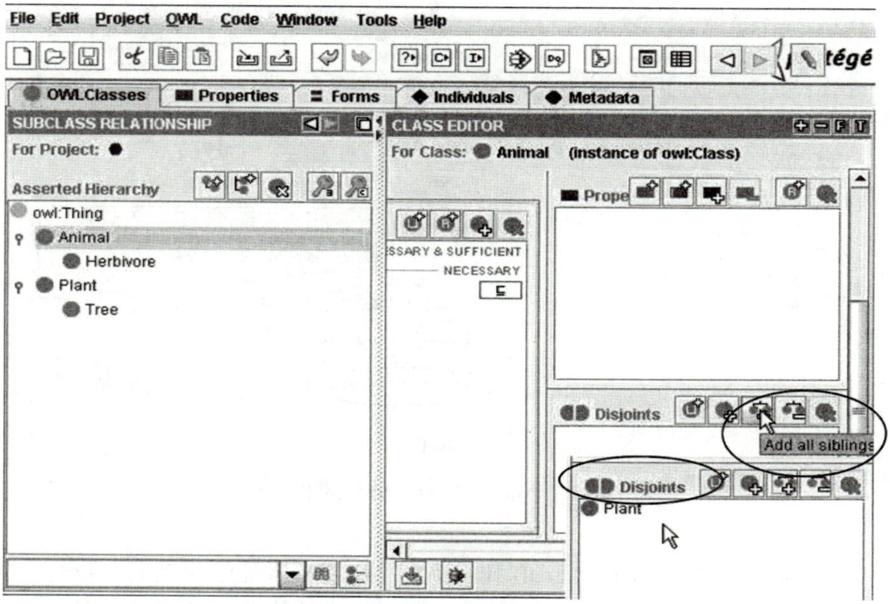

图 10-4　Protégé-2000 本体创建步骤 4

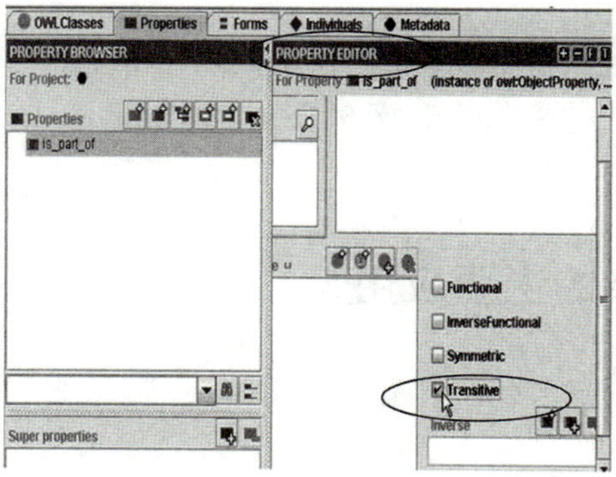

图 10-5　Protégé-2000 本体创建步骤 5(1)

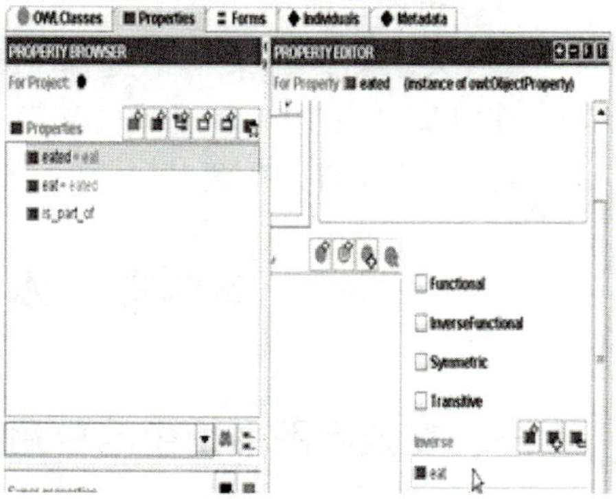

图 10-6　Protégé-2000 本体创建步骤 5(2)

建立一个 owl：Plant 的子类 Branch(树枝)，并附加限制条件。在 Branch 的状态下，点击中下方的 Asserted Conditions(添加条件)中的第二个按钮(Create restrition)。在弹出对话框中，选择 Restrition 中的 allValuesFrom，然后点击下方的 Insert class...，最后选择 Tree，就定义了类

Branch，是 Tree(树)的一部分(is_part_of)(如图 10-7 所示)。

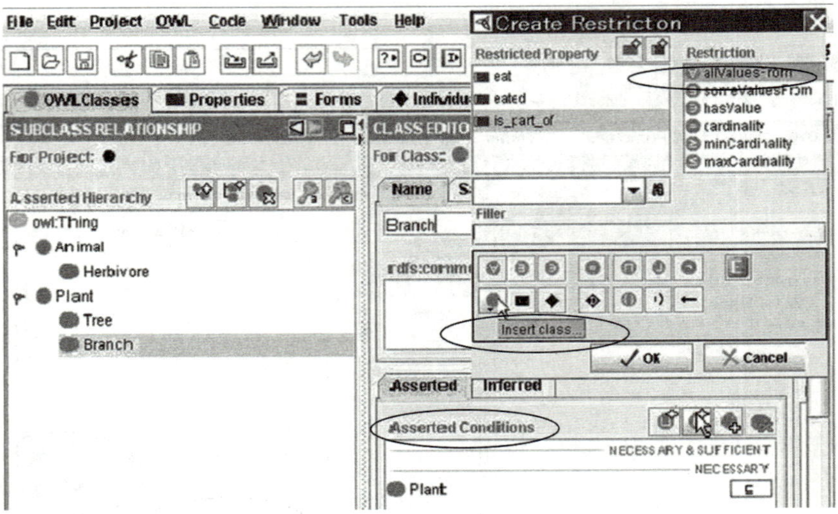

图 10-7　Protégé-2000 本体创建步骤 6

建立 owl：Plant 的子类 Leaf(树叶)类，并定义树叶是树枝的一部分；定义草食动物。素食动物是动物的子类，而且只吃植物或是植物的一部分；定义类 Giraffe(长颈鹿)，为素食动物，只吃树叶。步骤同上。

(六)可视化显示

查看关系图，在菜单中选择 Project—>Configure，在出现的对话框中，勾选 OWLVizTab，则会出现 OWLViz 标签。点击该标签，选择 Show all classes，即可看到关系图。

第四节　本体的主要应用

一、在数字图书馆中的应用

本体可用于数字图书馆的信息组织、信息检索及异构系统间的互操作，并实现知识挖掘，从而使数字图书馆真正成为人们学习研究的知识空间。数字图书馆是本体应用的重要领域，已成为国内外业界关注的重要课题。

顾英和柯平提出，本体的应用可以改善目前数字图书馆的一些不足，极大提高了数字图书馆知识组织的效率。领域本体在数字图书馆中的应用主要有如下几个方面：在信息资源整合中的应用；在知识地图中的应用；在人工智能中的应用；在数据挖掘中的应用；在个性化检索服务中的应用。①

欧石燕等提出基于本体和关联数据驱动的图书馆资源语义整合框架，实现图书馆中不同格式、不同类型文献资源的整合，不同数据集合中信息资源的语义整合，图书馆馆藏资源与外界相关资源的链接与集成，从而构成一个可无限延伸与扩展的开放的资源整合体系。②

章成志和王惠临阐述了数字图书馆环境下多语言领域本体学习的特点，由此给出面向数字图书馆应用的多语言领域本体学习基本框架，③ 该框架如图 10-8 所示。

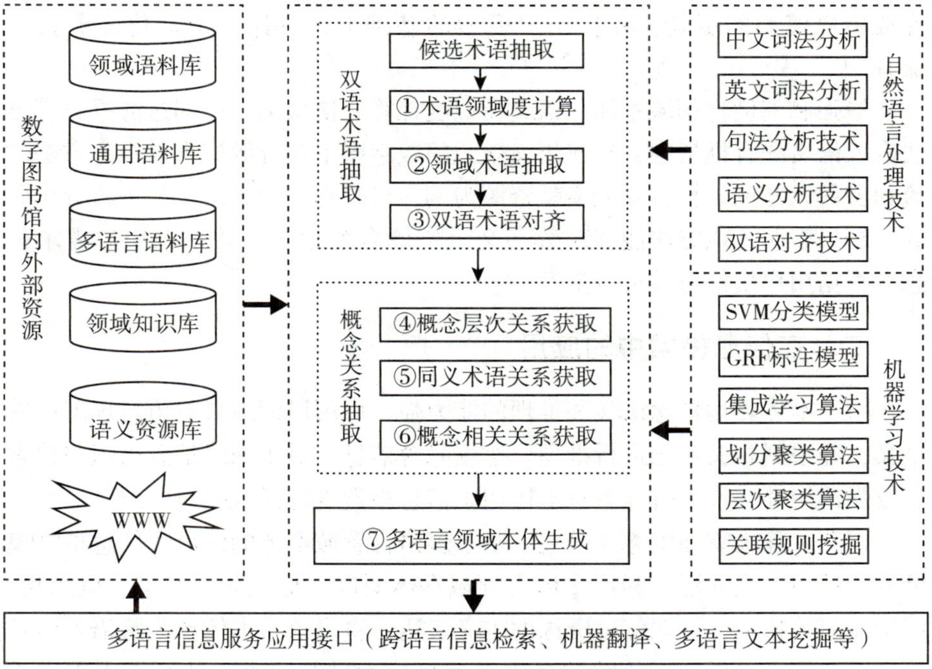

图 10-8　多语音领域本体学习基本框架

① 顾英，柯平，李泽华．基于领域本体的数字图书馆及应用研究[J]．图书馆工作与研究，2013(5)：41-44.

② 欧石燕，胡珊，张帅．本体与关联数据驱动的图书馆信息资源语义整合方法及其测评[J]．图书情报工作，2014，58(2)：5-13.

③ 章成志，王惠临．面向数字图书馆应用的多语言领域本体学习研究[J]．图书情报工作，2011(2)：11-15，94.

多语言领域本体学习主要包括三个关键技术，即：双语术语抽取、概念关系抽取以及多语言领域本体生成。其中，双语术语抽取主要包括术语领域度计算、领域术语抽取以及双语术语对齐等步骤；概念关系抽取包括概念层次关系获取、同义术语关系获取以及概念相关关系获取等部分。完成以上两个关键模块后，得到多语言领域本体中两个关键组成部分，在此基础上就可以得到一个初始的、可以应用于数字图书馆环境的多语言领域本体。

用户模型是数字图书馆个性化系统中的关键技术，传统的用户模型没有考虑词与词之间的内在联系，孙雷和孙庆苏提出了一种基于本体的用户模型，该模型基于建立的兴趣分类本体，借鉴了检索领域常使用的激活模型来完成用户模型的更新，并在用户模型的基础上，设计了个性化服务推荐流程。①

毕强和刘健将领域本体、语义相似度计算、谱聚类、协同过滤推荐等方法嵌入语义融合框架中，构建语义融合的数字图书馆资源聚合及推荐方法的流程，并以知网计算机领域文献资源为例，对其提出的方法流程进行分析研究。结果表明，该方法能够对数字文献资源有效聚合，并挖掘用户需求信息，根据用户偏好对其进行推荐。②

二、在信息检索中的应用

由于本体表达概念语义和推理的能力强，可用以消除自然语言理解中的歧义，并根据相关概念进行推理，挖掘隐含信息，对于网络信息组织与检索有较强适用性。许多研究者对本体用于信息检索进行深入探讨。

司莉、陈雨雪和曾粤亮研究了基于多语言领域本体的跨语言信息检索模型的设计与实现问题。利用多语言领域本体明确、形式化、共享、概念化、结构清晰等特征，实现信息资源的语义表达，将多语言本体作为跨语言信息检索系统的语义层，对传统的多语言信息检索进行改进，从而提供查询扩展、语义关联等功能。③

孟红伟、张志平和张晓丹针对文献检索的智能化发展趋势，提出基于领

---

① 孙雷，孙庆苏．基于本体的用户模型在数字图书馆个性化服务中的应用研究[J]．现代情报，2012(9)：80-83.

② 毕强，刘健．基于领域本体的数字文献资源聚合及服务推荐方法研究[J]．情报学报，2017，36(5)：452-460.

③ 司莉，陈雨雪，曾粤亮．基于多语言本体的中英跨语言信息检索模型及实现[J]．图书情报工作，2017(1)：100-108.

域本体的文献检索模型，该模型的模块功能包括：①资源管理模块，对文献进行语义标注并构建索引库；②智能检索模块，用户检索词与本体的映射；③相关反馈模块，记录用户偏好为日后检索节省时间。模型涉及的关键技术主要是对领域本体构建、语义标注计算和概念相似度计算。通过应用模型进行实验，表明基于领域本体的文献检索系统在检索结果上优于传统的检索方式，检索效率也有一定提高，具有研究的价值和意义。①

马斌、王金虹和闫娟娟等构建了一种基于本体的面向语义查询的信息检索模型，该模型在中医药领域本体知识库建立的基础上，借助智能语义Web技术，运用中文分词算法和语义扩展实现用户对专业领域信息的有效查询，通过测试表明基于本体的语义检索模型具有较好的检索效果。②

张一洲综合运用向量空间模型和偏好本体技术，根据用户自己兴趣将检索结果按相关性顺序进行检索结果排序。具体研究过程包括：①创建日志文件；②根据日志数据库和超链接关键词间的关系进行本体映射，创建偏好本体；③创建向量空间模型；④将向量空间模型与偏好本体进行合成；⑤对检索结果进行重排。基于此方法进行检索实验，表明利用本方法进行个性化信息检索的性能优于Google方法。③。

吴红、李玉平和胡泽文在传统专利信息检索的基础上引入专利领域本体，从用户检索请求处理、本体构建、本体可视化与语义扩展、检索及存储的过程和技术实现进行研究，并开发一个基于服装领域本体的专利信息检索原型系统。比较测试表明，该模型在确保信息检索准确性的同时能够极大地提高其全面性。④

三、在语义标注中的应用

语义标注就是将本体中的概念与各类资源建立联系的过程，进而给予机器可理解的语义，从而支持语义查询。

孙建军等探讨了学术文献的语义标注问题，一是研究学术文献的知识类

① 孟红伟，张志平，张晓丹，等. 基于领域本体的文献智能检索模型研究[J]. 情报杂志，2013(9)：180-184.

② 马斌，王金虹，闫娟娟，等. 基于本体的智能语义检索模型设计与研究[J]. 情报科学，2015(2)：46-50，71.

③ 张一洲. 基于VSM和偏好本体的个性化信息检索技术的研究[J]. 情报学报，2015，34(7)：711-716.

④ 吴红，李玉平，胡泽文. 基于领域本体的专利信息检索系统研究与实现[J]. 现代图书情报技术，2010(6)：71-77.

型、结构等信息，在继承现有的标注本体元素的基础上构建了学术文献语义标注本体；二是获取学科领域的专业术语和关系，构建领域本体；三是将标注本体、领域本体中的概念与学术文献中的知识元相关联，借助标注本体和领域本体，将学术文献中的相关内容与本体中的知识元(概念或关系)进行链接，当读者需要获取文献中知识元对应的描述时，可以借助语义本体从对应的知识库中进行获取。①

侯西龙等提出了一种用于非遗视频资源的管理和语义组织的语义标注方法，首先，对非遗视频采用基于SURF算法和窗口阈值的镜头分割方法，将非遗视频解构成不同颗粒度的逻辑单元；其次，构建了非遗视频语义标注的本体模型；最后，通过视频语义标注过程，实现领域知识概念与视频资源间的语义关联，赋予视频单元丰富的语义信息。通过对视频的语义标注，可为用户提供结构化、语义化的视频浏览及知识可视化等知识服务，对非遗数字化保护与传播具有重要的意义和价值。②

王敬和祝忠明构建了一个适用于科学视频的语义标注框架，通过借助领域本体、媒体片段标识符以及媒体资源本体等工具来完成标注框架的构建。在分析科学视频特征的基础上，着重从视频片段级别实现对科学视频的综合语义标注。在语音识别与视频分割的基础上，引入关联开放数据，为科学视频提供丰富的背景信息；使用媒体片段标识符标识视频片段，使其成为独立的语义对象，从而提高视频片段在网络上的可见性与可检索性；使用媒体资源本体描述视频资源的内容、元数据以及视频片段之间的关系。③

四、领域本体的构建和应用

领域本体是指以某一领域为描述对象的本体。它们在一个特定的领域中可重用，提供该领域特定的概念定义和概念之间的关系，主要理论、基本原理和领域中发生的活动等。王晓光、李梦琳和宋宁远基于已有的科学论文内容表示模型和本体模型，根据功能单元理论，设计了一种科学论文功能单元本体(Functional Units Ontology，FUO)，其包含28个类和5种属性，并借助

① 孙建军，裴雷，蒋婷．面向学科领域的学术文献语义标注框架研究[J]．情报学报，2018，37(11)：1077-1086.

② 侯西龙，谈国新，庄文杰，等．非物质文化遗产视频语义标注方法研究[J]．情报科学，2018，36(11)：88-94.

③ 王敬，祝忠明．科学视频综合语义标注框架构建研究[J]．图书馆理论与实践，2016(1)：50-55.

Protégé 对该本体进行形式化表述。为检验该本体的可用性，借助语义标注工具 GATE，利用 FUO 对 10 篇样本论文进行深度标引实验，结果表明该本体适用于科学论文的深度语义标引，能够一定程度上表示和揭示科学论文中各部件的语义功能和属性。①

上海图书馆基于书目框架模型(Bibframe)，利用本体建模方法设计了家谱本体及其应用、扩展和重用。书目框架是基于关联数据技术的本体模型，既能揭示家谱资源的文献特征，又能揭示其内容特征，并在家谱各种数据实体之间建立机器能够理解和处理的关联关系，增强了内容和概念之间的语义关联，从而改善图书馆家谱系统基于关键词字段匹配不能满足用户知识发现的需求。②

唐旭丽、马费成和傅维刚等，从知识关联视角设计了金融知识表示本体，用于金融风险的监测与治理。作者从知识组织的角度出发，对金融知识表示方法进行了探究，将知识表示过程分为知识表示模式层、知识实例层和知识挖掘层。首先，分析了金融大数据的四种典型关联模式，即分类关联、时空关联、统计关联和事件关联，并从实现方式的差异角度，将各类关联模式归类于静态本体、动态本体和社会本体之中；其次，针对每一类本体，作者提出了相应的实现方案，如复用现有的 FIBO 本体；最后，基于金融风险识别应用案例进行了详细说明。③

刘乾凝构建了面向数字人文的都市农业本体。基于知识本体构建方法，构建了实验性的都市农业知识本体，确定了都市农业资源知识组织核心要素和相互关系，建立了各层级关系、编码规则及 OWL 语言本体转化。构建的本体便于都市农业文化知识的组织、传承、保护和共享，为都市农业研究和发展提供参考。④

---

①　王晓光，李梦琳，宋宁远．科学论文功能单元本体设计与标引应用实验[J]．中国图书馆学报，2018(7)：73-88.

②　夏翠娟，刘炜，张磊，等．基于书目框架(BIBFRAME)的家谱本体设计[J]．图书馆论坛，2014(11)：5-19.

③　唐旭丽，马费成，傅维刚，等．知识关联视角下的金融知识表示及风险识别[J]．情报学报，2019，38(3)：286-298.

④　刘乾凝．面向数字人文的都市农业本体的构建[J]．图书馆杂志，2019(8)：53-58.

◎ 本章思考题

1. 阐述本体的含义与特征。
2. 简述本体构建的主要方法与程序。
3. 简述本体的主要应用领域。
4. 试选择一种本体构建工具尝试构建一个领域本体。

第十一章 文献标引的基本规则与方法

第一节 文献标引的方式

文献标引是根据文献的特征，赋予文献检索标识的过程。标引过程包括两个主要环节：一是主题分析，即在分析文献的内容特征及其某些外部特征的基础上，提炼主题概念；二是转换检索标识，即用专门的标引语言中的标识表达主题概念，构成检索标识。依据特定的分类语言，赋予文献分类标识的过程称为分类标引，而依据特定的主题语言，赋予文献主题标识的过程称为主题标引。

标引方式是指根据文献特点和具体需要确定的标引和揭示文献主题的形式。依据对文献内容的揭示特点，标引方式通常可以分为以下几种。

1. 整体标引

整体标引是一种概括揭示文献基本主题内容的标引，只揭示文献中有检索意义的整体性主题，又可称浅标引。实际操作中，常常用一个主题概括文献的整体内容或主要内容，根据文献的整体内容，以相应的标识对该主题内容进行标引，一般只赋予1~2个检索标识。例如，标引《网络信息资源开发》一书，只需对“网络信息资源开发”这一主题进行标引。类号为G255.76，主题标引为：网络信息资源\资源开发。不必揭示书中涉及的附属主题。

2. 全面标引

全面标引是一种对文献论及的所有主题概念依据其各自所属的学科逐一进行标引的方式，又称深标引，例如，《二十一世纪：绿色经济兴起》一文，对其进行全面标引时，须对其论述的环保产业、绿色技术、绿色产品、环境法、绿色投资以及可持续发展等各个主题概念一一标引，分类标引结果分别为：绿色经济 F062.2；环保产业 X324；绿色技术 X38；绿色产品 X384；环境法 D912.6；绿色投资 F830.59；可持续发展 X22。主题标引结果为：绿色经济；环保产业；无污染技术\生产管理；安全健康产品；环境保护法；投资；可持续发展。

全面标引能充分揭示文献内容，提高检全率，主要用于计算机检索系统，尤其是对学术论文、科技报告的主题标引，适用于专业性文献单位。

3. 重点标引

重点标引对具有多个主题或多个主题因素的文献，只选择对本单位或本系统用户有检索和参考价值的部分内容予以标引的方式。重点标引有较强的针对性，能使文献标引符合用户的使用需要。

4. 综合标引

综合标引是针对丛书、多卷书、论文集、会议录及连续出版物等类型的文献，以其整套(部)文献的主题为单位进行的一种整体标引方式。一般以整套(部)文献的内容为依据，不能仅以其中的一卷或一册为依据进行标引。例如，《环境监测丛书》宜按其整体内容综合，分类标引为 X83-51，主题标引的结果是：环境监测\丛书。必要时，可在综合标引之后，对其中的文献单元分别进行标引。

5. 分散标引

分散标引是一种以丛书、多卷书等整套书中的每一种书或每一卷书为单元所进行的标引方式。例如，《现代系统工程概论》(现代管理科学丛书之一)，按其内容而不是按整套丛书的内容进行分类，标引结果为 N945(注意不能够加丛书的复分号“-51”)，主题标引的结果为：系统工程\理论；系统分析。必要时，可对已分散标引的文献作综合标引，这是分散标引与分析标引的不同之处。

6. 互见标引

互见标引主要用于分类标引。是对已经从一个角度或学科标引了的文献内容，再从其他角度或学科进行标引的方式，称为互见分类标引，标出的类号为互见分类号。

例如，马克思、恩格斯、列宁、斯大林、毛泽东、邓小平的科学专著，均要按学科内容在有关类下作互见。如《列宁论图书馆》，类号为 A267，互见号为 G25。主题标引为：列宁著作\图书馆事业。

7. 分析标引

分析标引是在整体标引的基础上，进一步将文献中的部分内容析出，对其所属的学科内容进行标引的方式，亦称为补充标引。例如，《知识经济与技术创新》一书，除对其整体主题“知识经济学”进行标引(分类号为F062.3；F062.4，主题标引：知识经济\关系\技术革新)外，再将其中“知识产权”内容析出，作分析标引。

第二节　分类标引方法

一、选用文献分类法与确定文献分类法使用本

(一)选用文献分类法

文献分类工作是图书情报部门的一项基础性工作，无疑应该选择一种国内通用的、编制质量较高的、有生命力的并适用于本单位或检索系统的文献分类法作为分类标引的工具。选择一种文献分类法后，还应该选择其最适当的版本。目前，国内广泛使用的分类法是《中图法》,《中图法》有各种版本，如详本、简本、期刊本、未成年人图书馆版及农业专业分类表、医学专业分类表等多种专业分类表。选择《中图法》版本时，应该考虑：图书情报机构是综合性的，还是专业性的；文献收藏的规模与发展前景；标引文献的类型是单一的，还是多种类型的；是用于组织文献排架，还是仅用于编制分类检索工具，等等。

一般来说，藏书规模在20万册以下的中小型图书馆可选用《中图法》简本；藏书在20万册以上的综合性图书馆使用《中图法》类号中的“+”号以前的类号类分图书，用完全分类号(即“+”号以前与以后的号码)类分资料；中小学及儿童图书馆使用《中图法·未成年人图书馆版》；专业性图书情报机构可选择使用相应的《中图法》专业分类表；同一图书情报机构还可根据需要同时选用《中图法》的不同版本，以类分不同类型的文献。

(二)确定文献分类法使用本的意义

所谓分类法的使用本，是指图书情报机构根据其文献收藏情况及用户需要，对选用文献分类法作适当调整、补充、说明后确定下来作为分类标引依据的分类法文本。

为什么要确定文献分类法的使用本呢？图书情报机构选定所使用的分类法后，一般不能直接将其用于分类标引。因为，每个图书情报机构的性质、任务、藏书重点、藏书规模、读者对象等不尽相同，具体图书情报机构对分类法使用的要求也不尽一致，因此，有必要在本单位制定的分类细则基础上，根据本单位的文献特点和用户需求，制定出适合本单位性质、任务、馆藏规模以及读者需要的使用本。

(三)确定文献分类法使用本的方法

确定文献分类法使用本应该达到两个要求：一是实用，适应本馆当前的实际需要与今后发展的需要；二是与选用的文献分类法的类目体系、标记制度相一致。确定使用本的具体方法如下。

1. 规定类目的详略程度

应根据文献单位的藏书现状和发展规划确定文献分类的专指度和类目细分的类级。对于重点藏书与非重点藏书、专业藏书与非专业藏书、图书与资料等，要区别对待。例如，对于重点藏书，应予以详分；非重点藏书，在文献量较少的情况下，可略分，等等。

2. 规定类目复分、仿分的范围

规定主表适用于复分、仿分的类目级别，包括哪一级类目需要复分、仿分，对于注释中所规定的连续仿分、复分，是全部采用，还是只仿分、复分一个层次等均需作出明确规定。

3. 规定复分表的使用范围

要逐一审定类表中的各种复分表并对其使用作出选择。确定哪些复分表需要使用，哪些不使用；其子目是全部使用，还是部分使用；另外，对复分表中的再细分注释的采用与否也要作出明确说明。

4. 选用交替类目

一般没有特殊要求的图书情报机构和文献单位应遵循类表的规定，专业图书情报机构和有特殊要求的单位，可以根据本单位的性质及用户需求，有选择地启用交替类目，即将交替类目改为使用类目，将原使用类目变成交替类目。如劳动安全科学领域的文献部门，可根据本单位的使用需要，将“X93 安全工程”类下的“X935 地质勘探安全”“X936 矿山安全”“X937 石油、化学工业安全”“X938 冶金工业安全”等交替类目改为使用类目，将这些交替类目所对应的原使用类目改为交替类目，使类目体系适合其单位的性质及用户的实际需要。

5. 规定文献“集中与分散”的处理办法

确定使用本时必须对文献的集中与分散作出相应规定。一般综合性文献单位应按照分类法的规定来处理集中与分散的问题，专业单位或有特殊需要的单位可在分类法规定的范围内，对工具书、人物传记、特种文献(如标准、专利等)以及总论应用与专论应用文献的集中与分散问题作出规定。如使用《中图法》的心理学专业单位，对于“B849 应用心理学”，可采用主类号组配方法，将分散在各专业中的各种心理学如美学心理学、人口心理学、司法心理学、军事心理学等文献加以集中，如，管理心理学为 B849：C93-

051。同样，计算机专业的文献单位可规定，将计算机在其他学科中应用的文献在 TP399 类下集中，并与相应的专业类号进行组配标引。

6. 局部类目扩充

①将类目注释所列举的概念配号，扩充为类目。如教育专业方面的单位，可在需要时将“G424. 1 教学法”类下的注释改为类目，配以相应的类号。具体为：将该类下注释“讲授法、演示法、问答法、参观法、实验法、练习法等入此。”进行扩充如下：

G424. 1　教学法

G424. 11　讲授法

G424. 12　演示法

G424. 13　问答法

……　……

②扩大复分表的使用范围，可在有关类目下增加使用复分表的注释，以增加细分程度。如使用《中图法》的政治及外交专业的文献部门，可在“D819 世界外交史、国际关系史”类下，加注“依国际时代表分”；在“D83/87 各国外交”类下的专类复分表中“2 对外关系”类后，加注“依世界地区表分”。

③扩充类目。可参考国内外有关分类法及专业分类表的细目，将相应专业部门的类的类目加细。

④编列新的子目。用户根据使用需要，增补新的类目。在扩充类目时必须根据分类法的标记制度及编制技术进行，保持类号的逻辑性和系统性。

7. 说明特殊分类方法

如对多重列类类目，是采用“最前编号法”还是“最后编号法”，对丛书是集中分类还是分散分类等作出明确规定。

8. 规定某些类下的同类书区分方法

如对分类法中诸如按年代排、按届次排、按名称排等推荐性的排列方法作出是否采用的明确规定。

二、分类标引的基本规则

（一）文献分类基本规则的含义

文献分类基本规则，是指贯穿于整个分类标引过程中必须始终遵循的准则。为保证分类标引质量，实现“归类正确、一致，充分揭示和方便检索”的目的，人们对分类标引的基本规律进行总结，概括为共同遵守的若干规则，这就是文献分类的基本规则。

(二)文献分类基本规则的内容

1. 文献分类必须以文献内容的学科或专业属性为主要标准，以其他特征为辅助标准

这是文献分类体系建立的基本依据，也是与以事物为主要标准的主题标引的基本区别。只有这样，才能保证文献按学科或专业属性聚类，从而形成分类法特有的检索功能。标引文献时，首先应按学科内容区分；然后再依据其他特征，即空间、时间、民族、形式等辅助特征区分。只有在不适于按学科内容分类时，才能采用文献的其他标准分类。例如，《实用建筑施工手册》，先按其学科内容归入"TU7 建筑施工"，然后，再依形式特征区分，其号码为 TU7-62。

2. 文献分类必须要体现分类法的系统性和逻辑性

文献分类要遵循分类法的规定，分类法类目的内涵和外延受类目体系的限定，不能脱离类目之间的逻辑关系和类目注释的限定，孤立地理解类名的含义。凡能归入下位类的文献，必然带有其上位类的属性。例如，对于"G612 教学理论、教学法""G622 教学理论、教学法""G632 教学理论、教学法""G642 教学理论、教学法""G652 教学理论、教学法""G712 教学理论、教学法"6 个类目，根据其上、下位类限定关系来理解，其类目的含义分别指的是学前教育、初等教育、中等教育、高等教育、师范教育和职业技术教育的教学理论、教学法。标引文献时，一定要详审上、下位类的从属关系，凡能归入下位类的文献就一定能够归入其上位类。

3. 文献分类必须符合专指性要求，归入最切合其内容的类

应将文献分入最专指的类目，不能分入范围大于或小于文献实际内容的类。这是准确、专指地揭示文献主题内容的需要。当分类表中无专指类时，归入最接近的类目。例如，《微型计算机运算器和控制器检修与维护》入 TP362.06。若归入 TP306(计算机的调整、测试、校验、检修、维护)、TP36(微型计算机)或 TP362(微型计算机运算器和控制器)，均为外延过宽的非专指类目。

4. 文献分类必须符合实用性要求，归入用途最大的类

文献分类要根据文献的学科属性、实际内容、用途和检索系统的类型，结合本单位的性质、任务、用户需求等，提供必要数量的、切合需要的检索途径。对于多主题和内容涉及多个类目的文献，应分不同的情况进行分类标引深度控制。具体地讲，联合编目机构、大中型综合性图书情报机构，应充分利用互见分类、分析分类等方式对文献主题作全面标引；小型图书情报机构，一般可只选择一个主要的类目进行概括标引；专业性图书情报机构，可选择其中对本单位读者有用的文献主题予以标引，还可以对交替类目进行调

整，将文献归入该文献单位最适用的类目；各类图书情报机构编制机读检索工具时，可采用全面标引方式，一般可使用 2~5 个分类号，编制手工检索工具时，可采用概括标引方式，一般使用 1~3 个分类号。

5. 文献分类必须遵守分类的一致性原则

文献分类的一致性原则，不仅要求相同主题文献前后归类一致，而且要求同类型或同性质文献的主题分析、标引方式等方面也保持一致，应通过提高标引人员素质、建立与健全规章制度等措施，保证文献分类标引的准确和一致。

还应注意，不能仅凭文献题名、篇名的意义进行归类，还必须对文献主题进行周密分析。例如，《钢铁是怎样炼成的》一书，是苏联作家奥斯特洛夫斯基所著的一部长篇小说，而不是讲如何冶炼钢铁。题名不可能总是准确反映文献的主题内容，所以，在标引时，必须对文献内容进行周密分析，概括、提炼为主题概念后，方能做到准确归类。

三、分类标引程序与质量控制

(一) 分类标引工作的程序

为保证标引质量，标引工作必须遵守一定的工作程序。标引工作程序主要包括以下几个基本步骤。

1. 文献分类查重

查重是文献分类标引工作的第一个工作环节，其目的是：查明待分类文献是否为已入藏文献的复本，即题名、作者、版次等是否完全相同；是否为已入藏文献的不同版本，包括不同译本、不同版次；是否为多卷书的不同卷次或续编；是否为已入藏文献的不同载体形式等。然后再利用已有的标引成果分别按不同情况进行处理。例如，对于复本，将原书的目录分类号及索书号抄写在该书的书名页上，在 CNMARC 馆藏信息字段录入该书的条形码、入藏地址、价格等项目。查重是分类标引工作的第一步，其目的是避免同书异号，使同一种文献的分类标引前后一致。

2. 文献主题分析

文献主题分析的质量不仅直接影响标引的质量，而且从根本上影响检索系统的检索效率。文献主题分析应该做到：(1) 不遗漏应该分析出的主题概念，即提炼出来的主题概念不应少于应提炼的主题概念。若没有把文献中符合检索系统要求的所有相关概念提炼分析出来，就会造成漏标、漏检，影响检全率。(2) 不过度析出主题概念，即所提炼出的主题概念不应多于应提炼的主题概念。应该避免析出文献中没有具体论述的概念、不具有参考价值的内容以及不符合检索系统要求的主题概念，否则会造成误标或过度标引，影响检准率。(3)正确提炼主题概念。在进行主题分析时，要准确表达文献内容，即要形成正确的概念，准确判断文献论述的重点内容，概括出文献创新内容的主题概念。否则，将会造成漏标、误标，影响检全率和检准率。

进行分类标引时，要先查明待分类文献的研究对象、学科或专业性质、写作目的、用途等，以便正确归类。鉴于目前人们对文献主题分析方法的认识不尽一致。下面主要以《中华人民共和国国家标准文献分类标引规则》(GB/T 32153—2015)为依据进行阐述。

文献主题分析法主要有：分析文献的题名，了解文献的中心内容与写作主旨，要注意不能以题名作为主题分析和分类标引的唯一依据；阅读简介或文摘，查明文献的内容重点；阅读目次、文内标题、图表、数据、实例、参考文献目录等，了解文献的具体内容、范围及参考价值；阅读序、跋、结论，了解写作主旨、写作过程和主要用途；浏览正文，当通过以上方法，仍不能确定文献的确切内容和类别时，可采用浏览正文的方法；借助参考工具书或请教专家。主题分析应符合 GB/T3860—2009 中 6.3 的要求。

3. 确定文献主题

通过以上方法进行主题分析后，再确定文献的研究对象、研究角度，根据文献的类型、检索系统的性质等选定应标引的主题。另外，应注意对隐含概念的分析，注意区分主要主题与次要主题，注意区分专业主题与相关主题，在确定和取舍主题时，还要注意参考分类法类目划分标准和使用次序。

4. 归类

根据文献主要主题的学科属性及其他特征，查阅分类法，找到与其相符的类目，将分类号赋予文献作为分类检索标识。必要时，给出互见分类号和分析分类号。

5. 编制分类索书号

馆藏文献如果采用分类排架，还必须进一步区分同类书。为实现同类书的个别化，就要编制书次号(即同类书的排列次序号码)。排架分类号和书次号构成分类索书号。当一种文献有几个分类号码时，必须选择其中之一作为排架分类号，其余均为目录分类号。将索书号与目录分类号用铅笔标在书名页上，待校核。

6. 分类号、索书号字段的录入

如果要建立书目数据库，分类标引程序还包括录入分类号及索书号。在 CNMARC690 字段录入分类号、905 字段录入索书号等信息。

7. 分类审核

在确定文献分类号及索书号后，必须进行审核。其内容包括：主题分析是否充分，主题概念的提炼是否正确，归入类目是否正确，检索标识的构成是否符合要求等。审核是保证文献分类标引质量、减少标引误差的重要步骤。文献分类标引的流程如图 11-1 所示。

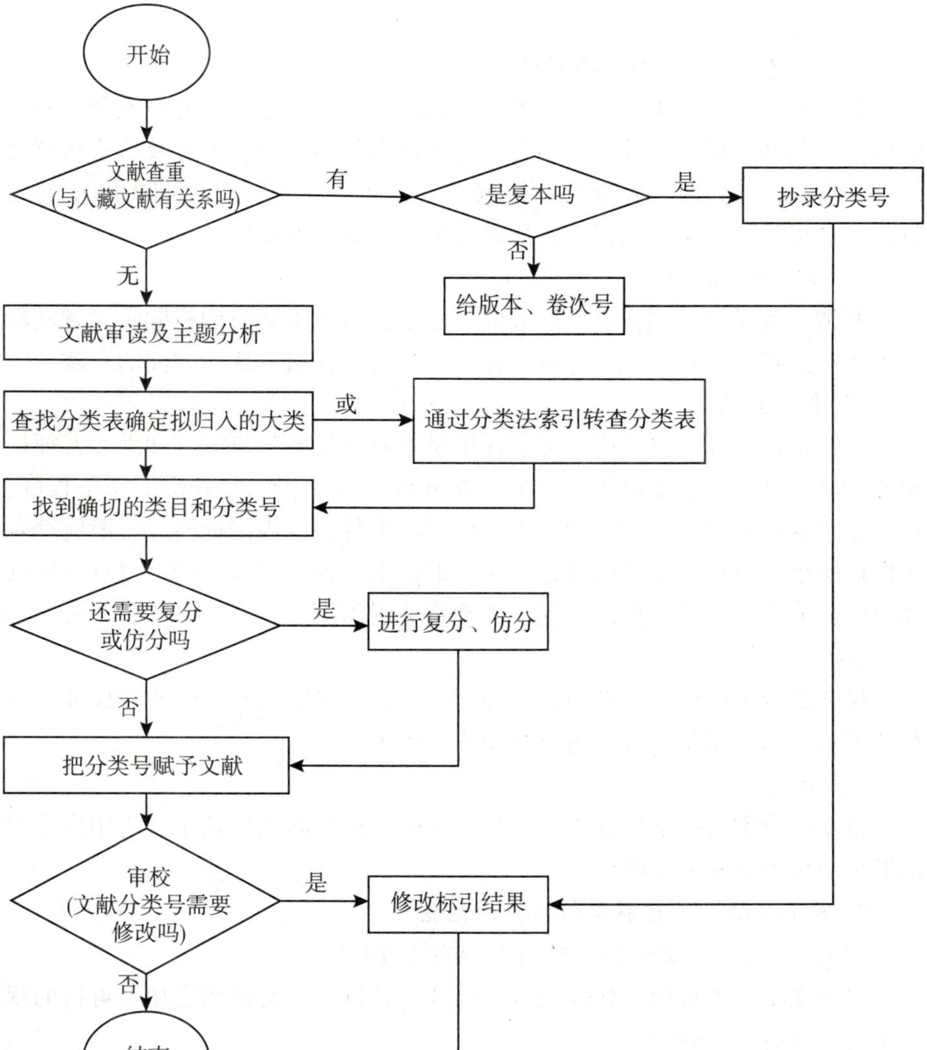

图 11-1　分类标引流程图①

① 中华人民共和国国家质量监督检验检疫总局，中国国家标准化管理委员会. GB/T 32153—2015 文献分类标引规则[S]. 北京：中国标准出版社，2016.

(二)文献分类标引工作的质量管理

1. 文献分类标引工作的质量标准

文献分类标引工作的质量标准是文献分类质量管理的依据，可概括为以下几个方面。

(1)主题分析、归类与组号准确

具体来说：一是主题分析要准确，要准确析出文献研究的对象及学科专业属性，判断主要内容及次要内容，分析出有价值的隐含内容及有检索意义的外表特征；二是归类要准确，根据主题分析的结果，将其归入贴切的类目；三是组号要正确，应保证最后的分类标引结果的准确性。

(2)归类一致

所谓一致是指不同标引人员或同一标引人员在不同时期对同一主题文献归类的一致程度，包括标引深度、标引专指度、标引方式等方面的一致。

(3)标引适度

主要指标引深度要适中。标引深度是指对文献的学科内容和外表特征揭示的详略程度。它主要取决于文献主题分析的水平和主题分析的完备程度，具体表现为标引的主题数量的多少，标引的类号多，为深标引。一般应综合考虑标引单位或检索系统的条件、用户的需求、被标引文献的类型及所用的标引语言的类型等几方面的情况，以确定标引深度。

(4)易于实用

指文献分类标引要有针对性，即将文献归入对完成本单位专业任务最有利的类目，适合检索系统的特点和用户的需求。

(5)标引及时

指文献分类标引加工在强调质量的同时，要提高工作效率，为用户及时地揭示与传递最新的文献信息。

2. 保证文献分类标引工作质量的措施

(1)建立与健全文献分类标引工作的规章制度

要使文献分类标引工作高质量、高效率地进行，必须制定切实可行的规章制度，进行科学管理。

①制定完善的分类标引细则。

分类标引细则是标引人员在文献标引过程中所必须遵守的准则，起着直接的导向和控制作用，其科学与完善程度直接影响分类标引的质量。具体包括：选用分类法及确定使用本的方法；分类标引程序及具体操作过程的规定；各种主题文献、各种类型文献的分类标引规则；分类标引深度的规定；所用书次号的规定等。

②加强分类标引工作的科学管理。

• 实行岗位责任制。为了加强标引人员的责任心，提高文献分类质量和效率，应制定切实可行的岗位责任制，明确规定标引人员必须承担的工作任务及职责。

• 完善质量检查制度。要严格遵守标引工作程序，每一环节工序均要进行质量检查，及时分析、解决标引过程中出现的具体问题。

• 实行定额管理。制定合理的定额标准，将数量与质量标准相结合是科学管理的具体措施，也是完成分类标引计划、充分发挥标引人员能力的有效手段。在实行定额管理的同时，要落实奖惩制度。奖惩要适度，这样才能充分调动标引人员的积极性，发挥其创造性，提高工作效率。

• 保持标引人员队伍的稳定。标引人员需要具备丰富的各学科基本知识和文献分类专业知识，这些知识主要是通过日常的积累获得。标引工作经验来自实践，因而要减少标引人员的变动，保持相对稳定，不宜经常更换。

(2)提高标引人员的素质

文献分类标引人员是决定分类质量的关键因素，因而，必须具备并不断增强下述知识和素养。

①较全面的图书情报基础知识和扎实的业务技能。首先，要有丰富的图书情报学、信息科学等学科知识，以便将标引工作置于整个文献信息交流过程之中，从而更准确地对文献进行分析和处理。其次，要熟练掌握检索语言的基本知识，了解所选用的标引语言的结构、编制原则、类目含义及使用规则。再次，还应该不断充实业务知识和技能，提高标引能力。此外，还必须具备较高的文献检索技能。

②合理的知识结构和广博的学科知识面。标引人员应该不断拓展自己的学科领域及知识范围，这是阅读文献、把握重点、准确分析和正确归类不可缺少的条件。

③了解检索系统的特点和用户需求。

标引人员要根据对检索系统使用效果的分析和用户需求特点，不断改进标引质量，增强标引的针对性和适用性。

④较高的语言水平及计算机操作能力。

标引中文文献时，需要较高的汉语水平；标引外文文献，一般需要熟练掌握一至两门外语；标引古籍时则需要较高的古汉语水平及广博的历史知识。这样才能快速阅读和了解文献的内容，正确提炼主题概念。标引人员还必须提高计算机操作能力，以适应计算机分类标引、机读数据标引的需要。

⑤良好的职业道德和踏实的工作作风。

除了有必要的专业技能和学科知识以外，标引人员还必须具备良好的职业道德，养成严谨的工作作风和踏实的工作态度。标引工作不仅要求能准确提炼文献的主题内容，而且要求按照标引规范，准确地将主题分析的结果转换成分类标识。标引人员虽然不直接与用户接触，但标引工作是面向用户的，因而标引人员应该了解和研究用户心理及需求，一丝不苟、踏踏实实地做好标引工作，提高标引的针对性和适用性。

(3)重视分类法理论与方法的研究

文献分类标引是一项专业性、技术性较强的工作，重视分类法理论与方法的研究也是保证标引质量的重要措施之一。

要保证分类标引质量，首先就要认真研究分类法的编制原则、体系结构及各部类的功能，分析基本大类的框架结构，弄清各大类的立类原则、划分标准及配号规则，对类目的内涵和外延进行分析，这样就能正确理解分类法、熟悉分类法。另外，还应该重视文献分类标引方法的研究，例如，各类型、各种主题、各学科文献分类标引方法研究，综合性科学与综合性知识文献的分类标引方法研究，新学科、新主题文献的分类标引方法研究，类目复分方法及其疑难问题研究，组配编号方法、多重列类方法、分类法“0”的使用等问题研究。为提高标引质量，还应该注意研究影响标引质量的带有普遍性的问题，如文献标引一致性、标引深度与标引方式、标引工作质量控制等。不断研究分类法的理论与方法，有助于充分、一致、准确地揭示文献主题，提高标引质量。

另外，标引人员还应经常与用户接触，了解其检索习惯，听取他们对检索系统的建议与要求，不断改进标引工作。

四、同类书区分与书次号的编制

(一)书次号的类型与作用

书次号又称同类书区分号，是为了使同类书个别化，以确定同一类中各种不同图书的次序而编制的号码，是分类索书号的组成部分之一。

用分类法标引文献，绝大多数类目下会聚集许多种文献，也就是多种文献拥有相同的一个类号。如查阅国家图书馆书目数据库中有关“H319.9 英语会话”的文献，命中记录为18387种(截至2020年7月9日)。为解决同一类书的排列问题，使每种书有唯一的索书号，行之有效的方法就是采用书次号。当前在我国使用最普遍的书次号主要有两种，著者号与种次号。

著者号是为集中同一著者的不同著作而按照著者的姓氏的字顺或笔画所取的号码，它的编制方式有查号法和拼号法两种。目前我国国内影响最大的著者号码表是《通用汉语著者号码表》。

种次号是按同一类中每种书的分编的先后次序依次给予 1、2、3 等顺序号。种次号是以图书的“种”为单位，依据同类图书分编的先后次序，对每种图书所取的顺序号。种次号的取号方法比较简单，现在，许多计算集成分编系统可实现自动配号。

(二)著者号的编制方法与《通用汉语著者号码表》的使用

1. 著者号的编制方法

按照给号的方式划分，可将著者号码的编制方法分为拼号法与查号法两种。

(1)拼号法

拼号法又可分为音序拼号法和形序拼号法，是按照汉字音或形的共同特点划分为若干组，每组配给相应的号码，取号时，到相应的各组中查取号码，按一定规则将相应号码拼成具体的著者号。

①汉语拼音字顺拼号法。

以蒋完奎的《著者号码表》(见表 11-1)为例，此种取号方法主要有三种：第一，以著者姓名的每个字的首字母代码为号；第二，先取著者姓氏的首字母，再取著者名中首字母代码取号；第三，取著者姓与名的首字母。

表 11-1　**蒋完奎《著者号码表》**

1	2	3	4	5	6	7	8	9	0
ABC	DEF	GHI	JKL	MN	OPQ	RST	UVW	XYZ	空位

如要分别给出“王羲之”著者号。按上述 3 种方法查表，其著者号分别是 899、W99、WXZ。

②汉字形序拼号法。

四角号码取号法是形序拼号法的代表。四角号码是按汉字形位的特征，将汉字分为十种笔形，分别用 0~9 表示。其口诀为“横 1、竖 2、3 点捺，✕ 4 插 5 方框 6，7 角八 8 九是小，点下有横变 0 头”。

以“图”“书”“情”“报”四个字四角号码的取号方法进行说明。“图”的左上角起笔笔形是“方框”(取“6”)，右上角起笔笔形已用过(取“0”)、左下角起笔笔形，方框要用框内左下角起笔笔形，“点”(取号为“3”)，方框内右下角起笔笔形已用过取“0”；“书”的左上角起笔笔形是“一笔穿过两笔”(插，取“5”)，右上角起笔笔形是“点”(取“3”)、左下角起笔笔形已用过，根据规则取“0”，右下角起笔笔形“竖”(取“2”)。同样原理取“情”与“报”的四角号码。再依次按照“左上→右上→左下→右下”四角号码取号顺序进行组合，因此，“图”对应的四角号码为6030、“书”为5302、“情”为9502、“报”为5704。

(2)查号法

查号法是以字的音或形为基础，将常用的个人和机构名称用字按一定的方法排序，并配以相应的号码，组成号码表。取号时，按照一定的检字法查找相应号码。一字一号或数个字一号的直接取该号码，一字数号时，需要根据著者姓名的第二、第三字的拼音字母按规定取号。这种方法重号少，规范性较好。国外常用的著者号码表有美国《克特著者号码表》，我国使用最广泛的是《通用汉语著者号码表》。

2.《通用汉语著者号码表》的使用

《通用汉语著者号码表》是《中图法》编委会、全国情报文献标准化技术委员会第五分会、中国图书馆学会学术委员会分类主题研究分会联合编制的一部以著者名称为同类书排列依据的号码表，1992年由海洋出版社出版。

著者号码表是编制著者号的工具，该表采用查号法编制。以汉字的字顺为排列规则，依汉语拼音音节及声调排序，同声调的字再依笔画笔顺排，该表分为主表和著者复分表两部分，主表共收汉字2867个(见表11-2)。对需要分配多个号码的汉字编制了著者复分表。著者号码的标记符号采用由一个汉语拼音首字母和三位阿拉伯数字组成的混合号码。

表11-2　**《通用汉语著者号码表》主表样例**

……		……	
Lǔ		铝	909
卤	808	履	911
鲁		Lǜ	
A-E	810③	律	913
F-K	813③	率	916
L-Q	816③	绿	917
R-T	819③	氯	918
W-X	822③	滤	919
……		……	

复分表适用于为分配有多个号码的汉字定号。表左边的②③⑤⑩为正表中所标注的分段号(相当于该段占有的号码个数)；上、下边的0~9数字是复分号。双名栏适用于双名著者依名字第二字的首字母取复分号，单名栏适

用于单名著者依名字的尾字母取复分号(见表 11-3)。

表 11-3　　《通用汉语著者号码表》著者复分表

		0	1	2	3	4	5	6	7	8	9
②	双名	A-P	Q-Z								
	单名	a,e,g,i,m	n,o,r,u,ü								
③	双名	A-J	K-T	W-Z							
	单名	a,e,g	i,m	n,o,r,u,ü							
⑤	双名	A-G	H-L	M-R	S-X	Y-Z					
	单名	a,e	g	i,m	n	o,r,u,ü					
⑩	双名	A-E	F-G	H-J	K-L	M-P	Q-R	S-T	W-X	Y	Z
	单名	a	e	G	i	m	n	o	r	u	ü
		0	1	2	3	4	5	6	7	8	9

(1)二字著者的取号方法

如果其第一字在表中只有一个号码，就取该号码；如果在表中有多个号码，则依其第二字首字母或整个音节决定取哪一区段的号码；如果某一区段配有不止一个号码(圈号中的数字是配给该区段的号码个数)，则依据第二字的尾字母以及该区段所占的号码数，从著者复分表中单名栏查出其序号与该区段号码相加，即为其实际的著者号。

以“琼瑶”为例进行说明。从主表中查到“琼”字，按其“瑶”的首字母“Y”查得号码为“Q696③”，在复分表③单名栏按“瑶”字的尾字母“o”查得复分号是“2”，将 Q696 加上 2 等于 Q698，即为“琼瑶”所取的著者号码。

再以“鲁迅”为例，从主表中查到“鲁”字，按其“迅”的首字母“X”查得号码为“L822③”(见表 11-2)，在复分表③单名栏按“迅”字的尾字母“n”查得复分号是“2”，将 L822 加上 2 等于 L824，即为“鲁迅”所取的著者号码。

(2)三字著者的取号方法

如果其第一字在表中只有一个号码，就取该号码；如果在表中有多个号码，则依其第二字首字母或整个音节决定取哪一区段的号码；如果某一区段配有不止一个号码，则依据第三字的首字母以及该区段所占的号码数，从著者复分表中双名栏查出其序号与该区段号码相加，即为其实际的著者号。

以“钱锺书”为例进行说明。从正表中查到“钱”字，按其“锺”的首字母

“Z”查得号码为“Q270⑩”，在复分表⑩中双名栏按“书”字的首字母“S”查得复分号是“6”，将 Q270 加上 6 等于 Q276，即为“钱锺书”所对应的著者号码。

(3)四字以上著者的取号方法

四字以上著者依其前三字并仿照三字著者取号。另外，机关团体著者在表中已列有专号者一律取专号，无专号者按名称前三字取号。

以“武汉大学图书馆”为例进行说明。查主表得出“武汉大学”配有专号为“W960”，按其“图”的首字母“T”查得号码为“W964③”，在复分表③双名栏按“书”字的首字母“S”查得复分号是“1”，将 W964 加上 1 等于 W965，即对于“武汉大学图书馆”所取的著者号为 W965。

(三)书次号的辅助区分号

书次号的辅助区分号是在书次号相同的情形下，对同类书进一步区分的号码，是书次号的组成部分。图书馆的分类索书号一般由分类号、书次号和辅助区分号组成。以下文献均按照《中图法》第五版进行标引，其著者号取自《通用汉语著者号码表》。

1. 采用种次号的辅助区分号

采用种次号作为书次号，辅助区分号主要涉及同一著作的不同卷册与不同版本的区分，分别使用卷册号与版本区分号。

2. 采用著者号的辅助区分号

采用著者号作为书次号时，同类书的区分主要涉及以下几种情形(以下各种辅助区分号为建议采用的形式)。

(1)同一著者的不同著作

对同一类目下同一著者的著作，从入藏该类该著者的第二种著作起依次加相应的编号区分(如用英文字母的顺序等)，例如：

《神雕侠侣》(小说)金庸著	I247.58 J822
《笑傲江湖》(小说)金庸著	I247.58 J822a
《射雕英雄传》(小说)金庸著	I247.58 J822b

(2)同一著作的译注本

同一类目下同一著作的文献有不同的译注本，其类号与著者号相同，必须进一步区分。同一著者的不同注释本、译本用前置符号短横“-”与数字区分(第一种著作不作区分标识)。需要注意的是：一种著作无论是原本，还是不同注释本、不同译本等，都分别算作不同的版本。不管何种版本首先入藏，都算作第一种。若注释本先入藏，而原本后入藏，则原本成为第二种。例如：

《简·爱》夏洛蒂·勃朗特著黄源深译	I561.447 B936
《简·爱》夏洛蒂·勃朗特著宋兆霖译	I561.447 B936-2
《简·爱》夏洛蒂·勃朗特著祝庆英译	I561.447 B936-3

(3)同一著作的不同版本

同一种著作的不同版本采用版本区分号进行区分。其不同版次，用等号"="加上数字标注在书次号之后。从第二种起，依次顺序编号区分(第一种版次不作标识)。例如：

《中国图书馆分类法》(第1版)中国图书馆分类法编委会编	G254.122 Z657
《中国图书馆分类法》(第5版)中国图书馆分类法编委会编	G254.122 Z657=5

(4)同一著作的不同卷册

同一种著作的不同卷册用卷册区分号区分。同一著作的卷册区分号，用卷册数序区分。如果是分卷再分册，则用圆点"."加以区分。例如：

《平凡的世界》(第一部)路遥著	I247.54 L880 1
《平凡的世界》(第二部)路遥著	I247.54 L880 2

(四)分类法中规定的同类书区分方法

下面以《中图法》为例说明分类法中规定的同类书区分方法，《中图法》对于同类书的区分方法主要有4种：(1)按年代排；(2)按会议届次排；(3)按事物名称排；(4)按字母排列。归纳起来主要有按时间顺序和名称字顺区分与排列。

(1)按年代顺序区分

在《中图法》中规定，各类会议、运动会等文献依据年代区分，例如：《中图法》"G811.2 国际体育运动会、运动竞赛"类目的规定：

G811.2 国际体育运动会、运动竞赛

世界性或地区性的多项体育运动会、运动比赛入此。

各单项的运动会、运动竞赛入 G82/89 有关各类。

以下各种运动会均依年代排。例：第七届亚运会号码为 G811.23/1974。

G811.21 奥林匹克运动会

G811.211 夏季运动会

G811.212 冬季运动会

G811.219 奥林匹克运动史

标引《第三十一届夏季奥林匹克运动会》，类号为 G811.211，按年代顺序排，书次号为 2016。

(2)按事物名称区分

即是按机构名称、企业名称、铁路线名称等事物名称的字顺进行排列。例如：《中图法》“G254.122”类目的规定：

G254.12 分类表

G254.122 综合性分类表

依分类表名称排。

标引《杜威十进分类法》《冒号分类法》《中国图书馆分类法》三部文献，其分类号均为 G254.122，按“依分类表名称排”的注释，若采用以事物名称区分，采用名称前 4 个字汉语拼音首字母排列，其类号分别是：DWSJ、MHFL、ZGTS。

另外，《中图法》有的类下按规定以字母顺序区分。例如：《中图法》“TP311.13 数据库理论与系统”类目的规定：

TP311.13 数据库理论与系统

TP311.138 数据库系统：按系统名称分

依数据库系统名称的前两个字符(以英文字母开始)区分，并按字母序列排。若系统名称的前两个字符相同，则再取第三个，以此类推。例：dBASE 数据库为 TP311.138DB；DB2 数据库为 TP311.138DB2。

标引《Access 数据库技术与应用简明教程》，其分类号为 TP311.138AC，书次号为 AC。

一般来讲，分类法中通过类目注释规定的书次号取号方法，应按规定进行取号。如果不按规定的方法区分，须在本馆分类规则及使用本上注明，以保证分类标引的一致性与连续性。

五、分类法的修订与文献改编

(一)分类法的修订

随着社会经济与科学技术的飞速发展，反映其成果的文献日新月异，同时，读者信息需求也在迅速变化，因此，用于文献标引工具的文献分类法，在内容与形式上的不断修订是必然的。分类法的生命力在于紧跟时代的步伐，及时反映新的知识结构和知识内容，满足文献信息整序和检索的需要，因此就必须在稳定的基础上对分类法不断修订、不断发展。① 可以说，修订与维护是文献分类法与分类实践保持同步的基本手段。文献分类法的修订既要解决前一版对文献信息、知识组织的“滞后问题”，又要根据现有和将来的文献出版、学科、知识的发展特点反映出分类法的信息组织水平和预测能力。②

现代分类法已不再是以图书馆分类排架为主要功能的分类工具，它已成为分类检索、知识组织、学科信息门户、最终用户的使用工具，分类检索的使用方法也不停留在类号的唯一检索途径的使用方法上，类名导航浏览、超文本链接等主题等级检索方法也广为使用③。修订时需要考虑标引方式与手段、用户检索需求与使用习惯、分类法的角色与功能以及适用范围等众多因素。

1. 分类法的修订形式

分类法的修订可以分为版本性修订与日常维护性修订。

(1)版本性修订

版本性修订是对分类法有计划的全面检查与修订，不但涉及具体类目，也会涉及其体系结构、标记制度、载体形式等。分类法修订既要满足分类法与知识发展同步的需要，又要照顾到分类法用户文献改编的负担，一般都有周期性。中外有影响的分类法都比较重视版本修订，以 DDC 为例，自 1876 年第 1 版至 2011 年目前最新版第 23 版，平均修订周期为 5.9 年。任何一部文献分类法，如果要成为一个广泛使用的知识组织工具，就必须随着时代的发展和科技文化的进步要求，对过时的和陈旧的内容要作适时的修订和完

---

① 陈树年. 使用《中图法》第四版后文献及目录改编的若干问题[J]. 国家图书馆学刊，2000(2)：62-66，78.

② 卜书庆，汪东波.《中国图书馆分类法》(第四版)修订构想[J]. 国家图书馆学刊，2008(2)：27-31.

③ 卜书庆. 知识组织系统的发展与《中图法》修订[J]. 图书馆论坛，2008(6)：162-165，192.

善，在具体的类目和结构上不断更新。①

(2)日常维护修订

除了定期的版本修订外，分类法编制机构也非常重视日常维护修订。LCC 的数据变动目前每周在网站发布，其网络版 Classification Web 由美国国会图书馆按周更新，方便用户及时了解修订变化、使用最新文本。DDC 的网络版 WebDewey 也在经常性更新之中。《中图法》编委会(以下简称编委会)根据标引实践及用户反馈等途径，整理出《中国分类主题表》的分类表部分和主题词表部分的修订试用文件，周期性的在网站上发布"修订试用"文件，一般公布时间为 1~6 个月。编委会把没有不同意见的内容作为正式修订内容转入"修订快讯"，并视修改量对词表机读版进行相应的修改升级。图 11-2 为《中图法》编委会 2019 年 8 月发布的修订快讯。

《中图法》第五版(含 Web 版)修订信息(第 9 期)

《中图法》编委会 2019 年 8 月正式发布

备注：表中用绿色标识的地方为修改处。
含《中分表》Web 版分类款目的修改。
包括参照系统的反向修改。本表不再重复列出。

序号	原类号	修改后分类款目	修改类型
1	A321/328	A321/328　各时期单行著作 见 A121/125 注。例：《论列宁主义基础》(1924 年 4 月)编号为 A323/2404； 如按专题汇编复分表分，《论列宁主义基础》(1924 年 4 月)则编号为 A321。	修改注释
2	B22	B22　先秦哲学(—前 221 年)⑨ 先秦诸子思想的综合性著作入此。	修改类名
3	B983	B983　琐罗亚斯德教(袄教)、波斯教⑨	修改类名
4	G623.9	G623.9　其他⑨ 小学劳动课等入此。	增注释
5	K555.6	K555.6　北马其顿⑨ 从 2019 年 1 月 11 日起，马其顿共和国更名为"北马其顿共和国"。 见 K555.3 注。	修改类名： 修改注释
6	R286	R286　中药品 …… 仿 R971/979.9 分。	修改注释
7	S966.12	S966.12　淡水虾的养殖 资料分类时，仿 S945.4+1/.4+3 分，再仿 S961 分。 例：青虾的人工繁殖为 S966.12+2.02。	修改注释

图 11-2 《中图法》网站"修订快讯"截图

① 宋剑祥．从世界四大图书馆分类法看《中图法》的修改趋势[J]．图书馆杂志，2010(4)：16-19.

2. 分类法修订的技术

分类法的修订是一项持续性、系统性的工作，一般来讲，分类法的修订技术主要有以下几种。

(1)新增类目。新增类目是分类法修订中最重要的，且是使用最多的修订类型。通过新增类目，反映旧版中没有列举的大量出现的新学科、新主题与新事物。常用方法有：直接增设新类目；利用空号增加新类；对某一类目扩充加细、增加下位类；修订类名，扩大原类目的外延，如“B824.2 社会交往公德”(4 版类名：友谊与同志关系)。

(2)删除或合并类目。对无文献保障或过时或重复或主题不明确的类目进行删除，如删除《中图法》第四版“{F114.45 东西方间的经济关系}”，五版改入 F114.4。

合并使用频率过低或过时或过细的类目，如：

{TS183.1⁺1} 给纱(喂纱)机构

〈停用；5 版改入 TS183.1〉

{TS183.1⁺2} 送经机构

〈停用；5 版改入 TS183.1〉

{TS183.1⁺3} 编织机构

〈停用；5 版改入 TS183.1〉

{TS183.1⁺4} 提花机构

〈停用；5 版改入 TS183.1〉

{TS183.1⁺5} 牵拉卷取机构

〈停用；5 版改入 TS183.1〉

{TS183.1⁺6} 传动机构

〈停用；5 版改入 TS183.1〉

{TS183.1⁺7} 辅助装置

〈停用；5 版改入 TS183.1〉

……　　……

(3)订正错误。包括类名、类号、隶属关系、参照关系、注释的错误，以及校对排版印刷中文字、字体、字号、类级、格式等方面的错误。

(4)修订交替类目，增加或删除交替类目、修改交替方向。

(5)修订复分表。兼顾主表所列的复分类目的修订。例如：为解决主表类目进一步按各类型环境和各类人员进行复分的需要，《中图法》第五版在原第 4 版的第 8 个通用复分表“八、通用时间、地点表”中新增了环境、人员类列，同时在主表部分类下增加该复分注释，如“C912.15 各类型人的人际关系"类下增加了"如有必要，可依通用时间、地点和环境、人员表分。"的复分注释。

在主表需连续使用附表复分的类目时，一般都要明确注释出要求使用复分区分符，避免连续复分的类由于跨越复分引起加多个零的问题。例："B825.1 个人修养格言"类的注释："依世界地区表分。如有必要，中国可依中国时代表分，并用时代区分符号'='加以标识。"

(6)分类款目的规范化。包括类名、注释、参照的规范化，用语和段落的规范化等。

例如：《中图法》第五版 H 类，对汉语、外语教材、课本、教学参考书等通过注释进行了明确规定、划分。例：H31 英语，修改注释为："总论英语语音、文字、词汇、语法等的著作入此。中等学校以上(包括中等专业学校英语专业)的英语教学法、教材、课本、教学参考书等入 H319 有关各类。如：《英语》(许国璋编)分类号为 H319.39。专业英语入有关各类。如：《国际商务英语》(高等院校国际贸易类教材)为 F7-43。"

(7)增改注释，通过增加类目注释、更新术语、改进注释来容纳新主题、疑难或常见主题，说明类目涵义或类目之间的关系，增强类目理解和使用说明。例如：在"B845.6 环境与生理心理"类，《中图法》第四版注释为"环境心理学入此"，第 5 版修改为"包括环境心理咨询与辅导。环境心理学入此"。

(二)文献改编

1. 文献改编的原则

文献改编活动是伴随着文献分类法的版本更新以及用户换用其他分类法而产生的。当换用分类法或分类法版本更新时往往会带来一些问题：某些相同学科、相同性质的文献会因采用的分类法不同、分类法前后版本的不同而出现不同的类号，不利于文献管理与用户检索，产生排架多头和漏检的情况。用文献分类法的新版本或所换用的文献分类法对已分编的文献与目录进行重新分编的业务过程就叫文献改编。

从理论上讲，根据新的版本或换用分类法将已分编的文献全部改编是最理想的，但在实践中是行不通的(至少对于大中型馆来说如此)。"在基本不影响用户检索的前提下，把文献改编的工作量降到最低"，应是一个基本原则。①由于文献标引和建立检索系统的主要目的是满足用户分类查询，所以应确保

① 陈树年．使用《中图法》第四版后文献及目录改编的若干问题[J]．国家图书馆学刊，2000(2)：62-66，78.

这个功能的连续和稳定。在此基础上把改编工作量降到最低，则是选择的最佳路线和操作方式。因此，可以采取凡是可不改编的文献都不改、凡是可改可不改的文献都不改、凡是能通过改目录解决的都不改编文献，只有必须改的才分轻重缓急有计划地改编文献的策略。

2. 文献改编的程序与组织

由于涉及修改文献的排架类号，需要将典藏在多处的文献加以集中，以及催还读者手中的文献，改编往往比标引新文献要花费更多的时间与精力。在进行文献改编时要合理规划，统筹安排。陈树年在《使用〈中图法〉第四版后文献及目录改编的若干问题》一文中对文献改编进行系统研究。文献改编的程序以及组织要点如下。

(1)熟悉新版分类法

首先全面、细致地了解新版分类法修订情况，还要对旧版分类法和本馆分类规则十分熟悉，特别是对分类法中没有设类(或有很大的模糊性)的新学科、新事物以及综合性较强的主题等本馆归类采用的方法。

(2)制定“使用本”与制定改编计划相结合

启用新版之前，应当在原有分类法使用本的基础上，重新制定出新版分类法的使用本。

(3)确定改编本

根据新版分类法修订的特点和馆藏文献特点确定改编本，作为改编范围的依据。如，确定哪些类改书，哪些类只改目录，哪些类的书和目录都不改。

(4)逐类改编

文献改编要按照分类法大类逐类进行。先催还用户手中所借的需要改编的某类文献，该类文献不再外借。按照类号的次序先查看“沿革注释”和本馆增加的指示修订的标记，凡遇有修订标记的，通过机读目录检查本馆是否有入藏，如有入藏，再根据本馆的改编策略实施文献改编或目录改编。

3. 文献改编的方法

(1)彻底改编

利用新版分类法的使用本，对本馆书架上的文献及其目录中的分类记录进行重新分编，使之与新编文献的分类排架与分类目录相一致。其优点是能够保持分类目录和分类排架的科学性，便于用户检索与利用图书。缺点是工作量大。

例如：《中图法》第5版合并G25、G35图书馆学情报学体系。修改G25

类名为“图书馆事业、信息事业”，把 G35/359 的全部体系合并到 G250/259 类目体系中并调整扩充类名，对于 G35 类全部停用。若彻底改编，就需要用第五版使用本对原 G35 类的文献及其分类目录进行全部改编，调出其机读目录记录，按照沿革注释，修改其 CNMARC 字段 690 分类号字段的类号，并在 905 字段给出新的排架号，修改文献上的各种业务注记，如目录分类号与排架号、粘贴书标等。

(2)改组分类目录不改分类排架

又称“改目不改书”，对需要改编的文献，只修改其目录中的分类号，即 609 字段，不对排架类号进行修改，即不对书架上的文献进行改编，被改编文献依旧排在原处。

例如：《中图法》第五版新增“TP333.91 移动存储器”，只需要对用《中图法》第四版分编的此类文献的 CNMARC690 分类号字段进行重新给号(TP333.91)，不用修改 905 字段，书还是按原来的索书号排在书架原处。

(3)新、旧分类排架与分类目录并存方法

这种方法又称为“一刀切”的方法，即对采用旧版分类法分编的文献不改编，启用新版分类法分编新书。这样会产生按文献分类法新、旧版本或按前后使用的不同分类法，分别建立各自的分类排架体系与分类检索系统。这种方法既不涉及改编已分编的图书，也不涉及修改分类目录，最省时省力。但其最大的缺点是：分类排架、分类目录多头，相同主题的文献会因分类法版本不同，出现多个分类号，在书架上分散多处。随着文献分类法版本的不断修订，这种多头现象将会更加严重，不利于用户的检索与图书的管理。

文献改编是一项复杂的工程，涉及图书馆多个部门，需要建立项目管理小组，成立专门的改编工作班子，通力合作，方可顺利完成改编任务。

第三节　主题标引的方法

一、主题标引的步骤

主题标引是指对文献的主题进行分析，依据特定的主题词表和标引规则，赋予文献主题检索标识的过程。其目的是通过对文献进行主题分析，客观、全面、准确地提炼主题概念，然后借助主题词表和标引规则，将主题概念转换成标引词，从而建立主题检索系统。《GB/T 3860—2009(文献主题标引规则)》明确规定了主题标引的步骤，一般来讲，主题标引的步骤如下。

(一)查重

查重是利用原有记录，查明待标引的文献信息与已入藏文献信息的关系，按不同情况分别进行处理。如果属于复本，则取原文献的主题标识，如属于文献的不同版本或不同卷册，主题标识一般不变。如属于入藏新书，则要按标引程序进行操作。

(二)选择标引方式

标引方式一般在检索系统设计时就已确定，标引时，根据具体文献的内容和类型特点进行选择。

(三)进行主题分析

通过审读文献进行主题分析，以确定文献的主题内容，进一步分析主题的类型、结构以及构成要素。

(四)将主题概念转换为主题词

把确定的表达文献主题内容的概念转换为主题词表中的主题词或主题词的组配形式。

(五)做好业务记录

对标引过程中遇到的一些重要问题以及处理结果加以记录以备查考。如上位词标引、靠词标引等记录加以记载。

(六)审核标引结果

为保证标引质量、减少标引误差，必须对主题标引的各个环节进行审核，包括标引方式的选择是否符合检索系统的要求，主题概念的提炼是否准确与全面，主题词的选用是否能够确切表达文献的主题内容，主题概念的转换与主题标识的确定是否符合所使用的词表规定及标引规则的要求，标引业务记录是否完整准确。入藏新书的主题词标引流程如图 11-3 所示。

二、主题结构与分析

文献主题是文献所论述的主要对象或问题，也就是文献的中心内容。通常主题是由一定的主题因素构成的。我国《文献主题标引规则》将主题因素归纳为 5 个方面：(1)主体因素(指研究对象等中心主题概念)；(2)方面因素或限定因素[成分、材料、方法、过程、条件、状态、尺度、性质等对主体因素研究方面(角度)的说明或限定因素]，又称通用面；(3)空间因素；(4)时间因素；(5)文献类型等。

主题结构分析是指分析构成主题的主题因素及主题因素之间的关系。主

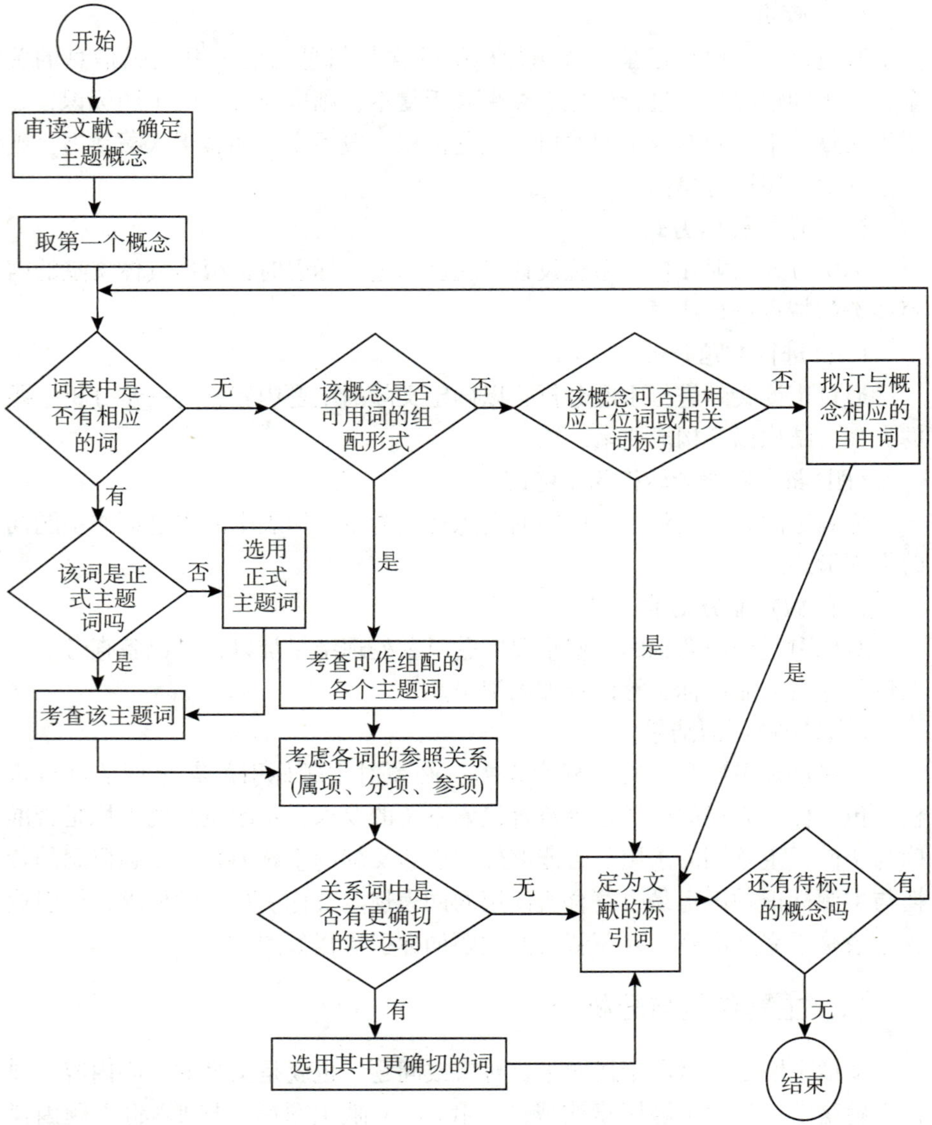

图 11-3　文献主题标引工作流程图①

① 全国信息与文献标准化技术委员会(SAC/TC4). GB/T 3860—2009 文献主题标引规则[S]. 北京：中国标准出版社，2010.

体因素是能够反映主题中主要特征属性的一组主题概念，一般具有独立检索意义，主题结构分析主要是把握对象(主体因素)和方面(限定因素)两种基本主题因素及分析的次序。张琪玉在《情报检索语言实用教程》中提出的中文文献主题标引引用次序为：

A 主体因素(A1 研究对象，A2 材料，A3 方法，A4 过程，A5 条件等)——B 通用因素——C 空间因素——D 时间因素——E 文献类型因素。

(1)主体因素的标引

对于主体因素应该优先标引，若文献主题涉及两个或两个以上的主体因素，均需要标引出来。例如：

《食品营养与卫生安全导论》，两个主题需要分别标引，结果为：食品营养；食品卫生。

(2)通用因素的标引

通用因素一般较泛指，无独立检索意义，不作为轮排入口标目，但可起到对主题的通用限定的作用，进一步细分主题。例如：

《微机检修技术》，标引为：微型计算机 \ 检修

《口述史研究方法》，标引为：口述历史学 \ 研究方法

(3)空间因素、时间因素与文献类型因素的标引

空间因素、时间因素与文献类型因素具有通用限定因素的特性，是文献主题所反映主体因素的时空概念与文献类型方面的限定因素，标引时依据主题标引的规定引用次序进行。例如：

《恽寿平牡丹图》，标引为：牡丹 \ 花卉画 \ 中国 \ 清代 \ 画册

《中国园林艺术小百科》，标引为：园林艺术 \ 中国 \ 百科全书

但若以空间因素、时间因素与文献类型因素作为研究对象时，则为主体因素。例如：

《百科全书编纂求索》，标引为：百科全书 \ 编辑工作

《武汉指南》，标引为：武汉 \ 概况 \ 民国

三、选择标引词的基本规则

(一)必须使用正式主题词标引

标引用词应是词表中的正式主题词，并且书写形式须与词表中的正式主题词形式一致。词表中的非正式主题词不能用来标引文献，只是入口词。

(二)必须遵守选定标引词的优先顺序

(1)应首先选用最专指的主题词。标引文献时应优先选用与文献主题概念直接相对应的专指主题词。

（2）没有合适的专指词时，应选择最直接、最相关的若干主题词进行组配。

（3）如果采用组配不能达到标引文献主题的要求时，应选用最直接的上位词进行标引。

（4）如果上位词仍不适合，则选用最相关的主题词进行靠词标引。

（5）对于比较重要而且标引频率较高的一些主题概念，使用增词标引。

（6）如果某主题概念的重要程度还不足以作为新增词或有关专用名称，可采用自由词标引。

（三）上位词、靠词标引规则

如词表中没有相应的专指词，又不能通过主题词组配来表达主题概念时，可选用最直接的上位词标引，不得使用间接的上位词标引。例如：《家用电脑》，使用最直接的上位词“个人计算机”标引，而不使用间接上位词“微型计算机”。

在表达某主题概念时，如果词表中没有可用的专指词，也不能采用组配标引和上位词标引时，可采用靠词标引，即选用与该主题概念关系最密切的词或近义词或反义词标引。例如：《数码摄影》，标引为：数字照相机\摄影技术。

需要注意的是：采用靠词标引，应在词表中（使用本）建立相应的参照关系，做好业务记录，以保证相同主题标引的一致性。

（四）增词标引规则

若某个主题概念有较大的标引与检索价值，但又不能采用其他的标引方法如组配、靠词等，可使用增词标引，即增加新的主题词。以下几种情况可考虑采用增词标引：

（1）词表中漏收的重要主题概念。

（2）新出现的具有重要标引价值的主题概念，如新学科、新事物、新技术、新工艺、新材料、新设备等。

（3）某个主题概念尽管可以用主题词组配标引或上位词标引，但其标引频率较高，有较强的检索意义，也可用增词标引。

增词时，应尽可能利用权威参考书与工具书，使增加的主题词概念明确，词形规范。

（五）自由词标引规则

自由词是指未经规范化处理、词表以外的自然语言词汇，自由词标引是对主题词标引的重要补充。用于编制机读检索工具的主题标引，对于文献中不能用主题词标引或主题词组配准确表达的概念，可利用自由词进行标引。

在文献主题标引时，下述情况可采用自由词标引：

(1)词表中未收录的空间(地区)、时间(时代)、人物、文献、事件、机构等专用名称。

(2)词表中未收录的现象、过程、性质、状态、数量等通用概念及重要数据名称。

(3)某主题词的同义词(包括英文缩写形式)未编入词表，且在文献中使用率较高时。

(4)用户使用频率较高的检索词。

自由词的来源主要是文献题名、文摘。其选用也应做到概念明确，通用、简练。一经选用，应做好使用记录，以便相同的主题标引一致。

四、主题词组配规则

当词表中没有与文献主题概念直接相对应的专指主题词时，应优先选用两个或两个以上相关的主题词进行组配标引。主题词组配应该注意以下几点：

(1)主题词组配原则上应是概念组配。如，使用“建筑工程”和“工程施工”组配，表达“建筑工程施工”。应优先考虑交叉组配，其次选用方面组配。

(2)参与组配的主题主题词必须是与文献主题概念关系最为密切、最接近的主题词。若有相应的主题主题词可用于组配时，不能使用该词的上位词与下位词进行组配，避免越级组配。如使用“文学创作”与“创作理论”组配表达“文学创作理论”，而不用“文学”“创作”与“理论”组配表达。

(3)组配的结果必须概念清楚、确切，避免模糊性和多义性。

◎ 本章思考题

一、名词解释

文献标引　主题标引　整体标引　全面标引　重点标引　综合标引
分散标引　互见标引　分析标引　分类法使用本

二、简答与论述题

1. 简述确定文献分类法的使用本的方法。
2. 简述文献分类标引的基本规则。
3. 简述文献分类标引工作的程序。
4. 简述文献改编的原则与方法。

5. 简述主题标引的步骤。
6. 简述选择标引词的基本规则。
7. 简述主题词组配的规则。

第十二章 各类型文献与各学科文献标引方法

第一节 单主题文献与多主题文献标引方法

一、单主题文献标引方法

单主题是指文献只论述或研究一个对象，即只有一个主题内容。根据构成主题概念因素的多寡，可分为单元主题和复合主题，单元主题是指文献包含的一个概念因素，复合主题则是指由两个或两个以上概念因素组合而成的单主题。

(一)单元主题文献标引

标引时一般应根据其所属学科进行归类。对某一事物或问题进行综合研究的文献，应按事物或问题的学科属性归类。主题标引时一般只需一个单元主题词或复合主题词进行标引，不需组配标引。例如：

《宏观经济学》，标引为：F015；29.75，计量经济学

《金融学》，标引为：F830；37.403，金融学

需要注意的是，从某一学科角度论述某主题的文献，应根据研究角度归入有关的学科类目，例如：

《花卉栽培》，标引为：S68；67.6，花卉\栽培

《花卉病虫害防治》，标引为：S436.8；65.844，花卉\病虫害防治方法

《花卉画谱》，标引为：J212.27；48.3763，花卉画\技法(美术)

《花卉摄影作品》，标引为：J429.5；48.557，花卉摄影\作品

(二)复合主题文献标引

复合主题包括两个或两个以上的概念因素，概念之间是限定与被限定关

系。主题的概念因素类型主要有：主体因素、通用因素、位置因素、时间因素、民族因素及文献类型因素等。标引时，首先要分析复合主题概念因素的类型，依据主体因素的研究角度所属学科归类；然后判定各类型因素所属的类，将各类号按一定的规则进行组配。

(1)对于论述某事物某一方面的文献，首先应依据其研究角度归类，再依事物的方面归类。主题标引时，采取事物与方面间限定组配。例如：《校园网管理》一书，归入计算机技术的各种计算机网中的校园网，再依事物方面归入网络管理类，将其标引为：TP393.180.7，校园网＼计算机网络管理。

(2)对于研究一事物或主题的多方面的文献，归入类表中能够概括这些方面的类目，若没有共同上位类的，则依重点归类或在有关类中同时反映。主题标引时，可按论述的方面进行分组标引，若难以区分重点，可进行概括标引。例如：

《心脏病预防与治疗》，归入共同的上位类，R541，心脏病＼预防；心脏病＼治疗

《电视机的原理与维修》，依重点归类，TN949.7，电视接收机＼维修

(3)当主体因素(事物)所在类目不再细分时，有关该事物各主题因素(各个方面)的文献归入该事物类下。主题标引采用主体因素与方面因素的限定标引方式。例如：

《雨季施工管理》，归入建筑科学 TU743，施工管理＼雨季

二、多主题文献标引方法

多主题指文献研究或论述的主题内容有两个或两个以上。根据主题之间的关系，可划分为：并列关系主题、从属关系主题、应用关系主题、影响关系主题、因果关系主题和比较关系主题等。对多主题文献进行标引时，应先分析主题概念间的关系。

(一)并列关系主题文献标引方法

并列关系的主题是指文献同时论述两个或两个以上各自独立的主题。

(1)对具有两个并列主题的文献的分类，归入能概括其内容的上位类，无共同上位类的，依其论述重点、写作目的或篇幅较多的主题归类。若重点不明确，则按前一个主题的学科属性归类，并为另一个主题作互见分类。主题标引需根据作者论述重点、主次或写作目的区分主要主题和次要主题。例如：

《概率论与数理统计》，归入共同上位类，标引为：O21，概率论；数理

统计

《电气控制与PLC应用》，电气控制是论述的重点，标引为：TM571.2，电气控制\应用

《打印机与复印机的使用与维修》，入前一个主题，标引为：中图法类号为：TP334.806，互见TS951.47，打印机\应用；打印机\维修；复印机\应用；复印机\维修

(2)对于同时涉及三个或三个以上的并列主题的文献，一般可根据其涉及的范围，将其归入共同的上位类或概括性类目。主题标引可分组标引，不区分主次。例如：

《气压、风和云》，标引为：P42-49，气压；风；云

(二)从属关系主题文献标引方法

从属关系的主题是指文献各主题之间具有包含关系、属种关系或整体与部分的关系。标引文献时，一般依较大主题的学科属性归类，必要时对次要主题进行分析分类。若较小主题是论述的重点，则依较小主题的学科属性归类。主题标引对大主题和小主题分别分组标引，如果小主题有3个或3个以上，对非重点的小主题可省略标引。例如：

《流体力学和气体动力学》，归入较大的主题——流体力学，标引为：O35，流体力学；气体动力学

《城市布局与交通规划》，归入重点主题——城市交通规划，标引为：TU984.191，交通规划\城市规划

(三)应用关系主题文献的标引方法

应用关系的主题是指一个主题应用到另一个主题或几个主题中，或者几个主题同时应用到一个主题之中。

主题标引时先选择理论、方法、工艺、材料、设备、产品等方面的概念与“应用”构成的复合主题词，如“计算机应用”，进行组配标引。若无复合主题词，则把理论、方法、工艺、材料、设备、产品等作为主体因素，“应用”作为组配联结词，进行限定标引。

(1)论述一种(或多种)理论、方法、工艺、材料、设备、产品等在某一主题或学科方面的应用的文献，归入应用到的主题或学科所属类目。例如：

《WEPP模型及其在黄土高原的应用》，标引为：S157，黄土高原\水土保持\应用软件

《生物技术在甘蔗上的应用》，标引为：S566.1，生物技术\应用\甘蔗

《系统分析在经营决策上的应用》，标引为：F272.31，系统分析\应

用\ 经营决策

(2)论述一种理论、方法、技术、材料等在多个主题方面应用的文献，按理论、方法等本身的学科属性归类。例如：

《纳米材料在医学、化工和光电领域的应用》，标引为：TB383，纳米材料\ 应用

《概率论在经济、军事、历史领域的应用》，标引为：O211.9，概率论\ 应用

(3)某一(些)事物或学科应用到另一事物或学科，而产生的交叉学科主题的文献，一般归入应用到的领域中的有关类目。例如：

《计量经济学》，标引为：F224.0，计量经济学

《动力气象学》，标引为：P43，动力气象学

(四)影响关系主题文献的标引方法

影响关系主题是指文献内容的几个主题，一个对另一个或对多个主题产生影响，或者多个主题对另一主题产生影响等。

主题标引时先选择影响因素方面的概念与“影响”构成的复合主题词，如“气候影响”等，作为受影响主题的限定因素，进行组配标引。若无复合主题词，则把影响因素作为主体因素，“影响”作为组配联结词，进行限定标引。

(1)论述一个主题或多个主题影响另一主题的文献，归入受影响的主题所属类目。例如：

《长江中下游高温热害及对水稻的影响》，标引为：S428，长江中下游平原\ 暖害\ 影响\ 水稻

《人民币升值对中国经济的影响》，标引为：F124，人民币\ 货币升值\ 影响\ 中国经济\ 研究

(2)论述一个主题对多个主题产生影响的文献，一般按发生影响的主题归类。例如：

《国家智囊——兰德公司如何影响世界》，标引为：C932.871.2，兰德公司(美国)\ 影响

《艾滋病对中国经济和社会的影响》，标引为：R512.910.1；F123.2；D669.8，获得性免疫缺陷综合征\ 经济影响\ 研究\ 中国；获得性免疫缺陷综合征\ 社会影响\ 研究\ 中国

(五)因果关系主题文献的标引方法

因果关系的主题，是指文献涉及几个主题，其中一个主题是另一个或多个主题的原因，或者一个主题是另一个或多个主题作用的结果。

在标引时，一般将文献分入结果方面的主题所属的类目，如果一个原因产生多个结果，则按原因方面的主题所属学科进行归类。主题标引时以原因为主标题，以结果为副标题。轮排时可以结果为主标题，以原因为副标题。例如：

《氧退极化引起的金属腐蚀》，按结果主题归类，标引为：TG171.3，金属腐蚀\研究

《沙尘暴给人类和自然界带来的危害》，按原因主题归类，标引为：P425.5，沙尘暴\危害\人类；沙尘暴\危害\自然界

(六)比较关系主题文献的标引方法

论述两个主题相互比较的文献，一般按著者重点论述的或所赞同的主题归类，必要时为另一个主题作互见；如果是多个主题之间的比较，若在分类法中有包含这些主题的类组成的概括性类目，则归入该类目中。

主题标引时先选择事物概念与“比较”构成的复合主题词，如“比较教育学”等作为主体因素，与其他限定因素进行组配标引。若无复合主题词，则把比较的主要对象作为主体因素，“比较”“对比研究”等作为组配联结词，进行限定标引。例如：

《中国日本社会保障制度的比较与借鉴》，归入中国社会保障，在日本社会保障类下作互见，《中图法》类号为D632.1，互见D731.37，社会保障\福利制度\对比研究\中国\日本

《亚洲的城市移民：中国、韩国和马来西亚三国的比较》，归入移民类下，标引为：D730.38，移民问题\对比研究\韩国\中国\马来西亚；城市\移民问题\研究\亚洲

第二节 各类型文献标引方法

一、多卷书与丛书标引方法

(一)多卷书标引方法

多卷书是一种分卷、辑、册逐次或一次出版的文献，通常有总书名，各卷、册自成一个单位，有的有分卷书名，全书内容连贯，构成一个不可分割的整体。

多卷书均应集中标引，并依据全书整体内容所属学科和概括性主题进行综合标引。如果分卷内容相对独立，并有分卷题名的，还应进行分析标引。主题标引与分类标引的原则相同：对分卷册未设书名且主题内容单一的多卷

书，一般应以整套图书的主题进行综合标引；若多卷书内容涉及多方面主题，应在综合标引的同时，对涉及的重点方面主题进行补充标引；对于既有总书名，又有分卷册书名的多卷书，除进行综合标引外，还应对分卷册的专指主题进行分析标引。例如：

《中国汽车发展战略研究》(上中下)，标引为：F426.471，汽车工业\经济发展战略\中国

《西王母文化研究集成》之《传说故事卷》，先按整体内容归类，《中图法》类号为 B932.2，再对分卷内容作分析归类，类号为 I277.3，神话\人物形象\研究\中国；神话\民间传说\研究\中国。

对于文集或论丛等著作集、连续分辑刊行且按专题汇编的文献，也按多卷书的标引方法处理。

(二)丛书标引方法

丛书是按照一定的主题范围，将多种著作汇编成一套，并有总书名的文献，亦可称丛编、丛刊、文库、论丛等。丛书有集中和分散两种标引方式。

1. 集中标引

即按照整套丛书内容的学科属性集中综合标引，标引时，除类表中已设立的丛书专类外，均应在分类号后加上丛书复分号，《中图法》《科图法》的丛书复分号分别为-51，081。除科普性图书外，还应对其所属的每一种书作分析标引，标引时不加丛书复分号。主题标引以能概括丛书内容的学科主题词为主标题，“丛书”一词为副标题。如果集中著录的专科、专题性丛书有分卷册号或分卷册名，则采用多卷书的标引方法。以下几种丛书宜集中分类：

(1)一次刊行的丛书，或有总书名、总的编辑计划或总目次的丛书。例如：

《中国丛书综录》，标引为：Z833，丛书\图书目录\中国

《中国兵书集成》，标引为：E892-51，兵法\中国\古代

(2)学科专业面窄、读者对象明确的丛书。例如：

《国学养生丛书》，标引为：R212-51，养生(中医)\丛书

《实用水处理技术丛书》，标引为：TU991.2-51，水处理\技术\丛书

(3)围绕时代、地区、事件、人物编辑，并且内存密切相关的丛书。例如：

《发现上海丛书》，标引为：K295.1-51，上海市\地方史\丛书

《回眸二战丛书》，标引为：K152-51，第二次世界大战\战争史\丛书

(4)科普性、知识性的丛书。或供中小学生和相当于中小学文化水平的

人阅读的丛书。例如：

《全民健康生活方式科普丛书》，标引为：R161-51，保健 \ 丛书

《小学生启蒙丛书》，标引为：G62-51，小学教育 \ 丛书

此外，综合性丛书集中归在综合性图书类下，主题标引以“丛书”为主标题，与国家、时代等进行组配标引，采用“丛书 \ 空间 \ 时间”的组配标引模式。《中图法》《科图法》对于社会科学综合性丛书，集中归入社会科学总论下的丛书类，自然科学综合性丛书归入自然科学丛书类下。主题标引模式均为“社会科学 \ 丛书”或“自然科学 \ 丛书”。

2. 分散标引

即按丛书各册内容分别进行标引，也可根据需要对丛书整体主题再做综合(补充)标引。采用分散归类的丛书主要是学科性和专业性强、学术价值较高的丛书，以及内容广泛、各书之间联系不密切的丛书。例如：《新时期新型农民自我教育丛书》中的各种著作宜作分散分类，其中：

《新型农民的现代农业经营》，标引为：F322，农业经济 \ 经营管理 \ 中国

《国外农民的职业培训》，标引为：F306.3，农民 \ 技术培训 \ 研究 \ 外国

二、工具书的标引方法

工具书按内容一般分为综合性和专科性两种类型，综合性工具书，《中图法》集中分入 Z 类，文献类型是其主题标引的重点；专科性工具书按其内容入有关各类，内容是其主题标引的重点。对工具书进行标引，先要将工具书区分为三大类，即参考工具书、检索工具书和语言工具书。

(一)参考工具书的标引方法

参考工具书主要指字典、词(辞)典、百科全书、类书、年鉴、手册、图谱等，按学科内容有综合性和专科性之分。

(1)综合性参考工具书，归入综合性图书的有关各类。例如：

《中学生百科辞典》，标引为：Z32，百科词典 \ 中国

《中华人民共和国年鉴 2018》，标引为：Z52，中国 \ 2018 \ 年鉴

(2)专科性参考工具书，按其学科属性归入有关各类，并依总论复分表分。社会科学、自然科学综合性工具书除外。例如：

《图书馆学辞典》，标引为：G250.1-61，图书馆学 \ 辞典

《武汉交通运输年鉴 2018》，标引为：F512.763.1-54，交通运输业 \ 武汉 \ 2018 \ 年鉴

政书是汇编我国历代或某一朝代政治、经济、文化制度方面的史料的大型工具书，《中图法》规定入中国政治“D69 政治制度史”的有关类目。

（二）检索工具书的标引方法

检索工具书是专供查找文献或事物线索的图书，包括目录、索引、文摘等，可划分为综合性、专科性、专书或专题性等类型，按照分类法的规定以及文献组织的需要进行标引。

（1）综合性的目录、文摘、索引，归入综合性图书类的相应类目，例如：

《全国总书目 2007》，标引为：Z812.1，国家书目＼中国＼2007

《上海图书馆馆藏近现代中文期刊总目》，标引为：Z87，期刊目录＼中国＼1853—1949

（2）专科性目录、索引、文摘的标引。《中图法》规定专科、专题书目、索引也入“综合性图书”类，采用组配编号法。如愿入有关各类，可在各学科类号后加上总论复分表号码“-7”。例如：

《中国现代文学期刊目录新编》，标引为：Z88：I206.6，文学＼期刊目录＼中国＼1919—1949

《化工文摘》，标引为：Z89：TQ，化学工业＼文摘

（3）专书索引，一般应随原书归入相应类目，但马列经典作家本身的索引（如人名索引、篇目索引、主题索引等），归入马列大类的有关类目。例如：

《玉篇索引》，标引为：H162-7，汉字＼字典＼专书索引＼中国＼南朝时代

《列宁全集索引》，标引为：A823，列宁著作＼全集＼专书索引

（三）语言工具书的标引方法

语言工具书是专供学习和使用语言的工具书。除专科性词典归入有关各类外，其他语言工具书集中归入语言学有关类目。一种语言的词典，按其语种入该语种有关各类；两种外语对照的词典入被解释的语种，汉语与少数民族语言或外语对照的词典，归入相应的少数民族语言或外语有关类中；三种以上语言对照的字、词典入语言文字类的词典类下。例如：

《牛津英语大词典》，标引为：H316，英语＼词典

《牛津高阶英汉双解词典》，标引为：H316，英语＼汉语＼双解词典

《汉藏对照词典》，标引为：H214.6，藏语＼汉语＼对照词典

《藏汉英对照信息技术词典》，标引为：G202-61，信息技术＼藏语＼汉语＼英语＼对照词典

三、中文古籍的标引方法

《古籍著录规则》中规定“古籍主要指书写或印刷于1911年以前，反映中国古代文化，具有古典装订形式的书籍”。其书形特殊，在收藏上有特殊要求，应单独排架，单独编列目录。中文古籍的分类应尽可能与普通图书一样统一使用现代分类法。已使用四库分类法类分古籍的文献单位，也可沿袭这种分类法，但现代图书中的线装书和古籍重印的新版书籍，均应与普通文献一样使用统一的分类法。古籍的主题标引应遵循和现代图书相同的标引原则，即先选取最适合古籍文献内容特征的主题词，进行组配或限定标引，当没有专指主题词，也不便进行组配或限定时，可考虑进行上位词标引、靠词标引、增词标引和自由词标引等标引方式。

《中图法》类分古籍的适应性较强，标引古籍时，应按其所属学科内容归入相应类目。

(1)对于古籍的综合性文集，虽然有的文集内容重点涉及社会科学，但也将其集中归入Z42。例如：

《张之洞全集》，标引为：Z425.2，张之洞(1837—1909)\全集

《欧阳文忠公集》，标引为：Z424.41，欧阳修(1007—1073)\全集

(2)涉及某一学科的专著，入有关学科类，但属于历代国家制度或社会发展史的专著，则要分别归入有关学科史类。例如：

《乐府诗集》，标引为：I222.6，乐府诗\中国\古代\选集

《春秋会要》，标引为：D691.5，会要\中国\春秋时代

四、非书资料的标引方法

非书资料指非印刷型文献，包括缩微资料、声像资料(视听资料)、机读资料等。非书资料的分类标引方法与普通文献相同，依据特定的分类法，按照各种资料的学科属性及形式特征进行归类。对于其媒介形式，《中图法》第五版在总论复分表中设置了专用复分号，可直接用于复分。主题标引时，以表示文献内容的主题词为主标题，以相应的载体类型主题词为副标题进行组配或限定标引。例如：

《魔戒》(电视连续剧)，标引为：J951.1-793，《魔戒》\影片

五、技术标准与专利文献标引方法

1. 技术标准的标引方法

技术标准是对工农业产品及零部件、工程建设等的质量、规格、生产过

程、检验方法等所作的技术规定，通常有标准、规格、规范、条例等形式，可分为国际标准、国家标准、部颁标准、地方标准及企业标准等类型。技术标准大多有标准号。我国文献分类法对技术标准设有专类，供文献单位选择使用。

《中图法》C65、N65、T-65 类分别容纳涉及社会科学、自然科学、技术科学中综合性标准文献。在“T-65 工业规程与标准”类下，规定了两种处理办法：一是分散处理，即该类下只收综合工业技术标准综合汇编，各部门的专业规程、标准入有关各类，以总论复分号“-65”予以揭示；二是集中处理，即可将各部门专业规程、标准集中入该类，并按标准文献的类型进一步区分。有关标准理论的文献入 G307。

技术标准类文献主题标引，以标准的学科内容主题词为主标题，以文献类型主题词和制定标准的单位名称为副标题进行标引。

2. 专利文献的标引方法

专利文献包括专利说明书、专利公报及报道刊物、专利文摘及索引等。其中，专利说明书是专利文献的核心，内容包括发明创造的内容、特点、工艺与结构、附表及各种数据等。我国对专利文献的分类标引与国外处理方式相同，即以特定的分类法进行分类标引。

《中图法》分别在社会科学总论、自然科学总论和工业技术类设立 C18、N18、T-18 专类，可容纳涉及社会科学、自然科学及技术科学等多学科的专利文献、专项专利及其汇编，即关于某一学科、专业的专利各入其类，归入各学科、专业的有关类目，并加总论复分号“-18”。专利综合汇编入 G306.9，有关专利文献或专利文献的理论著作，依其内容性质入有关各类，如专利制度入 G306.3，专利法入 D913.4。

专利说明书、专利公报的主题标引以表示其学科内容的主题词为主标题，以文献类型主题词“专利”等和国家(地区)主题词为副标题。

第三节　各学科文献标引方法

各学科门类文献的标引，不仅要依据分类标引和主题标引的基本规则，还应遵守反映各学科知识结构和相应类目体系特点的特殊规则。由于分类法使用手册、分类主题词表标引手册和分类法本身已对各种学科门类文献标引方法进行了详细介绍，本节将选择一些要点予以说明。

一、马克思主义、列宁主义、毛泽东思想、邓小平理论类文献标引方法

《中图法》在A类集中编列了马克思、恩格斯、列宁、斯大林、毛泽东、邓小平六位经典作家的全部文献、著作汇编、生平传记以及马克思主义、列宁主义、毛泽东思想、邓小平理论的学习和研究的文献。每部分均采用依人列类方法，再依据著作形式进行区分。需要注意的是，《中图法》(第五版)规定：若不集中A大类文献，可按文献性质及学科内容分散处理。对A类均给出选择使用类号并在D大类增设了相关类。如：马克思、恩格斯、列宁、斯大林的综合性著作及其研究可入D33/37的“-0”；毛泽东、邓小平的综合性著作及其研究可入“D2-0”；马列主义、毛泽东思想研究，专论、专题汇编及其研究入有关各类。

1. 经典作家著作的标引

A1/49收马克思、恩格斯、列宁、斯大林、毛泽东、邓小平撰写的各种著作，即全集、选集、文集、单行著作、书信集、日记、函电、谈话、诗词、手迹、专题汇编、语录等。单行著作按写作年代或专题汇编细分，专题汇编按专类复分表细分，有关某学科的单行著作或专题汇编应在有关学科类作互见。主题标引时，经典作家的全集和综合性选集、文集、语录等，用“××著作 \ 文献类型”的形式标引，经典作家的单行本，用“××著作 \ 单行本 \ 写作年代”和“××著作 \ 文献内容主题词”的双重标引形式，必要时应对文献中的局部主题作分析标引。经典作家的个人或多人专题汇编，用“××著作 \ 专题汇编 \ 著述体例 \ 文献内容主题词”的形式标引。《中图法》“A马克思主义、列宁主义、毛泽东思想、邓小平理论”只收马克思、恩格斯、列宁、斯大林、毛泽东、邓小平等人的著作及其研究。例如：

《邓小平西南工作文集》，标引为：A491，邓小平(1904—1997) \ 文集

《邓小平论教育》，标引为：A496.7，互见G40，邓小平(1904—1997) \ 教育理论 \ 文集

《论共产党员的修养》，刘少奇著，标引为：D2-0，互见D263.3，中国共产党 \ 党员 \ 修养

2. 马列主义经典作家生平传记文献的标引

A7收录六位经典作家传记、生平事迹、回忆录、年谱、年表、纪念文集、肖像、照片、画传、像章、纪念地、故居、遗物以及有关他们革命生涯的评论与研究方面的文献。有关他们的文艺作品入文学、艺术等有关各类；属于研究他们思想、理论、学说的文献入A8。主题标引以被传人姓名为主

标题，以传记体例如传记、生平事迹等为副标题进行组配标引。例如：

《毛泽东传》，标引为：A751，毛泽东(1893—1976)\传记

《毛选楷书毛泽东词》，标引为：J292.33，楷书\法帖\中国\现代

经典作家论述另一位经典作家的著作，依作者归入其原著类，并在所论及的经典作家类下作互见。例如：

《论列宁》，斯大林著，《中图法》类号为：A361，互见A735，斯大林著作\列宁(Lenin，Vladimir Ilich 1870—1924)\思想评论

3. 马列主义、毛泽东思想、邓小平理论的学习和研究文献的标引

关于马列主义、毛泽东思想、邓小平理论研究、思想发展研究以及对六位经典作家原著的学习和研究的文献，归入A8有关各类，凡专题学术思想研究的文献，除归入本类外，还应在有关学科作互见。例如：

《毛泽东哲学思想研究》，标引为：A841.63，互见B261，毛泽东思想\哲学思想\研究。马克思主义的三个组成部分：马克思主义哲学归入B0-0，马克思主义政治经济学归入F0-0，科学社会主义理论归入D0-0。

二、哲学类文献标引方法

哲学是自然科学知识和社会科学知识的概括和总结。《中图法》将哲学、宗教编列为一个类组。本类包括四方面内容：B0哲学理论；B1/7世界各国哲学；B80/84哲学范畴的各专门学科；B9宗教。哲学理论、哲学问题、哲学流派是主题标引的主要对象，应与方面、国家、时代概念进行组配，一般采用"哲学问题\方面""研究对象\空间\时间"的组配标引模式。

(一)哲学理论文献标引

(1)凡综合论述哲学理论的文献入B0，总论马克思主义哲学及辩证唯物主义和历史唯物主义的文献入B0-0；属于哲学理论的专著按内容归入B01/038有关各类。主题标引以论述对象为主体因素，当没有专指主题词时，一般采用"哲学问题\方面""研究对象\空间\时间"的组配标引模式。例如：

《马克思主义哲学范畴研究》，标引为：B0-0，马克思主义哲学\哲学范畴\研究

《辩证法研究》，标引为：B024，辩证法\研究

(2)哲学流派及其研究文献的标引。世界性哲学流派的总论性文献、专论某一哲学流派及其研究的文献入B081/089有关各类；各国哲学流派及其哲学家的著作入B2/7有关类目。主题标引一般采用"学派专用名称\通用因素""学派主要代表人物\哲学思想"或"哲学家\哲学理论""被评论的哲学流派或哲学代表人物\哲学问题\研究"等组配标引模式。例如：

《论逻辑经验主义》，标引为：B085，逻辑实证主义 \ 研究

《判断力批判》，标引为：B516.31，康德（Kant，Immanuel 1724—1804）\ 哲学思想；美学理论 \ 德国 \ 近代

（3）各专门学科的哲学理论文献，归入各有关学科。如，E0-02 军事哲学，G02 文化哲学，J20-02 绘画艺术的哲学基础，N02 科学的哲学原理等。主题标引应从相应学科选取对应的专指主题词，或采用“××学科主题词 \ 哲学基础”的组配标引模式。例如：

《数学哲学：对数学的思考》，标引为：O1-0，数学哲学 \ 研究

《医学哲学》，标引为：R-02，医学哲学

（二）世界各国哲学文献标引

（1）总论世界及跨两个洲以上地区的哲学史、思想史、哲学思想上唯物主义与唯心主义斗争的文献、哲学著作汇编、哲学思想研究汇编的文献入 B1；关于一洲一国的哲学史、哲学家的著作及其哲学思想研究的文献，入 B2/7 有关各类。主题标引采用“研究对象 \ 方面 \ 空间 \ 时间”的组配标引模式。例如：

《古代哲学家》，标引为：B12，哲学家 \ 世界 \ 古代

《英国哲学史》，标引为：B561，哲学史 \ 英国

（2）各国哲学家的哲学著作集、综合性哲学著作以及有关其哲学著作、哲学思想评论和研究的文献，归入 B2/7 各类。主题标引采用“哲学家 \ 哲学 \ 文献体例”或“研究对象 \ 作品集 \ 研究”的组配标引模式。例如：

《培根论文集》，标引为：B561.21，培根（Bacon，Francis1561—1626）\ 哲学 \ 文集

《黑格尔与现代人的自由》，标引为：B516.35，黑格尔（Hegel，Georg Wilhelm 1770—1831）\ 哲学思想 \ 研究

（3）对于一个哲学家评论、研究、注释其他哲学家著作和哲学思想的文献，归入被评论和研究的哲学家类目，并在原著作人类下作互见。主题标引采用“被评论哲学流派或哲学代表人物 \ 哲学问题 \ 研究”和“哲学代表人物 \ 哲学理论”的双重标引模式。例如：

《庄子解》，（清）王夫之著，《中图法》类号为：B223.52，互见 B249.2，《庄子》\ 研究；庄周（约前 369—前 286）\ 哲学

（4）各国哲学家哲学领域的专著以及相关学科的专著和其他学科的著作，均分别归入有关学科，并在该哲学家类下作互见。主题标引与分类标引的原则相同：哲学流派或哲学代表人物的其他学科专著，仍属于哲学领域专门学科范畴的，主题标引一般采用“哲学流派或哲学家 \ 学科或问题”的组

配标引模式；其被分入有关各类的其他学科专著，一般采用“学科或问题\方面”的组配标引模式。例如：

《欧洲哲学史》，(德)黑格尔著，《中图法》类号为：B5，互见 B516.35，哲学史\欧洲

《微积分》，(法)笛卡儿著，《中图法》类号为：O172，互见 B565.21，微积分

(三)哲学范畴专门学科文献标引

《中图法》中列举了思维科学、逻辑学、伦理学、美学和心理学等哲学范畴的专门学科。

1. 思维科学文献的标引

思维科学是研究思维规律和方法的科学，B80 只收总论性文献，专论入有关各类。例如：

《思维进化论》，标引为：B80，思维科学

《数学思维与生活智慧》，标引为：O1-49，数学\思维方法\普及读物

2. 逻辑学文献的标引

“B81 逻辑学(论理学)”内容包括辩证逻辑、形式逻辑、哲理逻辑、应用逻辑等。本类中应用逻辑只收总论性著作，专论逻辑学在某一方面的应用的著作入有关各类。例如：

《实用逻辑》，标引为：B81，逻辑学

《数理逻辑》，标引为：O141，数理逻辑

3. 伦理学文献的标引

“B82 伦理学(道德哲学)”收伦理学基础、伦理学与其他学科的关系、伦理学流派及其研究、伦理学史以及关于人生观、人生哲学、国家道德、家庭、婚姻道德、社会公德、个人修养和其他伦理规范等文献。

(1)“B823 家庭、婚姻道德”只收对待家庭、婚姻、恋爱态度方面的文献。属于社会生活与社会问题方面的文献入 C913，属于世界及各国的社会生活与社会问题等方面的文献入 D5/7。例如：

《家庭伦理与人格教育》，标引为：B823，家庭道德\研究

《福利社会学》，标引为：C913.7，社会福利

《城市最低生活保障制度研究》，标引为：D632.1，社会保障制度\研究\中国

(2)“以 B822.9 职业道德(工作道德)”收总论性文献，论述各专业工作道德的文献宜入有关各类。例如，《图书馆工作者职业道德》，标引为：G251.6，图书馆员\职业道德。

4. 美学文献的标引

“B83 美学”主要包括美学理论、美学与社会生产、美学与现实生活等内容，将艺术美学设置为交替类目。凡属于上述内容的美学总论性文献入本类，专论某一学科或专业的美学文献分别入有关各类。例如：

《审美学》，标引为：B83-0，审美\高等学校\教材

《教育审美学》，标引为：G40-014，教育美学

5. 心理学文献的标引

有关心理学与其他学科关系、研究方法、心理过程与心理状态、发生心理学、发展心理学、生理心理学、变态心理学、病态心理学、超意识心理学、个性心理学以及总论心理学应用等文献归入 B84 有关各类。

“B849 应用心理学”只收总论性文献，专论心理学在某一方面的著作入有关各类，例如：

《应用心理学》，标引为：B849，应用心理学

《犯罪心理学》，标引为：D917.2，犯罪心理学

6. 宗教文献的标引

“B932 神话”只收神话研究、各国神话的流传及发展的文献，主题标引一般采用“神话\方面”的组配标引模式。用神话写成的文学作品入文学类，主题标引一般采用“文学体裁或艺术形式\方面\空间\时间”的组配标引模式。

关于论述阴阳五行文献的分类，注意区分宣传迷信的论述与哲学研究著作，属于宣传迷信的论述入“B992.1 阴阳五行说”，属于哲学范畴的著作入“B227 阴阳家”。

三、社会科学类文献标引方法

(一)社会科学总论类文献的标引

C 类包括两部分内容：总论社会科学的共性区分问题及具有社会科学属性并带有普遍性的综合性学科类目。前者按总论复分表所编列的类目序列，后者依学科内容细分。社会科学总论性概念是这类文献主题标引的主要对象，一般采用“社会科学\方面”的组配标引模式。

1. 总论性社会科学文献的标引

C0/[7]容纳总论社会科学具有共性区分的文献，即内容涉及全部或多个社会科学学科的文献。社会科学专门学科的具有共性区分的文献，应归入各有关学科，必要时依总论复分表细分。主题标引一般选择能反映文献内容的专指主题词或选择“××科学\方面”“××理论\方面”的组配标引模式。

例如：

《社会科学简史》，标引为：C09，社会科学\历史

《哲学辞典》，标引为：B-61，哲学\词典

2. 具有社会科学属性的综合性学科文献的标引

C8/97 所编列的统计学、社会学、人口学、管理学、民族学、人才学、劳动科学等，是具有社会科学属性并带有普遍性的综合性学科类目，按其学科自身体系序列类目。社会科学概念的主题词是这类文献主题标引的主要对象，一般采用"社会科学\方面"的组配标引模式。

(1)统计学文献的标引

"C8 统计学"收统计学理论、统计方法及世界各国统计工作与统计资料汇编等方面的文献，关于专类统计学的文献入有关各类，如愿在本类集中专类统计学的文献，可采用冒号组配编号法。例如：

《教育统计学》，标引为：G40-051，教育学\统计学

(2)社会学文献的标引

"C91 社会学"容纳有关社会结构和社会关系、社会生活与社会问题、社会利益、社会调查和社会分析，以及社会工作、社会管理和社会规划等方面的文献；专论世界各国社会结构和社会关系、社会生活与社会问题的文献入 D5/7 世界各国政治类；专论社会发展和变迁的文献入"K02 社会发展理论"；专科社会学入有关各类，如愿集中该类，可用组配编号法。社会学方面的概念是这类文献主题标引的主要对象，文献内容涉及的国家、时代概念的主题词也是主题标引的重要内容，一般采用"社会学\方面""社会问题\空间\时间"等组配标引模式。例如；

《城市社会学》，标引为：C912.81，城市社会学

《新闻社会学》，标引为：G210-05，新闻学\社会学

(3)人口学文献的标引

"C92 人口学"相对集中了人口学理论与方法、人口统计学、人口地理学、人口与计划生育、世界各国人口调查及其研究等文献。例如：

《人口地理学》，标引为：C922，人口地理学

《英国人口迁移与城市发展》，标引为：C922.561，人口迁移\研究\英国

(4)管理学文献的标引

"C93 管理学"收管理学理论、技术与方法、咨询学、领导学、决策学、管理计划与控制、管理组织学以及应用管理学总论方面的文献，如愿集中各种应用管理学的文献，可用组配编号法。例如：

《管理信息系统》，标引为：C931.6，管理信息系统

《战略管理》，标引为：F272，企业管理\战略管理

(5)民族学文献的标引

"C95 民族学、文化人类学"包括民族学与其他学科关系、民族起源、发展、变迁、民族社会形态、社会制度、民族性、民族心理、民族融合、民族同化、文化人类学等内容。有关世界各国民族概况、民族工作、民族问题研究的文献入 D5/7 有关各类；有关各民族史志、民族地理的文献入 Kl/7 有关各类；民俗学的文献入 K890。例如：

《中华民族精神研究》，标引为：C955.2，民族精神\研究\中国

《民族地理学》，标引为：K18，民族地理

《民俗学浅说》，标引为：K890，民俗学

(6)人才学文献的标引

"C96 人才学"收有关人才学理论、人才培养与选拔、人才预测与人才规划、人才管理、人才智力开发、世界各国人才调查及其研究的文献。人才市场入"F241.23 劳动力市场类型"类，专门人才学入有关各类。例如：

《人才学概论》，标引为：C96，人才学\概论

《人才市场新论》，标引为：F241.23，人才市场\研究

《传媒人才学概论》，标引为：G214，新闻事业\专业人才\人才学；新闻工作者\人才培养

(7)劳动科学文献的标引

"C97 劳动科学"包括劳动科学基础理论、总论职业培训和劳动社会学、劳动计量学等方面的文献；各专业职业培训入有关各类；劳动生理学、劳动经济学、劳动法学、劳动关系学、劳动管理学、劳动安全、劳动卫生、劳动统计学、劳动保障学等文献入有关各类。例如：

《劳动社会学》，标引为：C976.1，劳动社会学

《劳动经济问题研究》，标引为：F240，劳动经济\经济理论

(二)政治、法律类文献标引方法

1. 政治类文献的标引

政治类包括政治理论；共产主义运动、共产党；工人、农民、青年、妇女运动与组织；世界及各国政治；外交、国际关系五大部分。

(1)政治理论文献的标引

①关于政党理论及其总论性文献入"D05 政党理论"；有关共产党的组织及其活动的文献入 D1/3 有关各类；关于各国政党的文献入 D5/7 有关类目。政治理论、政治事件、政治运动、政治制度等是这类文献主题标引的主

要对象，同时文献内容涉及的国家、地区、时间等也是主题标引的重要内容，一般采用“政治学科主题词\ 方面\ 空间\ 时间”的组配标引模式。例如：

《马克思主义党的学说与党的建设》，标引为：D053，马列主义党\ 党的建设

《党的组织生活概论》，标引为：D262，中国共产党\ 组织建设\ 概论

《俄国政党史：权力金字塔的形成》，标引为：D751.264，政党\ 党史\ 俄国

②关于民族殖民地问题理论、战争与和平问题理论、国际主义与爱国主义的总论性文献入 D06/069 有关各类；民族学的文献入 C95；专论世界各国民族问题、民族政策的著作入 D5/7 有关各类。民族种族类、民族学、民族志、民族政策等是民族学文献主题标引的主要对象，文献内容涉及的国家或地区以及时代也是主题标引的重要内容，一般采用“民族\ 方面\ 空间\ 时间”的组配标引模式。例如：

《殖民主义的恶果》，标引为：D066，殖民主义

《美国的民族与民族政策》，标引为：D771.262，民族关系\ 民族政策\ 美国

(2)共产主义与各国共产党文献的标引

论述国际共产主义运动的文献入 D1 有关各类；注意本类与历史类的区别，如论述巴黎公社的伟大意义及历史经验等文献入 D13，论述其史实的文献入 K565.44。

党的各时期领导人的著作全集、综合性选集、文集及其研究入“D2-0 中国共产党的领导人著作”及“D33/37 各国共产党”类下的专类复分表中的“-0 党的领导人著作”类中；专题著作与个别著作按其内容入有关各类。

政党领导人或国家领导人的综合性文集主题标引选用“人名\ 文献类型主题词”的组配标引模式，专题性的单行著作或文集选用“学科主题词\ 方面\ 文献类型主题词”的组配标引模式。例如：

《周恩来选集》，标引为：D2-0，周恩来(1898—1976)\ 选集

《铁托选集》，标引为：D354.3-0，铁托(Tito，Josip Broz 1892—1980)\ 选集

(3)工人、农民、青年、妇女运动与组织方面文献的标引

“D4”收工人、农民、青年、妇女运动与组织理论、概况、世界及各国的运动与组织、工人、农民问题研究的文献。有关工人运动史、农民运动史入 K1/7 有关各类；青年、学生运动史、妇女运动史入 D43/44 有关各类，

论述青少年问题、妇女问题的文献归入 C913 有关各类。政党和工人、农民、青年、妇女及其他社会政治组织有对应专有名称主题词，选用专有名称主题词标引；没有专有名称主题词，则选用概念交叉组配进行标引。例如：

《上海工人三次武装起义》，标引为：K262.26，上海工人三次武装起义

《另一半天空：战后香港妇女运动》，标引为：D442.865.8，妇女运动\香港\现代

《全球视角：妇女、家庭与公共政策》，标引为：C913.68，妇女\问题\研究

(4)世界各国政治文献的标引

关于第二次世界大战以前的世界各国政治制度的文献，入“D59 世界政治制度史”及“D73/77 各国政治”，并依专类复分表复分，取“9 政治制度史”类号。论述第二次世界大战后的世界政治和各国政治的文献分别入 D5 和 D73/77 有关各类；关于 1949 年以前的中国政治方面的文献入 D69，1949 年以后的中国政治入 D6 有关类目。政治概况方面的概念是该类文献主题标引的主要对象，一般采用“政治\方面\空间\时间”或“政治形势\空间\时间”的组配标引模式。例如：

《西方政治制度史》，标引为：D59，政治制度史\西方国家

《中国国家机构史》，标引为：D69，国家机构\历史\中国

(5)外交、国际关系文献的标引

总论外交、国际关系理论及国际关系的文献入 D80/81；凡属于某一国家与其他国家之间关系的文献入“D83/87 各国外交”有关类目；属中外关系的文献入“D82 中国外交”中有关类目，属中国以外的其他两国关系的文献，可依重点分类，必要时在其他国家类下作互见。主题标引以国际关系或某一方面关系对应的主题词为主标题，与方面或国家、时代概念的主题词进行组配标引。同样先选用专指主题词，没有专指主题词，则选用概念交叉组配进行标引。例如：

《国际关系分析》，标引为：D80，国际关系\分析

《美国冷战时期的外交政策：从雅尔塔到越南》，标引为：D871.20，美国对外政策

《中日友好关系的新阶段》，标引为：D822.331.3，中日关系\史料

《美俄关系大事实录：1991—2001》，标引为：D871.29，互见 D851.29，国际关系\大事记\美国\俄罗斯\1991—2001

2. 法律类文献的标引

法学理论和国际法的文献选择相对应的专指主题词，采用“法学\方

面”的组配标引模式；各国法律、法规、条例采用“法律\方面\空间\时间”的组配标引模式。

（1）“D90 法律理论(法学)”收有关法的一般理论、世界各国法学史、法律思想史和世界法制史等方面的文献；“D91 法学各部门”收跨洲多国法律综合汇编、各种法的理论及多国一种法律汇编、司法制度理论、多国司法制度汇编以及犯罪学、刑事侦查学、鉴定学和法医学等有关文献；关于各国法律和法制史的文献入 D93/97 有关各类。例如：

《法律制度与法律渊源》，标引为：D909.9，法制史\研究\世界

《期货法论》，标引为：D912.201，期货交易\金融法\概论\世界

《日本公司法典》，标引为：D931.322.9，公司法\日本

（2）“D93/97 各国法律”收各国法律、法令、司法制度、法制史以及关于法的学习、研究、解释、案例等方面的文献。先按国家区分，再依法律类型分。例如：

《英国家庭法历史研究》，标引为：D956.139，婚姻法\法制史\研究\英国

《德国反不正当竞争法研究》，标引为：D951.622.9，反不正当竞争\经济法\研究\德国

（3）DF 法律类第二分类体系，先以法的类型集中文献，主要供法学、法律专业单位选择使用。

（三）军事类文献的标引方法

军事科学范畴主题词是这类文献主题标引的主要内容，如果文献内容涉及国家、地区和时代概念，一般采用“军事科学主题词\空间\时间”的组配标引模式。

1. 军事理论文献的标引

注意区分军事学史、军事史与战争史的文献。军事学史是关于军事理论和军事思想的发展史，入 E09；军事史是论述具体战争、战争经过的历史，入“E1/7 世界各国军事”相应类目；战争史是对战争的历史记述，是从政治、经济、社会发展角度探讨战争经过以及影响，入 K1/7 有关各类。主题标引时要选择相对应的学科史主题词，与国家或地区、时代概念的主题词进行组配标引，采用“×学科史主题词\方面\空间\时间”的组配标引模式。例如：

《西方战略思想史》，标引为：E091，军事思想史\西方国家

《诺曼底登陆战》，标引为：E195.2，美英联军诺曼底登陆作战(1944)\史料

《苏德战争：1941—1945》，标引为：K512.54，苏联卫国战争 \ 1941—1945

2. 世界各国军事文献的分类

"E1/7 世界各国军事"包括各国军事政策、国防建设和战备、军事制度、军事教育和科研组织及活动、各种武装力量及军事史等。先按国家、地区分，再按问题或方面归类。主题标引采用"研究对象 \ 方面 \ 空间"的组配标引模式。例如：

《金戈铁马：兵制与军事》，标引为：E291，军事制度 \ 军事史 \ 中国 \ 古代

《英国海军》，标引为：E561.53，海军 \ 英国

3. 战略学、战役学、战术学文献的标引

"E8 战略学、战役学、战术学"只收其理论方面的文献；各国的战略、战役、战术文献入"E1/7 世界各国军事"类。"E83 战术学"采用多重列类法编列类目，涉及多重分类标准的文献依重点分类，对于不宜区分的文献，采用"最后编号法"。主题标引采用"研究对象 \ 空间 \ 时间"的组配标引模式。例如：

《军事情报学》，标引为：E87，军事情报

《游击战》，标引为：E831，游击战 \ 研究

4. 军事技术文献的标引

关于武器和军用器材的使用、操作、保养、维修及其技能训练的文献入 E92 有关各类，有关其设计制造、测试、储运等方面的文献入 TJ、U、V 有关各类目。分入 E 类和 TJ、U、V 等类的文献选用的主体因素主题词往往相同，但要根据文献内容选用合适的方面因素主题词加以区分，一般采用"武器 \ 方面"的组配标引模式。例如：

《火炮》，标引为：E924-49，火炮 \ 普及读物

《火炮设计与制造》，标引为：TJ302，火炮 \ 设计；火炮 \ 制造

（四）经济类文献的标引方法

"F 经济"包括经济学、世界各国经济、经济计划与管理、部门经济四部分。经济范畴是该类文献主题标引的主要对象，文献内容涉及的经济学代表人物以及国家、地区和时代概念也是主题标引的重要内容，主题标引一般采用"经济学 \ 方面""经济 \ 方面 \ 空间 \ 时间"的组配标引模式。

1. 经济学文献的标引

F0 经济学容纳马克思主义政治经济学、西方经济学、经济学基本问题、基本理论、经济学分支科学、经济思想史等内容。经济学或政治经济学一般

性理论文献及总论各种生产方式的文献入 F01 有关类目；专论某种生产方式的文献入 F02/05。

总论某经济学派或某经济思想的文献选用专指主题词，或采用“××主义\ 方面”的组配标引模式；论述某人经济思想的文献，采用“人名\ 经济思想”的组配标引模式；论述某国经济思想史的文献，采用“经济思想史\ 空间\ 时间”的组配标引模式。例如：

《生活中的经济学》，标引为：F0-49，经济学\ 普及读物

《马克思的劳动价值理论》，标引为：A811.66；F014.31，马克思主义政治经济学\ 劳动价值论

《当代资本主义的财产制度》，标引为：F030，资本主义社会\ 企业\ 所有制\ 研究

评论研究世界性经济学派及其代表人物的理论、思想的文献入 F091，研究评论某个国家各时代经济思想和经济学派的文献入 F092/097。例如：

《经济科学的性质和意义》，标引为：F091.3，经济思想史\ 世界\ 现代

《穆勒政治经济学概述》，标引为：F095.614.3，穆勒（Mill，John Stuart 1806—1873）\ 政治经济学\ 思想评论

2. 世界各国经济文献的标引

“F1 世界各国经济概况、经济史、经济地理”类包括从世界或地区及国家整体角度论述的有关文献。关于部门经济概况、经济史及经济地理方面的文献入 F3/8 有关各类。各国经济有专指主题词的选用专指主题词，没有专指主题词的一般采用“经济\ 空间\ 时间”的组配标引模式；各部门经济一般采用“部门经济\ 空间\ 时间”或“×部门经济\ 经济史\ 空间\ 时间”的组配标引模式。例如：

《中国近代农业经济史》，标引为：F329.05，农业经济史\ 中国\ 近代；经济史\ 农业经济\ 中国\ 近代

《大国经济之路》，标引为：F12，经济\ 研究\ 中国

《中国经济体制改革报告》，标引为：F121，经济体制改革\ 研究报告\ 中国

3. 经济计划与管理文献的标引

“F2 经济计划与管理”类中，F20/23 包括国民经济计划与宏观经济管理和一般理论与方法的文献，F239/29 既收录理论与方法的文献，也包括有关各国概况的文献；专论某一部门经济管理的入 F3/8 有关类目；专论各国经济管理的方面入 F11/17 有关类目。主题标引时，方面因素、空间因素、时

间因素是区分这几类文献的重要因素，一般采用“主体因素 \ 方面”“主体因素 \ 方面 \ 空间 \ 时间”的组配标引模式。例如：

《市场经济下的计划调控》，标引为：F21，国民经济计划 \ 计划调节 \ 研究 \ 外国

《公司战略管理》，标引为：F276.6，公司 \ 战略管理 \ 高等学校 \ 教材

《旅游经济管理》，标引为：F590，旅游经济 \ 经济管理

4. 部门经济文献的标引

F3/8 各部门经济类目的编列，基本分为三个部分：部门经济理论、世界部门经济、各国部门经济，分类对应入相应类目。该类文献主题标引不受分类的限制，可以通过地区因素的组配，将文献内容完整揭示出来。例如：

《农村土地制度比较研究》，标引为：F311，农村 \ 土地制度 \ 对比研究 \ 世界

《中国工业经济结构研究》，标引为：F421，工业经济结构 \ 研究 \ 中国

（五）文化、科学、教育、体育类文献的标引方法

1. 文化理论文献的标引

“G0 文化理论”收文化哲学、文化的民族性、比较文化学、文化与其他学科的关系、文化地理学、文化史等方面的文献。例如：

《文化哲学的试探》，标引为：G02，文化哲学

《中国文化地理》，标引为：K901.6，文化地理学 \ 中国

2. 世界各国文化及文化事业文献的标引

“G1 世界各国文化与文化事业”主要收世界各国文化与文化事业及兼论教育事业的文献。包括文化政策、专题研究、文化事业组织及研究、文化产业、文化市场及文化事业史等。世界各国的多专题文化研究入 G12/17 有关各类，各专题文化研究的文献入有关各类。主题标引时应以专题文化对应的主题词为主体因素，有专指主题词用专指主题词，没有专指主题词，则采用“××\ 专题文化”的组配标引模式。例如：

《文化产业管理》，标引为：G124，文化产业 \ 管理

《中国建筑文化》，标引为：TU-092，建筑文化 \ 中国

3. 信息与知识传播文献的标引

“G2 信息与知识传播”收信息与传播理论、传播事业、新闻事业、广播、电视事业、出版事业、群众文化事业、图书馆事业、信息事业、博物馆事业、档案事业的文献。该类文献的主题标引一般采用“研究对象 \ 方面”

的组配标引模式。

"G20 信息与传播理论"包括总论性文献，专论入有关各类；关于信息技术设备的文献入工业技术有关各类。例如：

《信息科学与社会》，标引为：G201，信息化社会 \ 教材

《信息传输与编码理论》，标引为：TN919.1，TN911.21，信息传输 \ 高等学校 \ 教材；信源编码 \ 高等学校 \ 教材

《中图法》第五版将 G25、G35 图书馆学情报学体系合并，修改 G25 类名为"图书馆事业、信息事业"，把第 4 版 G350/359 的全部体系合并到 G250/259 类目体系中并调整扩充类名，增补注释，同时增设同位类"G254.9 信息检索"，内容包括《中图法》第四版中的"G252.7 文献检索""G354 情报检索""G254.32 目录体系""G254.33 各种目录组织法""G353.21 索引编制""G356.6 机械化、自动化编索引"等类目以及智能检索系统、搜索引擎的组织、构建及检索方法等内容。相应修改 G27 档案事业相关类；G35 类全部停用。例如：

《信息检索：理论与方法》，标引为：G254.9，情报检索 \ 高等学校 \ 教材

《智能检索技术》，标引为：G254.929.1，智能检索系统

4. 科学、科学研究文献的标引

"G3 科学、科学研究"收总论科学研究(包括社会科学和自然科学)的著作，内容包括科学研究理论、科学研究工作及世界各国科学研究事业。总论社会科学和自然科学研究的文献分别归入 C、N 类，关于具体学科研究文献入有关各类。主题标引一般采用"研究对象 \ 方面"或"研究对象 \ 方面 \ 空间 \ 时间"的组配标引模式。例如：

《科学活动论》，标引为：G301，科学学

《社会调查研究科学方法》，标引为：C31，社会调查 \ 研究方法

《现代科学技术导论》，标引为：N49，现代科学 \ 基本知识

5. 教育文献的标引

"G4 教育"类包括三部分内容：有关教育一般理论和方法的文献入 G40/48 有关各类；总论世界各国教育事业的文献入 G51/57；关于各级教育和各类教育的文献入 G61/79 有关各类。教育理论、教学理论及教育事业等是标引的主要对象，文献内容涉及的地区、国家概念也是应揭示的主题内容，主题标引采用"教育理论 \ 方面""教育事业 \ 空间 \ 时间"的组配标引模式。例如：

《教育研究与教育改革》，标引为：G420，教学改革 \ 文集；教学研

究\ 文集

《今日美国教育》，标引为：G571.2，教育事业\ 美国

《成人教育管理》，标引为：G720，成人教育\ 教育管理

6. 体育文献的标引

“G8 体育”收体育的一般理论与方法、各国体育事业、各项体育运动三方面的文献。标引时，要注意对体育运动组织文献的分类，关于世界性或跨两个洲的多项体育运动组织入 G811.1；属于某一洲内的地区性多项体育运动组织入 G811.13/.17；有关各国多项体育运动组织的文献入 G812/817；属单项体育运动组织的文献入 G82/89 有关各类。对于运动会和运动成绩文献的分类方法与体育运动组织文献的分类方法相同。运动会名称是综合性运动会主题标引的主要对象，可以采用“×运动会\ 方面”的组配标引模式；专项运动会文献的主题标引可以采用“×项运动会\ ×运动会\ 空间\ 时间”的组配标引模式。例如：

《奥林匹克宪章》，标引为：G811.111，奥运会\ 章程

《历届亚运会博览》，标引为：G811.23，亚洲运动会\ 基本知识

《足球比赛体系与战术打法》，标引为：G843.19，足球运动\ 战术训练

（六）语言、文字类文献的标引方法

“H 语言、文字”包括五个部分内容：语言学、汉语和中国少数民族语言、常用外国语、各语系和地区性语言以及国际辅助语。各种语言的类目统一按语言、文字、语义、语法、写作、修辞、翻译、词典、方言、语文教学等次序编列。语言学名词术语和各语系、语种是主题标引的主要对象，一般采用“语言学\ 方面”或“语种\ 方面”的组配标引模式。

论述语文教学一般理论与方法的文献入 H09，专论某种语言教学的文献入有关语言类；凡学前和中小学的语言教学文献入 G6l/63 有关各类。主题标引一般采用“语言教学\ 方面”“×种语言\ 语言教学”或“×种语言课\ 教育程度\ 教学参考资料”等组配标引模式。例如：

《国际语文课程与教学比较》，标引为：H09，语言教学\ 教学法\ 对比研究\ 世界

《法语应用文写作》，标引为：H325，法语\ 应用文\ 写作

《中学教育经验选编》，标引为：G632，中学教育

关于汉语阅读方法和主要供学习、掌握汉语并提高汉语阅读能力用的汉语读物及中小学生的作文选，入“H194 汉语读物”有关各类；以提高外语阅读能力为目的而编写的各科简易读物、对照读物、注释读物依其语种归入该语言读物类目。“×语种\ ×读物”是这类文献主题标引的常用模式。例如：

《古文观止》，标引为：H194.1，《古文观止》

《爱的礼物：英汉对照》，标引为：H319.4，英语\对照读物

(七)文学类文献的标引方法

“I 文学”类分为文学理论和世界各国文学两大部分。对文学作品进行标引时，除标引文学体裁外，“国别”“时代”概念也是应揭示的重要内容。

1. 文学理论的标引

“I0 文学理论”收一般理论、创作方法、文学评论、文学欣赏和兼论艺术理论的文献。总论世界各国文学评论和文学史的文献入 I106/109 有关类目；专论某一洲或某一国文学理论的文献入 I2/7。主题标引应根据文献论述和研究内容选择专指的学科主题词或采用“文学理论\方面”或“文学体裁\文学理论”的组配标引模式。例如：

《多维学科视域下的中西文学研究》，标引为：I0-03，比较文学\文学研究\中国\西方国家

《中西诗歌比较》，标引为：I106.2，诗歌\对比研究\中国\西方国家

《日本文学论集》，标引为：I313.06，文学研究\日本\文集

2. 世界各国文学文献的标引

世界各国文学包括文学理论和文学作品两部分。

(1)各国文学中的文学理论、文学评论和研究类目，均按被研究对象的国别和时代归类，不能依作者的国籍和时代区分。主题标引一般采用“文学评论\空间\时间”“文学体裁\文学评论\空间\时间”的组配标引模式。根据文献标引的需要，如果选用了“中国文学”“唐诗”“宋词”“鲁迅杂文”等专指主题词，不再标引国家或时代概念的主题词。例如：

《法兰西文学大师十论》，标引为：I565.06，文学研究\法国

(2)各国文学作品的分类，先依著者的国籍分类，再依文学体裁进行区分。例如：

《百年孤独》，(哥伦比亚)加西亚·马尔克斯著，标引为：I775.45，长篇小说\哥伦比亚\现代

《挪威的森林》，标引为：I313.45，长篇小说\日本\现代

①文学作品作者国籍及写作时代的确定。文学作品按国家和时代区分指的是依著者的国籍和写作时代区分，不是指按作品内容涉及的国家和时代区分。作家国籍发生变化时，应按改变后的国籍为分类依据，无法查考的文献，可参考其内容，归入相应国家的文学类目；包括两个时期的文学作品集，按后一时期分，跨时代的作品，依写作完成的时代分。主题标引与分类标引的原则相同。例如：

《最后诊断》，(加拿大)黑利·阿瑟(原为英籍)，标引为：I711.45，长篇小说\加拿大\现代

《茅盾选集》(包括1949年前后的各体作品)，标引为：I217.2，茅盾(1896—1981)\文集

②报告文学的标引。报告文学是以真人真事为题材，用文艺笔法作适当艺术加工而成的文学作品。凡有关人物生平事迹的报告文学著作宜在"K81传记"类作互见。主题标引采用"文学体裁\作品集\空间\时间"的组配标引模式，当其反映的主题内容具有专题性时，应增加文献主题内容的分析标引。例如：

《一野主力传奇》，标引为：I253.2，互见E297.4，报告文学\中国\现代

《余秋里与石油大会战》，标引为：I253.1，互见K827=75，报告文学\中国\现代；余秋里（1914—1999）\生平事迹；石油工业\工业史\中国\现代\史料

③文学作品的缩写本、改写本、节本等，如保持原作的文体，改动较小的随原作品归类；如从一种文体改为另一种文体，或者虽然改写本的文体未变，但改写的幅度较大，属于再创作的作品，应作为新作品进行分类。主题标引也要遵循这一原则。例如：

《西游记》(白话本)，标引为：I242.4，《西游记》\缩写本

《大话西游》，标引为：I247.57，长篇小说\中国\现代

(八)艺术类文献的标引方法

"J艺术"类包括艺术理论、世界各国艺术概况、各种形式的艺术三大部分。艺术理论、世界各国艺术概况为总论性类目；各种形式的艺术包括绘画、书法、篆刻、雕塑、摄影艺术、工艺美术、音乐、舞蹈、戏剧、曲艺、杂技艺术、电影、电视艺术；将建筑艺术设置为交替类目。各种艺术类下大致按理论、技法、各国作品划分。艺术形式是艺术类主题标引的主要对象，艺术作品的空间和时间概念也是主题标引应揭示的重要内容。

1. 艺术理论文献的标引

涉及多种艺术理论的综合性文献以及总论造型艺术理论的文献，入"J0艺术理论"有关各类；兼论艺术理论和技法的文献入"J08艺术技法(总论)"类；专论某种艺术理论的文献入J2/9有关各类；兼论某种艺术理论和技法的文献入该种艺术的技法类。主题标引应根据文献论述和研究内容选择专指的学科主题词或采用"艺术理论\方面"或"艺术形式\艺术理论"的组配标引模式。例如：

《艺术哲学》，标引为：J0-02，艺术哲学

《书法十讲》，标引为：J292.1，书法\理论\中国

2. 艺术评论和艺术欣赏文献的标引

艺术评论和欣赏的一般理论与方法的文献入J05；有关世界各国或某一国多种艺术作品的综合评论或兼评艺术家的文献归入J05后，再依世界地区表分；关于某一种艺术作品的评论和欣赏的文献入有关各类。主题标引采用"艺术形式\艺术评论\空间\时间"的组配标引模式；如果选用了"宁夏道情戏""广东音乐""古代舞蹈"等专指主题词，则不再标引国家或时代概念的主题词。例如：

《美术批评学》，标引为：J05，美术评论\概论

《意大利文艺复兴艺术》，标引为：J154.609.3，艺术史\意大利\中世纪

3. 各国艺术概况及艺术事业文献的标引

总论各国艺术概况的文献入J1；专论中国艺术概况的文献入J12；专论各国艺术概况的文献入J13/17，再仿J11分；专论世界及各国某种艺术概况或事业的文献入J2/9有关各类。主题标引采用"艺术概况\事业\作品综合集\空间\时间"的组配标引模式。例如：

《一九三五年的世界艺术》，标引为：J110.95，艺术史\世界\1935

《云南艺术史》，标引为：J120.9，艺术史\云南

《当代俄罗斯电影》，标引为：J995.12，电影事业\概况\俄罗斯\现代

4. 各种艺术作品的标引

多种艺术作品综合集入J11/17相应类中，某种艺术作品集入J2/9有关各类。主题标引采用"艺术形式\作品综合集\空间\时间"的组配标引模式。在各种艺术类中，对于各国作品集，如需按作者国家区分时，可依世界地区表分，并用"( )"加以标识。例如：

《玛雅艺术：工艺品·彩绘·文献》，标引为：J173.109.2，玛雅文化\艺术\墨西哥\古代\图集

《少年钢琴曲集》(俄)柴科夫斯基作曲，标引为：J647.41(512)，钢琴曲\俄罗斯\近代 \选集

5. 摄影艺术文献的标引

"J4摄影艺术"包括摄影艺术理论、各种摄影艺术和各国摄影艺术作品，论述摄影学、摄影原理、拍摄技术、洗印技术以及摄影机具与设备的文献归入工业技术类的"TB8摄影技术"类。主题标引根据作者论述重点选择合适

的主题词进行标引。例如：

《花卉与庭园摄影》，标引为：J419.5，花卉\艺术摄影\摄影技术；宅园\艺术摄影\摄影技术

《实用全息摄影》，标引为：TB877，全息照相术

(九)历史、地理类文献的标引方法

K类包括历史、地理两门学科，历史类只收人类社会发展史和历史的辅助学科(人物传记、文物考古、风俗习惯)等方面文献；地理类只收普通地理学、历史地理学、人文地理学等方面的文献。历史、地理类文献是以空间和时间概念作为主要划分标准，同时空间和时间概念也是主题标引要揭示的内容。

1. 历史类文献的分类标引方法

(1)史学理论文献的分类

"K0史学理论"主要收史学的哲学基础、社会发展理论、史学专论、年代学、史料学、历史研究、史学史等方面的文献。凡属于世界各国历史研究、评论的文献均入K1/7有关各类。主题标引选用专指主题词或采用"××学科主题词\方面"的组配标引模式，史学史采用"××学史"的组配标引模式。例如：

《历史学的思想和方法》，标引为：K06，史学理论

《法兰西第三共和国兴衰史》，标引为：K565.42，法国\历史\1870—1940

(2)世界各国史文献的标引

论述世界、国家以上区域或某一国家的历史文献，集中分入K1/7类。有关历史概念和空间因素是主题标引的主要对象。词表中有专指主题词，如"世界史"等，可直接选用；词表中没有专指主题词的，则选择相应的国家名称或国家以上区域名称与历史范畴中相应的主题词如"历史""古代史"等进行组配标引。

①世界各国史类目按通史、各代史、民族史和地方史的次序编列，通史是总论性的，专论某时代、民族史、地方史的文献应各入其类。例如：

《写给大家的简明世界史：从远古到现代》，标引为：K109，世界史\通俗读物

《阿根廷简史》，标引为：K783.0，历史\阿根廷

《匈奴史》，标引为：K289，匈奴\民族历史\中国

综合研究某一地区或国家的文献，归入有关国家、地区史及民族史和地方史志类。例如：

《拉丁美洲文明》，标引为：K730.03，文化史\研究\拉丁美洲

《藏学研究论文集》，标引为：K281.4-53，藏学\研究\文集

对于中国各代史文献的分类，《中图法》规定均可仿“K20 通史”分，仿分时须在仿分号码前加“0”。例如：

《后汉书》，标引为：K234.204.2，《后汉书》

②民族史文献的标引。

总论世界各民族或从世界范围内论述某一民族史志的文献入 K18；专论某一地区或国家民族史志类文献入有关地区或国家的民族史志类；有关生活在多国的或多地区的民族史志类文献，入其主要聚居的地区或国家的民族史志类；有关民族起源的一般论述入“C95 民族学、文化人类学”；关于各国或某个民族起源的论述入各国民族史志类。

对于“K28 民族史志”采用了四种列类标准，应注意区别其各自的内容范围。例如：

《英语民族史》，标引为：K18，民族历史\英语\国家

《蒙古史纲要》，标引为：K281.2，蒙古族\民族历史\中国

(3)传记类文献的标引

“K81 传记”类包括有关人物的传记、生平事迹、回忆录、访问记、年谱、生卒年表、日记、书信、纪念文集、墓志铭、祭文、悼词、哀挽录、照片、肖像等内容。人物思想评传按学科归类。传记文献有总传与分传之分，包括多人的传记集称为总传，只写一个人的传记称为分传。类分传记文献时，首先依国家分，再依人物学科类别和时代进行区分。对于国籍改变者，按其改变后所属的国籍分。

个人传记如果是以记载该人物的生平活动为主要内容的，应以其姓名为主标题，以文献类型主题词为副标题，如果侧重从某一学科或历史事件进行研究的，则应同时从人物和学科专业或历史事件进行组配标引。多人合传的主题标引，宜先进行整体标引，以文献类型为主标题，以国家、时代概念为副标题，在标引深度控制范围内可对每位被传人进行分析标引。

①世界人物传记文献的标引。

“K811 世界人物传记”收跨两洲的人物总传，属于某一洲或地区人物的总传入 K833/837 各类；世界各学科人物总传入 K815，再仿 K825.1/828 分。例如：

《最具影响力的 123 位历史人物》，标引为：K811，历史人物\生平事迹\世界

《三作家：卡萨诺瓦司汤达托尔斯泰》，标引为：K815.6=4，作家\传

记\欧洲

《军事家100人：历史上最具影响力的军事统帅排行榜》，标引为：K815.2，军事家\传记\世界

②中国各科人物传记文献的标引。

“K825.1/828中，“K825.1/826.3人物传记”按学科列类收各学科(行业或专业)的人物传记，包括人物总传和分传，可在有关学科作互见；“K827社会政治人物”收政党和国家领导人、社会活动家、社会知名人士、历代革命人物、历代统治阶层的传记；“K828社会各界人物”收K825/827未列出专类人物的传记。凡具有多重特征的学科人物，按重点或按编列在前的类目归类。各学科人物，如有必要，使用中国时代复分表分，用“=”加以标识。例如：

《蔡元培传》，标引为：K825.46=6，蔡元培(1868—1940)\传记

《张学良传》，标引为：K827=7，张学良(1901—2001)\传记

《广东籍华侨名人传》，标引为：K828.8，华侨\列传\广东

③各国人物传记文献的标引。

“K833/837各国人物传记”依世界地区表分，再仿K82分。各科人物可依国际时代表细分，并使用时代区分号“=”标识。例如：

《华盛顿传》，标引为：K837.127=41，华盛顿(Washington，George 1732—1799)\传记

2. 地理学文献的标引

《中图法》关于地理及地理学类目分为四大块，即人文地理、自然地理、经济地理和应用地理。“K9地理”主要收有关普通地理学、人文地理学以及世界地理、各国地理的综合性文献，专科地理学入有关各类；总论自然地理的文献入“P9自然地理学”，专论各部门自然地理的文献入有关各类；总论经济地理学的文献入F119.9，各地区经济地理、各部门经济地理分散在经济类有关各类。例如：中国农业经济地理入F329.9，中国各省区经济地理入F129.9。再如：环境地理学入X144，军事地理学入E993，水文地理学入P343。

“空间分布”是地理类文献基本的主题要素，故一般用“研究对象\空间”的模式。区域地理专类地理一般使用专指主题词进行标引，当研究对象不是地理学专指主题词时，通常使用“××地理学”加以限定。

四、自然科学类文献的标引方法

《中图法》将自然科学类编列为总论、基础科学、医药卫生和农业技术、

工业技术四部分。其中，自然科学总论类目的编列以及分类规则与社会科学总论类基本相同。因而，在此不再赘述。

(一)基础科学类文献的标引

基础科学是指研究自然界物质运动基本规律的科学，是其他科学研究的基础。主要包括数学、物理学、化学、天文学、地球科学和生物科学。

1. 数理科学与化学文献的标引方法

O类包括数学、力学、物理学、化学和晶体学五大部分。各门学科按照从简单到复杂、从低级到高级、从一般到具体、从理论到应用的原则编列类目。主题标引时，以研究对象对应的主题词为主标题，根据文献内容需要，可与方面概念的主题词组进行组配标引，一般采用“研究对象\方面”的组配标引模式。

(1)注意区分基础科学与应用科学文献的标引

凡研究各学科基本概念、基本规律、基本理论的文献归入基础科学，研究生产技术、方法、产品、设备使用等技术的文献入应用科学。例如：

《弹性结构力学》，标引为：O34，弹性力学\结构力学

《建筑结构力学》，标引为：TU311，建筑结构\结构力学

(2)注意区别应用与被应用关系的文献

总论某种理论应用的文献入本学科有关类目，专论在某一方面应用的文献归入应用到的学科类目，如愿集中，可采用组配编号法。例如：

《应用化学与技术》，标引为：O69，应用化学

《建筑材料力学》，标引为：TU501，建筑材料\材料力学

2. 天文学和地球科学文献的标引方法

P类是以研究天体物质及运动和大地物质及运动为对象的学科类组，展开为天文学、测绘学、地球物理学、大气科学、地质学、海洋学和自然地理学七个类目。该类文献中的天文观测、地球表面测绘、地球表面三圈(气、水、岩石圈)的观测调查、地质勘探等观测、调查技术方法等内容是主题标引的重点，应根据文献实际情况选择专指主题词或采用“研究对象\方面”或“观测方法\方面”的组配标引模式。

(1)天文学文献的标引

总论天文仪器构造、维修和一般使用的文献入P11有关各类，制造入TH75；专论仪器对各类天体的观测方法，按观测对象分入各类天体。主题标引要通过方面因素组配限定专论内容。例如：

《反射望远镜》，标引为：P111.21，反射望远镜

《哈雷彗星观测手册》，标引为：P185.811-62，哈雷彗星\观测\手册

关于地球在天体中运转和有关天体物理方面的文献入 P183；论述地球的起源和演化、地球物理性质、化学成分、地质、地貌、水文、气象、矿物、地理及测绘等方面的文献入 P2/9 各有关类目。主题标引应根据文献不同的研究角度和研究目的选择相对应的学科主题词进行标引。例如：

《宇宙中的地球》，标引为：P183，地球

《地球内部物理》，标引为：P3，地球内部物理学

(2)测绘学文献的标引

普通测量学、地形测量学、大地测量学、海洋测量学、摄影测量学与测绘遥感、测绘仪器、专业测绘、地籍学、地图制图学(地图学)等方面的文献入 P2 有关各类；“P25 专业测绘”收总论性文献，专论入有关各类，如愿集中，可采用组配编号法；关于测量仪器制造方面的文献入 TH761。主题标引时，以“地形测量”“大地测量”等研究对象为主题因素，与“技术”“方法”“仪器制造”等方面因素进行组配标引。例如：

《地形测量》，标引为：P217，地形测量

《蔡司型光学经纬仪的检修》，标引为：TH761.107，光学经纬仪 \ 检修

关于地图编制理论和方法的文献入“P28 地图学”，具体地图入有关各类。例如：

《专题地图制图自动化》，标引为：P283.7，专题地图 \ 地图制图自动化

《世界地图集》，标引为：K991，世界地图 \ 地图集

(3)地球物理学文献的标引

“P3 地球物理学”收大地物理学、水文科学、空间物理等方面的文献。研究地球地壳构造、成分、物理性质、物理状态的文献入“P313 大地构造物理学、岩组学(构造岩石学)”，关于地壳运动、造山及造陆运动、地球内部力学的文献分别入“P542 构造运动”“P55 地质力学”有关各类。主题标引应根据文献不同的研究角度和研究目的选择相对应的学科主题词进行标引。例如：

《地壳构造流体》，标引为：P313.2，地壳构造 \ 流体包裹体

《地壳构造运动 · 地震 · 地震预报的新探索》，标引为：P542；P315，地震 \ 地壳运动；地壳运动 \ 研究；地震 \ 研究；地震预报 \ 研究

《地质力学》，标引为：P55，地质力学

“P33 水文科学(水界物理学)”主要收水文调查、观测、水文分析与计算、水文实验、水文记录、水文预报、水文物理、水文化学及陆地水文学、区域水文地理等方面的文献；水的化学分析入 O661.1；关于河流、湖泊、

沼泽、河口、冰川研究的综合性文献入 P343 有关各类；专论水文地质学的文献入 P641；应用水文学总论入 P349，专论入有关各类。例如：

《中国历史大洪水调查资料汇编》，标引为：P331.1-66，洪水\水文调查\资料\中国

《水分析化学》，标引为：O661.1，水质分析\分析化学

《河冰形成和演变分析》，标引为：P343.6，冰盖\形成\研究；冰盖\演变\分析

(4)大气科学文献的标引

关于各种大气物理现象，如辐射、气温、气压、风、云、雾、雪、霜等方面的文献入 P42 有关各类；有关台风、龙卷风、雷暴、气旋等方面的文献入 P44 有关各类。主题标引应根据水文科学文献不同的研究对象，选择相对应的学科主题词进行标引。例如：

《大气中的风》，标引为：P425，风\研究

《雷暴电学》，标引为：P446，雷暴\大气电学

"P429 气象灾害及其防治"收总论性文献，专论入有关各类；专论气象灾害对其他领域的影响及防治的文献入有关各类。例如：

《城市气象灾害》，标引为：P429，城市\气象灾害

《地质气象灾害》，标引为：P694，地质\气象灾害

(5)地质学文献的标引

①总论地质、矿产普查与勘探的文献入 P62 有关各类；专论各种矿的地质普查、勘探的文献入 P618/619 有关各类。主题标引时，一般使用相关专指主题词标引，无专指主题词的，采用组配标引或上位词标引、自由词标引等标引方式。例如：

《地球化学勘探》，标引为：P632，地球化学勘探

《金属矿床地球化学探矿论文集》，标引为：P618.208-53，金属矿床\地球化学勘探\文集

②有关具体矿物的文献入"P61 矿床学"，"P57 矿物学"收从矿物元素及其化合物角度研究的文献。主题标引同上。例如：

《汞矿地质与普查勘探》，标引为：P618.680.8，汞矿床\地质勘探

《矿物原料分析方法》，标引为：P575，矿物\分析

3. 生物科学文献的标引方法

Q 类按照从总到分，由低级到高级将生物科学序列为四个部分：Q1/[89]普通生物学和生物学的基础学科；Q91 古生物学；Q93/96 以具体生物为研究对象的微生物学、植物学、动物学和昆虫学；Q98 人类学。生物

专门学科和各种生物名称是该类文献主题标引主要对象。对于普通生物学和生物学各专门学科的文献，可选用专指主题词和词串进行标引；研究具体生物的文献，应选用专指主题词进行标引，没有专指主题词的，可选用上位主题词加以标引，一般采用“研究对象\方面”的组配标引模式。

(1)注意区别生物科学总论与专论的文献，并依据能归入专论的文献不入总论的规则进行归类。例如，“Q14 生态学(生物生态学)”收总论性文献，树木生态学入 S718.45，农业生态学入 S181，动物生态学入 Q958.1。又如，“Q4 生理学”，总论高等动物生理学的著作入此；专论微生物及植物生理学的著作入 Q93/94 有关类目；专论某类或某种动物生理学入 Q95/96 有关类目；人体生理学入 R33；运动生理学入 G804.2。主题标引时，对于论述某种具体生物的文献，如果没有对应的专指类目和主题词，可采用组配或上位标引方式。

(2)注意区分“Q 生物科学”和“S 农业科学”有关类目。在农业科学大类中列出的各种农作物、园艺作物、树木、家禽、家畜、蚕、蜂等生物学方面的文献，归入农业科学有关类目，但有关鱼类等水产生物的生物学文献归入生物科学类。分入 S 类的文献，具体动植物生物学名称为主标题，生物专门学科主题词往往作为方面因素，组配模式为“动植物名称\方面”。例如；

《花楸种子生物学研究》，标引为：S792.250.1，花楸\种子\生物学\研究

《鱼类生物学》，标引为：Q959.4，鱼类学\生物学

(二)医药卫生类文献的标引方法

(1)中医和中西医结合的文献的标引。中医学文献集中归类入 R2 有关类目，中西医结合的总论性文献入 R2-03l，中西医治疗各种疾病的文献入 R4/78。

对中医文献进行主题标引时，若文献中使用的是传统中医术语，而词表中也有对应主题词时，应直接选用中医术语主题词进行标引。若词表中无对应的中医术语主题词，可转换成相应的现代医学术语主题词，但其方面因素应选用中医术语主题词进行组配标引。在词表中无对应的中医术语主题词的情况下，中医分支学科文献的主题标引采用“中医学\×科学”的组配标引模式；某种疾病诊疗的主题标引采用“疾病名称\中医治疗法”等组配标引模式。例如：

《打通经络不生病》，标引为：R224.1，经络\养生(中医)

《中西医结合研究思路与方法》，标引为：R2-031，中西医结合\研究

《中西医皮肤美容技术》，标引为：R625，中西医结合\美容术

(2)“R47 护理学”(中医护理、军队护理除外)、“R73 肿瘤学”(护理和军事医学肿瘤科除外)、“R52 结核病”(护理和放射医学诊断除外)、“R72 儿科学”的内外科疾病、“R81 放射医学”、“R82 军事医学”、“R85 航空航天医学”等类，均在本类下集中编列类目，集中相关文献。例如：

《家庭护理保健》，标引为：R473.2，家庭\护理学

《脑肿瘤学》，标引为：R739.41，脑肿瘤\诊疗

《实用肺结核病治疗学》，标引为：R521.05，肺结核\治疗

(3)总论疾病的诊断技术和治疗方法的文献入 R4 有关各类，专论各科疾病的诊断与治疗的文献入有关各类。主题标引采用“××疾病\诊断\治疗”的组配标引模式。例如：

《超声诊断图谱》，标引为：R445.1-64，超声波诊断\图谱

《小肠疾病临床诊断与治疗》，标引为：R574.5，小肠\肠疾病\诊断；小肠\肠疾病\治疗

(4)“R9 药学”主要收药物基础科学、药物分析、药典、药方、生药学、药剂学、药事组织、药理学、药品、毒物学等方面的文献；专论药品生产的文献入 TQ46；各种药品的临床应用入有关各科；有关药用动物饲养、药用植物种植的文献入农业科学有关各类。药学类文献的研究对象除药学名词术语外，还包括药品名称、药材名称、药用动物名称，主题标引一般采用“药品名称\方面”的组配标引模式。例如：

《生物药物分析》，标引为：R917，生物制品\药物分析

《药物制造技术》，标引为：TQ460.6，药物\生产工艺

《天麻的人工栽培》，标引为：S567.23，天麻\栽培

(三)农业科学文献的标引方法

“S 农业科学”按其类目性质分成两大部分：S1/4 为农业科学的总论部分，序列农业科学的共性问题；S5/9 为农业科学的专论部分，按生产对象序列类目。分类标引时，要注意农业科学与工业技术和其他学科的关系。主题标引的重点是学科和事物，学科和事物的方面因素，如部分、类型、性质、操作过程以及空间因素等也是主题标引必须揭示的内容，应根据具体文献内容选取，一般采用“研究对象\方面\空间”的组配标引模式。

(1)凡本类列出的各种农作物、园艺作物、树种、家禽、家畜、蚕、蜂等动植物的生物学文献，随该动植物入本类的有关各类；鱼类等水产生物的生物学文献入“Q 生物科学”有关类目。

(2)肥料学入 S14，农药防治的文献入 S48，专论化学肥料、农药的使用的文献分别入 S143 和 S482 有关类目；化学肥料、农药的制造分别入

TQ44 和 TQ45。该类文献的主题标引应从文献论述的不同角度选出相对应的研究对象主题词，与生产工艺或使用方法等方面因素主题词进行组配标引。例如：

《肥料学知识》，标引为：S14，肥料学

《杀虫剂及杀菌剂的生物测定》，标引为：S481，杀虫剂\生物测定；杀菌剂\生物测定

《农药制造方法》，标引为：TQ45，农药\制造

(3)有关拖拉机、农业机械的制造与使用的文献分别入 S219 和 S22 有关各类；农业各部门专用机械入有关各类；兼论汽车与拖拉机的文献入 U46。主题标引采用“拖拉机\农业机械\制造\使用”的组配标引模式。例如：

《拖拉机的构造与使用》，标引为：S219，拖拉机\构造；拖拉机\应用

《收获机械的使用维修》，标引为：S225.07，收获机具\维修

《汽车拖拉机电气设备》，标引为：U463.61，汽车\电气设备；拖拉机\电气设备

(4)关于大地园林绿化以及各国绿化建设的文献入“S73 绿化建设”有关类目，绿化建设规划、园林规划与建设的文献入 TU985/986 有关类目。主题标引采用“研究对象\空间\时间”的组配标引模式。例如：

《城市绿化技术集》，标引为：S731.2，城市\绿化\技术

《环境绿地：城市绿地规划》，标引为：TU985.14，城市\绿化规划

(5)注意区分农产品粗加工与农产品工业加工的文献。农产品粗加工的特点是就地加工，总论农产品粗加工、运输、贮藏的文献入“S37”；专论某种农产品粗加工的文献入各种具体作物类；农产品工业加工是指以粗加工后的农产品为原料进行深加工，此类文献应根据加工的目的和制成品的种类，分别归入 TS 有关类目。主题标引时应通过方面因素的组配，使农产品初加工与农产品工业加工的文献区分开。例如：果蔬加工入 TS255.3；粮食加工入 TS210.4。

(四)工业技术类文献的标引方法

《中图法》的工业技术大类展开为 16 个二级类目，另外，“U 交通运输”“V 航空、航天”也属于这一范畴。工业技术各领域文献的分类标引方法具有共同特点，其分类要点主要有以下几个方面。

(1)各种技术领域中总论与专论文献的标引

工业技术的类目一般分为总论和专论两大部分，总论部分编列共性问题类目，按统一的分类系统编列，专论部分按产品类型(如材料、器件、设

备、工程、交通工具等)列类。“一般性问题”类目和“各种××”类目分别是两者的典型形式。

一般情况下，有关某种产品的某方面文献，首先归入该产品，然后再仿“一般性问题”或专类复分表分，如果是总论性文献则入该产品。主题标引时，一般都使用某学科的专指主题词直接标引；无专指主题词时，多与相关学科的主题词交叉组配表达一个新的主题概念。例如：

《冶炼机械设计方法》，标引为：TF302，冶金设备＼机械设计

《12.7mm 重机枪系统设计与实践》，标引为：TJ240.2，重机枪＼设计

(2)某种产品的制造与使用文献的标引

《中图法》中对产品的制造与使用类目的编列，可分为两种情况：一是集中编列，如“TE9 石油机械设备与自动化”即是集中编列；二是分开编列，如：武器及军用器材的制造入“TJ 武器工业”类，而武器和军用器材的使用归入 E92。因而，在类分某种产品的制造与使用文献时，必须依据分类法编列类目的具体情形而定。主题标引时，先选择能表达文献内容的专指主题词进行标引，无专指主题词时，可采用“××产品＼制造＼使用”的组配标引模式。

(3)某种理论、技术应用文献的标引

总论某种理论、技术应用文献的分类，入该理论、技术本身的类目；论述一种理论、技术在某领域应用的文献入被应用到的领域相应的类目中。主题标引时，先选择能表达文献内容的专指主题词进行标引，无专指主题词时，可采用“××理论＼应用”“××技术＼应用”的组配标引模式。例如：

《自动控制原理》，标引为：TP13，自动控制理论

《变电站综合自动化技术》，标引为：TM63，变电所＼自动化技术

(4)其他情况使用文献的标引

涉及工业生产中生产对象、生产技术、生产工具等的文献入工业技术有关各类；论述生产组织、生产管理和生产的经济效果的文献入经济类有关各类。主题标引应根据文献的研究角度和论述重点选择相应的方面主题词进行组配标引。例如：

《天然气水合物储存与运输技术》，标引为：TE8，天然气水合物＼油气储存；天然气水合物＼油气运输

《中国油气产业发展分析与展望报告蓝皮书．2018—2019》，标引为：F426.22，石油工业＼经济发展＼研究报告＼中国＼2018—2019；天然气工业＼经济发展＼研究报告＼中国＼2018—2019

五、综合性科学与综合性知识文献标引方法

(一)综合性科学文献的标引

综合性科学一般是指利用多种学科的理论、方法综合研究某些复杂课题或某种现象所形成的学科的统称。综合性科学一直处在发展之中，具有较大的学科跨度。主题标引遵循选定标引词的优先顺序选择合适的主题词进行组配或限定标引。

1.《中图法》对于综合性科学类目的编列

关于综合性科学类目的编列，大体上分为以下几种：

(1)在C类、N类下编列一些综合性程度较高的学科，如“C96 人才学”“C93 管理学”“N94 系统科学”等。

(2)对科学知识进行综合性研究的学科，编列在“G3 科学研究”类下，如“G302 知识学”“G303 未来学”等。

(3)对地区进行综合性研究所形成的学科，编列在K类。如“K207.8 汉学、中国学”“K107.8 东方学”等。

(4)将一些综合性学科依据其重点隶属关系编列在有关各类，如人工智能入TP18，传播学入G206等。

(5)为一些综合性科学编列总论性类目，专论入有关各类，如信息学、信息论入G201；生命科学总论入Q1-0等。或者，对一些综合性科学只编列专论，总论性文献依其重点归入有关专论性类目，如人类学总论入“Q98 人类学”等。

2. 综合性科学文献的标引

①对于已编列有专类的综合性科学，应归入相应的类目。例如：软科学入G301，劳动保护科学入X9，系统科学入N94。

②综合研究某一具体事物或现象的文献，依重点隶属学科归类。例如：对河流的综合研究入P343.1，对茶的综合研究入S571.1。

③对于某一地区进行综合研究的学科，一般归入该国家、地区史的研究。例如：上海学入K295.1，中国学归入K207.8，日本学归入K313.07，但全球问题入C913 社会生活与社会问题。

④其他各类综合性科学，均依研究对象、该学科的渊源学科、主要应用领域等，分别归入(靠类)到相关学科。例如：《模糊学》入O159，《混沌学》入O415.5，《跨学科学》入G301。

对于新出现的或分类法与主题词表还没有编列类目的综合性学科文献的标引方法，各图书情报机构及文献单位应作出相应的规定，以保证同类文献

标引的一致性。

(二)综合性知识文献的标引

综合性知识文献是指内容围绕一个主题，涉及多方面的知识，有较强的综合性的一些文献。对于此类文献不适于全部归入“Z 综合性图书”类，也难以纳入学科分类体系，只能依据文献的内容范围、写作宗旨、读者对象等，选择相对恰当的类目进行靠类标引。主题标引遵循与分类标引相同的原则。例如：

《色彩、装扮、魅力》，标引为：TS974. 1，美容 \ 基本知识；化妆 \ 基本知识

《不可不知的人文科学常识》，标引为：C49，人文科学 \ 青年读物

《不败的人生技巧 102 种》，标引为：C912. 11，人际关系

《锦囊妙计 1001》，标引为：C934，谋略 \ 通俗读物

六、新学科、新主题文献的标引方法

当代科学技术的迅速发展，新学科、新理论、新事物不断涌现，反映新学科、新主题的文献日益增长。对于代表这些新学说的文献的标引，可以从以下几个方面进行思考。

(一)由原学科衍生分化形成的新分支学科文献的标引

由于这类学科的研究对象属于母学科的一部分，所以，一般随母学科归类。例如：档案保护技术学入 G273. 3，主题标引为：档案保护。认知科学入 B842. 1，主题标引为：认知科学。口腔设备学入 R780. 8，主题标引为：口腔科学 \ 设备。考试学入 G424. 74，主题标引为：考试学。

空间天气学是研究空间天气变化的起源和其规律并做出预报的一门新兴学科，应归入 P35 空间物理，主题标引为：空间科学 \ 天气学。神经修复学是专门研究神经再生修复和功能重建的神经科学亚学科，宜入 R741，主题标引为：神经系统疾病 \ 修复术。

(二)由两门或多门学科交叉渗透形成的新学科、新主题文献的标引

交叉学科有两种主要类型：一类是内容的交叉，即由学科之间的交叉部分构成的新学科，如物理化学、生物化学等；另一类是方法的渗透和转移，即运用某一门学科的理论方法去研究另一门学科的问题而形成的交叉学科，如分子医学、计量地理学等。这类文献一般按研究对象所属学科或重点隶属关系进行归类。例如：医学伦理学入 R-052，主题标引为：医学伦理学。安全人机学入 X912. 9，主题标引为：安全人机学。海洋资源化学入 P74，主题标引为：海洋资源 \ 海洋化学。

又如“变质动力学”是运用化学动力学方法来研究岩石变质反应的速度和结晶作用动力学的一门新的边缘交叉学科，应归入P584，岩石学；变质地质学。“可拓学”是把哲学上用自然语言表示的规律与逻辑，转化为用计算机可操作、可处理的方法体系，并用以解决矛盾问题。可按研究及应用领域归入TP18人工智能、B91逻辑学、TB113工程数学等相关类目。主题标引以拓扑学与应用领域的主题词进行组配标引。“感性工学”是感性与工学相结合的技术，通过分析人的感性来设计产品，依据人的喜好来制造产品，属于工学的一个新分支。标引时宜按应用领域归入各类，并以应用领域主题词为主标题进行标引。

(三)没有明显继承、衍生、交叉关系的新学科、新主题文献的标引

这类文献一般应首先分析其研究内容、写作宗旨、读者对象、渊源关系等，然后选择分类体系中相近或能概括其隶属关系的类目进行归类。例如：《蓝牙技术原理与协议》入TN929.5，TN915.04，数字通信\通信技术；移动通信\通信协议。幻觉学入R338.3，幻觉\研究。笑学入B842.6，喜\研究。时间学入P19，时间、历法，主题标引为：时间学。

对新学科、新主题文献进行标引，先要正确分析主题，特别要注意对其研究对象或性质、理论基础(原理)或学科历史(来源)、与其他学科或主题的关系、意义或用途等的分析，正确地分析出其主题的研究重点，根据不同的主题特点和词表列类、收词情况等分别采用组配标引、上位词标引、靠词标引、自由词标引、增词标引等标引方法。此外，当一新学科或新主题与两个学科或事物有密切关系而不能组配标引和上位标引时，可用多个主题词分别标引。

◎ 本章思考题

一、名词解释

多卷书　丛书　集中标引　分散标引

二、简答与论述题

1. 简述多卷书的标引方法。
2. 简述丛书的标引方法。
3. 分别列举应用关系、影响关系以及因果关系主题文献的标引方法。
4. 简述工具书的标引方法。

第十三章 元数据基础

21 世纪以来，互联网技术的发展大大提高了信息的交流效率。信息无处不在，各种信息技术也不断提高，但由于系统、工具存在着大大小小的差异，信息数据本身也由不同类型结构和格式定义，因此信息在交汇交流中会遇到各种传输上和理解上的阻力。

元数据是关于数据的数据，元数据定义数据的存在和呈现方式。在信息资源组织、信息描述、信息检索等信息管理活动中，元数据起着重要的作用，同时基于信息的各类社会生产活动也会因为信息传达力度不够而受到大大小小的影响。因此，合理科学地管理海量数据需要建立统一的数据标准和规范。元数据正是一种用于构建数据的数据。

第一节 元数据的概念与类型

一、元数据的概念

元数据(Metadata)是组织数字化信息的基本工具。该词最早出现于美国航空航天局(National Aeronautics and Space Administration，NASA)的《交换格式目录》中。元数据最常看到的定义是"元数据是关于数据的数据"(Metadata is data about data)。但不同的机构对元数据有着不一样的概念定义，以下列举了几种定义：

中国标准化管理委员会 2008 年发布的《标准文献元数据》给出的定义为："元数据定义和描述其他数据的数据。"①

① 中华人民共和国国家标准《标准文献元数据》[EB/OL]. [2019-12-25]. http://c.gb688.cn/bzgk/gb/showGb?type=online&hcno=CB7DF507708074DB6E588DEAFB5E535A.

国际图书馆协会联盟(IFLA)对元数据的定义是："元数据是数据的数据，用于帮助对任何一种网络电子资源的辨识、描述和定位。"

美国图书馆协会(ALA)的定义是："元数据是数据的数据，它可以描述一个数据集、数据对象或资源，包括格式、收藏时间等。元数据一般指网络资源，但它也能描述实体资源和电子资源。"

国内出版著作中，肖珑在《中文元数据概论与实例》里的定义为："元数据是可以容纳任何数字资源的结构化数据，其作用主要是描述和管理数字资源。这些数字资源可以是单一的文档、图像、多媒体等结构化数据，也可以是由多个单一资源组成的资源集合，或者是在信息处理加工过程中产生的参数数据的描述。"①

元数据产生于使用技术的过程中，是大数据和云计算时代的"必需品"。元数据并不包含一些涉及特定某人或特定某种内容的细节，而是关于用户、设备以及活动地点等信息。

在生活中，各类表的字段则是元数据，如：

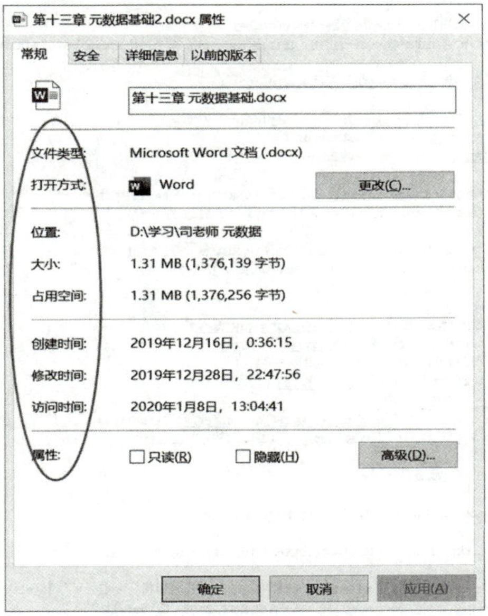

图 13-1　文档的元数据

① 肖珑，赵亮．中文元数据概论与实例[M]．北京：北京图书馆出版社，2007：10-11.

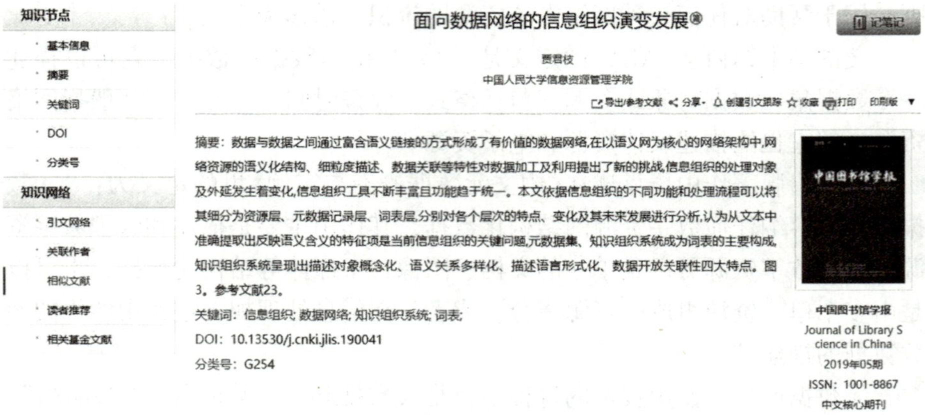

图 13-2　电子论文的元数据

```
<!DOCTYPE html>
<html lang="zh-CN">
  <head>
    <metaname ="renderer" content="webkit">
    <meta charset="utf-8">
    <meta http-equiv="X-UA-Compatible" content="IE=edge,chrome=1">
    <meta name="viewport" content="width=device-width, initial-scale=2.0, user-scalable=0, minimum-scale=1.0, maximum-scale=1.0">
    <title>武汉大学</title>
    <link rel="shortcut icon" href="ch template/img/favicon.ico" />
    <!-- Bootstrap -->
    <link href="ch template/css/bootstrap.min.css" rel="stylesheet">
    <link href="ch template/css/main.css" rel="stylesheet">
    <link href="ch template/css/css.css" rel="stylesheet">

    <!-- HTML5 shim and Respond.js for IE8 support of HTML5 elements and media queries -->
    <!-- WARNING: Respond.js doesn't work if you view the page via file:// -->
    <!--[if lt IE 9]>
      <script src="//cdn.bootcss.com/html5shiv/3.7.2/html5shiv.min.js"></script>
      <script src="//cdn.bootcss.com/respond.js/1.4.2/respond.min.js"></script>
    <![endif]-->
  <!--Announced by Visual SiteBuilder 9-->
<link rel="stylesheet" type="text/css" href="_sitegray/_sitegray_d.css" />
<script language="javascript" src="_sitegray/_sitegray.js"></script>
<!-- CustomerNO:7765626265723230747f47565255544203030006 -->
<link rel="stylesheet" type="text/css" href="index.vsb.css" />
<META Name="keywords" Content="武汉大学" />
<body><script type="text/javascript" src="/system/resource/js/counter.js"></script>
<script type="text/javascript">_jsq_(1009,'/index.jsp',-1,1236753891)</script>
</head>
<!--[if IE 8]><body class="ie8"><![endif]-->
<!--[if !IE]><body><![endif]-->
    <nav class="navbar navbar-default navbar-top" role="navigation">
      <div class="container">
        <!-- Collect the nav links, forms, and other content for toggling -->
        <div>
          <!--#begineditable name="快速链接" viewid="46664" tagname="快速链接" action="" layout="" contype="" stylesysid="" templa
src="/system/resource/js/openlink.js"></script><ul class="nav navbar-nav navbar-link">
```

图 13-3　网页的元数据

关于元数据的数据库就是元数据库，元数据库中由元数据组成的一条条记录则是元数据记录。

简单来说，元数据对于数据类似于一个人的名片，或者是一本图书馆藏书的卡片。这个概念相对抽象，下面通过一个例子来理解什么是元数据，及元数据标准、元数据库、元数据记录。

例如，在一个大型的医疗卫生机构，拥有一个专门的数据资料管理机构，来统一管理各类需要提交和归档的数据资料。归档资料各有不同：

从数据内容来看，可能有管理类、业务类和科学研究类；

从学科来看，可能有基础医学、临床医学、预防医学等；

从存储类型来看，可能有 DBase、EXCEL、文本文件等；

……

总之，内容、结构、数据量、介质各不相同。

当我们办理医院就诊卡时，我们需要填写这样的信息：姓名、性别、出生年月、手机号码等。这样的信息可以便于医院管理和查询。那么，这一张表格所规定的要填写的内容(以及填写规定)，就可以看作是这个单位内部的“元数据标准”；医院把这张表格中所规定填写的项目，作为一个一个的属性字段，建立一个关于元数据的数据库——就是元数据库，见表 13-1。

表 13-1　　**医院元数据表 1**

XXXXX	XXXXX	XXXXX	XXXXX	XXXXX	XXXXX	XXXXX	XXXXX	XXXXX

这张表格每填写好一张，就可以录入成为元数据库中的一条元数据记录，见表 13-2。

表 13-2　　**医院元数据表 2**

XXXXX	XXXXX	XXXXX	XXXXX	XXXXX	XXXXX	XXXXX	XXXXX	XXXXX
99.74	49.51	48.06	69.56	150	49.91	50	49.7	200
5.64	5.64	5.56	1.75	0	1.9	2.5	49.7	200
37.69	1.89	7.47	19.06	7	8.82	7.5	6.8	15

对于医药卫生科学数据共享网来说，针对每一个共享数据集，都要以元数据著录的形式来“填写”一张这样的“表格”。这时候，这张“表格”上规定的内容，以及关于填写的一些规定，就可以看作是《医药卫生科学数据共享网元数据标准》。

二、元数据的类型

(一)按照元数据结构与语义的复杂程度划分

美国联机计算机图书馆中心 OCLC 的首席战略家、研究部副总裁 Lorcan Dempsey 和 Rachel Heery 依据元数据结构和语义的复杂程度，将元数据分为简单格式、简单结构格式、复杂结构格式三类。

1. 简单格式元数据

简单格式的元数据，属于一种未经结构化的元数据，是从资源中自动抽取并建立索引，一般由搜索引擎产生源自资源本身的全文索引的数据。搜索引擎所建立的全文索引是先定义一个词库，然后在文章中查找每个词条出现的频率和位置，把这样的频率和位置信息按照词库的顺序归纳，这样就相当于对文件建立了一个以词库为目录的索引，这种词库是非结构化的数据，因此称为简单格式元数据。

2. 简单结构格式元数据

简单结构格式的元数据是一种格式结构化的元数据，允许使用者利用元数据对资源的潜在用途或重要性进行判断，都已被结构化并支持字段查询。

简单结构格式的简单，主要指的是文本数据。各种数据库提供的对资源描述的字段就是简单结构格式的元数据。例如，我们在图书馆联机目录查询系统中检索一本图书，系统返回结果会提供对这本书的字段描述：ISBN 号、语种、题名、出版发行、载体形态、摘要等字段，这些就是简单结构格式的元数据。

3. 复杂结构格式元数据

复杂结构格式的元数据是特定领域使用的结构更为复杂的元数据格式。它通常是非文本数据，如化学结构、基因图谱、地理空间数据等。例如，在化学文献数据库中，可以输入查询分子的化学结构，并自动地进行本地文献数据库的检索和相应化合物性质的计算。

(二)按照元数据的功能划分

美国 Getty 研究所(Getty Research Institute)将元数据分为五大类，即：管理型元数据、描述型元数据、保存型元数据、技术型元数据和使用型元数据。① 这是从元数据所承担的功能来划分的，即看元数据所起的作用是管理

① Baca M. Introduction to Metadata[M/OL]. Anne J. Gilliland. Setting the Stage. Los Angeles：Getty Publications，2016：3 [2019-12-25]. http：//www. getty. edu/publications/intrometadata/.

资源、描述资源，还是保存资源，或者资源数字化和资源使用。如：描述该照片备份频率为每周备份一次，其存储方式为硬盘存储等，则属于保存型元数据；若描述该照片的拍摄设备为索尼 A9 相机，则为技术型元数据；若描述该照片的使用对象为旅游爱好者，则为使用型元数据。

1. 管理型元数据(Administrative)

管理型元数据是用于管理馆藏和信息资源的元数据。如购置和评估信息资源，版权和再版的记录跟踪，法律文档、文化文档、团体访问权限要求和协议文档，地点信息，资源数字化的选择标准，数字化的遣返文件等。

2. 描述型元数据(Descriptive Metadata)

描述型元数据是用于识别、认证和描述集合以及相关可信信息资源的元数据。如由原始创建者和原始系统生成的元数据，提交信息的数据包，编目记录，检索型工具，版本控制，专业索引，策展信息，资源间的关联关系，创建者和其他用户的描述、注释和修订等。

3. 保存型元数据(Preservation Metadata)

保存元数据是与馆藏和信息资源的保存管理有关的元数据。如资源物理状态的记录，为保留物理和数字版本资源而采取的措施的记录(例如，数据刷新和迁移)，在数字化或保存期间发生的任何变化的记录。

4. 技术型元数据(Technical Metadata)

技术型元数据是与系统功能或元数据的行为有关的元数据。如硬件软件文档，系统生成的过程信息(例如，路由和事件元数据)，技术数字化信息(例如，格式、压缩率、缩放例程)，系统响应时间跟踪，认证和安全性数据(例如，加密密钥、密码)。

5. 使用型元数据(Use Metadata)

使用型元数据是与馆藏和信息资源的使用水平和类型有关的元数据。如流通记录，实物和数字展览记录，使用和用户跟踪，内容重用和多版本信息，搜索日志，权限元数据。

(三)按照元数据的作用划分

计算机界按元数据的作用将元数据分为管理元数据(Administration Metadata)和用户元数据(User Metadata)两大类，分别从管理员身份看元数据和从用户身份看元数据。

1. 管理元数据

在图书馆界，管理元数据即为图书馆员视角的元数据。如“MARC 格式”是从图书馆员视角展现的一种对该书描述的原始元数据，这是该条记录的原始数据，MARC 是机读目录，是在图书馆中对一本图书从不同的字段角度进行的内容特征与形式特征的描述，是以字段标识符、子字段标识符等形式呈现的。

2. 用户元数据

用户元数据则为读者视角的元数据。如：书目的“标准格式”“卡片格式”“引文格式”“字段名格式”等是一种读者视角的元数据，为读者展现了题名与责任者、出版项、载体形态项、语言、附注、内容提要等信息。

（四）按照元数据的来源划分

按照元数据的来源分类，可将元数据分为两种类型：

一类是在藏品建立或数字化时产生的内部元数据，如对一件博物馆藏品的年代、作者等信息描述。另一类是在藏品建立或数字化之后才产生的外部元数据，如对该藏品的三维动画本身的描述。

（五）按照元数据的建立方式划分

元数据按照建立方式可分为人工建立的元数据和电脑自动产生的元数据。

1. 人工建立的元数据

当前数字图书馆建设过程中，由于没有规定作者必须提交文档的元数据信息，元数据大部分仍由图书馆员逐条人工输入。通常是先生成元数据模板，再逐字段录入数据。如在 GreenStone 中构建数字图书馆资源，可以先根据资源特点设计好元数据的元素集，再对每个元素填入具体的值，就完成了对一条资源的描述。

2. 电脑自动产生的元数据

由于人工建立元数据不仅花费了大量的人力、物力和时间，而且也越来越不能满足海量文献描述的需要。因而目前出现了一些元数据自动生成工具，它们可以从文档中自动抽取元数据，如：新西兰国家图书馆开发的 NLNZ Metadata Extractor，主要用于处理数字化文档和提取元数据信息，它可以对各种类型电子文档进行元数据抽取。

（六）按照元数据的专业性划分

按照元数据的专业性，可分为无需由主题或信息组织专家便能建立的元数据和由主题或信息组织专家所建立的元数据。

1. 专业性元数据

1970 年产生的图书馆的机读目录 MARC 也可以看作是一种元数据，是专门用于图书馆资源描述的专业性元数据，主要针对的是印刷型资源，其字段、指示符等非自然语言表示元素，要在遵循 Z39.50 协议的图书馆编目系统中传输。

2. 非专业性的元数据

都柏林核心元数据 DC 是 1995 年诞生的专门用于描述数字资源的元数据，它是一种非专业性的元数据，可以用于描述任何类型的网络资源，其实现工具是 HTML、XML 等网络标记语言。当前在元数据有了一定的发展基础上，各行各业基本上都陆续编制了用来描述不同类型的文字形和非文字形物体的元数据标准。技术的应用与革新，也大大提高了行业的专业性。

第二节　元数据的产生与发展

互联网为人们提供了丰富的信息资源，但相应带来的资源格式不规范、标识混乱、获取困难等问题日益突出。为了有序化地使用信息资源，元数据因此而诞生。在 10 多年的发展中，国际上出现了 20 余种元数据格式，其中与图书馆相关的 MARC 是一种早期专门应用于图书馆的元数据。图书馆的现代化与数字化，和 MARC 的发展与完善是密不可分的。从 20 世纪 60 年代发展至今，MARC 现已进化成了一个网络信息资源发现与检索的可行标准。

以 DC 为代表的现代元数据借鉴了 MARC 元数据标准，在充分吸纳了图书情报界所具有编目、分类、文摘等经验，同时在利用了计算机、网络的自动搜索、编目、索引、检索等研究成果的基础上发展起来的。DC 元数据是为描述互联网资源而设计的，现已成为了世界上使用最广泛的元数据格式。①

一、MARC 元数据的开发与利用

机读目录(Machine Readable Cataloging，MARC)，也称机器可读目录，是指以代码形式和特定结构记录在计算机存贮载体上，由计算机识别、处理、编辑与输出的目录。机读目录是计算机编目的产品。

(一)MARC 的产生与标准化

MARC 产生于美国国会图书馆，自 MARC 正式发行至今已有约 50 多年的历史。

20 世纪五六十年代，应用计算机成为一种新的发展方向，当时美国国会图书馆(Library of Congress，LC)展开了计算机技术在图书馆编目方向的应用研究。1964 年，Informatics 公司的 L. F. 巴克兰提交了《美国国会图书馆机

① 曹咏梅，宋金燕，吴桂萍，张勤业 . DC 元数据与 MARC 的分析比较[J]. 情报杂志，2004(3)：105-106.

编书目数据》的研究报告，表明研制机读目录的可行性。LC 以机器可读形式记录图书馆的书目记录，从而开创了文献资源信息描述的新阶段。

1965 年，LC 提出了《第三号计划备忘录：标准机读目录记录推荐格式》的研究报告，进一步提出书目记录应包括的著录项目和识别各著录项目的方法。

1966 年，LC 开始实施 MARC 试验计划，并推出 MARC I 格式，该格式适用于英语专著类文献。

1968 年，LC 与英国国家书目部的专家合作，通过对 MARC I 的改进，成功研制出 MARC II 格式，也称 LCMARC，该格式适用于所有的资料类型。

1969 年年初，LC 正式发行 MARC II 格式磁带，这标志着 MARC 作为产品走上了图书馆自动化舞台。

1971 年，美国国家标准局将 LCMARC 格式定为美国国家标准，即《美国书目信息磁带交换格式》(ANSI Z39. 2—1971)。

1973 年，国际标准化组织(ISO)将 MARC II 作为国际标准颁布，即《文献目录信息交换用磁带记录格式》(ISO 2709)。

1982 年，LCMARC 改称为 USMARC。

1999 年，美国 USMARC、加拿大 CANMARC 与英国 UKMARC 融合成一种格式，并以 MARC21 的名字发布了新版本。MARC21 是一套响应网络时代而产生的一种通用的开放的资料格式。

(二)MARC 的国际化

英国图书馆从 20 世纪 60 年代后期开始研究采用电子计算机等新技术，从 1966 年起英国国家书目委员会提出了 BNB MARC 计划，并以此为蓝本与美国合作进行了 MARC Ⅱ 计划，1968 年 9 月，英国国家数目委员会在其基础上建立了英国国家书目文献库，简称 UKMARC。1969 年英国发行 UKMARC。①

1973 年，ISO 将 MARC Ⅱ 作为国际标准颁布，即 ISO2709(文献目录信息交换用磁带记录格式)，它为世界机读目录格式结构大体上的统一铺平了道路。

1976 年，国际图书馆协会联合会(The International Federation of Library Associations and Institutions，IFLA)以统一各国 MARC 为目标，方便国家书目机构之间不同机读格式数据的国际性转换，主持制定了《通用 MARC 格式》(Universal Machine-Readable Catalogue，UNIMARC)。UNIMARC 将不同文种、

---

① 鞠英杰．信息描述[M]．合肥：合肥工业大学出版社，2010：53.

不同载体的信息资源的机读目录实现了格式一体化。

1983年，联合国教科文组织(United Nations Education, Scientific and Cultural Organization, UNESCO)组织制定了书目文献公共交换格式规范(Common Communication Format, CCF)，并于1984年出版，以便国际图书情报界各系统之间交换书目数据。

1999年，美国USMARC、加拿大CANMARC和英国UKMARC，融合成一种格式，并以MARC21的名字发布了新版本。MARC21是一套响应网络时代而产生的一种通用的开放的资料格式。

(三)CNMARC的诞生

我国对机读目录的研究始于20世纪70年代。1975年，刘国钧发表了《马尔克计划简介——兼论图书馆引进电子计算机问题》，揭开了我国计算机编目和机读目录研制工作序幕。

1979年，"北京地区机读目录研制协作组"开始研制LCMARC磁带。

1980年，我国正式颁布了国家文献书目信息交换用的编码字符集。

1982年，在主要参考ISO2709的基础上，完成了《文献目录信息交换用磁带格式》(GB2901-82)，确定了我国文献目录信息交换用磁带格式的形式。

1986年，北京图书馆依据UNIMARC，开始编写我国的MARC格式，UNIMARC2版中文译本问世，北京图书馆等单位据此编写了CNMARC讨论稿。

1989年，《中国机读目录通讯格式》(CNMARC)产生。

1995年，北京图书馆出版了《中国机读目录格式使用手册》，标志着CNMARC走向成熟，2001年又出修订版。

二、DC元数据

(一)DC元数据的诞生与发展

USMARC元数据、UNIMARC元数据以及CNMARC元数据都为电子资源增设了"856 电子文件地址与检索"字段(856 Electronic location and access)。但是，MARC仍然无法解决网络资源的描述问题。

DC元数据全称为都柏林核心元素集(Dublin Core Elements Set)。DC元数据是指一个简单的、有效地描述网络资源的、被用户所接受的元数据集。DC元数据为描述网络资源提供了一种规范。

1995年3月，由美国联机图书馆中心(Online Computer Library Center, Incorporated, OCLC)和国家超级计算机应用中心(National Center for Supercomputing Applications, NCSA)联合在都柏林召开了第一届元数据研

讨会。

1996 年 4 月 1—3 日，英国图书馆网络工程事务所（UK Office for Library Networking，UKOLN）和联机计算机图书馆中心（OCLC）在英国的沃维克（Warwick）召开了第二次 DC 研讨会。

1996 年 9 月 24—25 日，第三届网络信息联盟（CNI）和 OCLC 在美国俄亥俄州的都柏林镇召开了第三次 DC 研讨会，会议主要议题是讨论网上数字图像的描述与图像数据库的标准问题，集中探讨有关静态图像的描述问题。

1997 年 3 月 3—5 日，澳大利亚国家图书馆（National Library of Australia，NLA）、OCLC 和分布系统技术中心（Distributed Systems Technology Centre，DSTC）在澳大利亚首都堪培拉主持召开了第四次 DC 研讨会，主要探讨 DC 元数据修饰词的确立与元数据元素的语义问题。

2004 年，都柏林核心元数据应用国际研讨会在上海召开；2016 年在丹麦哥本哈根召开；2019 年在韩国首尔成功召开。

短短几年间，DC 元数据从诞生迅速成为了各组织机构接受的国际标准。1998 年 9 月，因特网工程专题组（Internet Engineering Task Force，IETF）正式接受 DC 的 15 个未结构化的元素，将其作为一个正式标准予以发布（RFC2413）。都柏林核心元数据元素集共发布过 version1.0 和 version1.1 两个版本，version1.0 版本发布于 1998 年，1999 年修订发布了 version1.1 版本，该版至今共修订了 8 次，现都柏林核心元数据元素集最新版为 2012 年 6 月发布的版本。①

DC 元数据的高实用性，让 DC 元数据成为了国际上多种组织机构的标准。2001 年美国国家信息标准协会（National Information Standards Organization，NISO）将 DC 元数据作为 Z39.85 标准，现最新版本为 Z39.85-2012；2003 年国际标准化组织（International Organization for Standardization，ISO）将 DC 元数据作为文献著录标准 ISO15836-2003，现最新版本为 ISO 15836-1：2017。2007 年 8 月国际互联网工程任务组（The Internet Engineering Task Force，IETF）继 1998 年发布 RFC2413 又推出标准 RFC 5013，现最新版本为 RFC 5791（2010）。②

---

① Dublin Core Metadata Element Set，Version 1.1：Reference Description [EB/OL]. [2019-12-25]. https：//www.dublincore.org/specifications/dublin-core/dces/.

② Dublin Core [EB/OL]. [2019-12-25]. https：//www.dublincore.org/specifications/dublin-core/.

(二)认识 DC 元数据

DC 元数据是一种简单的元数据标准，一种国际或广泛遵循、适用广泛的可用于互操作的交换数据标准。当然，DC 也不仅仅只是一种元数据标准，或只是 15 个元素，DC 还包括：术语体系与词表，修饰词，抽象模型(Abstract Model)，应用纲要(Application Profile，AP)，编码与注册的建议，一个社区与管理机构(DCMI)，与 W3C 及语义网千丝万缕的联系等。同时，DC 并不是为图书馆行业设计的元数据标准；相对于 MARC 这样的“领域”元数据规范，DC 不是专门针对任何一个“领域”的标准，但它可以是任何“领域”元数据的核心。

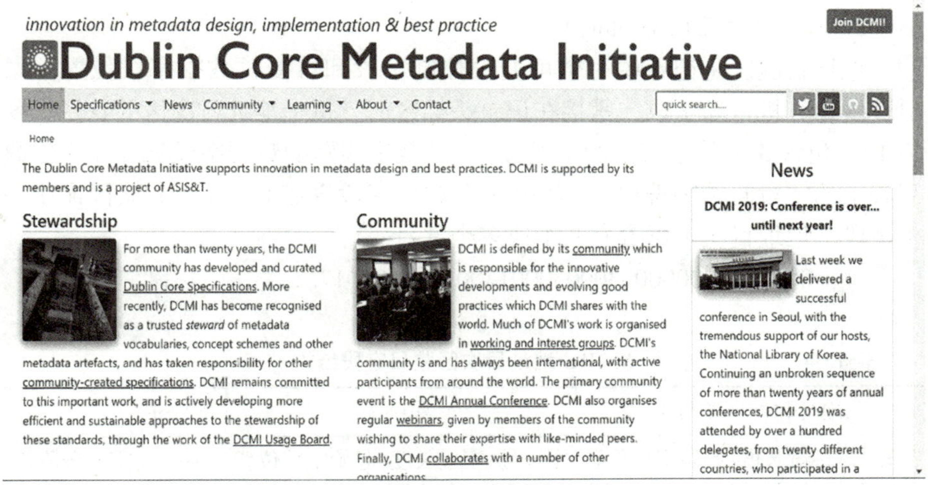

图 13-4　DCMI 主页①

第三节　常用元数据标准

一、MARC 元数据

据 ISO2709 规定，MARC 元数据的构成分为记录头标区、地址目次区、数据区和记录分隔符。

① DCMI：Home [EB/OL]. [2019-12-25]. http：//dublincore. org/.

表 13-3　**MARC 记录结构**

记录头标区	地址目次区	数据字段区

1. 记录头标区(Record Label)

头标区是用于为计算机提供处理书目记录有关参数的定长区，位于每个记录的开始处，一共 24 个字符长，用来记录数据的长度、状态、地址等信息，间接地标识书目实体的记录信息，遵循了 ISO2709 的数据元素标准，①如：记录类型、目录级别、在层级长的位置、记录完整程度以及是完全采用还是部分采用 ISBD 规则。记录头标区如下：

00890nam0#2200277###45##

2. 地址目次区(Directory)

地址目次区是记录中每个可变长控制字段和可变长数据字段位置的索引，由计算机自动生成，紧接在记录头标区后。每个地址目次区的款目长度为 12，包含 3 位数字表示的字段号，4 位数字表示的数据字段长度和 5 位数字表示的字段起始字符位置(从第一个数据字段算起)，每一个款目描述一个字段。地址目次区可含有一个或多个款目。②

例：0010014000000030003000140050014000017……

表 13-4　**MARC 地址目次区款目字段结构**

地址目次区款目 1			款目 2			款目 n	
字段号	字段长度	起始字符位置	字段号	字段长度	起始字符位置	……	字段分隔符
001	0014	00000	003	0003	00014	……	

3. 数据字段区(Variable Fields)

数据字段区用来存放具体的数据。数据字段区由若干定长数据字段和变长数据字段构成，位于地址目次区之后，每个字段之间由字段分隔符隔开。定长数据字段主要包括以“00-”表示的字段，不设指示符和子字段，直接由数据和字段分隔符组成；变长数据字段包括除了定长字段外 010 到 999 的所有字段，其结构为：

① 鞠英杰．信息描述[M]．合肥：合肥工业大学出版社，2010：53.

② 杨玉麟．信息描述[M]．北京：高等教育出版社，2004：62.

表 13-5　　变长数据字段结构

指示符 1	指示符 2	子字段标识符	数据	……	字段分隔符

例：1# $ a 新编文献编目 $ Axin bian wen xian bian mu $ f 李晓新主编

数据字段区划分为 10 个功能块，每个功能块包含若干字段，字段标识符的第一个数字表示字段所属的功能块。

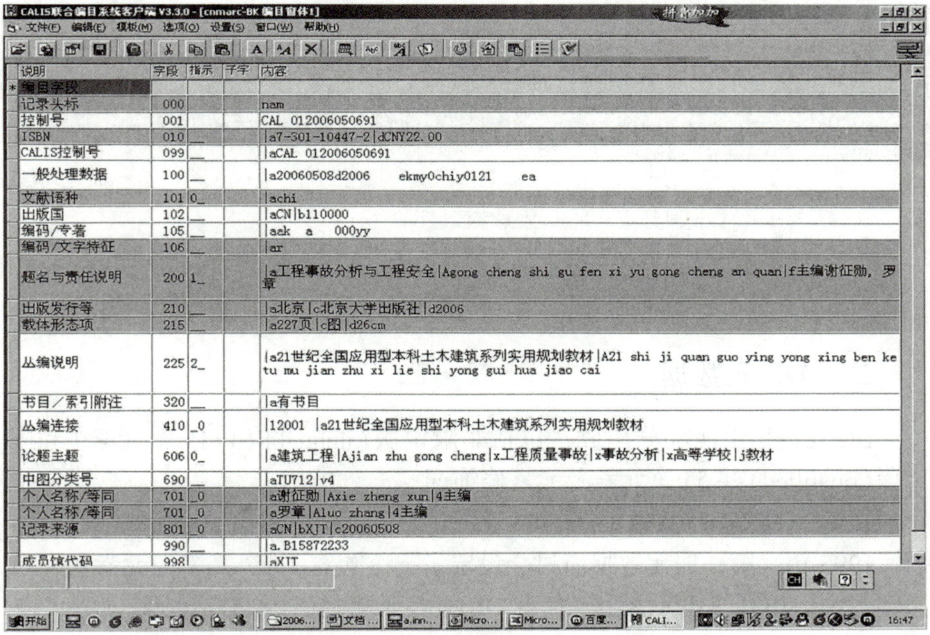

图 13-5　CALIS 联合编目系统编目界面

MARC 记录的功能块的具体解释见表 13-6。

表 13-6　　功　能　块

0XX　标识块	5XX　相关题名块
1XX　编码信息块	6XX　主题分析块
2XX　著录信息块	7XX　知识责任块
3XX　附注块	8XX　国际使用块
4XX　连接块	9XX　本地使用块

4. 记录分隔符

在每一个 MARC 记录的最后，放置一个专门的符号，表示记录结束，由计算机自动生成。图 13-6 具体展示了编目数据的各个组成部分的位置和对应名称。

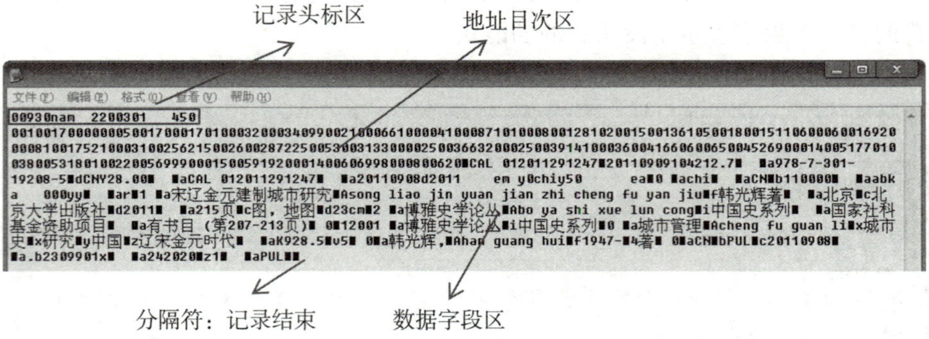

图 13-6　MARC 记录结构分析图

二、DC 元数据

DC 元数据由两部分构成，包括非限定版(unqualified)15 个元素①和限定版(qualified)共 55 个元素及元素修饰词。

1. DC 元数据的核心元素

1995 年，第一届元数据研讨会设定了一个包含 13 个元素的元素集，后来定名为都柏林核心元素集，简称 DC 核心元素集。1997 年，第三届 DC 会议确定了 DC 核心元素集的 15 个基本元素，称为“都柏林核心元数据集”(Dublin Core Metadata Element Set，DCMES)。从 1997 年发表到 2012 年，DCMES 修订了多次，最新版本为 2012 年《DCMI 元数据术语》,② 每个元素的定义如下。

(1)标题(Title)

资源的名称。一般情况下标题是资源实体正式公开的名称。

例：Title：红楼梦

---

① 吴建中 . DC 元数据[M]. 上海：上海科学技术文献出版社，2000：22-25.

② Dublin Core Metadata Element Set，Version 1.1：Reference Description [EB/OL]. [2019-12-25]. https：//www. dublincore. org/specifications/dublin-core/dces/2012-06-14/.

(2)创建者(Creator)

主要负责制作资源的实体。创建者的示例包括个人、组织或服务。通常使用创建者的名称来表示实体。

例：Creator：曹雪芹

(3)主题(Subject)

资源的主题。一般情况下主题会使用关键字、关键词组或分类号来表示，最好的实践方法是使用受控词汇表。

例：Subject：小说

(4)说明(Description)

对资源内容的描述。描述可以包括但不限于：资源的摘要，目录，图形表示或自由文本。

例：Description：中国古代经典文学作品

(5)出版者(Publisher)

负责让资源实现可获得性、可用性的责任实体。出版者可以是个人、组织或服务，一般都用出版者这一名称来表示实体。

例：Publisher：人民文学出版社

(6)其他责任者(Contributor)

对资源内容做出贡献的其他实体，未被指定为最主要的知识贡献者。贡献者的示例包括个人、组织或服务，通常用其他责任者这一名称来表示实体。

例：Contributor：高鹗

(7)日期(Date)

与此资源生命周期中的事件相关的时间点或时间段。日期可以用于表示任何粒度级别的时间信息。建议最好是使用编码方案如 ISO8601[W3CDTF]的 YYYY-MM-DD 的格式。

例：Date：2008-07-01

(8)类型(Type)

资源的性质或类型。建议使用受控词汇表，例如 DCMI 类型词汇表[DCMITYPE]。但若描述文件格式、物理介质或资源的尺寸时则使用 Format 元素。

例：Type：Text data

(9)格式(Format)

资源的文件格式、物理介质或尺寸。尺寸示例包括资源的大小和持续时间。建议使用受控词汇表，如 Internet 媒体类型[MIME]列表定义的计算机媒体格式。

例：Format：text/html

(10)标识符(Identifier)

在给定的上下文范围内给出资源明确的引用标识。建议通过符合正式标识系统的字符串来标识资源，如网络资源标识中的URI(统一资源标识符)，或其他的通用的唯一性标识如ISBN(国际标准书号)等。

例：Identifier：

https：//groups. niso. org/apps/group _ public/download. php/10258/Z39-85-2012_dublin_core. pdf

(11)来源(Source)

与此资源的来源出处相关的资源。当前资源可能是来源资源的一部分或者全部。建议通过利用符合正式标识系统的字符串来标识相关资源。

例：Source：https：//www. dublincore. org/specifications/dublin-core/dces/2012-06-14/

(12)语种(Language)

描述资源知识内容的语种。建议使用受控词汇，如RFC 4646。

例：Language：en(ISO-639)

(13)关联(Relation)

有关联关系的相关的资源。建议通过符合正式标识系统的字符串来标识相关资源。

例：Relation：https://www. dublincore. org/specifications/dublin-core/dces/2003-02-04/

(14)覆盖范围(Coverage)

资源内容所涉及的外延或范围。资源的时间主题、空间主题，包括资源的空间适用范围，以及与其相关的资源的管辖范围。

例：Coverage：清朝

(15)权限(Right)

有关资源内容本身所有的或赋予资源的权限信息。一般而言，权限信息包括有关与资源相关联的各种产权(包括知识产权)的声明。

例：Right：在线开放获取

我们可以将这15个核心元素归纳为以下三大类，如图13-7所示。

2. DC修饰词(Element Qualifier)

在DC元数据的实践发展过程中，DC修饰词的名称从“堪培拉修饰词”到“子元素”再到现在的“DC修饰词”，体现着DC修饰词经历的诞生、发

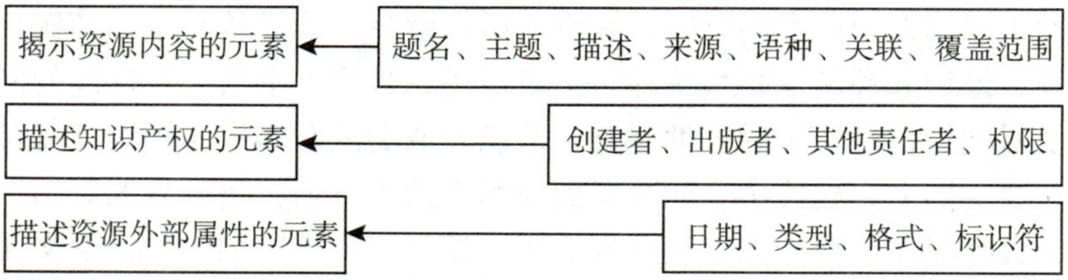

图 13-7　DC 核心元数据

展、完善三个阶段，这每个阶段都与 DC 元数据的实践紧密相关。

DC 修饰词可以进一步地说明资源的详细特征，更灵活准确地表达信息的特性。DC 修饰词是对未修饰词，即对 15 个核心元素的语义进行限定和修饰的词，同时具有对具体资源描述的专指特性。

DCMI 将 DC 修饰词分为以下两大类：

(1)元素修饰词(Element Refinement)

这些修饰词缩小了元素的含义范围，使其具有专指性。修饰词对未修饰词的含义范围做了进一步限定。[①] 如：媒体(medium)修饰了格式(format)；目录(table of contents)修饰了描述(description)。

(2)编码体系修饰词(Encoding Schemes)

编码体系修饰词是专门用于限定值的语义结构的限定方式。编码体系有助于理解元素修饰词的值内容，值内容的表示是采用控制词表的标记符号或是具有特定含义、由一定形式组成的字符串。编码体系修饰词分为两类：一类是基于词表的编码体系，例如，主题词的取值来自某个词表，如 LCSH。另一类是限定语法的编码体系，例如，日期的描述符合 ISO8601 句法。

第四节　元数据的应用

一、元数据的应用领域

元数据标准在不同领域、不同机构中都有具体实际应用，称为元数据应用。在应用中，元数据的核心集可以作更进一步的详细诠释，元数据也可以在元素核心集的基础上伸缩扩展，增加、减少元素或修饰词，或复用其他元

① 吴建中. DC 元数据[M]. 上海：上海科学技术文献出版社，2000：27-28.

数据规范的元素。实际上，元数据的应用范围很广泛，如：元数据对图片描述有助于以图搜图技术的研究，视听与影像资料的跨设备共享，结构化的文献管理，地理和环境信息系统的多平台应用，数字图书馆书目资源的网络连接以及对网络信息资源的长期保存，信息存取的混合多媒体检索支持等。

在数字图书馆建设中，元数据的应用大致可分为古籍元数据应用、中文图书元数据应用、西文图书元数据应用、期刊元数据应用、学位论文元数据应用、音频资源元数据应用、网络信息资源元数据应用等。

二、元数据与数字图书馆

1. 数字建设的需要

(1)数字对象的描述

根据元数据按照功能的分类，元数据最基本的功能是对数字对象的描述，即对具体的数字对象的内容和外观特征进行格式化揭示和描述。例如，一本数字化图书的篇名、作者、出版者、大小等都是容易忽视但又关键的元数据信息。

(2)数字对象的管理

元数据可以用于对数字对象进行管理的相关信息的格式化揭示和描述，包括在检索、存取、显示一个数字化对象时所需的管理信息，如对象的标识符；对数字对象的权限管理，如版权信息、文件的格式、大小、压缩算法等；揭示文件的上下文相关信息；在资源数字化或显示、利用时的软硬件环境信息等。

(3)数字对象的结构信息

数字对象很少是单一实体，通常是复合对象，如学位论文有 word、pdf 格式等，因此就需要使用元数据对这些对象之间的关系和结构进行格式化揭示、描述和组织。

(4)数字对象的保存与揭示

资源在存储和长期保存时，需要对其制作信息、保护条件、转换方式、迁移方法、仿真环境、封装方法、保存责任以及其他相关技术细节进行描述和揭示。

2. 数字图书馆服务的需要

(1)提供准确和快速的字段检索

通过元数据，人们可以根据字段快速准确地检索。字段检索，也称检索入口，是在元数据中被标引过的，例如作者、文摘、主题词、篇名、刊名、书名、出版者、出版年、图像格式等(如图 13-8 所示)；元数据对指定字段进行匹配运算，以此可以提高检索精准度和检索的灵活性，并让字段检索比全文检索效率高。

如图 13-8 所示，在 Web of Science 网站上单独检索 metadata 时，检索结果的标题、摘要以及作者关键词中都包含了 metadata，因此能更迅速地找到相关的文献资源。

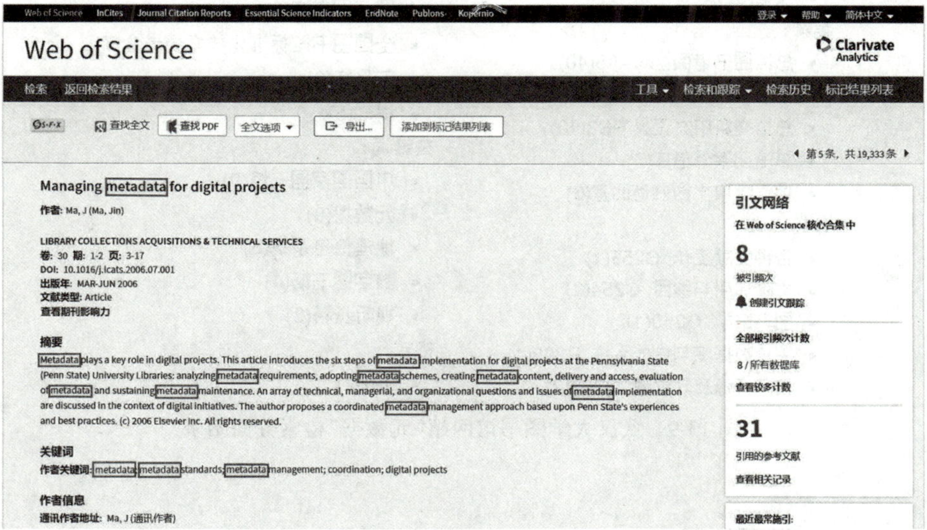

图 13-8　WOS metadata 相关文献检索记录

(2) 提供知识导航功能

数字图书馆门户网站中，数字图书馆为用户提供了基于某一知识体系的资源导航服务，即由系统从元数据的某一特定字段中抽取相关内容，并提供一个树状结构的概念等级体系，用户可沿着这棵树计入不同的分支，在节点看到资源结果列表。图 13-9 为在武汉大学图书馆网站检索“元数据”的分面结果。

(3) 提供资源索引功能

资源索引功能是指将元数据中某一字段中的概念按字母顺序线性排列起来。用户通过检索，可以定位在索引中的任意某个字段，并浏览在这个位置附近的所有词语。索引的种类很多，如人名索引、出版物索引、地名索引、主题索引、机构索引等。如 IEEE Xplore Digital Library 检索界面为用户提供了字母、资源获取、文章发布类型、年份等检索方式(如图 13-10 所示)。

年份：
- 1999(1)
- 2000(1)
- 2001(2)
- 2002(2)
- 2004(2)

语种：
- 汉语(62)

馆藏：
- 总馆图书借阅区A2-A5(40)
- 总馆文科阅览C2-C4(38)
- 总馆文科中文工具书B3(10)
- 总馆闭架外借库(7)
- 信管院中文图书借阅室(6)

分类：
- 各种文献工作: G255(1)
- 文献标引与编目: G254(2)
- 图书馆学: G250(1)
- 测量数据库与住处系统: P208(1)
- 信息资源及其管理: G203(2)

作者：
- 中国(18)
- 国家图书馆(8)
- 全国图书馆标准化技术委员会(7)
- 苏品红(6)
- 肖珑(5)

关键词：
- 中国国家图书馆(9)
- 元数据(8)
- 地理信息系统(8)
- 数字图书馆(4)
- 视听资料(3)

格式：
- 书(62)

图 13-9　武汉大学图书馆网站“元数据”检索分面结果

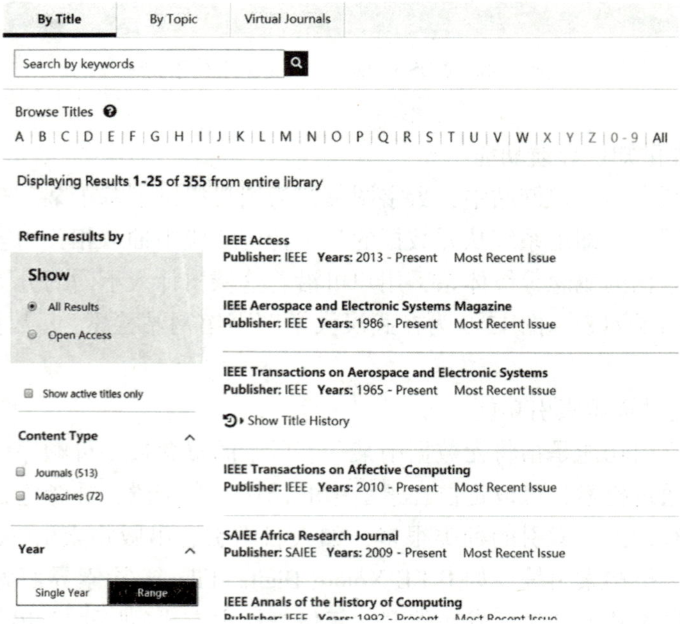

图 13-10　IEEE Xplore Digital Library 检索界面

(4)提供资源聚合功能

通过元数据某些字段抽取的内容，形成资源聚合集群。根据编目时记录的多种元数据内容，图书馆网站从单一线索的实体排列到复合线索的资源聚合，从多个角度分类资源，方便用户从深层次地了解并利用图书馆资源。如图 13-11 所示，利用元数据，可对资源进行多维分类浏览。

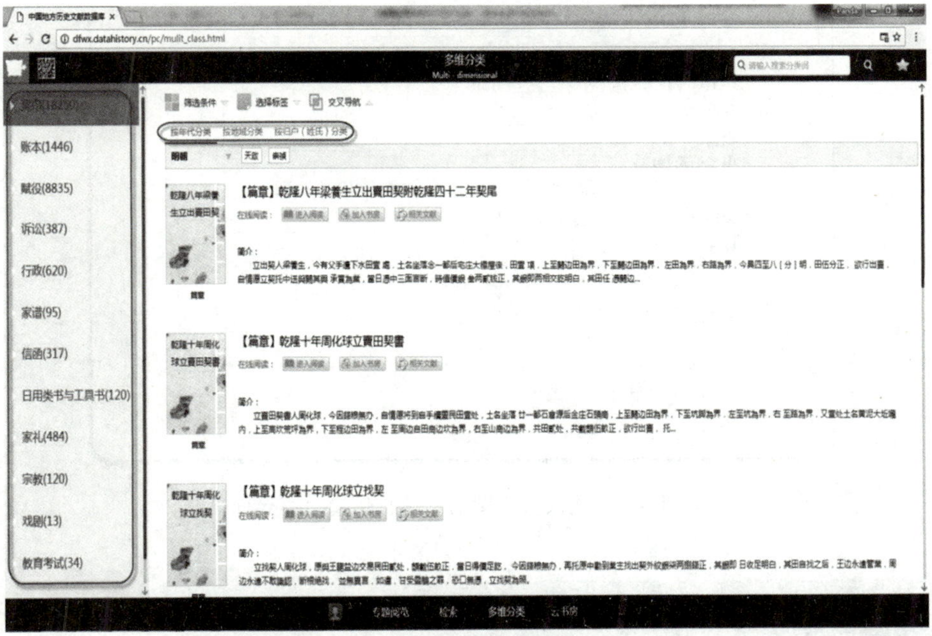

图 13-11　中国地方历史文献数据库多维分类界面

(5)提供报道和揭示服务

元数据可以对服务过程、服务项目进行揭示和报道、指引。如：用户可以通过馆长信箱界面的表单条目名称进行投信(如图 13-12 所示)。

3. 数据关联分析的需要

元数据的记录格式，将描述性文本转化为可分析的数据。通过元数据，数据库可以实现事件、人物等相关性分析，也可以与更多其他文献进行关联分析。如图 13-13、图 13-14 所示。

建设元数据虽然是文献编目的基本工作，但在日新月异的数字技术背景下，高质量的元数据建设将信息资源的利用方式从“读”转变为“分析”。

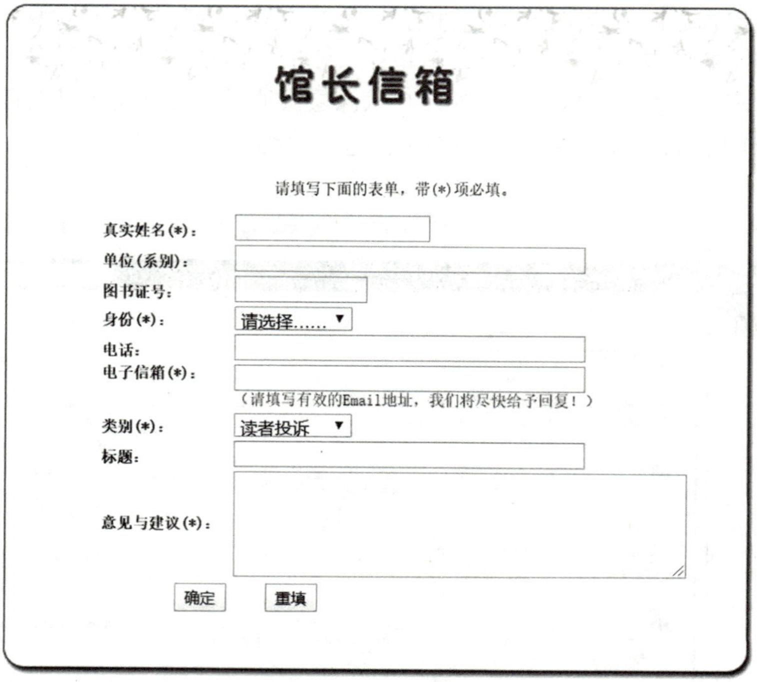

图 13-12　武汉大学图书馆馆长信箱填写界面

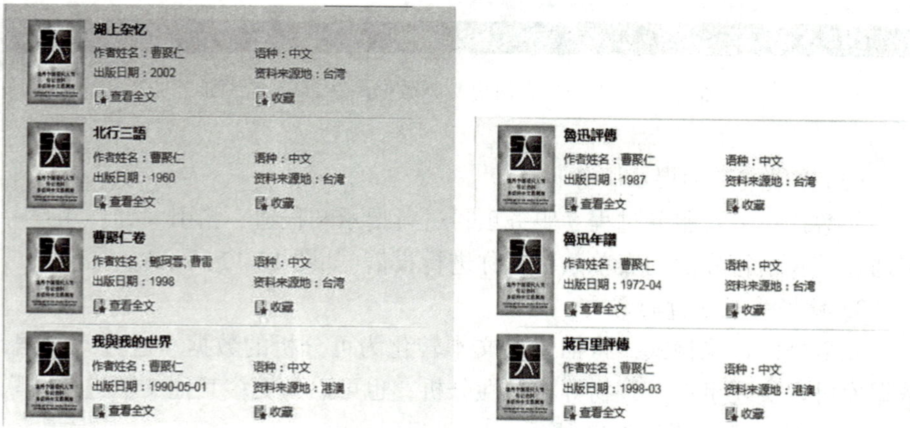

图 13-13　曹聚仁的相关著作

4. 数字图书馆互操作和可持续发展的需要

元数据规范是数字图书馆保持其互操作性和可持续发展的基础，是数字

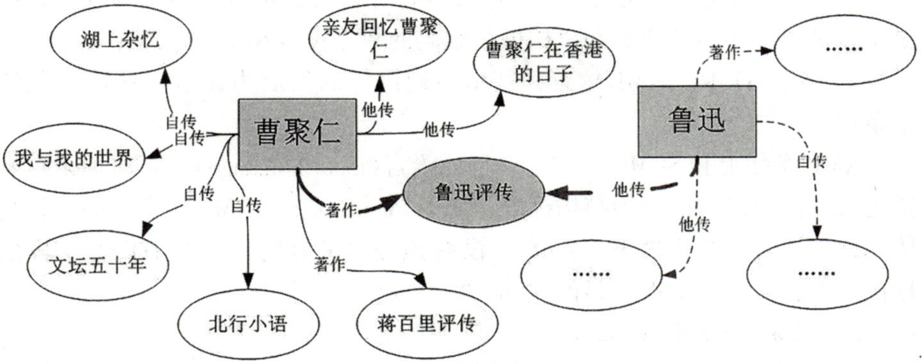

图 13-14　曹聚仁的著作与鲁迅的关联关系图

图书馆标准规范的重要组成部分。

只有所有数字图书馆都遵循同样的元数据标准，才能使得数字图书馆之间的资源能够进行交换与共享，不会成为信息孤岛。数字图书馆对元数据的作用、结构、格式定义、语义定义、开放标记规范、内容编码体系、扩展规则、互操作规则、元数据之间的标准转换关系和转换模板、元数据的应用协议等都做了严格规定，形成了关于元数据的相关国际标准、国家标准或行业标准。

第五节　用标记语言对元数据置标

一、网络标记语言

1. HTML 和 XML

HTML(Hyper Text Markup Language，超文本标记语言)是为网页创建和其他可在网页浏览器中看到的信息设计的一种标记语言，是和 World Wide Web 一同在 Tim Berners-Lee 的努力工作中诞生。HTML 目的是运用标签来识别文档的结构和超链接的信息，因此比 SGML(Standard Generalized Markup Language，标准通用标记语言)更易用，且应用更广泛。在近 30 年的升级发展过程中，HTML 成为 Web 迅速发展的基础，并展现出了简易性、功能强大、平台无关性的强大特点。

XML（Extensible Markup Language，可扩展标识语言）是含有结构化文

献信息和数据的可扩展标记语言，是介于 HTML 和 SGML 中间的语言，具备 SGML 所没有的简洁与灵活性，又有 HTML 所欠缺的扩展性与结构性。它提供了一种能对内容、语意和机构进行编码的数据标准和格式。①

SGML、HTML、XML 这三种网络标记语言的发展为元数据的产生创造了条件。

XML 实际上和 SGML 一样是一种元语言(meta-language)，可以用来定义描述具体标记语言的一种结构标准，而 HTML 正是由 SGML 所定义的一种具体的标记语言，相比之下，XML 并没有预先定义好的一套像 HTML 一样的标记系统，与 HTML 有明显的差别。②

2. HTML 与 XML 的比较

XML 是 SGML 针对特定应用领域的一个子集，或者说是 SGML 的缩减版。XML 文件是合乎规范的 SGML 文件。见表 13-7。

表 13-7　**HTML 和 XML 的比较**

	结构化程度	可扩展程度	规范程度	复杂程度	侧重点
HTML	半结构化	扩展性低	不断变化	不断变化	描述数据
XML	结构化	扩展性高	规范	简洁	显示数据

XML 和 HTML 的比较实例如图 13-15 所示。

```
<html>
<head></head>
<body>
  <p><b>张三</b>
  <br>系统网络中心
  <br>上海图书馆</p>
</body>
</html>
```

```
<? xml version = "1.0" encoding = "gb2312"? >
<职工>
<名字>张三</名字>
<部门>系统网络中心</部门>
<单位>上海图书馆</单位>
</职工>
```

图 13-15　XML 和 HTML 的比较实例

图 13-15 分别展示了 HTML 和 XML 的编码差异。左图中，有事先定义

① 鞠英杰. 信息描述[M]. 合肥：合肥工业大学出版社，2010：286-288.

② 吴建中. DC 元数据[M]. 上海：上海科学技术文献出版社，2000：48-51.

好的固定标签<body>、<head>来表示资源的元数据内容，但无法表示<body>标签中的确切内容；右图中的<职工>、<名字>、<部门>、<单位>都是创建者自行定义的标签，每一个标签清楚地表示了该标签下的数据内容，方便人与机器进行解释和理解。

二、资源描述框架 RDF

为了解决各种不同元数据之间的兼容问题，在 W3C 的授权下，一些元数据研究部门制定出了符合多种需要又有灵活性的资源描述框架——RDF，来支持互联网上各种元数据格式。RDF(Resource Description Framework，资源描述框架)由 W3C 在 1997 年提出并颁布，是一个用于表达关于万维网上资源信息的语言，目标是建立一个供多种元数据标准共存的框架，并实现人机可读，可以由计算机自动处理。①

1. RDF 模型

结合前文介绍，一个 RDF 图形模型可看作是有着主语、谓语、宾语的类似陈述句(statement)的三元组(triples)，这个三元组由三部分构成，如图 13-16 所示。

(1)主语(subject)：陈述句的主题的事物的标识，是被描述的资源，如“图书”。在图中由椭圆表示。

(2)谓语(predicate)：陈述句中指定的、主语的属性或特征的标识，如“书名”。在图中由带线箭头表示。

(3)宾语(object)：属性的值的标识，如“元数据导论”。在图中由矩形表示。

每个陈述句都是由三元组组成，多个语句的集合则称为描述。RDF 的基础数据模型是基于节点-箭头-节点构成的图模型。②

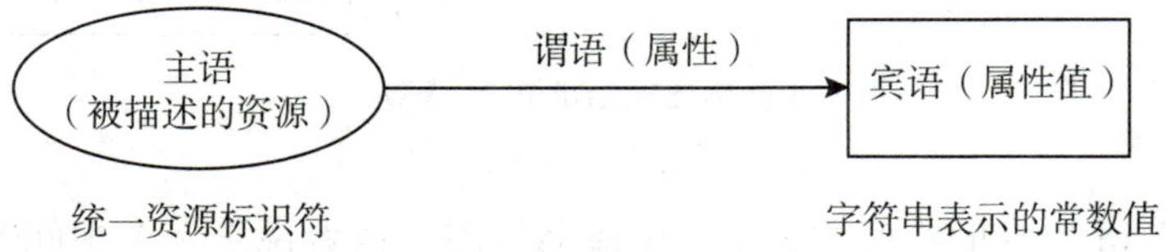

图 13-16　RDF 基础模型(1)

① 姜恩波. RDF 原理、结构初探[J]. 现代图书情报技术，2001(5)：32-33.

② 孙晓菲. 数字时代的元数据实践[M]. 杭州：浙江大学出版社，2013：13-14.

例：一本书，《元数据研究与应用》，张晓林主编，邮箱为 zhangxl@mail. las. ac. cn，假设该书全文已放到出版社网上，主页是：http：//www. nlcpress. com/cn/book/12345. html。

则 RDF 语句结构为：

主语：http：//www. nlcpress. com/cn/book/12345. html

谓语：作者

宾语：张晓林

基于 RDF 核心定义的基础模型表示如图 13-17 所示。

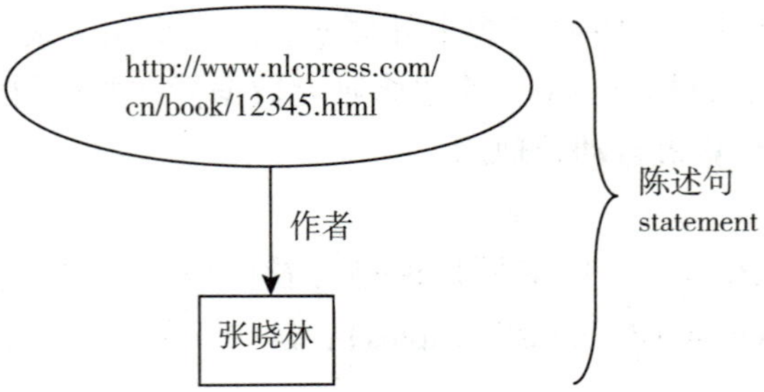

图 13-17　RDF 基础模型(2)

将 RDF 核心定义进一步扩展的模型为图 13-18。

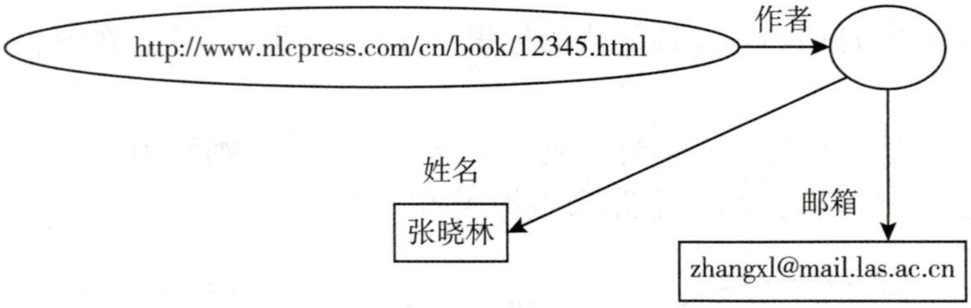

图 13-18　RDF 扩展模型

图 13-18 中空的小椭圆表示一个匿名资源，或者说是一个中间节点，这个模型代表的含义为：资源“http：//www. nlcpress. com/cn/book/12345. html”有一个作者，作者名字为“张晓林”，作者的邮箱为“zhangxl@mail. las. ac. cn”。此时，资源属性之间就产生了关联性。

2. RDF/XML

RDF 文档使用 XML 编写，被 RDF 使用的 XML 语言称为 RDF/XML。

通过使用 XML，RDF 信息可以轻易地在使用不同类型的操作系统和应用语言的计算机之间进行交换。

例：图 13-18 的关系用 RDF/XML 的句法描述表示为：

```
<? xml version="1.0" encoding="GB2312" ? >
<rdf: RDF xmlns:rdf= "http://www.w3.org/1999/02/22-rdf-syntax-ns#"
                    xmlns:dc="http://purl.org/dc/elements/1.0/">
    <rdf:Description rdf:about="http://www.nlcpress.com/cn/book/12345.html">
            <dc:creator>张晓林</dc:creator>
            <dc:title>元数据研究与应用</dc:title>
            <dc:email> zhangxl@ mail.las.ac.cn</dc:email>
    </rdf:Description>
</rdf:RDF>
```

其中的 creator、title、email 对应着 RDF 三元组的谓语，张晓林、元数据研究与应用，zhangxl@ mail. las. ac. cn 对应着宾语。

三、使用 HTML 对 DC 置标

DC 元数据最早、最广泛的应用是对网络资源的描述，即可以让网络资源(主要是网页)的作者自己创建 DC 元数据，并自定义使用。DC 在 HTML 中的编码主要与两个标记(tag)有关：meta 标记和 link 标记。

meta 的作用就是为了描述有关 HTML 文档的属性，如：

<meta name="DC. Creator"content="张晓林">

这个实例表示张晓林是资源的创建者。创建者等元素都是由 DC 元素集中定义的，像这样可得出基本的代码句法结构为：<meta name="前缀名 元素名"content="元素值">。

从上个实例可以得知，前缀名表示着元素名来自哪个元数据集，而 HTML 中 Link 标记则是用来描述前缀名的一个标记。不仅如此，Link 标记还可以用来建立与其他文档的联系。如：<link rel="schema. DC" href="http：//purl. org/dc/elements/1. 1/">。

此实例可抽象成：< link rel ="schema. 前缀名"href="定义地址">，以此表示前缀名所在元数据集的来源。

在使用 HTML 对 DC 置标时，DC 描述将嵌入 HTML 文档的 <head> 部分，如：

```
<html>
<head>
... DC description goes here...
</head>
<body>
...
</body>
```

例：DC 元数据在 HTML 中的描述代码显示：

```
<HTML><HEAD>
<TITLE>UKOLN Home Page</TITLE>
<META NAME="DC.Title" CONTENT="UKOLN：UK Office for Library and Information
Networking">
<META NAME="DC.Subject" CONTENT="national centre, network information support,
        library community, awareness, research, information services, public library
        networking, bibliographic management, distributed library systems, metadata,
        resource discovery, conferences, lectures, workshops">
<META NAME="DC.Description" CONTENT="UKOLN is a national centre for support in
        network information management in the library and information communities. It
        provides awareness, research and information services">
<META NAME="DC.Creator" CONTENT="UKOLN Information Services Group">
</HEAD>
...
```

四、使用 RDF/XML 对 DC 置标

图 13-19 为基本的 RDF 模型，其中表示资源 http：//www. ukoln. ac. uk/metadata/的标题为 The UKOLN Metadata Home Page。

图 13-19　RDF 基础模型

基于 RDF/XML 句法的 DC 是一种基于 XML 的 RDF 模型；简单 DC 在 RDF 中的置标与我们前面已经涉及的、不用 RDF 模型的 XML 置标类似；但是增加使用了 <rdf: RDF> <rdf: Description> 作为容器元素（container elements）。

根据上图模型的展示，DC 元数据在 RDF/XML 的代码显示为：

```
<? xml:namespace ns="http://www.w3.org/TR/WD-rdf/" prefix="RDF"? >
<? xml:namespace ns="http://purl.org/dublin_core/schema/" prefix="DC"? >
<RDF:RDF>
  <RDF:Description
    RDF:HREF="http://www.ukoln.ac.uk/metadata/">
      <DC:Title>The UKOLN Metadata Home Page</DC:Title>
  </RDF:Description>
</RDF:RDF>
```

◎ 本章思考题

一、名词解释

元数据　机读目录　DC 元数据　DC 元素修饰词　MARC XML　可扩展标识语言　资源描述框架

二、简答与论述题

1. 列举概括元数据的主要类型。
2. 简述元数据与数字图书馆的关系。
3. 简述 DC 修饰词的类型。
4. 比较 XML 与 TML 之间的差异。
5. 简述 RDF 的结构。
6. 举例简述 RDF/XML 的构成形式。

第十四章 信息组织环境的变化与发展趋势

第一节 信息组织环境的变化

一、信息资源激增对信息组织的影响

文献信息资源是指在一定范围内，经过布局、收集、整序、保存并提供利用的文献信息集合，其实质就是以各种文献形式存在的信息资源的总和。按照载体形态和生产方式，信息资源类型可划分为：①实体型信息资源，包括刻写型、印刷型（图书、连续出版物、特种文献资料、其他零散资料）、缩微型、视听型；②数字化信息资源，包括网络信息资源和单机信息资源。按照内容属性划分，信息资源类型可分为学术信息资源、政府信息资源、企业信息资源、社会公共信息资源。

近现代的信息组织最早起源于图书情报领域，用于应对文献信息资源的急剧增长，分类法、标题法、编目、文摘索引等文献组织的方法是早期的主要方法，《杜威十进制分类法》《美国图书馆协会标题表》《化学文摘》等是信息组织早期的重要成果。伴随着全球信息化进程的演进，学术信息资源、政府信息资源、企业信息资源、社会公共信息资源等多领域资源海量增长，不仅包括传统的印刷型文献资源，还有大量的数字化信息资源，并且呈现出繁杂无序、动态性强等特征；此外，信息组织的主体已由专门机构的文献组织，转变为商业网站、互联网组织、学术机构、政府机构、图书情报界等的共同参与，呈现出多样化趋势。在此环境下，信息组织的重要性更加显著，能够帮助多领域文献新信息资源从无序向有序发展，提高信息获取与利用的效率。同时，诸多变化也不断推动信息组织的发展，包括信息组织工具的更

新换代、多类型文献信息组织工具的完善、新型信息组织工具的开发与应用等。

信息组织的对象是文献。当前信息环境下，文献结构已由线性发展到多维结构，随着数字环境的发展，数字对象已成为信息组织、访问、存储、管理的基本单元。信息组织对象由以传统纸质文献为主转向以电子(数字)信息为主，数字化的文字、声音、图像、多媒体等各种媒介都成为信息组织的对象。据国际数据公司(International Data Corporation，IDC)2014 年 5 月发布的研究报告，世界每年产生约 4. 4ZB 数据，每两年翻一番。到 2020 年，我们将拥有 44ZB 的数据，是 2014 年的 10 倍。[①] 受“富媒体”、用户创建内容和网民三大因素的推动，数字信息数量将会持续增长，并且速度会加快。数字信息已成为主流的信息资源。

互联网成为人们获取信息知识的重要渠道，人们获取信息的行为也发生了变化。微内容(microcontent)已逐渐成为未来信息传播的主要形态之一。根据用户对微内容的贡献角度不同，又可把微内容分为三类：第一类是用户自己原创的内容；第二类是用户添加的内容，包括用户从别的信息载体转载而来的内容；第三类是用户的行为产生的内容。内容不再依赖于格式，用户也不再在意内容载体是 Web、博客、图书还是连续出版物。传统文献组织主要采用分类法和主题法进行组织，这种以文献单元为揭示对象的传统信息组织方式已不能适应以动态化、超文本、微内容等为特征的数字对象的揭示。

图 14-1　2013—2020 年数字信息的增长

① Vernon Turner. The Digital Universe of Opportunities [EB/OL]. [2020-07-21]. https://www. emc. com/leadership/digital-universe/2014iview/digital-universe-of-opportunities-vernon-turner. htm.

二、网络环境及信息技术对信息组织的影响

伴随着现代信息技术的迅猛发展，特别是网络环境的形成，信息的生产、存储和传递方式发生了革命性的变化。在我国，中共中央办公厅、国务院印发的《2006—2020 年国家信息化发展战略》提出将“大力发展以数字化、网络化为主要特征的现代信息服务业，促进信息资源的开发利用”。根据 2020 年 4 月中国互联网络信息中心(CNNIC)发布的第 45 次《中国互联网络发展状况统计报告》，截至 2019 年 12 月，我国 IPv4 地址数量为 38751 万个，IPv6 地址数量为 50877 块/32，较 2018 年年底增长 15.7%，域名总数为 5094 万个(具体变化见下表)，① 可见，网络信息资源在飞速增加；此外，截至 2020 年 3 月，我国网民规模达 9.04 亿，较 2018 年年底增加 7508 万，互联网普及率达 64.5%，网络用户数量增长速度和覆盖率均迅猛增长，网络正改变人们的信息行为。

	2018 年 12 月	2019 年 12 月	年增长量	年增长率
IPv4[9](个)	385843968	387508224	1664256	0.4%
IPv6[10](块/32)	43985	50877	6892	15.7%
域名(个)	37927527[11]	50942295[12]	—	—
其中.CN 域名(个)	21243478	22426900	1183422	5.6%
国际出口带宽(Mbps)	7371738	8827751	146013	19.8%

显然，在网络环境下，我国乃至全球范围呈现出信息内容数字化和信息传递网络化的态势，这无疑对传统的信息组织产生强烈的冲击，推动其组织对象、组织方式、组织主体进行创新发展，具体影响主要体现在以下三个方面。

网络信息资源以传统信息资源难以比拟的优势逐渐成为信息资源的主体。与传统文献信息资源相比，网络信息资源数量庞大、种类繁多、格式多样。传统分类法应用于网络信息资源组织，既要发挥其组织优势，也要与时俱进进行改良。此外，主题指南、网络叙词表成为更加适应网络环境的信息

① CNNIC. 第 45 次《中国互联网络发展状况统计报告》[EB/OL]. [2020-05-08]. http://www.cnnic.net.cn/hlwfzyj/hlwxzbg/hlwtjbg/202004/P020200428596599037028.pdf.

组织工具。

信息技术的应用与信息组织工具的网络化。随着时代的发展和技术的进步，计算机技术被广泛应用于信息组织，自动分类、自动标引、联机检索、自然语言检索技术得到快速发展，语义网络、本体等成为新型信息组织工具。此外，为适应网络环境与网络用户信息行为需求，传统印刷型分类法与主题词表向电子化与网络化方向发展，《中图法》、《杜威十进制分类法》网络版、《美国国会图书馆分类法》网络版、《中国分类主题词表》电子版与网络版相继形成并投入使用，极大地提高了信息组织与检索效率。

各种查询语言、接口技术和链接方式从根本上影响了信息组织的发展。各种访问和接口软件实现了对文档之间、文档内部各元素的随机组合，随机组织使信息组织成为随检索需要而变化的机制，允许检索者(用户)对信息组织体系进行操作、控制，并根据需要进行再组织。接口技术、链接方式形成了与传统信息组织完全不同的组织方式或组织机制，即一种即时的、隐含的、随用户需要而改变的组织体系。①

Web2.0 的发展使用户参与到信息组织当中。网络环境下，以博客、微博等为代表的微内容蔚然兴起，越来越多的信息用户参与到信息的创建、发布与传播的过程中。要适应信息环境和用户需求的变化带来的挑战，就必须变革传统的信息组织模式，探索新的信息组织模式与方法。大众分类法、标签等成为 Web2.0 环境下用户参与信息组织的典型模式。

本体、互操作、可视化等技术方法在信息资源组织中的应用，促进了资源间的整合与共享以及易用，极大地提升了图书馆信息组织与服务效益。语义网(Semantic Web)、本体论(Ontology)和网络本体语言(Web Ontology Language，OWL)等代表了信息组织向语义化发展的方向。如本体论作为元数据模式(metadata schemas)，提供了一个可控的概念词典，其中每个概念都被清晰定义并具有准确的语义。通过基本的语义表示元素来表达本体及其关系，实现语义知识的组织。应用语义 Web 技术能够解决知识的搜索、访问、提取、解释和处理所面临的问题，从而加强目前 Web 门户中知识组织的语义性。在语义 Web 门户中，知识组织基于语义 Web 技术，所有内容提供者均以一个共同的领域本体为基础，该领域本体用 RDF 对内容提供者的资源进行注释，然后由领域本体爬行器在分布于网络中的内容提供者之间爬行萃取注释，再将注释存储在语义 Web 门户的知识库中，用户通过智能代

① 白华．数字环境与信息组织的主要变化[J]．图书馆杂志，2007(11)：6-9.

理和用户接口，可以对存储于门户中的知识进行浏览和查询操作。①

三、大数据环境对信息组织的影响

一方面，大数据是数字化生存时代的新型战略资源。然而，失去控制和无组织的数据不能很好地发挥战略资源的作用。信息组织是对文献、数据等信息资源对象进行分类、标引、描述、揭示，使之有序化、系统化的过程，其目的恰好是将无序的、分散的数据和信息整理成有序的信息资源，保证用户的有效获取和利用。因此，信息组织对于大数据资源的管理与利用具有重要作用。大数据环境从本质上来说，也是一次新的信息爆炸，“大数据环境”被凝练和总结出来用于归纳这个社会的数据和信息特征。这促使全社会形成了数据是资源和生产要素的观念，有助于人们认识到信息组织的重要性，为信息组织的蓬勃发展提供了思想基础。

另一方面，海量、异构、动态变化的数据使得信息组织的任务变得更为复杂。信息组织作为图书情报学的核心研究领域，是信息存储、信息检索、信息利用与服务的基础和前提。在大数据环境下，应该继续在大数据资源分类，记录与描述，浓缩与约减，定位、选择、评估与管理，交换与共享等方面发挥作用。②

四、信息组织与生产主体变化的影响

传统环境下，信息组织活动以图书情报界为主。网络环境下，信息组织的主体由专门机构的文献组织，转变为商业网站、互联网组织、学术机构、政府机构、图书情报界等的共同参与。商业、企业、社会机构、教育机构等普遍拥有自己的信息资源和组织方法(主要以网站和数据库形式组织资源)。特别是在Web2.0环境下，任何人都可以在网上创建、上载文本、音频、视频等各类信息，贡献自己的内容，并和其他人一起参与信息的编辑、组织与融合。互联网上的信息内容不再是静止的，而是动态的。正是由于用户的参与，Web2.0才成为“群体智慧”，实现从单个工作到联合协作，从个体学习到集体知识，从被动接受到主动创作的转变。UCG(User Generated Content)是Web2.0的重要特征。UGC实际上并不是指某一种具体的业务，而是一种

---

① 韩毅，毕强，崔春．语义Web门户知识组织的策略与应用研究[J]．图书情报工作，2006(6)：17-22.

② 赵一鸣，马费成．大数据环境对信息组织的影响[J]．图书情报知识，2017(1)：4-10.

用户使用互联网的新方式，即由原来的业务或服务内容主要由企业或机构产生，转变为由广大用户自己来制造，用户上传自己制作的内容、彰显个性的需求明显提高，由此带来的互联网业务的使用模式也从原来的以下载为主变成下载和上传并重。

UGC 这一概念起源于互联网领域，即用户将自己原创的内容通过互联网平台展示或者提供给其他互联网用户。其内容应该是某个用户或者某个团体组织在互联网上自己创造出来的内容(如文本内容、图片和视频内容等)，或者按照自己的喜好重新编辑的内容。在 Web2.0 环境下，用户既是信息的使用者，同时又是信息的生产者。信息组织的主体已发生变化，也对传统的信息组织提出了挑战。

第二节　信息组织的发展趋势

一、信息组织工具的网络化

人类环境由纸质环境向网络数字环境转变，长期以来用于组织图书馆馆藏的传统知识组织体系有了新的应用空间。传统知识组织体系为适应网络环境的要求，逐渐实现了电子化、网络化。主要表现为：各种分类法和主题词表将 Web 作为展示窗口，在印刷版的基础上推出电子版、网络版，并通过 HTML 网页提供基本的浏览、查询功能。知识组织工具的网络化是指提供 Web 化的检索界面与系统化的资料内容，是建立在 Web 站点上的知识组织工具，具有快捷的获取途径、数据更新及时、非线性超文本链接等特征。其数据更新与维护均在网上实现。用户使用一般要获得合法授权。

有研究者对 Taxonomy Warehouse 收录的词表载体版本进行统计分析，① 将 HTML、XML、PDF、相关数据下载、CSV \ TXT 下载、网络联机、在线定制等形式归纳为网络介质。在所调查的词表中，2006 年的网络介质词表已达 367 部，占 82.5%。当前国内外一些应用广泛的知识组织工具如 DDC、LCC、UDC、LCSH、MeSH、CLC、CCT 等均发布了网络版，知识组织工具已呈现出非常明显的网络化趋势。

① 侯汉清．网络时代的情报检索语言[R]．北京大学信息管理系 60 年系庆报告，2007.

二、信息组织结构可视化

可视化是图形可视化工具方式显示知识组织系统的结构，可视化工具主要包括概念图(Concept Map)、思维导图(Mind Map)、认知地图(Cognitive Map)、语义网络(Semantic Network)、思维地图(Thinking Map)等。

概念地图(Concept Map)是康奈尔大学的诺瓦克(J. D. Novak)提出的，是一种用节点代表概念、连线表示概念间关系的图示法。诺瓦克认为概念图是用来组织和表征知识的工具。它通常将某一主题的有关概念置于圆圈或方框之中，然后用连线将相关的概念和命题连接，连线上标明两个概念之间的意义关系。其构建过程为构图者根据其认知结构，命名节点、设置节点的位置、连接相关节点的过程。图 14-2 是人机认知研究所(Institute for Human and Machine Cognition，IHMC)Cmap Tools 的概念地图式的介绍，用节点表示 Cmap Tools 涉及的概念，以连线表示概念间的关系，如“IHMC Cmap Tools”与“Institute for Human and Machine Cognition(IHMC)”两个概念的关系，在连线上标注其关系为“was developed at”，表示前者是由后者开发，简洁、直观。概念地图作为知识表示的工具，有助于对概念的理解；概念地图作为知识组织和存储工具，可以促进知识创新；概念地图作为高级思维的认知工具，可以进行思维引导；概念地图作为知识提取的工具，可以提供交流共享；概念地图作为定量测评的工具，可以用于知识评价。①

通过图形可视化的方式展示本体中网状结构的知识，其可视化检索系统能够将本体中的类层次、属性、实例等语义关系以图形化方式直观显示，实现可视化语义检索。通过可视化方法，以图形方式网状显示叙词表词间关系，将语词的相关信息在同一张图上显示出来，通过多维及多级显示为用户提供更多的信息，从而克服树型结构的缺点，改善叙词表性能。

三、信息组织系统间的互操作

国际标准化组织在 ISO/IEC2382 信息技术术语定义中将信息系统的互操作定义为“不同系统平台或编程语言之间交换和共享数据的能力”(Interoperability is the ability to communicate and share data across programming languages and platforms)。互操作性是指两个或多个系统相互使用已被交换的信息的能力，就其本质而言，互操作性是对异质实体(包括异种体系结

① 马费成，郝金星．概念地图在知识表示和知识评价中的应用(I)[J]．中国图书馆学报，2006(3)：5-9，49.

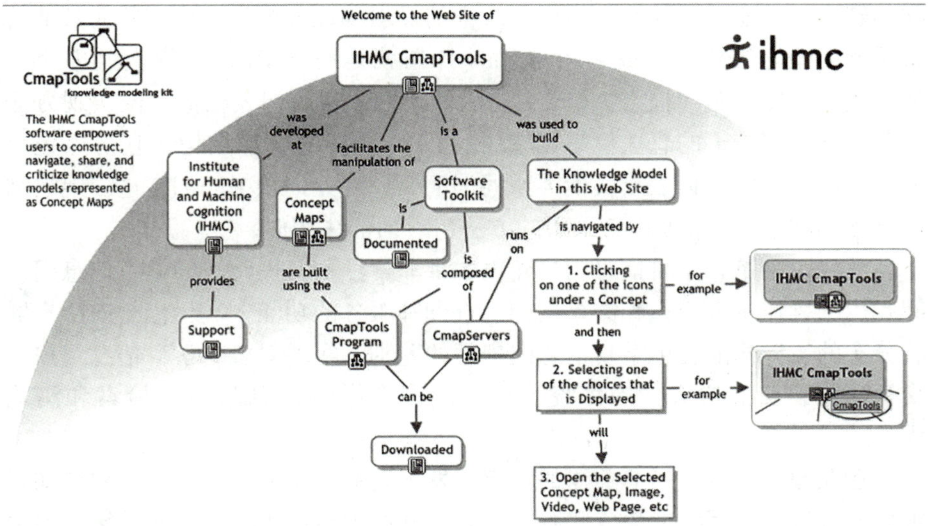

图 14-2　概念地图构建工具 Cmap Tools 的页面截图

构、异种操作系统、异种网络和异种语言等）中可获得资源的透明调用的能力。

目前人们已探讨的实现互操作方法有：(1)派生法，是一种以现有完整的词表为模式，构建专门的或是简化的词表的方法。如 LCSH(《美国国会图书馆标题表》)是迄今为止使用最为广泛的标题词表、通用的受控语言，成为许多国家创建词表的模式。(2)翻译方法，是指将词表翻译为不同文种。如许多国家已将 MeSH(美国国家医学图书馆标题表)译为本国语言，目前 MeSH 有法、德、意、葡、俄、西班牙、阿拉伯、中文、捷克、希腊、荷兰、泰国语、土耳其、韩文、斯洛文尼亚、越南、立陶宛、波兰、斯洛伐克、挪威、斯瓦希里语以及瑞士和日本语等多种语言的译本，可建立跨语言的医学检索系统。(3)系列化分类表或词表，是在一个系统内通过有效的组织实现系统内部兼容，如《中图法》编制的系列版本就是这种模式。(4)卫星词表法，也称为微词表模式，即从较大的词表(也可以是分类表)中吸取一部分作为新编专业词表的主体或构成部分。(5)直接映射，是指在不同的词汇与分类号之间建立对等的关系。(6)共现映射，是为不同系统中的共现词汇建立的映射，相当于整合词表模式，将多种或一个网络的所有检索语言或数据库的词汇混合按字顺排列，并注明某词出现在哪些词表或数据库中及其累计标引频率。(7)中介词典，或称为转换语言，利用中介词典进行多词表间的转换，它能将任何一个情报系统中的标引词或分类号转换成任何其他情报系统的概念等价词。欧盟 Renardus 计划就是利用 DDC 作为交换中介词典，实现跨库浏览与检索。(8)宏词汇，其思想与微词表相似，但实现方法与其相反。宏词汇的想法仅是创造一种词的“属”的上层结构，它可以包括一组不同领域的叙词表或其他类型的词汇，各专业词表中的词在这一上层结构下互相联系起来。UMLS 采用的方法与宏词汇法相似。

数字图书馆、学科信息门户建设中都非常注重互操作。如学科信息门户间利用互操作实现交换和共享文档、查询和服务的功能。其目标是向用户屏蔽分布的、异构的各个学科信息门户间的差别，实现对多个学科信息门户的交叉浏览和交叉检索，提供统一入口的多个学科信息门户的检索和浏览服务。

在互操作领域，当前关注的焦点及发展趋势是将多类型、多语种的知识组织体系通过相互映射集成整合在一起，并可被运用于多个不同系统，实现异地跨系统的浏览与检索，以期有效提高信息检索的效率和精确度。

四、内容揭示细粒度与语义化

人类社会的知识管理活动大致经历了三个重要的发展阶段，即以文献(知识的载体)为基本单元的知识管理时期、以信息(知识的某些属性特征，如主题概念、关键词概念、数据等)为基本单元的知识管理时期和以知识本体(知识内容本身)为基本单元(即知识元)的知识管理时期。① 以文献单元和信息单元为基础的知识组织与管理方式停留在以整篇文献为单元，选取若干主题词，没有分离出构成知识的最小单位——知识元。知识元，也称知识的内容单元，是指在知识管理中用来处理知识的最小的、不可分割的、独立的基本单元。

知识元之间的不同层次、不同属性、不同学科领域的链接，是实现新知识生产、知识传播及知识有效利用的核心。知识生产者把科学研究中的知识创新点——知识元，组织成知识单元——文献；知识管理者通过知识标引把文献中的知识元抽取出来，组织成知识元链接的检索系统；用户更希望直接使用知识元，而不是文献，以生产出新的知识单元。② 这一过程即是由知识元形成文献→知识元抽取→知识元链接→新的知识单元组成知识成果的

① 文庭孝．知识单元的演变及其评价研究[J]．图书情报工作，2007(10)：72-76.

② 温有奎，徐国华．知识元链接理论[J]．情报学报，2003(6)：665-670.

过程。

传统文献标引，可分为分类标引与主题标引两种方法，在对文献的主题进行分析后，分别用类号与语词进行表达。文献标引的方向应该是知识标引，而知识标引要以知识元为单位，知识标引起到知识元过滤和知识元链接的作用，是用户知识创新及转换过程的中心环节。以知识元为知识的最小组织单位实现知识元的链接，创建知识元库是最为直接的知识服务。可为用户获取关于某一知识元的静态和动态的信息集合及关联信息集合，将相关或相近知识元链接在一起，形成学科横向交叉和学科纵向延伸的科学知识体系，从而激活、产生新的知识元。中国知网 CNKI 知识服务系统中的知识元库通过对知识信息点的加工与概括提炼，从而满足人们快速了解各学科知识基本内容的需求并发现知识之间内容关联的需要，实现了文献资源的深度内容整合和增值服务。

大数据时代，信息组织层次从原有的文献单元过渡到知识单元。倪晓建教授及其团队提出基于本体和关联数据的单元信息知识组织模式，实现了信息的细粒度组织、语义化揭示以及多维度关联。欧石燕教授及其团队从学术文献中的信息单元组织与挖掘出发，研究语义标注方法与技术，满足科研人员快速获取细粒度科学知识的需求。语义网络、本体应用、关联数据等方法技术一直受到关注，且从研究探索走向应用实践。2016 年上海图书馆利用关联数据技术开放其家谱资源和接口，搭建数字人文项目的开放数据平台，并陆续发布各种术语词表、规范档和书目数据等资源。

五、信息组织方法的综合利用

随着信息技术的飞速发展与用户信息需求的个性化，单独使用一种知识组织工具往往不能满足网络环境中用户的多样化需求。在数字图书馆或网络信息组织中需要集成多种知识组织系统，包括集成不同类型的知识组织体系，如叙词表、分类系统、地名辞典、知识分类表、本体等。Hodge 等探讨了整合不同知识组织系统的类型，包括叙词表、分类系统、地名表、知识分类表和本体，用于支持数字图书馆和语言网。① 曾蕾认为新一代的语义工具的特点是吸取不同知识组织系统的特长，集中起来优化使用，并提出几个趋势：(1)等级结构与元数据式的“特征”的结合，其代表产品是用 Protégé 软

① Gail Hodge, et al. Next generation knowledge organization systems: integration challenges and strategies: Proceedings of the 5th ACM/IEEE-CS joint conference on Digital libraries [C]. New York, NY: ACM, 2005.

件等制作的实用分类表(又译为知识本体)。(2)多个知识组织系统结构在特定应用环境中的结合使用，如美国加州大学圣巴巴拉分校的亚历山大数字图书馆项目的概念空间(concept space)模型框架中采用了来自叙词表、分类法、概念地图等多种体系。(3) KOS、元数据与专用置标语言(domain-specific markup languages)的结合使用。(4)对计算机可理解的强调。(5)可视化(visualization)与传统形式的结合使用。①

另外，受控语言与自然语言的融合也是图书情报领域的研究热点，知识组织系统的集成研究，尤其是传统的知识组织方式和新出现的知识组织方式如大众分类法等的结合，正是受控语言与自然语言融合的重要体现。

◎ 本章思考题

1. 分析当前信息环境的主要特点及其对信息组织产生的影响。
2. 试分析信息组织的热点和发展趋势。
3. 列举信息组织可视化的工具。

---

① 曾蕾. 在浏览和检索界面设计中利用知识组织系统(KOS)[EB/OL]. [2010-09-26]. http://lib.njtu.edu.cn/pub/bjtu/xswhjl/hyjlzl/P020061012307311402568.ppt.

参考文献

[1]国家图书馆《中国图书馆分类法》编委会．中国图书馆分类法第5版[M]．北京：国家图书馆出版社，2010.
[2]中国科学院图书馆图书分类修订委员．中国科学院图书馆图书分类法第3版[M]．北京：科学出版社，1994.
[3]中国人民大学图书馆分类法编辑委员会．中国人民大学图书馆图书分类法第6版[M]．北京：中国人民大学出版社，1996.
[4]《中国档案分类法》编委会．中国档案分类法第2版[M]．北京：中国档案出版社，1997.
[5]张琪玉．情报检索语言[M]．武汉：武汉大学出版社，1983.
[6]张琪玉．情报语言学实用教程[M]．武汉：武汉大学出版社，2004.
[7]张琪玉．情报语言学词典[M]．北京：北京图书馆出版社，2000.
[8]周继良．图书分类学(修订本)[M]．武汉：武汉大学出版社，1989.
[9]俞君立，陈树年．文献分类学(第2版)[M]．武汉：武汉大学出版社，2015.
[10]侯汉清，王荣授．图书馆分类工作手册[M]．北京：中国科学技术出版社，1992.
[11]马张华．信息组织(第3版)[M]．北京：科学出版社，2008.
[12]司莉．KOS在网络信息组织中的应用与发展[M]．武汉：武汉大学出版社，2007.
[13]司莉．信息组织实验教程[M]．武汉：武汉大学出版社，2016.
[14]周宁．信息组织(第4版)[M]．武汉：武汉大学出版社，2017.
[15]曹树金，罗春荣．信息组织的分类法与主题法[M]．北京：北京图书馆出版社，2002.
[16]张帆．信息组织学[M]．北京：科学出版社，2005.
[17]冷伏海，徐跃权，冯璐．信息组织概论(第2版)[M]．北京：科学出版

社，2008.
[18]储节旺，郭春侠，吴昌合．信息组织学[M]．北京：清华大学出版社、北京交通大学出版社，2007.
[19]马费成，宋恩梅，赵一鸣．信息管理学基础(第3版)[M]．武汉：武汉大学出版社，2018.
[20]曾蕾．网络环境下的知识组织系统[J]．现代图书情报技术，2004(1)：2-3.
[21]曾蕾．用于标引、浏览、检索的语义工具 Semantic Tools[EB/OL]．[2010-09-13]．http：//www.libnet.sh.cn/upload/htmleditor/File/071213121547.pdf.
[22]吴建中．DC元数据[M]．上海：上海科学技术文献出版社，2000.
[23]鞠英杰．信息描述[M]．合肥：合肥工业大学出版社，2010.
[24]杜文华．本体的构建及其在数字图书馆中的应用研究[D]．武汉：武汉大学，2005.
[25]杜小勇，马文峰．学科领域知识本体建设方法研究[J]．图书情报工作，2005(8)：74-78.
[26]李景．本体理论及在农业文献检索系统中的应用研究——以花卉学本体建模为例[D]．北京：中国科学院，2004.
[27]VISION数字图书馆知识组织系统[EB/OL]．[2020-07-22]．http：//kvlab.org/kvision_old/proj_intro1.php.
[28]董慧，等．基于本体的数字图书馆检索模型研究(III)——历史领域资源本体构[J]．情报学报，2006(5)：564-574.
[29]张剑，宋文．数字图书馆的知识组织系统[J]．图书馆理论与实践，2005(5)：11-13.
[30]毕强．数字图书馆知识组织系统建构的发展趋势——从机器可读到机器可理解[J]．国家图书馆学刊，2010(1)：12-17.
[31]刘炜．基于本体的数字图书馆语义互操作[D]．上海：复旦大学，2006.
[32]马费成，郝金星．概念地图在知识表示和知识评价中的应用(I)[J]．中国图书馆学报，2006(3)：5-9，49.
[33]牟冬梅．数字图书馆知识组织语义互联策略及其应用研究[D]．长春：吉林大学，2009.
[34]秦健．实用分类系统与语义网：发展现状和研究课题[J]．现代图书情报技术，2004(1)：16-23.

[35]唐爱民，真溱，樊静．基于叙词表的领域本体构建研究[J]．现代图书情报技术，2005(4)：1-5.

[36]王军．基于分类法和主题词表的数字图书馆知识组织[J]．中国图书馆学报，2004(3)：41-44，64.

[37]吴丹，王惠临．本体在跨语言信息检索中的应用机制研究[J]．图书情报工作，2006(9)：10-13.

[38]徐国虎，许芳．本体构建工具的分析与比较[J]．图书情报工作，2006(1)：44-48.

[39]Hill，等．在数字图书馆结构中融入知识组织系统[J]．现代图书情报技术，2004(1)：4-8.

[40]温有奎，徐国华．知识元链接理论[J]．情报学报，2003(6)：665-670.

[41]文庭孝．知识单元的演变及其评价研究[J]．图书情报工作，2007(10)：72-76.

[42]Protégé 使用教程(基础篇)[EB/OL]．[2020-07-22]．https：//download.csdn.net/download/mfc123csdn/8509587.

[43]Ali Shiri，Sarah Chase-Kruszewski. Knowledge organization systems in North American digital library collections[J]．Program：Electronic Library and Information Systems，2009，43(2)：121-139.

[44]Dagobert Soergel. Digital Libraries and Knowledge Organization[M]．Berlin：Springer，2008.

[45]Gail Hodge，et al. Next generation knowledge organization systems：integration challenges and strategies：Proceedings of the 5th ACM/IEEE-CS joint conference on Digital libraries[C]．New York，NY：ACM，2005.

[46]Dublin Core Metadata Element Set，Version 1.1：Reference Description[EB/OL]．[2019-12-25]．https：//www.dublincore.org/specifications/dublin-core/dces/2012-06-14/.

[47]中国图书馆分类法网站．http：//clc.nlc.cn/.

[48]中图法第5版网络版．http：//clc5.nlc.cn/.

[49]中国分类主题词表 Web 版．http：//cct.nlc.cn/login.aspx.

[50]DDC Dewey ® Services. https://www.oclc.org/en/dewey.html.

[51]Classification Web.https://classweb.org/.

[52]Universal Decimal Classification Consortium.http://www.udcc.org/.

[53]Colon Classification.http://www.iskoi.org/doc/colon.htm.

[54]Medical Subject Heading.https://www.nlm.nih.gov/mesh/meshhome.html.

[55] Unified Medical Language System (UMLS). https://www.nlm.nih.gov/research/umls/index.html.

[56] ISKO: International Society for Knowledge Organization. https://www.isko.org/.

[57] IFLA Subject Analysis and Access Section. https://www.ifla.org/subject-analysis-and-access.

[58] SKOS Simple Knowledge Organization System. https://www.w3.org/TR/skos-reference/.

[59] Networked Knowledge Organization Systems/Services/Structures NKOS. https://nkos.slis.kent.edu/.

[60] Taxonomy warehouse. http://www.taxonomywarehouse.com/.

[61] Agrovoc Thesaurus. http://aims.fao.org/vest-registry/vocabularies/agrovoc.

[62] ERIC Thesaurus. https://eric.ed.gov/? ti=all.

[63] NASA Thesaurus. https://www.sti.nasa.gov/nasa-thesaurus/.

[64] CMap Tools. http://cmap.ihmc.us/.

[65] MindManager. https://www.mindjet.com/en/product/mindmanager/.

[66] Protégé. https://protege.stanford.edu/.

[67] Worditout. https://worditout.com/ut.